中国文化文物和旅游统计年鉴

中华人民共和国文化和旅游部 编

2021

图书在版编目（CIP）数据

中国文化文物和旅游统计年鉴. 2021 / 中国人民共和国文化和旅游部编. —北京 : 国家图书馆出版社, 2021.12

ISBN 978-7-5013-7238-6

Ⅰ. ①中… Ⅱ. ①中… Ⅲ. ①文化事业—统计资料—中国—2021—年鉴②文物工作—统计资料—中国—2021—年鉴③旅游业—统计资料—中国—2021—年鉴 Ⅳ. ①G12-66②K87-66③F592-66

中国版本图书馆 CIP 数据核字（2021）第 239762 号

书　　名　中国文化文物和旅游统计年鉴 2021
著　　者　中华人民共和国文化和旅游部　编
责任编辑　王炳乾

出版发行　国家图书馆出版社（北京市西城区文津街 7 号　100034）
（原书目文献出版社　北京图书馆出版社）
010-66114536　63802249　nlcpress@nlc. cn（邮购）
网　　址　http://www.nlcpress.com
印　　装　河北鲁汇荣彩印刷有限公司
版次印次　2021 年 12 月第 1 版　2021 年 12 月第 1 次印刷

开　　本　880×1230　1/16
印　　张　25.5
字　　数　564 千字
书　　号　ISBN 978-7-5013-7238-6
定　　价　298.00 元

《中国文化文物和旅游统计年鉴 2021》

编者说明

一、《中国文化文物和旅游统计年鉴 2021》系统收录了全国和各省、自治区、直辖市 2020 年文化和旅游发展各方面的统计数据，以及其他重要历史年份的统计数据，是一部全面反映我国文化建设和旅游发展情况的综合性统计资料。

二、本年鉴正文内容共分为九个部分：一、综合；二、公共图书馆；三、群众文化；四、艺术；五、旅游；六、文化市场；七、文物；八、教育、科技、动漫及其他；附录资料。为方便读者使用，多数篇末附有《主要统计指标解释》。

三、本资料尚缺香港、澳门特别行政区及台湾省的资料。

四、符号使用说明：资料中的空缺项表示该项统计指标数据不足本表最小单位数、数据不详或无该项数据，“#”表示主要项。

五、因时间仓促，年鉴中若有遗漏和不足之处，请读者批评指正，以便在内容上不断完善和充实。

编　　者

2021 年 11 月

目　　录

一、综合

二、公共图书馆

三、群众文化

四、艺术

五、旅游

六、文化市场

七、文物

八、教育、科技、动漫及其他

附录资料

综　合

1

2020年全国文化和旅游发展主要统计数据

指　标	单位	总量指标		增幅(%)
		2019年	2020年	
机构和人员				
机构数	万个	34.80	33.96	-2.4
从业人员数	万人	542.30	496.30	-8.5
经费投入				
文化和旅游事业费	亿元	1065.75	1088.26	2.1
人均文化和旅游事业费	元	76.07	77.08	1.3
公共图书馆				
机构数	个	3196	3212	0.5
总藏量	万册/件	111181	117930	6.1
总流通人次	万人次	90135	54146	-39.9
群众文化				
机构数	个	44073	43687	-0.9
#文化站	个	40747	40366	-0.9
提供文化服务次数	万次	245.11	192.65	-21.4
举办展览	万次	16.40	13.79	-15.9
组织文艺活动	万次	135.95	108.89	-19.9
组织公益性讲座	万次	3.84	3.06	-20.2
举办训练班	万次	88.92	66.89	-24.8
文化服务惠及人次	万人次	78716	56327	-28.4
艺术表演团体				
机构数	个	17795	17581	-1.2
演出场次	万场次	296.80	223.20	-24.8
#农村演出场次	万场次	171.27	84.26	-50.8
国内演出观众人次	万人次	123020	88952	-27.7
#农村观众人次	万人次	76803	32553	-57.6
演出收入	万元	1277742	866292	-31.7
艺术表演场馆				
机构数	个	2716	2770	2.0
艺术演出场次	万场次	24.54	31.70	29.2
艺术演出收入	万元	559160	384826	-31.2
文化市场				
机构数	万个	21.84	20.79	-4.8
从业人员数	万人	155.73	155.48	-0.2
旅游业				
国内旅游人数	亿人次	60.06	28.79	-52.1
国内旅游收入	亿元	57251	22286	-61.1
文物业				
机构数	个	10562	11314	7.1
总藏品	万件/套	5129.38	5089.10	-0.8
参观人次	万人次	131670	61632	-53.2

按年份全国主要文化和旅游机构数

单位：个

年　份	公共图书馆	文化馆	博物馆	旅行社	星级饭店	A级景区
1949年	55	896	21			
1952年	83	2430	35			
1957年	400	2748	72			
1962年	541	2575	230			
1965年	562	2660	214			
1970年	323	2332	182			
1975年	629	2670	242			
1978年	1218	2840	349			
1980年	1732	3130	365			
1985年	2344	3295	711			
1986年	2406	3330	777			
1987年	2440	3321	827	1245		
1988年	2485	3333	903	1573		
1989年	2512	3321	967	1617		
1990年	2527	3321	1013	1561		
1991年	2535	3265	1075	1603	853	
1992年	2558	3272	1106	2592	1029	
1993年	2572	3256	1130	3238	1186	
1994年	2589	3261	1161	4382	1556	
1995年	2615	3259	1194	3826	1913	
1996年	2620	3284	1219	4252	2349	
1997年	2628	3286	1282	4986	2724	
1998年	2662	3287	1339	6222	3248	
1999年	2669	3294	1363	7326	3856	
2000年	2675	3297	1392	8993	6029	
2001年	2696	3241	1461	10532	7358	
2002年	2697	3243	1511	11552	8880	
2003年	2709	3228	1515	13361	9751	
2004年	2720	3221	1548	14927	10888	
2005年	2762	3226	1581	16245	11828	
2006年	2778	3214	1617	17957	12751	
2007年	2799	3217	1722	18943	13583	
2008年	2820	3218	1893	20110	14099	
2009年	2850	3223	2252	20399	14237	
2010年	2884	3264	2435	22691	11779	4521
2011年	2952	3285	2650	23690	11676	5573
2012年	3076	3301	3069	24944	11367	6042
2013年	3112	3315	3473	26054	11687	7104
2014年	3117	3313	3658	26650	11180	8026
2015年	3139	3315	3852	27621	10550	8954
2016年	3153	3322	4109	27939	9861	9845
2017年	3166	3328	4721	29717	9566	10496
2018年	3176	3326	4918	37309	8962	11924
2019年	3196	3326	5132	38943	8920	12402
2020年	3212	3321	5452	40682	8423	13332

按年份全国文化和旅游事业费基本情况

单位：亿元、%

	文化和旅游事业费	国家财政总支出	文化和旅游事业费占国家财政比重
1978年	4.44	1122.09	0.40
1979年	5.84	1281.79	0.46
1980年	5.61	1228.83	0.46
“六五”时期	**36.03**	**7483.18**	**0.48**
1985年	9.32	2004.25	0.47
“七五”时期	**62.45**	**12865.67**	**0.49**
1986年	10.74	2204.91	0.49
1987年	10.77	2262.18	0.48
1988年	12.18	2491.21	0.49
1989年	13.57	2823.78	0.48
1990年	15.19	3083.59	0.49
“八五”时期	**121.33**	**24387.46**	**0.50**
1991年	17.28	3386.62	0.51
1992年	19.46	3742.20	0.52
1993年	22.37	4642.30	0.48
1994年	28.83	5792.62	0.50
1995年	33.39	6823.72	0.49
“九五”时期	**254.51**	**57043.46**	**0.45**
1996年	38.77	7937.55	0.49
1997年	46.19	9233.56	0.50
1998年	50.78	10798.18	0.47
1999年	55.61	13187.67	0.42
2000年	63.16	15886.50	0.40
“十五”时期	**496.13**	**128022.85**	**0.39**
2001年	70.99	18902.58	0.38
2002年	83.66	22053.15	0.38
2003年	94.03	24649.95	0.38
2004年	113.63	28486.89	0.40
2005年	133.82	33930.28	0.39
“十一五”时期	**1220.40**	**318970.83**	**0.38**
2006年	158.03	40422.73	0.39
2007年	198.96	49781.35	0.40
2008年	248.04	62592.66	0.40
2009年	292.31	76299.93	0.38
2010年	323.06	89874.16	0.36
“十二五”时期	**2669.62**	**703076.19**	**0.38**
2011年	392.62	109247.79	0.36
2012年	480.10	125952.97	0.38
2013年	530.49	140212.10	0.38
2014年	583.44	151785.56	0.38
2015年	682.97	175877.77	0.39
“十三五”时期	**4708.83**	**1096191.14**	**0.43**
2016年	770.69	187755.21	0.41
2017年	855.80	203085.49	0.42
2018年	928.33	220904.13	0.42
2019年	1065.75	238858.37	0.45
2020年	1088.26	245679.03	0.44

注：①国家财政总支出系国家财政决算数。

②文化事业费：1953—1980年系国家财政决算数(“一五”至“四五”时期含文物、出版经费，“五五”时期不含文物、出版经费)；1981年以后系文化事业统计年报数(不含文物、出版及科学研究费；不含基本建设的财政拨款和行政运行经费，以下各表同)。

按年份各地区文化和旅游事业费

单位：万元

地　区	1995年	2000年	2005年	2010年	2015年	2018年	2019年	2020年
全　国	**333853**	**631591**	**1338193**	**3230646**	**6829708**	**9283333**	**10657521**	**10882645**
中　央	20973	55498	113028	152787	369620	364487	443252	252249
北　京	8427	24008	64587	161693	275832	348420	474695	463029
天　津	5098	9796	31592	56348	153744	179249	170602	133272
河　北	11393	18984	39626	70307	185348	270383	297965	353883
山　西	9215	12347	29832	78000	182007	233500	282299	274503
内蒙古	8624	14515	30543	112982	228905	278556	285708	295807
辽　宁	17525	26790	47578	113430	165405	168389	206020	179199
吉　林	10613	15711	26566	90327	156425	216221	260153	207929
黑龙江	10722	16598	33742	74631	152601	165654	192592	210064
上　海	15431	42608	79201	186266	365523	478666	629480	483672
江　苏	18234	38527	77658	163123	403417	620416	720520	860604
浙　江	14764	35334	110397	242002	488225	668737	798956	850347
安　徽	8836	15849	30541	76813	146252	198574	218762	225055
福　建	11023	22174	42949	101855	187522	280744	305916	335728
江　西	7404	10696	23398	73401	127094	159461	234405	230014
山　东	16315	30944	61687	138876	299770	423072	451910	503101
河　南	12447	20948	37708	95143	206034	277635	318108	332758
湖　北	11268	19367	43585	114389	235648	421351	410234	432862
湖　南	10525	16564	34771	86133	193798	313189	354322	347866
广　东	27486	58321	128095	269940	539257	994681	1023404	1107240
广　西	8617	14608	28089	80097	172230	209235	251940	322285
海　南	2965	3468	6007	27356	57512	71151	84248	82829
重　庆		9151	17505	77350	169727	212048	241452	230720
四　川	16905	20500	44523	143902	395788	430242	472219	520403
贵　州	4785	9131	18731	53676	119936	177391	185675	246931
云　南	14563	23945	42036	86881	191211	299680	388802	353527
西　藏	2124	4264	8003	21050	57816	100867	102479	112986
陕　西	8583	13976	23462	89457	205168	219126	245213	265389
甘　肃	6935	9130	20882	55563	113802	180010	204940	184417
青　海	2574	3696	7349	41114	65393	83738	125985	114591
宁　夏	2108	3625	9646	24483	58611	69172	82222	94306
新　疆	7371	10518	24877	71273	160088	169293	193045	275083

按年份各地区文化和旅游事业费占财政支出比重

单位：%

地　区	1995年		2000年		2005年		2010年		2015年		2018年		2019年		2020年	
	比重	位次	比重	位次	比重	位次	比重	位次	比重	位次	比重	位次	比重	位次	比重	位次
全　国	**0.49**		**0.40**		**0.39**		**0.36**		**0.39**		**0.42**		**0.45**		**0.44**	
北　京	0.55	28	0.54	14	0.61	4	0.60	2	0.48	8	0.47	16	0.64	6	0.65	2
天　津	0.55	28	0.53	15	0.71	3	0.41	14	0.48	9	0.58	6	0.49	16	0.42	23
河　北	0.60	23	0.46	28	0.40	24	0.25	31	0.33	27	0.35	26	0.36	27	0.39	26
山　西	0.82	7	0.55	11	0.44	14	0.40	15	0.53	4	0.54	9	0.60	7	0.54	10
内蒙古	0.84	5	0.59	8	0.44	15	0.50	7	0.54	3	0.58	4	0.56	12	0.56	9
辽　宁	0.64	15	0.52	17	0.39	25	0.35	22	0.37	24	0.32	28	0.36	28	0.30	30
吉　林	0.88	3	0.90	1	0.42	18	0.51	6	0.49	7	0.57	8	0.66	5	0.50	15
黑龙江	0.61	18	0.45	30	0.42	19	0.33	25	0.38	21	0.35	24	0.38	24	0.39	26
上　海	0.59	25	0.68	5	0.48	9	0.56	4	0.59	2	0.57	7	0.77	2	0.60	7
江　苏	0.72	10	0.61	6	0.46	12	0.33	26	0.42	5	0.53	10	0.57	10	0.63	5
浙　江	0.82	7	0.82	2	0.87	1	0.75	1	0.73	1	0.78	1	0.79	1	0.84	1
安　徽	0.65	14	0.49	23	0.42	20	0.30	29	0.28	31	0.30	29	0.30	31	0.30	30
福　建	0.64	15	0.69	4	0.72	2	0.60	3	0.47	10	0.58	5	0.60	8	0.64	3
江　西	0.67	13	0.48	26	0.41	22	0.38	18	0.29	30	0.28	31	0.37	25	0.35	28
山　东	0.59	25	0.51	18	0.42	21	0.34	23	0.36	25	0.42	20	0.42	23	0.45	19
河　南	0.60	23	0.47	27	0.33	31	0.28	30	0.30	28	0.30	30	0.31	29	0.32	29
湖　北	0.69	12	0.53	15	0.55	6	0.46	10	0.38	22	0.58	3	0.51	14	0.51	12
湖　南	0.61	18	0.49	23	0.39	26	0.32	28	0.34	26	0.42	21	0.44	20	0.41	25
广　东	0.52	30	0.55	11	0.55	7	0.50	8	0.42	16	0.63	2	0.59	9	0.63	5
广　西	0.61	18	0.57	10	0.45	13	0.40	16	0.42	17	0.39	23	0.43	21	0.52	11
海　南	0.70	11	0.51	18	0.39	27	0.47	9	0.46	12	0.42	19	0.45	19	0.42	23
重　庆			0.49	23	0.35	29	0.45	11	0.45	13	0.47	17	0.50	15	0.47	17
四　川	0.61	18	0.45	30	0.41	23	0.34	24	0.53	5	0.44	18	0.46	18	0.46	18
贵　州	0.56	27	0.46	28	0.35	30	0.33	27	0.30	29	0.35	25	0.31	30	0.43	22
云　南	0.62	17	0.58	9	0.54	8	0.38	19	0.41	20	0.49	13	0.67	4	0.51	12
西　藏	0.61	18	0.71	3	0.43	16	0.38	20	0.42	18	0.51	11	0.47	17	0.51	13
陕　西	0.84	5	0.51	18	0.36	28	0.40	17	0.47	11	0.41	22	0.43	22	0.45	19
甘　肃	0.85	4	0.50	22	0.48	10	0.38	21	0.38	23	0.48	15	0.52	13	0.44	21
青　海	0.89	2	0.55	11	0.43	17	0.55	5	0.43	14	0.51	12	0.68	3	0.59	8
宁　夏	0.92	1	0.60	7	0.60	5	0.44	12	0.51	6	0.48	14	0.57	11	0.64	3
新　疆	0.76	9	0.51	18	0.47	11	0.42	13	0.42	19	0.34	27	0.37	26	0.50	15

按年份各地区人均

地区	1995年		2000年		2005年		2010年	
	人均经费	位次	人均经费	位次	人均经费	位次	人均经费	位次
全　国	**2.75**		**4.99**		**10.23**		**24.11**	
北　京	8.74	2	17.37	2	41.99	2	82.44	1
天　津	7.56	3	9.79	4	30.29	3	43.55	7
河　北	1.78	25	2.81	25	5.78	25	9.78	31
山　西	3.12	15	3.74	19	8.89	16	21.84	17
内蒙古	4.13	9	6.11	11	12.80	9	45.73	5
辽　宁	4.31	6	6.32	10	11.27	12	25.93	14
吉　林	4.21	8	5.76	12	9.78	14	32.89	9
黑龙江	2.95	16	4.50	16	8.83	17	19.48	21
上　海	13.10	1	25.45	1	44.54	1	80.92	2
江　苏	2.62	8	5.18	15	10.39	13	20.74	19
浙　江	3.26	13	7.55	5	22.54	5	44.46	6
安　徽	1.48	28	2.65	26	4.99	30	12.91	29
福　建	3.27	12	6.39	9	12.15	11	27.61	12
江　西	1.94	22	2.58	28	5.43	27	16.47	25
山　东	1.93	23	3.41	21	6.67	21	14.50	27
河　南	1.34	30	2.26	31	4.02	31	10.12	30
湖　北	2.04	21	3.21	23	7.63	19	19.98	20
湖　南	1.67	26	2.57	29	5.50	26	13.11	28
广　东	3.93	10	6.75	7	13.93	7	25.88	15
广　西	1.93	24	3.25	22	6.03	24	17.40	24
海　南	2.50	19	4.41	17	7.25	20	31.55	11
重　庆			2.96	24	6.09	23	26.81	13
四　川	1.56	27	2.46	30	5.42	28	17.89	23
贵　州	1.36	29	2.59	27	5.02	29	15.45	26
云　南	3.47	11	5.58	13	9.45	15	18.90	22
西　藏	3.22	14	16.27	3	28.89	4	70.12	4
陕　西	2.42	20	3.88	18	6.31	22	23.97	16
甘　肃	2.93	17	3.56	20	8.05	18	21.73	18
青　海	5.30	5	7.14	6	13.53	8	73.07	3
宁　夏	4.23	7	6.45	8	16.18	6	38.85	8
新　疆	5.39	4	5.46	14	12.38	10	32.67	10

文化和旅游事业费及位次

单位：元

2015年		2018年		2019年		2020年	
人均经费	位次	人均经费	位次	人均经费	位次	人均经费	位次
49.68		**66.53**		**76.07**		**77.08**	
127.08	3	161.75	3	220.38	3	211.50	2
99.39	5	114.90	6	109.22	8	96.11	10
24.96	29	35.78	28	39.25	29	47.43	28
49.67	16	62.80	18	75.70	18	78.62	15
91.16	6	109.93	7	112.48	7	123.00	7
37.74	23	38.63	27	47.34	27	42.07	29
56.81	11	79.96	10	96.68	9	86.37	12
40.03	22	43.91	24	51.34	22	65.95	21
151.34	2	197.47	2	259.26	2	194.47	3
50.58	14	77.06	11	89.28	10	101.55	9
88.14	7	116.57	5	136.57	5	131.70	5
23.81	30	31.40	30	34.36	30	36.88	30
48.85	17	71.24	13	77.00	16	80.82	14
27.84	28	34.31	29	50.24	26	50.90	26
30.44	26	42.11	26	44.88	28	49.55	27
21.73	31	28.91	31	33.00	31	33.49	31
40.27	21	71.21	14	69.21	19	74.95	16
28.57	27	45.40	23	51.22	24	52.35	25
49.71	16	87.67	9	88.83	12	87.87	11
35.91	24	42.48	25	50.79	25	64.29	22
63.14	10	76.18	12	89.15	11	82.16	13
56.27	12	68.36	15	77.29	15	71.98	19
48.24	18	51.58	21	56.38	21	62.19	24
33.98	25	49.28	22	51.25	23	64.03	23
40.32	20	62.05	19	80.03	13	74.89	17
178.46	1	293.22	1	291.96	1	309.71	1
54.09	13	56.71	20	63.26	20	67.14	20
43.78	19	68.26	16	77.42	14	73.71	18
111.13	4	138.87	4	207.21	4	193.44	4
87.76	8	100.54	8	118.31	6	130.93	6
67.84	9	68.07	17	76.51	17	106.41	8

2020年全国文化和旅游

	总计					
	机构数(个)	从业人员数(人)	专业技术人才	正高级职称	副高级职称	中级职称
总　　计	**339552**	**4963028**	**381301**	**11885**	**40533**	**103813**
一、文化和旅游合计	**328238**	**4787286**	**327359**	**9028**	**32318**	**81648**
艺术表演团体	17581	436899	160604	5002	13875	28897
其中：公有制艺术表演团体	2060	112436	79446	5002	13875	28897
艺术表演场馆	2770	61957	16790	201	759	2353
其中：公有制艺术表演场馆	1208	22499	7045	201	759	2353
公共图书馆	3212	57980	40396	923	6130	18868
文化馆	3321	53960	40773	1056	6019	17969
文化站	40366	131116	35385			
其中：乡镇综合文化站	32825	102963	30298			
艺术展览创作机构	776	6799	4556	444	868	1755
其中：美术馆	618	5467	3499	252	592	1371
文化和旅游教育机构	112	12545	9364	469	2102	4228
文化和旅游科研机构	203	4852	3832	409	948	1679
文化市场经营机构(不包括非公有制院团和场馆)	190770	1190832				
旅行社	40682	322497				
星级饭店	8423	756810				
A级景区	13332	1559442				
文化和旅游行政主管部门	3245	110588				
其他文化和旅游机构	3445	81009	15659	524	1617	5899
二、文物合计	**11314**	**175742**	**53942**	**2857**	**8215**	**22165**
博物馆	5452	118913	40005	2214	6112	16549
文物保护管理机构	3373	31959	9017	150	1080	3794
文物科研机构	128	5123	2852	349	669	1064
文物行政主管部门	2009	13924				
其他文物机构	352	5823	2068	144	354	758

机构数和从业人员情况

按执行会计制度分类								
事业						企业		
机构数(个)	从业人员数(人)	专业技术人才	正高级职称	副高级职称	中级职称	机构数(个)	从业人员数(人)	专业技术人才
67046	**669378**	**254887**	**9759**	**35249**	**91976**	**272506**	**4293590**	**126414**
55948	**497828**	**202369**	**7017**	**27296**	**70277**	**272290**	**4289458**	**124990**
1437	74923	54140	3342	9683	20262	16144	361976	106464
1437	74923	54140	3342	9683	20262	623	37513	25306
796	11531	3972	96	425	1458	1974	50426	12818
796	11531	3972	96	425	1458	412	10968	3073
3212	57980	40396	923	6130	18868			
3321	53960	40773	1056	6019	17969			
40366	131116	35385						
32825	102963	30298						
776	6799	4556	444	868	1755			
618	5467	3499	252	592	1371			
112	12545	9364	469	2102	4228			
203	4852	3832	409	948	1679			
						190770	1190832	
						40682	322497	
						8423	756810	
						13332	1559442	
3245	110588							
2480	33534	9951	278	1121	4058	965	47475	5708
11098	**171550**	**52518**	**2742**	**7953**	**21699**	**216**	**4192**	**1424**
5452	118913	40005	2214	6112	16549			
3373	31959	9017	150	1080	3794			
128	5123	2852	349	669	1064			
2009	13924							
136	1631	644	29	92	292	216	4192	1424

续表

				文化和旅游部门		
	正高级职称	副高级职称	中级职称	机构数（个）	从业人员数（人）	专业技术人才
总　　计	**2126**	**5284**	**11837**	**66555**	**699660**	**273514**
一、文化和旅游合计	**2011**	**5022**	**11371**	**57311**	**553073**	**227665**
艺术表演团体	1660	4192	8635	1973	107525	75908
其中：公有制艺术表演团体	1660	4192	8635	1973	107525	75908
艺术表演场馆	105	334	895	1111	18245	5833
其中：公有制艺术表演场馆	105	334	895	1111	18245	5833
公共图书馆				3212	57980	40396
文化馆				3321	53960	40773
文化站				40366	131116	35385
其中：乡镇综合文化站				32825	102963	30298
艺术展览创作机构				755	6560	4410
其中：美术馆				598	5238	3356
文化和旅游教育机构				112	12545	9364
文化和旅游科研机构				203	4852	3832
文化市场经营机构(不包括非公有制院团和场馆)						
旅行社						
星级饭店						
A级景区						
文化和旅游行政主管部门				3245	110588	
其他文化和旅游机构	246	496	1841	3013	49702	11764
二、文物合计	**115**	**262**	**466**	**9244**	**146587**	**45849**
博物馆				3591	93718	32973
文物保护管理机构				3298	29483	8495
文物科研机构				128	5123	2852
文物行政主管部门				2009	13924	
其他文物机构	115	262	466	218	4339	1529

按单位所属部门分								
			其他部门					
			机构数(个)	从业人员数(人)	专业技术人才			
正高级职称	副高级职称	中级职称				正高级职称	副高级职称	中级职称
10663	**38194**	**98087**	**272997**	**4263368**	**107787**	**1222**	**2339**	**5726**
8562	**31210**	**78767**	**270927**	**4234213**	**99694**	**466**	**1108**	**2881**
4749	13213	27582	15608	329374	84696	253	662	1315
4749	13213	27582	87	4911	3538	253	662	1315
165	641	2013	1659	43712	10957	36	118	340
165	641	2013	97	4254	1212	36	118	340
923	6130	18868						
1056	6019	17969						
435	847	1714	21	239	146	9	21	41
243	573	1331	20	229	143	9	19	40
469	2102	4228						
409	948	1679						
			190770	1190832				
			40682	322497				
			8423	756810				
			13332	1559442				
356	1310	4714	432	31307	3895	168	307	1185
2101	**6984**	**19320**	**2070**	**29155**	**8093**	**756**	**1231**	**2845**
1533	5105	14066	1861	25195	7032	681	1007	2483
140	983	3594	75	2476	522	10	97	200
349	669	1064						
79	227	596	134	1484	539	65	127	162

2020年全国文化和旅游部门

	本年收入合计(千元)	财政拨款预算收入	上级补助收入	事业预算收入	经营收入	附属单位上缴收入	其他收入	本年支出合计(千元)
总　计	**278849124**	**156335893**	**2033311**	**6228502**	**1685666**	**17060**	**112548692**	**271517947**
一、文化和旅游合计	**221971549**	**112322297**	**868458**	**2881933**	**753330**	**3136**	**105142395**	**215513819**
艺术表演团体	18744324	14223749	360318	1234043	128252	534	2797428	18754656
艺术表演场馆	3083962	1569049	25462	125948	194157	1935	1167411	3410318
公共图书馆	19146467	18212816	115626	208877	3869	126	605153	18831528
文化馆	13206744	12649543	222975	91125	5297	154	237650	13400947
文化站	15074186	14515804					558382	15315031
其中：乡镇综合文化站	10950024	10535670					414354	11210980
艺术展览创作机构	2794301	2467647	25811	108981	26384		165478	2878707
其中：美术馆	2173633	1881040	24867	86058	24963		156705	2250723
文化和旅游教育机构	4496073	3566808	14842	668513	22481		223429	4416570
文化和旅游科研机构	1970552	1736110	8017	185244	338		40843	1928820
文化和旅游行政主管部门	125836022	35646338					90189684	119493425
其他文化和旅游机构	17618918	7734433	95407	259202	372552	387	9156937	17083817
二、文物合计	**56877575**	**44013596**	**1164853**	**3346569**	**932336**	**13924**	**7406297**	**56004128**
博物馆	26785506	24055426	446349	1161433	415925	5942	700431	26958944
文物保护管理机构	8965465	7117931	675872	779745	140698	7982	243237	8933551
文物科研机构	4034052	2312380	39157	1247794	147785		286936	3962986
文物行政主管部门	11098264	10185035					913229	10917539
其他文物机构	5994288	342824	3475	157597	227928		5262464	5231108

所属机构经费收支基本情况

基本支出	项目支出	经营支出	工资福利支出	在支出合计中：								
				商品和服务支出	差旅费	劳务费	福利费	各种税金支出	对个人和家庭补助支出	抚恤金和生活补助	其他资本性支出	各种设备购置费
90914628	**149080716**	**1273259**	**65803269**	**76458552**	**1311137**	**6452144**	**628015**	**332481**	**6917591**	**1163501**	**29772717**	**5872941**
71949689	**119188872**	**570190**	**52054636**	**58145913**	**1002817**	**4181078**	**432976**	**144227**	**5950947**	**1049094**	**23271368**	**5050718**
8494170	4322326	155651	7898785	3209435	143744	885739	67065	47845	717214	110263	705957	264097
909805	498665	187235	681779	470487	6970	57689	11266	22124	75054	10633	79596	24614
10019660	8297939	8551	7758022	4523490	60273	425644	63308	17822	624765	77115	3594034	2998154
8350275	4209396	7373	6807077	3543060	101051	481117	63914	8713	690595	124856	891308	244173
8244088	5537066		5140231									
6268943			4052343									
1239850	1411214	71563	934754	1058511	15627	84725	10948	3103	101254	8223	210220	30257
935649	1095835	70479	702072	875753	11754	66924	9104	2868	66047	4833	154614	22417
2891769	1362213	23558	2172035	1206516	31778	208843	27324	4223	301135	25090	503749	184292
919393	1003708	455	706594	498120	12120	73951	7451	4559	125615	12110	561804	11900
25189783	90221760		15629134	41549220	564925	1821237	142762	22716	2804754	619913	16378416	1209822
5690896	2324585	115804	4326225	2087074	66329	142133	38938	13122	510561	60891	346284	83409
18964939	**29891844**	**703069**	**13748633**	**18312639**	**308320**	**2271066**	**195039**	**188254**	**966644**	**114407**	**6501349**	**822223**
11437256	14501697	314060	8472234	10054629	143146	1052817	110230	54479	558882	61318	3860943	628293
3729431	4678521	196356	2884463	2503308	26288	233016	54001	24188	186666	15959	850410	62739
942785	2807308	93814	642638	2538940	79877	670455	5564	74192	45034	6640	511203	57137
2509553	7677872		1545941	2827957	38575	182166	21508	10780	167165	28336	1260641	70926
345914	226446	98839	203357	387805	20434	132612	3736	24615	8897	2154	18152	3128

2020年各地区主要文化和旅游机构数

单位：个

地　区	公　共 图书馆	群　众 艺术馆	文化馆	文化站	博物馆	艺术表演 团　体	艺术表演 场　馆	旅行社	星级饭店	A级景区
总　计	**3212**	**390**	**3321**	**40366**	**5452**	**17581**	**2770**	**40682**	**8423**	**13332**
北　京	23	1	20	336	80	393	55	3194	362	226
天　津	27	1	17	245	71	113	85	516	69	96
河　北	176	12	180	2278	148	770	100	1531	285	465
山　西	128	12	130	1411	159	827	167	945	179	237
内蒙古	117	13	120	1085	172	204	32	1159	191	400
辽　宁	129	22	123	1354	65	186	93	1530	293	571
吉　林	66	14	79	910	107	104	85	696	91	241
黑龙江	103	17	142	1245	191	82	64	824	149	409
上　海	23	1	24	218	107	315	61	1808	188	130
江　苏	120	16	116	1255	367	620	274	3057	376	596
浙　江	104	12	102	1344	406	1236	313	2885	500	827
安　徽	131	18	123	1505	230	2334	100	1522	245	625
福　建	97	10	98	1122	132	558	64	1270	279	401
江　西	114	14	120	1739	172	380	77	974	293	461
山　东	154	18	158	1821	577	1566	154	2676	454	1227
河　南	166	19	205	2478	336	2391	198	1166	344	580
湖　北	117	13	125	1299	214	441	73	1310	312	479
湖　南	143	17	146	2233	122	631	110	1315	272	520
广　东	148	22	144	1619	296	475	118	3390	551	486
广　西	116	15	125	1175	142	78	48	922	381	611
海　南	24	4	23	219	35	102	20	600	98	69
重　庆	43	1	41	1030	105	1265	51	710	151	262
四　川	207	22	207	4231	258	725	125	1336	366	731
贵　州	100	10	99	1602	92	200	31	671	217	460
云　南	149	17	149	1454	161	270	34	1147	389	419
西　藏	81	8	82	697	8	87	25	310	161	134
陕　西	117	12	122	1361	309	591	106	903	269	502
甘　肃	104	17	104	1346	226	347	36	796	304	358
青　海	50	9	54	388	24	122	37	527	178	134
宁　夏	27	6	27	245	54	30	3	173	82	107
新　疆	107	17	116	1121	81	122	24	657	346	507

2020年各地区主要文化和旅游机构从业人员数

单位：人

地　区	公　共图书馆	群　众艺术馆	文化馆	文化站	博物馆	艺术表演团　体	艺术表演场　馆	旅行社	星级饭店	A级景区
总　计	**57980**	**12178**	**53960**	**131116**	**118913**	**436899**	**61957**	**322497**	**756810**	**1559442**
北　京	1228	57	935	2757	4323	11769	2298	19062	41873	54371
天　津	1163	48	660	938	1545	3704	1635	4606	8639	8701
河　北	2020	500	2219	5107	4219	18963	1546	6567	30845	56673
山　西	1765	367	1754	2737	4786	24879	3321	5206	9851	26113
内蒙古	1784	492	1820	3049	2649	8555	642	5354	13924	26965
辽　宁	2295	574	1801	2712	2460	6188	3184	7471	21414	65236
吉　林	1471	491	2222	2091	1993	3517	1003	3813	6509	14388
黑龙江	1535	405	2129	3046	2743	4050	1520	3866	7831	31633
上　海	2112	98	965	3897	3443	11237	2478	27135	37752	16705
江　苏	3684	523	2189	5574	7947	15093	5314	23747	53779	68946
浙　江	3876	493	2255	5931	6550	41169	5942	26586	59266	64787
安　徽	1572	337	1452	4808	3342	39174	1852	9479	25098	36529
福　建	1643	232	995	3024	2696	15523	2054	13725	36980	32560
江　西	1387	494	1891	4324	4033	10334	1514	5567	20237	43176
山　东	2904	652	2887	5628	8871	28986	3492	15372	55068	120714
河　南	2906	556	3133	8266	7433	56665	4707	8395	30993	50093
湖　北	2089	497	2139	3216	4324	10491	1365	11009	21783	50290
湖　南	2066	516	2088	6876	3245	15987	2790	16693	26303	139320
广　东	5163	650	2597	10884	5811	12549	4019	38731	71536	80607
广　西	1680	536	2099	3189	2540	3153	1505	8220	20565	51603
海　南	363	109	326	478	694	3320	689	6311	14035	22985
重　庆	953	72	922	4108	3229	18279	1049	10355	12154	25526
四　川	2365	689	3072	8118	6522	12288	2073	8279	33206	267105
贵　州	1084	443	1616	5877	1923	4608	366	4159	11522	43711
云　南	1755	511	2401	5104	2007	8718	2449	10673	19765	41654
西　藏	198	194	541	5389	233	2540	125	1746	1503	1136
陕　西	2056	489	2575	4308	9466	18974	1274	8449	23208	47646
甘　肃	1488	386	1646	4438	4834	12696	965	4008	17338	20859
青　海	488	236	814	837	530	3385	182	2846	4525	6212
宁　夏	568	223	586	741	774	1932	21	1365	2969	12383
新　疆	977	308	1231	3664	1128	4943	400	2690	14086	30815

主要统计指标解释

一、行业、机构指标解释

调查机构指由文化和旅游部门主办或实行行业管理的各类机构。

文艺创作与表演：指文学、美术创造和表演艺术（如戏剧、戏曲、歌舞、舞蹈、音乐、曲艺、杂技、马戏、木偶、皮影等各种表演艺术）等活动。包括文学（含电影、电视剧剧本）、音乐、歌曲、舞蹈、戏曲、曲艺等的创作，美术（绘画、雕塑）、工艺品、书法、篆刻等的艺术创作，编导、演员的表演、创作活动，剧务、舞台美工、服装道具、灯光音响等活动，民族艺术创作，其他未列明的文艺创作、表演及辅助活动。

艺术创作机构：指有专职创作人员、独立建制的剧目创作室（组）、美术创作室（组）等专门从事艺术创作的机构。不包括业余性质的文艺创作机构。

艺术表演团体：指由文化和旅游部门主办或实行行业管理（经部门审批并领取营业性演出许可证），专门从事表演艺术等活动的各类专业艺术表演团体，含民间职业剧团（不包括群众业余文艺表演团队）。

艺术表演场馆：指由文化和旅游部门主办的或实行行业管理（经部门审批并领取营业性演出许可证），有观众席、舞台、灯光设备，公开售票、专供文艺团体演出的文化活动场所。包括附属于文化和旅游部门机构内非独立核算的剧场、排演场。

图书馆：指各类图书馆的管理与服务（对文献和信息的搜集、整理、存储、利用和管理，向社会公众开放并提供科学、文化等各种知识普及教育）。包括公共图书馆和各类机构内部举办的或单独举办的图书馆的管理与服务。不包括部队系统以及文化馆（文化中心、群众艺术馆）、文化站内设的图书室。

群众文化活动：指开展群众文化活动的场所的管理和组织活动。包括文化馆（含综合性文化中心、群众艺术馆）、文化站、文化宫、少年宫等群众文化活动。在本制度中，目前暂不统计文化和旅游部门以外的文化宫和少年宫。

文化馆（含综合性文化中心、群众艺术馆、文化站）：指专门从事群众文化活动的群众文化场馆。不包括临时抽调人员组成、没有编制的农村和街道文化工作队、服务站等。

美术馆：指由文化和旅游部门主办或实行行业管理的，具备展览、典藏、研究及公共教育和服务功能的、向公众开放的国有美术馆，以及在民政部门登记注册并在文化和旅游部门备案的，具备展览、典藏、研究及公共教育和服务功能的、向公众开放的、非营利性的民营美术馆。

画院：指由文化和旅游部门主办或实行行业管理的，各级国有和民营的非营利性的专门的美术创作、研究机构，有专职创作研究人员和独立建制，包括书画院、书法院、油画雕塑院等。不包括业余性质的美术创作机构。

文化艺术研究机构：指有明确的研究方向和任务，有一定水平的学术带头人和一定数量、质量的研究人员，有开展工作的基本条件，主要进行文化艺术研究（含科技）的机构。

文化和旅游部门教育机构：指文化和旅游部门主办的高等艺术职业院校和中等专业学校、文化干部院校、其他文化艺术教育机构。

其他文化和旅游企业：指不属于以上分类的文化和旅游部门所属各类文化事业机构和企业机构。

文化市场经营机构：指经文化市场行政部门审批或备案并领取相关许可或备案文件的、从事文化经营和文化服务活动的机构。

娱乐场所：指以营利为目的，并向公众开放、消费者自娱自乐的歌舞、游艺等场所，以及各地文化行政部门依据相关规定管理并发放《娱乐场所经营许可证》的其他娱乐场所。

互联网上网服务营业场所（网吧）：指通过计算机等设备向公众提供互联网上网服务的营业性娱乐文化服务场所。

旅行社：指以营利为目的，为旅游者代办出境、入境和签证手续，安排、接待旅游者，为旅游者安排食宿等有偿服务的企业。

星级饭店：经全国旅游饭店星级评定，为游客提供短期住宿的企业场所。

A 级景区：由国家旅游景区质量等级评定委员会依照《旅游景区质量等级的划分与评定》国家标准进行评审，颁发“国家 A 级旅游景区”标志牌，以旅游及其相关活动为主要功能或主要功能之一的空间或地域。

动漫企业：经文化和旅游部、财政部、国家税务总局三部门联合认定的从事漫画创作、动画创作、网络动漫（含手机动漫）创作、动漫舞台剧制作、动漫软件开发和动漫衍生产品研发等动漫业务的企业。

博物馆：指为了研究、教育、欣赏的目的，收藏、保护、展示人类活动和自然环境的见证物，向公众开放，非营利性、永久性社会服务机构，包括以博物馆（院）、纪念馆（舍）、科技馆、陈列馆等专有名称开展活动的单位。

文物考古研究所：是各省级文物行政管理部门领导下的文物保护和科学研究机构，承担有关文物的调查、保护、发掘、研究和宣传工作，对地、市、县的文物工作进行业务辅导。

文物商店：经各级文物行政部门依法批准设立的文物购销经营单位。

非物质文化遗产保护中心：指从事非物质文化遗产的调查、抢救、保护、研究、宣传、展示以及其他相关保护活动的专业综合机构。

二、从业人员指标解释

调查的从业人员，指在文化和旅游部门主办或实行行业管理的各类机构工作并取得劳动报酬的全部人员。包括职工、再就业的离退休人员以及在各机构中工作的外方人员和港、澳、台方人员。

专业技术人员：指在专业技术岗位上工作的人员，不包括在管理岗位上工作具有专业技术职称（职务）的人员（包括正高级职称、副高级职称、中级职称以及初级及以下人员）。

安全保卫人员：指从事文物安全保卫工作和安全管理工作的人员，包括聘用人员。

在编人员：是指经当地编办批准、列入事业编制的人员。

专职人员：指长期从事业务工作的专业人员。

三、经费指标解释

（一）事业经费指标解释

资产合计：是指文化事业单位占有或者使用的能以货币计量的经济资源，包括各种财产、债权和其他权利。包括流动资产、固定资产、在建工程、无形资产和对外投资等。

固定资产原价：反映填表机构使用年限在一年以上、单位价值在1000元以上（其中：专用设备单位价值在1500元以上），并在使用过程中基本保持原来物质形态的资产，包括房屋及构筑物，专用设备，通用设备，文物和陈列品，图书、档案，家具、用具、装具及动植物等，按原值（计提折旧的，按净值）进行反映。

本年收入合计：反映行政事业单位在本年取得的全部收入，包括行政事业类资金收入和基本建设类收入，具体有财政拨款、上级补助收入、事业收入、经营收入、附属单位上缴收入和其他收入。

财政补贴收入：反映填表单位本年度实际收到的本级财政拨款。包括一般预算财政拨款和政府性基金预算财政拨款。一级预算单位收到的应拨给下级单位使用的款项，年终时尚未拨出的，在编制财务决算表和填报统计报表时，应列为本单位的财政拨款。

基建拨款：指财政部门按基本建设计划拨付的基本建设款项。

上级补助收入：反映填表单位从行政主管部门和上级单位取得的非财政补贴收入。

事业收入：反映事业单位开展专业业务活动及辅助活动取得的收入。

经营收入：反映事业单位在专业业务活动及辅助活动之外开展非独立核算经营活动取得的收入。

附属单位上缴收入：反映填表事业单位拥有附属的独立核算机构，按有关规定上缴的收入。

其他收入：反映取得的除上述规定以外的各项收入，包括投资收益、利息收入、捐赠收入等。

本年支出合计：反映填表机构在业务活动中发生的各项资产耗费和损失等支出情况，包括基本支出、项目支出、经营支出等内容。按经济功能分类，还可分为工资福利支出、商品和服务支出、对个人和家庭补助支出、其他资本性支出等内容。

基本支出：反映填表机构为保障其机构正常运转、完成日常工作任务而发生的人员支出和公用支出。

项目支出：反映填表机构为完成本机构特定的工作任务或事业发展目标，在基本支出之外发生的各项支出。

经营支出：反映填表机构开展专业业务活动及辅助活动之外开展非独立核算经营活动发生的支出。在经营活动中应正确归集实际发生的各项费用数，无法归集的，应按规定的比例合理分摊。

工资福利支出：反映填表机构支付给在职职工和编制外长期聘用人员的各类劳动报酬以及为上述人员缴纳的各项社会保险费等。主要包括基本工资、津贴补贴、奖金、社会保障缴费、伙食费、伙食补助费、绩效工资、其他工资福利支出等。

商品和服务支出：反映填表机构在开展业务活动中购买商品和服务的支出（不包括用于购置固定资产的支出、战略性和应急储备支出等）。主要包括办公费、印刷费、咨询费、手续费、水费、电费、邮电费、取暖费、物业管理费、交通费、差旅费、出国费、维修（护）费、租赁费、会议费、培训费、招待费、专用材料费、专用燃料费、劳务费、委托业务费、工会经费、福利费等日常公用支出。

差旅费：反映填表机构工作人员出差的住宿费、旅费、伙食补助费、杂费以及干部及大中专学生调遣费、调干家属旅费补助等方面的支出。

劳务费：反映填表机构支付给单位和个人的劳务费用。如：临时聘用人员、钟点工工资，翻译费，咨询费，评审费，手续费等。

福利费：反映填表机构根据国家规定按工资总额一定比例提取的福利费。

各种税金支出：反映填表机构向国家交纳的各种税金，如房产税、营业税、车船使用税、土地使用税、城市维护建设税、印花税、教育费附加、养路费、排污费等。从基本建设支出、结余和收益中支付的税金不包括在内。

对个人和家庭补助支出：反映政府对个人和家庭的补助支出，包括离休费、退休费、退职（役）费、抚恤金、生活补助、救济费、医疗费、助学金、奖励金、生产补贴、住房公积金、提租补贴、购房补贴以及其他对个人和家庭的补助支出等。

抚恤金和生活补助：抚恤金指按规定支付给烈士家属、牺牲病故人员家属的一次性和定期抚恤金，革命残疾人员的抚恤金，离退休人员等其他人员的各项抚恤金。生活补助指按规定支付给优抚对象、退伍军人的生活补助费，行政事业单位职工和家属生活补助，因公负伤等住院治疗、住疗养院期间的伙食补助费、长期赡养人员补助费等。

其他资本性支出：反映填表机构使用非各级发展与改革部门集中安排的用于购置固定资产、战略性和应急性储备、土地和无形资产，以及购建基础设施、大型修缮和财政支持企业更新改造所发生的支出，如房屋建筑物购建、办公设备购置、专用设备购置、交通工具购置、大型修缮、信息网络购建、物资储备、土地补偿、安置补助、拆迁补偿等。

各种设备、交通工具、图书购置费：反映填表机构用于购置不够基本建设投资额度，但按会计制度规定纳入固定资产核算范围的各种设备的支出，主要包括办公设备购置、专用设备购置、交通工具购置（含车辆购置税）、信息网络购建（计算机硬件和软件开发应用）、图书购置、档案设备购置费等。

（二）企业经费指标解释

资产总计：反映填表企业拥有或控制的能以货币计量的经济资源，包括各种财产、债权和其他权利。资产按其流动性（即资产的变现能力和支付能力）划分，有流动资产、长期投资、固定资产、无形资产、递延资产和其他资产等分类。

固定资产原价：反映填表企业在建造、购置、安装、改建、扩建、技术改造某项固定资产时所支出的全部货币总额。

当年提取的折旧总额：反映填表企业在报告年度内提取的固定资产折旧合计数。

负债合计：反映填表企业过去的交易、事项形成的现有义务合计数，履行该义务预期会导致经济利益流出企业。

所有者权益合计：反映所有者在填表企业资产中享有的经济利益，其金额为资产减去负债后的余额。

实收资本（股本）：反映填表企业的各投资者实际投入的资本（或股本）总额。

国家资本：反映有权代表国家投资的政府部门或机构、直属事业机构对填表企业投资形成的资本金。

营业收入：反映企业经营主要业务和其他业务所确认的收入总额。

营业成本：反映填表企业在报告期内从事销售商品、提供劳务及转让资产使用权等日常经营活动中所发生的各种耗费，包括营业成本（主营业务成本、其他业务成本）、营业税金及附加、销售费用、管理费用、财务费用等。

养老、医疗、失业等各种社会保险费：反映企业为职工缴纳的基本养老保险、基本医疗保险、失业保险费、工伤保险、生育保险费。

住房公积金和住房补贴：反映报告期内填报企业为职工缴纳的住房公积金和企业支付的职工住房补贴。

工会经费：反映填表企业按规定计提的拨交工会使用的费用。

营业利润：反映填表企业进行生产经营活动所实现的利润。

营业外收入：反映企业发生的与经营业务无直接关系的各项营业外收入，包括非流动资产处置利得、非货币性资产交换利得、债务重组利得、政府补助、盘盈利得、捐赠利得等。

政府补助（补贴收入）：反映填表企业从政府无偿取得的货币性资产或非货币性资产，但不包括政府作为企业所有者投入的资本。

营业外支出：反映企业发生的与经营业务无直接关系的各项营业外支出，包括非流动资产处置损失、非货币性资产交换损失、债务重组损失、公益性捐赠支出、非常损失、盘亏损失等。

利润总额：反映企业在生产经营过程中各种收入减去各种耗费后的盈余，反映填表企业在报告期内实现的亏盈总额，包括营业利润和营业外收支净额。

本年应发工资总额：反映填报企业在报告期内应发放支付给本单位全部职工的劳动报酬（含临时工和聘用人员），包括工资、奖金、津贴和补贴，反映企业报告期内累计应发放的工资总额。

本年支付的职工福利费：反映填报企业在报告期内根据国家有关规定开支的各项福利支出。

四、公用房屋建筑面积指标解释

实际使用房屋建筑面积：指文化和旅游部门实际使用办公和业务用房面积，包括租借房屋面积。

实际拥有产权面积：指文化和旅游部门实际拥有产权的各种办公和业务用房面积，包括出租产权房屋面积，具体以房屋产权证上登记产权面积为准。

公共图书馆

按年份全国公共图书馆主要业务活动情况

年份	机构数（个）	从业人员（人）	总藏量（万册/件）	总流通人次（万人次）	外借人次	书刊、文献外借册次（万册次）	书架单层总长度（万米）	实际持证读者数（万个）	本年新购藏量（万册）
1979年	1651		18353	7787		9625			
1980年	1732		19904	9045		11830			
1985年	2344	29350	25573	11614		18942			1343
1986年	2406	31849	26133	11722		16205	504	523	1359
1990年	2527	40247	29064	12435		20242	772	603	895
1991年	2535	42037	30614	20496	7949	13325	758	631	771
1992年	2558	43051	31175	18495	7653	12625	748	563	740
1993年	2572	44656	31410	16973	6970	11685	797	562	631
1994年	2589	44367	32332	14451	7232	11852	776	552	556
1995年	2615	45323	32850	14142	7160	11814	899	540	551
1996年	2620	46457	33686	14793	7731	13544	967	527	577
1997年	2628	47882	37549	16114	8561	15685	817	556	680
1998年	2662	48313	38514	17058	8910	15422	873	582	700
1999年	2669	48792	39539	18040	9075	16290	934	596	678
2000年	2675	51342	40953	18854	9600	16913	978	623	692
2001年	2696	48579	42130	20757	9829	17559	945	792	819
2002年	2697	48447	42683	21950	10428	20021	995	918	946
2003年	2709	49646	43776	21440	10666	18775	1035	943	1049
2004年	2720	49069	46152	22095	10140	18536	1247	1056	1228
2005年	2762	50423	48056	23332	10821	20269	1320	1062	1535
2006年	2778	51311	50024	25218	11408	21039	1413	1160	1686
2007年	2799	51650	52053	26103	11454	21319	1318	1273	1871
2008年	2820	52021	55064	28141	12251	23129	1112	1454	2071
2009年	2850	52688	58521	32167	13277	25857	1216	1749	2939
2010年	2884	53564	61726	32823	13934	26392	1200	2020	2956
2011年	2952	54475	63896	37423	15316	28452	1218	2214	3985
2012年	3076	54997	68827	43437	17402	33191	1216	2485	5826
2013年	3112	56320	74896	49232	20552	40868	1191	2877	4865
2014年	3117	56071	79092	53036	22737	46734	1210	3944	4742
2015年	3139	56422	83844	58892	23085	50896	1262	5721	5151
2016年	3154	57219	90163	66037	24892	54725	1335	5593	6275
2017年	3166	57567	96953	74450	25503	55091	1432	6736	7034
2018年	3176	57617	103659	81827	25503	58010	1487	7252	6895
2019年	3196	57796	111181	90135	26609	61373	1615	8627	6986
2020年	3212	57980	117930	54146	17467	42087	1612	10251	6732

按年份全国公共图书馆经费收支及设施情况

年份	收入合计(万元)	财政拨款	支出合计(万元)	新增藏量购置费	新购图书(万册)	实际使用房屋建筑面积(万平方米)	书库	阅览室	阅览室座席数(万个)
1979年	5040	5040	5206	2163		86.6	38.1	21.1	
1980年	5476	5476	5486	2273		92.0	42.1	23.5	
1985年	15272	15272	13393	4164	1343	172.0	64.1	46.1	23.1
1986年	19891	19070	17242	5300	1359	210.2	73.0	53.4	33.7
1990年	32328	29292	30271	8474	895	326.0	98.4	76.1	32.1
1991年	36764	32593	34388	8927	771	349.1	104.3	80.0	34.0
1992年	45354	39010	41132	9916	740	363.6	105.3	84.3	34.4
1993年	50917	42975	48211	10698	631	368.0	108.0	85.0	34.3
1994年	74586	60639	63295	9252	556	409.1	113.6	85.7	34.8
1995年	79685	65829	74080	16788	551	415.5	117.8	88.3	35.2
1996年	93235	76582	88963	19626	577	441.4	120.8	94.0	35.6
1997年	114004	93177	113927	25527	680	471.5	124.9	98.0	37.4
1998年	129082	107521	127032	28067	700	492.5	131.7	101.8	39.9
1999年	137430	115830	135826	30473	678	506.0	137.4	105.7	41.6
2000年	163799	139321	157173	37141	692	598.2	139.0	109.7	41.6
2001年	183368	152732	187661	36489	819	561.8	146.4	114.4	43.7
2002年	213322	176882	208929	41853	946	582.8	151.6	122.6	43.9
2003年	242188	205252	235819	44407	1049	588.6	156.0	129.7	46.1
2004年	281234	238141	275034	50780	1228	625.1	158.4	138.6	47.2
2005年	325880	277848	312571	59781	1535	677.0	170.0	150.0	48.0
2006年	366089	319479	344076	66095	1686	718.9	175.5	159.0	50.0
2007年	450512	395441	431326	78262	1871	741.4	181.6	169.2	52.7
2008年	531926	477616	519841	83832	2071	780.0	183.5	179.3	55.4
2009年	613175	550808	606630	104404	2939	850.3	194.7	203.5	60.2
2010年	646085	583685	643629	111093	2956	900.4	204.5	220.6	63.1
2011年	813232	756357	794778	141477	3985	994.9	212.9	245.3	68.1
2012年	1002068	934890	977556	147785	5826	1058.4	230.1	281.9	73.5
2013年	1151163	1070575	1130035	165959	4865	1158.5	240.2	318.9	81.0
2014年	1212979	1137210	1163583	170133	4742	1231.6	252.4	331.8	85.6
2015年	1358370	1270354	1340481	197468	5151	1301.5	268.4	358.0	91.1
2016年	1494998	1415668	1451469	216020	6275	1424.3	281.9	398.2	98.6
2017年	1801356	1722791	1692580	236506	7034	1515.3	302.7	433.5	106.4
2018年	1829159	1754512	1876015	204622	6894	1596.0	318.5	458.4	111.7
2019年	1912115	1835549	1928714	234890	6986	1699.7	335.1	497.6	119.1
2020年	1914647	1821282	1883153	225760	6732	1785.8	345.7	537.3	126.5

按年份各地区公共图书馆机构数

单位：个

地　区	1995年	2000年	2005年	2010年	2015年	2018年	2019年	2020年
总　计	**2615**	**2675**	**2762**	**2884**	**3139**	**3176**	**3196**	**3212**
北　京	22	24	25	24	24	23	23	23
天　津	31	31	32	31	31	29	29	27
河　北	134	145	153	165	172	173	173	176
山　西	119	121	122	126	126	128	128	128
内蒙古	107	108	110	113	117	117	117	117
辽　宁	127	128	126	128	129	130	130	129
吉　林	51	60	63	65	66	66	66	66
黑龙江	96	97	96	107	107	109	110	103
上　海	31	31	28	28	25	23	23	23
江　苏	94	101	103	111	114	116	117	120
浙　江	81	83	90	97	100	103	103	104
安　徽	83	84	88	88	122	126	127	131
福　建	78	81	84	86	90	91	94	97
江　西	104	104	104	108	114	113	114	114
山　东	130	133	145	149	154	154	154	154
河　南	132	134	136	142	158	160	164	166
湖　北	100	103	102	107	112	115	116	117
湖　南	116	115	120	124	137	140	141	143
广　东	114	124	129	132	140	143	146	148
广　西	99	94	95	108	112	116	116	116
海　南	19	19	20	20	21	24	24	24
重　庆		42	43	43	43	43	43	43
四　川	166	129	141	161	203	204	206	207
贵　州	87	89	91	93	96	98	98	100
云　南	148	148	149	150	151	151	151	149
西　藏	18	1	4	4	79	81	81	81
陕　西	114	114	111	112	110	111	111	117
甘　肃	86	91	92	94	103	103	104	104
青　海	41	38	43	44	49	51	52	50
宁　夏	20	22	20	20	26	27	27	27
新　疆	66	80	96	103	107	107	107	107

按年份各地区公共图书馆从业人员

单位：人

地　区	1995年	2000年	2005年	2010年	2015年	2018年	2019年	2020年
总　计	**45323**	**51342**	**50423**	**53564**	**56422**	**57602**	**57796**	**57980**
北　京	886	1080	1219	1307	1263	1229	1218	1228
天　津	1084	1111	1057	1077	1189	1047	1060	1163
河　北	1592	1711	1690	1789	1855	1921	1892	2020
山　西	1370	1527	1631	1575	1554	1652	1670	1765
内蒙古	2015	1833	1776	1804	1942	1873	1795	1784
辽　宁	2859	4916	2888	3152	2805	2588	2423	2295
吉　林	1596	1724	1783	1661	1628	1556	1566	1471
黑龙江	2014	1846	1669	1846	1693	1659	1594	1535
上　海	1686	2513	2597	2180	2113	2110	2164	2112
江　苏	1953	2092	2363	2838	3183	3529	3617	3684
浙　江	1565	1936	2122	3040	3577	3849	4055	3876
安　徽	1168	1241	1217	1239	1510	1504	1509	1572
福　建	1077	1172	1110	1190	1330	1599	1612	1643
江　西	1386	1462	1373	1406	1395	1408	1372	1387
山　东	2318	2506	2690	2680	2750	2843	2816	2904
河　南	2352	2626	2742	2762	2949	2914	2910	2906
湖　北	2054	2299	2253	2151	2212	2128	2101	2089
湖　南	1733	1925	1963	1993	2092	2110	2063	2066
广　东	2355	2837	3252	3761	4159	4542	4729	5163
广　西	1335	1540	1459	1509	1509	1675	1680	1680
海　南	252	250	250	374	325	319	316	363
重　庆		785	755	854	874	1002	984	953
四　川	2415	1719	1869	1972	2261	2313	2295	2365
贵　州	869	876	905	937	1046	1089	1088	1084
云　南	1429	1571	1661	1760	1826	1770	1785	1755
西　藏	50	42	62	64	187	200	185	198
陕　西	1317	1572	1691	1988	2121	2085	2383	2056
甘　肃	979	1110	1179	1306	1443	1434	1433	1488
青　海	400	378	365	398	411	520	469	488
宁　夏	498	537	509	543	558	597	586	568
新　疆	770	907	951	978	1083	1093	1015	977

按年份各地区公共图书馆总藏量

单位：万册/件

地　区	1995年	2000年	2005年	2010年	2015年	2018年	2019年	2020年
总　计	**32850**	**40953**	**48056**	**61726**	**83844**	**103716**	**111181**	**117930**
北　京	670	767	1121	1715	2425	2876	3012	3133
天　津	677	786	869	1258	1697	1867	2099	2175
河　北	845	1081	1307	1611	2200	2717	3064	3432
山　西	777	867	963	1208	1548	1860	2026	2153
内蒙古	621	683	744	940	1513	1904	1996	2050
辽　宁	1786	1970	2326	2953	3736	4175	4395	4533
吉　林	921	1030	1202	1380	1768	2052	2168	2258
黑龙江	1094	1186	1291	1644	1827	2233	2319	2357
上　海	1586	5500	6049	6809	7568	7894	8063	8092
江　苏	2420	2669	3179	4370	6847	9323	9887	10546
浙　江	1511	1715	2324	3761	6250	8608	9433	9867
安　徽	752	787	847	1236	1942	2910	3123	3546
福　建	902	985	1274	1682	2821	3745	4254	4606
江　西	1070	1122	1282	1520	2159	2522	2659	2857
山　东	1724	1989	2746	3636	4727	6213	6616	6975
河　南	1062	1239	1429	1837	2472	3169	3409	4065
湖　北	1445	1678	1923	2361	3003	3910	4221	4416
湖　南	1362	1514	1667	1961	2555	3305	3567	3923
广　东	1651	2316	3119	4615	7008	9548	10543	11687
广　西	1243	1312	1491	1881	2606	2750	2902	3003
海　南	137	154	184	285	424	551	598	665
重　庆		811	768	1031	1304	1808	1901	1997
四　川	2356	1722	2002	2599	3328	3948	4172	4350
贵　州	616	681	764	812	1221	1467	1606	1674
云　南	1104	1254	1371	1566	1944	2154	2338	2344
西　藏	51	60	42	53	162	221	245	249
陕　西	733	837	887	1127	1506	1893	2097	2155
甘　肃	670	745	860	1042	1340	1560	1700	1814
青　海	280	286	324	358	415	479	494	582
宁　夏	338	380	378	462	706	732	749	803
新　疆	489	579	817	1113	1303	1420	1490	1513

按年份各地区人均拥有公共图书馆藏量

单位：册/件

地区	1995年	2000年	2005年	2010年	2015年	2018年	2019年	2020年
全国	**0.27**	**0.32**	**0.37**	**0.46**	**0.61**	**0.74**	**0.79**	**0.84**
北京	0.54	0.55	0.73	0.87	1.12	1.34	1.40	1.43
天津	0.72	0.79	0.83	0.97	1.10	1.20	1.34	1.57
河北	0.13	0.16	0.19	0.22	0.30	0.36	0.40	0.46
山西	0.25	0.26	0.29	0.34	0.42	0.50	0.54	0.62
内蒙古	0.27	0.29	0.31	0.38	0.60	0.75	0.79	0.85
辽宁	0.44	0.46	0.55	0.68	0.85	0.96	1.01	1.06
吉林	0.36	0.38	0.44	0.50	0.64	0.76	0.81	0.94
黑龙江	0.30	0.32	0.34	0.43	0.48	0.59	0.62	0.74
上海	1.12	3.29	3.40	2.96	3.13	3.26	3.32	3.25
江苏	0.34	0.36	0.43	0.56	0.86	1.16	1.23	1.24
浙江	0.35	0.37	0.47	0.69	1.13	1.50	1.61	1.53
安徽	0.13	0.13	0.14	0.21	0.32	0.46	0.49	0.58
福建	0.28	0.28	0.36	0.46	0.73	0.95	1.07	1.11
江西	0.26	0.27	0.30	0.34	0.47	0.54	0.57	0.63
山东	0.20	0.22	0.30	0.38	0.48	0.62	0.66	0.69
河南	0.12	0.13	0.15	0.20	0.26	0.33	0.35	0.41
湖北	0.25	0.28	0.34	0.41	0.51	0.66	0.71	0.76
湖南	0.21	0.24	0.26	0.30	0.38	0.48	0.52	0.59
广东	0.24	0.27	0.34	0.44	0.65	0.84	0.92	0.93
广西	0.27	0.29	0.32	0.41	0.54	0.56	0.59	0.60
海南	0.19	0.20	0.22	0.33	0.47	0.59	0.63	0.66
重庆		0.26	0.27	0.36	0.43	0.58	0.61	0.62
四川	0.21	0.21	0.24	0.32	0.41	0.47	0.50	0.52
贵州	0.18	0.19	0.20	0.23	0.35	0.41	0.44	0.43
云南	0.28	0.29	0.31	0.34	0.41	0.45	0.48	0.50
西藏	0.21	0.23	0.15	0.18	0.50	0.64	0.70	0.68
陕西	0.21	0.23	0.24	0.30	0.40	0.49	0.54	0.55
甘肃	0.27	0.29	0.33	0.41	0.52	0.59	0.64	0.73
青海	0.58	0.55	0.60	0.64	0.70	0.79	0.81	0.98
宁夏	0.66	0.68	0.63	0.73	1.06	1.06	1.08	1.11
新疆	0.29	0.30	0.41	0.51	0.55	0.57	0.59	0.59

按年份各地区公共图书馆总流通人次

单位：万人次

地　区	1995年	2000年	2005年	2010年	2015年	2018年	2019年	2020年
总　计	**14142**	**18854**	**23332**	**32823**	**58892**	**82032**	**90135**	**54146**
北　京	272	320	715	775	1264	1903	1969	413
天　津	265	461	483	606	789	1226	1621	759
河　北	473	736	635	736	1428	2371	2563	857
山　西	227	261	256	374	830	1620	2030	989
内蒙古	282	270	380	312	649	1252	1377	744
辽　宁	829	1184	1133	1457	2068	2850	3123	1562
吉　林	385	409	505	503	732	812	971	415
黑龙江	631	608	505	622	968	1131	1152	396
上　海	687	1225	1249	1853	3931	3036	2734	668
江　苏	883	1227	1735	3006	6001	8114	8425	9047
浙　江	555	1140	1398	3454	7942	11875	13935	8461
安　徽	372	561	461	760	1739	3341	3582	2392
福　建	466	647	734	1193	2396	3355	3895	1660
江　西	413	485	534	639	1258	1754	1859	1396
山　东	509	795	1422	1717	2729	4578	5245	3574
河　南	650	713	828	1026	2233	3360	4295	2526
湖　北	559	714	1145	1516	1955	2577	2646	1293
湖　南	618	808	787	1028	1617	2478	2662	3118
广　东	1447	2235	3543	4540	7855	10518	12201	5494
广　西	809	927	896	1343	2065	2385	2113	1163
海　南	94	121	115	172	445	578	444	309
重　庆		266	595	621	1235	1604	1598	1190
四　川	776	554	766	1168	2010	2562	2739	1744
贵　州	462	228	187	369	594	882	930	705
云　南	559	654	735	907	1223	1695	1693	1073
西　藏		2	2	3	20	35	38	26
陕　西	242	275	365	519	982	1525	1538	825
甘　肃	225	185	317	468	678	834	907	588
青　海	39	58	68	89	112	156	168	106
宁　夏	140	142	167	163	282	512	531	339
新　疆	140	263	212	350	474	566	575	246

按年份各地区公共图书馆图书外借册次

单位：万册次

地　区	1995年	2000年	2005年	2010年	2015年	2018年	2019年	2020年
总　计	**11814**	**16913**	**20269**	**26392**	**50896**	**58010**	**61373**	**42087**
北　京	283	442	678	804	940	1203	1266	309
天　津	237	274	380	572	859	1137	1067	459
河　北	379	673	469	493	972	1413	1713	892
山　西	204	207	272	282	547	961	1044	728
内蒙古	239	233	243	312	574	830	784	541
辽　宁	856	1119	1173	1456	1708	1914	1982	1387
吉　林	332	387	794	412	748	757	710	363
黑龙江	500	527	789	479	688	929	884	288
上　海	507	970	1028	1461	8681	2505	2151	786
江　苏	967	1269	1494	2542	4980	5956	6153	6240
浙　江	550	1054	1233	2924	5727	7149	7846	5546
安　徽	343	455	341	683	1481	2229	2340	1714
福　建	517	779	729	1097	2465	3497	4176	2268
江　西	383	543	723	562	1119	1584	1688	1271
山　东	573	718	1379	1514	2331	3329	3623	2412
河　南	517	695	647	915	1676	2271	2465	1602
湖　北	543	769	927	1846	1816	2210	2298	1211
湖　南	562	735	801	1059	1540	2275	2409	2151
广　东	687	1192	2037	2267	4377	7213	7933	5991
广　西	528	688	761	733	1155	1155	1061	596
海　南	49	64	28	86	222	223	228	158
重　庆		435	472	706	949	1313	1324	1064
四　川	691	564	651	924	1617	1785	1929	1317
贵　州	133	189	118	222	476	615	642	534
云　南	529	680	701	702	1072	1142	1056	793
西　藏		11	4	4	7	11	11	7
陕　西	238	305	264	305	681	888	1003	569
甘　肃	173	153	261	345	588	662	715	373
青　海	51	52	58	42	91	99	93	65
宁　夏	125	265	212	182	302	345	354	240
新　疆	91	251	175	317	440	345	362	200

按年份各地区公共图书馆财政拨款

单位：万元

地　区	1995年	2000年	2005年	2010年	2015年	2018年	2019年	2020年
总　计	**65829**	**139321**	**277848**	**583685**	**1270354**	**1754512**	**1835549**	**1821282**
北　京	1683	8734	15554	32746	58565	76091	74926	73607
天　津	1295	2751	10980	18500	37294	56947	64223	48730
河　北	1827	2980	6717	10034	28569	37758	35300	42593
山　西	1184	2150	4862	9838	22710	37935	42261	36189
内蒙古	1432	2452	5086	17898	38852	39714	36952	37436
辽　宁	3737	6822	15446	31121	48542	52805	52927	44701
吉　林	1707	3364	5861	12385	28732	31933	34036	31270
黑龙江	2088	3104	7752	13616	28784	28322	31013	27606
上　海	5558	22870	30636	56345	85027	154282	156373	188139
江　苏	3620	6729	16075	34240	82558	131931	136072	128116
浙　江	2356	6509	20316	43536	94626	138967	133723	132525
安　徽	1165	2054	5436	10008	24786	37970	45391	40791
福　建	1778	3681	6579	14975	35015	53594	49944	62688
江　西	1184	2022	3780	9726	24660	30253	31278	34008
山　东	2814	6129	12039	22996	54919	68445	74024	75597
河　南	1766	3591	5987	12252	33275	51314	55535	52687
湖　北	1649	2896	6498	29240	47629	59781	59526	57305
湖　南	1816	2550	5376	12154	29914	46738	45615	45329
广　东	6110	11868	28592	58296	127501	206621	234178	235388
广　西	1563	2851	5469	12191	32734	37156	43378	39641
海　南	378	322	631	3373	9758	16011	9955	24580
重　庆		1491	2957	7650	23778	30273	32073	32578
四　川	2591	2877	7229	16955	64020	60482	61442	62218
贵　州	746	1259	3401	5939	15290	25871	61815	39127
云　南	2178	5134	6096	11763	24864	37120	40968	49667
西　藏	72	111	336	1145	6932	6306	6245	8994
陕　西	934	2038	3973	11547	25922	36487	34586	32977
甘　肃	985	1752	4438	9648	22858	24827	25579	27046
青　海	724	678	1237	3096	9340	11669	10493	11784
宁　夏	408	786	1504	5067	12731	12120	11882	11266
新　疆	1062	1476	3360	8089	21635	28263	21600	19024

按年份各地区公共图书馆总支出

单位：万元

地　区	1995年	2000年	2005年	2010年	2015年	2018年	2019年	2020年
总　计	**74080**	**157173**	**312571**	**643629**	**1340481**	**1876015**	**1928714**	**1883153**
北　京	1851	5326	16840	26706	59616	74259	74400	71609
天　津	2128	3074	7548	20119	35517	53025	59775	51152
河　北	2044	3458	7208	11062	28024	37000	36871	42382
山　西	1170	2270	5085	10787	23050	38156	41861	43440
内蒙古	1458	2536	4959	15124	39865	44126	39053	38309
辽　宁	4392	7783	16225	32183	49577	52747	53354	47535
吉　林	1835	3520	6295	12613	29390	32914	32865	32279
黑龙江	2139	3409	8602	13500	31318	28415	31220	27753
上　海	7021	24425	36757	63728	93556	221557	141282	194038
江　苏	4046	8400	20630	37964	86604	136250	143067	129244
浙　江	3082	8500	22905	47316	100338	143649	166239	136592
安　徽	1384	2641	5767	11788	26927	37629	43534	42662
福　建	1710	3916	7446	15517	34971	54482	57532	65034
江　西	1323	2343	4343	10432	25599	31080	34173	35446
山　东	2968	6881	13242	23206	56509	66638	78346	77636
河　南	2140	3902	6377	13452	32060	52348	57976	54013
湖　北	2372	3952	8120	31444	50295	62461	62709	58583
湖　南	2329	3399	6431	13378	30504	47505	48584	47725
广　东	6807	14597	33777	61294	134518	202280	240520	232773
广　西	1769	3077	6288	13369	35915	39978	44243	40367
海　南	369	355	658	4320	9808	18571	12801	24021
重　庆		2026	3856	9335	24115	31361	35160	35355
四　川	3245	3462	8218	17841	59960	66352	68280	63570
贵　州	810	1428	3497	6736	17210	28614	64014	41620
云　南	2234	3928	6786	12632	27661	38999	40346	46813
西　藏	61	110	336	689	5146	6037	6550	8041
陕　西	951	2263	4405	11820	27944	39667	38002	40501
甘　肃	1011	1799	4399	9592	25254	27939	28366	29648
青　海	424	780	1315	3155	9074	15096	12007	12294
宁　夏	430	783	1574	5786	12828	13959	14135	12182
新　疆	1119	1677	3999	8890	26944	28480	25569	20076

按年份各地区公共图书馆新增藏量购置费

单位：万元

地区	1995年	2000年	2005年	2010年	2015年	2018年	2019年	2020年
总计	**16788**	**37141**	**59781**	**111093**	**197468**	**246475**	**234890**	**225760**
北京	251	914	3413	4483	8392	10904	7382	7446
天津	318	563	1527	3267	4870	9430	9331	6986
河北	302	428	677	1524	4063	4754	4214	4555
山西	131	292	385	1482	2466	3662	4469	5749
内蒙古	86	166	169	939	3209	7386	2940	3690
辽宁	768	948	2027	5165	6801	5742	6509	4749
吉林	250	459	777	1312	3877	3521	3367	3315
黑龙江	235	395	410	1584	2436	2213	2900	2231
上海	2204	11210	10342	14950	19127	16829	16030	15410
江苏	732	1780	3739	8279	15421	17566	18308	15090
浙江	578	1577	3994	10908	17781	23273	25282	25214
安徽	262	297	619	1454	4634	5410	6431	7664
福建	311	716	1599	2801	6229	10053	9979	9299
江西	99	302	646	1299	2624	3978	5080	4701
山东	506	978	1868	4000	7665	10357	9515	10275
河南	255	413	655	1449	4166	5500	6053	6996
湖北	299	699	1296	1847	8752	11151	10400	7469
湖南	207	415	900	1672	3933	6426	6344	5243
广东	1186	2832	7394	12506	23670	33084	37892	31289
广西	291	520	674	1863	5043	5117	5739	4735
海南	59	41	92	874	873	1381	1434	1554
重庆		330	569	1626	3230	3796	4858	3981
四川	431	485	1095	2129	4912	5739	7259*	6176
贵州	100	166	301	682	1446	2896	2144	2309
云南	441	538	720	1700	2699	2697	2312	2462
西藏	14	16	43	119	1176	473	348	502
陕西	104	117	701	1527	3270	4728	3972	7468
甘肃	170	289	594	1177	2382	2736	2871	3242
青海	33	54	72	153	785	660	848	1310
宁夏	41	68	136	501	1355	1596	1162	959
新疆	91	136	347	925	1480	1315	1117	1007

按年份各地区公共图书馆人均购书费

单位：元

地　区	1995年	2000年	2005年	2010年	2015年	2018年	2019年	2020年
全　国	**0.14**	**0.29**	**0.46**	**0.83**	**1.43**	**1.77**	**1.68**	**1.60**
北　京	0.20	0.66	2.22	2.29	3.87	5.06	3.43	3.40
天　津	0.34	0.56	1.46	2.53	3.15	6.05	5.97	5.04
河　北	0.05	0.06	0.10	0.21	0.55	0.63	0.56	0.61
山　西	0.04	0.09	0.12	0.42	0.67	0.99	1.20	1.65
内蒙古	0.04	0.07	0.07	0.38	1.28	2.92	1.16	1.53
辽　宁	0.19	0.22	0.48	1.18	1.55	1.32	1.50	1.12
吉　林	0.10	0.17	0.29	0.48	1.41	1.30	1.25	1.38
黑龙江	0.06	0.11	0.11	0.41	0.64	0.59	0.77	0.70
上　海	1.56	6.70	5.82	6.49	7.92	6.94	6.60	6.20
江　苏	0.10	0.24	0.50	1.05	1.93	2.18	2.27	1.78
浙　江	0.13	0.34	0.82	2.00	3.21	4.06	4.32	3.91
安　徽	0.04	0.05	0.10	0.24	0.75	0.86	1.01	1.26
福　建	0.10	0.21	0.45	0.76	1.62	2.55	2.51	2.24
江　西	0.02	0.07	0.15	0.29	0.58	0.86	1.09	1.04
山　东	0.06	0.11	0.20	0.42	0.78	1.03	0.95	1.01
河　南	0.03	0.05	0.07	0.15	0.44	0.57	0.63	0.70
湖　北	0.05	0.12	0.23	0.32	1.50	1.89	1.76	1.29
湖　南	0.03	0.06	0.14	0.25	0.58	0.93	0.92	0.79
广　东	0.17	0.33	0.80	1.20	2.18	2.92	3.29	2.48
广　西	0.06	0.12	0.15	0.41	1.05	1.04	1.16	0.94
海　南	0.08	0.05	0.11	1.01	0.54	1.48	1.52	1.54
重　庆		0.11	0.20	0.56	1.07	1.22	1.56	1.24
四　川	0.04	0.06	0.13	0.27	0.60	0.69	0.87	0.74
贵　州	0.03	0.05	0.08	0.20	0.41	0.80	0.59	0.60
云　南	0.11	0.13	0.16	0.37	0.57	0.56	0.48	0.52
西　藏	0.06	0.06	0.16	0.40	3.63	1.38	0.99	1.38
陕　西	0.03	0.03	0.19	0.41	0.86	1.22	1.03	1.89
甘　肃	0.07	0.11	0.23	0.46	0.92	1.04	1.08	1.30
青　海	0.07	0.10	0.13	0.27	1.33	1.10	1.39	2.21
宁　夏	0.08	0.12	0.23	0.80	2.03	2.32	1.67	1.33
新　疆	0.06	0.07	0.17	0.42	0.63	0.53	0.44	0.39

按年份各地区公共图书馆购书费支出占总支出的比重

单位：%

地区	1995年	2000年	2005年	2010年	2015年	2018年	2019年	2020年
全国	**22.7**	**23.6**	**19.1**	**17.3**	**14.7**	**13.1**	**12.2**	**12.0**
北京	13.6	17.2	20.3	16.8	14.1	14.7	9.9	10.4
天津	14.9	18.3	20.2	16.2	13.7	17.8	15.6	13.7
河北	14.8	12.4	9.4	13.8	14.5	12.8	11.4	10.7
山西	11.2	12.9	7.6	13.7	10.7	9.6	10.7	13.2
内蒙古	5.9	6.5	3.4	6.2	8.0	16.7	7.5	9.6
辽宁	17.5	12.2	12.5	16.0	13.7	10.9	12.2	10.0
吉林	13.6	13.0	12.3	10.4	13.2	10.7	10.2	10.3
黑龙江	11.0	11.6	4.8	11.7	7.8	7.8	9.3	8.0
上海	31.4	45.9	28.1	23.5	20.4	7.6	11.3	7.9
江苏	18.1	21.2	18.1	21.8	17.8	12.9	12.8	11.7
浙江	18.8	18.6	17.4	23.1	17.7	16.2	15.2	18.5
安徽	18.9	11.2	10.7	12.3	17.2	14.4	14.8	18.0
福建	18.2	18.3	21.5	18.0	17.8	18.5	17.3	14.3
江西	7.5	12.9	14.9	12.4	10.3	12.8	14.9	13.3
山东	17.0	14.2	14.1	17.2	13.6	15.5	12.1	13.2
河南	11.9	10.6	10.3	10.8	13.0	10.5	10.4	13.0
湖北	12.6	17.7	16.0	5.9	17.4	17.9	16.6	12.7
湖南	8.9	12.2	14.0	12.5	12.9	13.5	13.1	11.0
广东	17.4	19.4	21.9	20.4	17.6	16.4	15.8	13.4
广西	16.4	16.9	10.7	13.9	14.0	12.8	13.0	11.7
海南	16.0	11.5	14.0	20.2	8.9	7.4	11.2	6.5
重庆		16.3	14.8	17.4	13.4	12.1	13.8	11.3
四川	13.3	14.0	13.3	11.9	8.2	8.6	10.6	9.7
贵州	12.3	11.6	8.6	10.1	8.4	10.1	3.3	5.5
云南	19.7	13.7	10.6	13.5	9.8	6.9	5.7	5.3
西藏	23.0	14.5	12.8	17.2	22.8	7.8	5.3	6.2
陕西	10.9	5.2	15.9	12.9	11.7	11.9	10.5	18.4
甘肃	16.8	16.1	13.5	12.3	9.4	9.8	10.1	10.9
青海	7.8	6.9	5.5	4.8	8.7	4.4	7.1	10.7
宁夏	9.5	8.7	8.6	8.7	10.6	11.4	8.2	7.9
新疆	8.1	8.1	8.7	10.4	5.5	4.6	4.4	5.0

按年份各地区公共图书馆新购图书册数

单位：万册

地　区	1995年	2000年	2005年	2010年	2015年	2018年	2019年	2020年
总　计	**551**	**692**	**1535**	**2956**	**5151**	**6894**	**6986**	**6732**
北　京	11	33	114	125	196	192	171	119
天　津	12	17	35	74	102	223	248	119
河　北	26	15	33	68	122	182	261	307
山　西	7	12	17	45	81	127	168	130
内蒙古	7	11	8	67	68	129	88	123
辽　宁	41	39	72	157	179	164	154	113
吉　林	14	14	32	52	96	85	117	94
黑龙江	17	17	26	71	88	91	86	70
上　海	44	67	100	176	242	184	184	161
江　苏	41	57	106	259	478	622	577	578
浙　江	33	54	142	337	643	673	816	894
安　徽	9	11	23	61	191	289	236	422
福　建	18	25	71	103	211	384	480	352
江　西	9	15	26	65	91	104	134	179
山　东	23	32	64	133	259	652	399	407
河　南	16	21	30	95	124	251	230	252
湖　北	23	28	43	60	185	359	304	185
湖　南	19	24	54	80	134	209	218	293
广　东	69	77	316	368	557	848	937	918
广　西	16	20	26	56	149	173	152	97
海　南	6	3	3	25	27	52	39	48
重　庆		12	23	52	104	124	105	100
四　川	25	21	47	95	211	191	217	200
贵　州	5	8	7	27	61	87	111	86
云　南	22	15	26	43	93	73	95	62
西　藏			2	2	39	26	13	15
陕　西	5	6	25	43	79	111	105	117
甘　肃	7	7	12	26	55	47	87	72
青　海	1	2	3	6	19	11	17	21
宁　夏	2	3	5	31	33	55	42	70
新　疆	6	5	15	32	93	45	59	57

按年份各地区公共图书馆阅览室座席数

单位：万个

地 区	1995年	2000年	2005年	2010年	2015年	2018年	2019年	2020年
总 计	**35.2**	**41.6**	**48.0**	**63.1**	**91.1**	**111.7**	**119.1**	**126.5**
北 京	0.5	0.8	1.1	1.3	1.5	1.6	1.6	1.6
天 津	0.5	0.7	1.0	0.9	1.5	1.9	2.0	2.1
河 北	1.4	1.8	2.0	2.2	3.3	4.3	4.6	4.8
山 西	0.9	1.1	1.2	1.6	2.7	3.7	3.9	4.2
内蒙古	1.2	1.3	1.4	1.7	2.6	3.1	3.3	3.6
辽 宁	1.7	2.0	2.3	3.0	3.5	4.0	4.1	4.2
吉 林	0.9	1.2	1.2	1.4	1.9	2.2	2.3	2.3
黑龙江	1.1	1.1	1.3	1.8	2.3	2.9	2.8	2.8
上 海	1.2	1.5	1.5	1.9	2.2	2.3	2.4	2.4
江 苏	1.8	2.2	2.5	3.9	5.1	7.0	7.3	7.7
浙 江	1.2	1.6	2.5	3.5	6.1	7.8	8.5	8.6
安 徽	0.9	0.8	1.0	1.6	3.3	4.3	4.6	4.9
福 建	1.3	1.3	1.7	2.5	3.2	4.0	4.5	4.6
江 西	1.6	1.6	1.7	2.2	3.1	3.7	4.0	4.8
山 东	1.4	2.0	2.7	3.7	5.6	6.4	6.4	7.0
河 南	1.2	1.6	1.7	2.4	4.2	5.4	6.2	6.5
湖 北	2.1	2.1	2.4	2.7	3.7	4.4	4.8	5.0
湖 南	2.2	2.5	2.3	3.0	3.3	4.0	4.2	4.6
广 东	2.6	3.0	4.0	5.9	9.0	10.0	11.0	12.5
广 西	1.8	2.0	1.8	2.5	2.8	3.3	3.4	3.7
海 南	0.3	0.3	0.3	0.4	0.6	0.7	0.7	0.7
重 庆		0.8	0.8	1.4	2.1	3.0	3.1	3.2
四 川	2.2	2.1	2.3	2.6	4.6	5.8	6.2	6.3
贵 州	0.8	1.0	1.1	1.2	2.0	2.5	2.7	2.9
云 南	1.5	1.9	1.9	2.1	2.6	3.2	3.3	3.2
西 藏					0.3	0.4	0.4	0.3
陕 西	0.9	0.9	1.3	1.4	2.0	2.6	2.8	3.2
甘 肃	0.7	0.8	1.0	1.3	1.9	2.3	2.8	3.3
青 海	0.2	0.2	0.2	0.3	0.4	0.5	0.5	0.7
宁 夏	0.4	0.4	0.5	0.5	0.9	1.2	1.3	1.4
新 疆	0.5	0.7	1.0	1.4	2.3	2.7	3.0	3.0

按年份各地区每万人公共图书馆建筑面积

单位：平方米

地　区	1995年	2000年	2005年	2010年	2015年	2018年	2019年	2020年
全　国	**34.3**	**47.3**	**51.8**	**67.2**	**94.7**	**114.4**	**121.4**	**126.5**
北　京	56.7	75.3	99.5	86.6	113.6	138.6	138.4	136.6
天　津	81.6	99.9	162.0	103.1	167.4	259.7	278.7	313.8
河　北	26.9	33.5	38.5	34.6	59.2	71.5	75.0	81.4
山　西	27.6	34.3	45.0	67.8	114.3	139.9	148.8	162.6
内蒙古	46.0	53.0	65.8	90.4	135.5	168.1	170.4	182.5
辽　宁	53.8	61.6	81.3	100.8	126.7	137.3	141.2	144.5
吉　林	35.5	39.6	50.1	53.3	98.9	106.5	114.2	128.4
黑龙江	33.6	36.6	48.2	65.0	76.6	89.0	91.8	110.2
上　海	85.8	132.6	137.2	160.9	173.2	180.7	182.9	183.2
江　苏	30.3	35.5	57.9	83.1	129.3	167.0	195.4	190.1
浙　江	34.8	57.7	83.7	106.7	171.7	208.8	223.4	204.0
安　徽	14.6	15.9	23.9	37.0	65.0	80.7	89.5	99.2
福　建	42.2	47.5	65.9	117.1	99.1	143.0	152.2	148.3
江　西	38.6	39.9	47.6	61.1	80.1	89.1	95.2	120.1
山　东	22.6	26.9	42.3	49.7	83.8	116.5	107.2	113.0
河　南	21.6	25.9	27.2	34.5	57.9	70.2	75.3	79.5
湖　北	35.1	39.3	49.9	57.3	91.9	116.8	121.4	126.1
湖　南	33.6	38.7	39.7	54.9	61.1	72.0	77.1	92.0
广　东	43.2	132.1	57.8	80.6	115.9	120.8	131.2	134.5
广　西	38.1	46.8	45.1	55.8	72.0	89.4	95.4	98.6
海　南	36.0	41.9	53.1	98.2	88.5	94.6	97.0	95.6
重　庆		37.5	47.2	70.8	97.6	116.7	118.4	119.4
四　川	22.6	27.3	34.2	42.1	68.5	79.2	81.2	83.4
贵　州	23.9	39.7	35.7	44.5	63.7	73.9	79.1	77.9
云　南	44.6	48.5	78.4	65.5	75.1	84.1	84.7	85.9
西　藏	52.1	61.1	104.7	89.6	156.2	170.0	168.3	169.1
陕　西	32.8	33.8	52.7	53.5	64.4	83.4	93.8	104.5
甘　肃	34.5	43.7	41.6	63.2	84.3	114.5	123.2	149.0
青　海	60.5	73.4	68.1	78.9	105.9	132.0	151.4	188.9
宁　夏	78.2	78.3	68.8	133.9	158.8	189.4	200.3	194.2
新　疆	43.1	44.7	54.7	82.0	100.6	113.1	140.5	139.0

2020年公共图

	机构数（个）	从业人员（人）	专业技术人才	正高级职称	副高级职称	中级职称
总　计	**3212**	**57980**	**40396**	**923**	**6130**	**18868**
其中：少儿图书馆	146	2623	1851	59	305	841
按隶属关系分：						
中央	1	1342	1251	65	408	662
省区市	39	7443	6459	332	1362	3055
地市	382	15313	11700	345	2017	5608
县市区	2790	33882	20986	181	2343	9543
其中：县图书馆	1559	14471	9543	64	1102	4379

续表 1

	其他	在藏量中		音视频资源总量（千万小时）	电子文本、图片文献资源总量（万TB）	线上服务人次（万人次）
		开架书刊	少儿文献			
总　计	**6687.84**	**62464.12**	**15110.07**	**1181.04**	**2066.85**	**160703.52**
其中：少儿图书馆	203.23	3684.84	2994.97	13.59	16.43	7588.73
按隶属关系分：						
中央	463.66	209.15	9.41	0.03	0.22	16661.66
省区市	2817.15	5661.88	1369.45	62.03	50.67	66571.00
地市	635.45	18870.27	5382.91	73.22	276.11	51169.83
县市区	2771.58	37722.82	8348.30	1045.76	1739.85	26301.03
其中：县图书馆	987.87	12129.83	2670.71	529.22	1060.81	7276.00

书馆基本情况

总藏量(万册)	图书	盲文图书	古籍	善本	报刊	视听文献	缩微制品
117929.99	**94789.34**	**126.52**	**2688.02**	**285.21**	**10145.50**	**2063.92**	**1556.95**
5747.73	5075.67	4.77	41.86	6.65	254.88	168.46	3.72
4107.98	1601.15	0.54	195.69	34.48	1628.37	47.88	171.22
22201.62	14165.98	13.06	1345.05	169.23	2167.28	408.31	1297.84
30660.16	26182.30	34.74	668.88	42.80	2466.06	695.84	11.76
60960.23	52839.91	78.18	478.40	38.70	3883.79	911.89	76.13
21790.72	18216.91	37.54	222.82	21.03	2024.23	303.99	36.00

书架单层总长度(米)	本年新增藏量(万册)	本年新增电子图书(万册)	当年购买的报刊种类(种)	实际持证读者数(个)	总流通人次(万人次)	书刊文献外借人次	书刊文献外借册次(万册次)
16120434	**6731.55**	**9580.21**	**1219986**	**102513123**	**54145.81**	**17466.62**	**42087.15**
455514	343.36	156.40	40654	2950284	3047.70	976.92	3011.16
	71.55	7.24	16722	4931441	67.23	6.50	11.55
3016840	509.58	1763.85	148294	12887169	4960.18	747.55	2658.06
6250245	1794.55	2186.28	498974	35700213	15402.03	4336.42	12894.35
6853349	4355.87	5622.84	555996	48994300	33716.37	12376.15	26523.19
2743016	1712.97	1585.92	224855	10581811	12006.65	5055.87	9412.56

续表 2

	为读者举办各种活动					
	组织各类讲座次数(次)	参加人次(万人次)	举办展览(个)	参加人次(万人次)	举办培训班(个)	培训人次(万人次)
总　计	**61660**	**2996.79**	**36439**	**5791.30**	**52614**	**491.24**
其中：少儿图书馆	6160	144.59	1429	204.82	3611	37.07
按隶属关系分：						
中央	34	0.51	8	12.80	791	3.37
省区市	2235	1323.04	1461	512.98	2163	50.83
地市	15368	446.63	8323	1856.77	15044	197.51
县市区	44023	1226.61	26647	3408.75	34616	239.53
其中：县图书馆	16271	219.58	11841	1029.22	12473	83.23

续表 3

	中央资金	购书专项经费	上级补助收入	事业预算收入	经营收入	附属单位上缴收入
总　计	**439453**	**2072762**	**115626**	**208877**	**3869**	**126**
其中：少儿图书馆	24162	118340	2493	3536	383	
按隶属关系分：						
中央		126000		86836	113	
省区市	43448	549933	43	82191	2544	
地市	106089	672816	15879	14601	928	
县市区	289916	724013	99704	25249	284	126
其中：县图书馆	173951	184417	52021	8434	162	115

开展基层培训辅导人次(万人次)	本单位受训人次(万人次)	计算机(台)	供读者使用电子阅览室终端数	图书馆网站访问量(人次)	本年收入合计(千元)	财政拨款预算收入	免费开放资金
125.66	**26.61**	**226234**	**143714**	**2296181287**	**19146467**	**18212816**	**1689613**
9.01	2.06	8876	4977	28607165	1128260	1051690	118380
0.10	0.96	4433	1563	961559094	793124	676740	
10.44	4.05	19325	8169	396131270	4790410	4314395	232747
23.11	7.42	53826	31040	575513307	5655905	5563726	619939
92.01	14.18	148650	102942	362977616	7907028	7657955	836927
36.02	5.49	69479	49604	190280781	2604832	2501438	309512

其他收入	本年支出合计(千元)	基本支出	项目支出	经营支出	在支出合计中:		
					工资福利支出	商品和服务支出	差旅费
605153	**18831528**	**10019660**	**8297939**	**8551**	**7758022**	**4523490**	**60273**
70158	1128966	481753	630532	548	388770	214301	2714
29435	804591	400968	403623		303258	311817	993
391237	4456821	1834934	2616749	2463	1433246	1127564	10911
60771	5545909	2901979	2546729	1038	2317015	1270751	12246
123710	8024207	4881779	2730838	5050	3704503	1813358	36123
42662	2651224	1739703	753622	946	1316883	406552	17177

续表 4

	劳务费	福利费	各种税金支出	对个人和家庭补助支出	抚恤金和生活补助	其他资本性支出
总　计	**425644**	**63308**	**17822**	**624765**	**77115**	**3594034**
其中：少儿图书馆	15459	2991	1672	29640	5562	209054
按隶属关系分：						
中央	17059	99	6475	36517	1824	140043
省区市	62272	12297	3973	107569	14237	826942
地市	132593	17779	3504	245180	20970	1151495
县市区	213720	33133	3870	235499	40084	1475554
其中：县图书馆	54523	9208	1768	76483	13677	549876

续表 5

	阅览室面积	书刊阅览室面积	电子阅览室面积	实际拥有产权面积（万平方米）	阅览室座席数（个）	少儿阅览室座席数
总　计	**537.30**	**403.92**	**66.66**	**998.62**	**1264694**	**310373**
其中：少儿图书馆	21.82	15.98	2.14	30.19	51967	33843
按隶属关系分：						
中央	3.43	2.69	0.11	27.81	5427	300
省区市	51.36	43.64	3.51	127.25	86735	12180
地市	164.59	134.16	14.70	274.11	340588	74388
县市区	317.92	223.43	48.34	569.45	831944	223505
其中：县图书馆	127.22	82.89	23.21	257.82	355787	104373

各种设备、交通工具、图书购置费	新增藏量购置费	新增数字资源购置费	资产总计（千元）	固定资产净值	实际使用公用房屋建筑面积（万平方米）	书库面积
2998154	**1883227**	**374375**	**69982346**	**51102287**	**1785.77**	**345.67**
189303	94191	30922	2704419	1801704	62.14	10.63
135639	124468	2412	5423762	4019046	27.81	6.93
695536	401857	111240	21582686	13877284	193.57	42.55
985353	559132	161354	18892848	15415937	532.07	99.34
1181626	797770	99369	24083050	17790020	1032.32	196.85
363321	261537	23271	9644545	5797514	404.16	82.97

盲人阅览室座席数	志愿者服务队伍数（个）	志愿者服务队伍人数（人）	图书馆延伸服务情况			
			流动图书车数（辆）	流动服务书刊借阅人次（万人次）	流动图书馆车书刊借阅册次（万册次）	分馆数量（个）
30756	**10481**	**494755**	**2010**	**1444.53**	**2724.80**	**38631**
1118	367	26368	41	172.40	333.61	1319
12	9	62				18
896	988	68635	19	34.58	102.97	1120
6700	1257	170779	384	440.50	957.95	5311
23148	8227	255279	1607	969.45	1663.88	32182
11270	3365	62522	1089	485.42	777.02	12983

2020年各地区公共

地区	机构数(个)	从业人员(人)	专业技术人才	正高级职称	副高级职称	中级职称	总藏量(万册)
总计	**3212**	**57980**	**40396**	**923**	**6130**	**18868**	**117929.99**
北京	23	1228	997	15	86	390	3133.09
天津	27	1163	857	17	149	367	2175.12
河北	176	2020	1345	33	208	615	3432.31
山西	128	1765	1065	21	116	456	2152.88
内蒙古	117	1784	1517	31	364	644	2049.59
辽宁	129	2295	1727	76	272	970	4533.18
吉林	66	1471	1244	57	305	503	2258.15
黑龙江	103	1535	1296	106	343	613	2356.53
上海	23	2112	1900	56	180	821	8091.75
江苏	120	3684	2384	55	360	1068	10546.24
浙江	104	3876	2105	52	275	1034	9867.39
安徽	131	1572	975	9	103	434	3545.81
福建	97	1643	1061	14	95	514	4606.32
江西	114	1387	863	13	81	379	2857.01
山东	154	2904	2297	50	420	1066	6975.47
河南	166	2906	1674	28	201	751	4065.30
湖北	117	2089	1631	23	197	860	4416.10
湖南	143	2066	1471	16	139	791	3922.77
广东	148	5163	3101	56	302	1555	11687.33
广西	116	1680	1307	17	151	605	3003.06
海南	24	363	220	1	8	97	665.32
重庆	43	953	596	32	103	277	1997.49
四川	207	2365	1356	6	128	619	4350.47
贵州	100	1084	808	10	110	333	1673.59
云南	149	1755	1585	17	574	697	2344.02
西藏	81	198	128	2	12	20	249.14
陕西	117	2056	1298	10	101	612	2155.26
甘肃	104	1488	917	15	100	425	1813.97
青海	50	488	276	6	41	128	581.89
宁夏	27	568	390	10	67	184	802.71
新疆	107	977	754	4	131	378	1512.75

图书馆基本情况

图书	盲文图书	古籍	善本	报刊	视听文献	缩微制品	其他	在藏量中	
								开架书刊	少儿文献
94789.34	**126.52**	**2688.02**	**285.21**	**10145.50**	**2063.92**	**1556.95**	**6687.84**	**62464.12**	**15110.07**
2901.27	0.39	47.05	7.04	62.35	77.66	0.30	44.44	1746.87	437.60
1934.07	1.31	65.47	10.47	70.93	29.79	1.26	73.58	1102.08	313.02
2917.75	7.89	57.66	2.61	264.26	64.25	8.23	120.27	1924.29	395.56
1746.44	4.72	76.55	10.82	251.37	38.20	1.68	38.69	1168.29	231.61
1707.61	3.96	38.96	3.07	164.35	28.77	1.40	108.51	1067.01	173.28
3714.38	3.04	136.81	16.22	315.94	97.23	2.73	266.10	2614.41	673.72
1893.13	2.92	45.42	7.11	184.89	39.49	18.04	77.18	900.22	250.24
1917.23	2.46	43.36	2.40	273.05	43.92	34.66	44.40	1231.66	186.42
3791.26	1.87	200.79	19.70	394.83	142.07	1235.94	2326.85	2305.80	433.07
9293.89	7.40	352.72	27.58	592.13	151.52	4.70	151.34	5982.51	1429.96
8857.73	6.91	193.91	22.23	518.51	233.71	0.92	62.62	6274.21	1867.35
3121.84	7.94	62.97	5.42	191.22	48.12	1.03	120.67	1996.38	457.10
3744.78	2.89	47.15	3.57	300.67	79.93	2.79	430.97	2502.69	847.60
2341.43	5.15	78.73	10.22	287.78	23.17	0.90	125.06	1324.62	354.88
5984.38	8.33	140.87	24.45	538.45	61.18	5.18	245.54	4533.88	791.45
3272.24	10.15	110.20	8.42	389.42	44.37	1.67	247.51	2332.96	565.32
3695.16	5.39	96.15	8.23	408.96	67.31	37.56	111.04	2215.96	485.64
3331.77	7.05	116.56	8.48	347.32	66.23	1.97	59.02	2182.05	592.84
10066.24	7.35	76.95	5.04	576.82	313.32	2.79	651.30	7911.48	2369.37
2230.96	1.16	40.01	2.66	477.46	32.96	1.13	220.68	1342.84	397.26
581.89	0.29	1.20	0.06	36.90	40.97	0.82	3.59	433.13	75.62
1650.91	4.75	67.19	9.33	201.39	29.61	1.17	47.20	1203.42	301.45
3598.57	6.93	143.93	10.42	441.07	54.03	5.71	107.26	2279.65	464.95
1405.61	2.35	18.05	1.15	160.65	16.23	1.82	71.29	981.19	154.13
1733.33	2.74	92.63	6.50	333.47	84.70	1.24	98.68	1185.18	180.20
210.11	0.65	2.73	0.15	14.77	1.11	0.41	20.04	55.07	10.07
1832.63	3.24	55.88	6.12	180.61	20.47	0.41	65.35	1136.70	209.52
1434.62	3.03	52.11	9.70	238.25	12.20	5.67	71.18	1035.73	181.36
488.67	0.73	13.61	1.07	41.96	2.84	2.76	32.15	190.17	35.24
555.37	1.11	4.21	0.14	83.51	55.84	0.13	103.62	345.12	95.91
1232.92	1.88	12.50	0.35	173.84	14.84	0.71	78.05	749.40	138.92

续表 1

地　区	音视频资源总量(千万小时)	电子文本、图片文献资源总量(万TB)	线上服务人次(万人次)	书架单层总长度(米)	本年新购藏量(万册)	本年新增电子图书(万册)	当年购买的报刊种类(种)
总　计	**1181.04**	**2066.85**	**160703.52**	**16120434**	**6731.55**	**9580.21**	**1219986**
北　京	0.70	0.13	1936.52	307063	119.12	247.38	20835
天　津	0.11	0.15	2036.35	233476	118.52	389.82	22622
河　北	11.28	19.11	3237.23	510673	307.21	1709.08	29925
山　西	20.55	76.71	1294.81	274952	129.96	175.26	21483
内蒙古	9.98	167.67	2348.49	303571	122.73	128.30	20675
辽　宁	2.39	17.74	2361.78	538674	113.17	39.67	43254
吉　林	9.96	0.47	9051.24	274421	93.50	21.97	20453
黑龙江	46.50	43.10	5878.63	416670	70.32	267.70	24282
上　海	0.35	0.21	14010.19	631019	161.23	71.45	40704
江　苏	86.03	20.07	7791.04	1278079	577.84	465.97	78407
浙　江	8.73	0.32	16920.92	1236801	894.22	452.70	79787
安　徽	17.61	11.33	5300.97	380320	421.83	420.11	35230
福　建	2.77	33.14	7460.83	412493	352.10	168.14	36935
江　西	168.35	31.43	1445.86	264534	178.92	147.76	31188
山　东	171.16	273.32	17086.49	870940	407.01	458.07	53214
河　南	165.66	71.51	2685.10	481168	252.22	160.94	35175
湖　北	21.16	9.43	7493.24	586473	184.54	728.00	33758
湖　南	104.03	121.19	3884.83	868980	292.72	292.66	233296
广　东	16.96	92.91	11050.91	2167614	917.86	795.31	83954
广　西	0.11	21.76	4634.89	525091	96.92	237.40	33752
海　南	2.02	1.02	1558.32	91147	48.02	321.77	7556
重　庆	0.68	0.06	2180.29	422741	100.30	118.71	25271
四　川	0.17	0.06	1637.42	1479968	200.01	831.33	52429
贵　州	37.97	33.01	6606.28	214186	86.36	302.10	21857
云　南	140.63	6.29	780.98	497267	61.69	202.52	35899
西　藏	0.09		9.55	23780	14.88	16.20	3087
陕　西	84.14	918.75	1139.70	311447	117.06	73.25	24315
甘　肃	7.73	45.11	1165.81	198323	71.93	81.56	15340
青　海	0.54	0.63	381.21	82783	20.62	111.18	4442
宁　夏	42.57	50.00	410.24	102422	70.10	47.48	12087
新　疆	0.08		261.74	133358	57.09	89.18	22052

有效借书证数(个)	总流通人次(万人次)		书刊文献外借册次(万册次)	为读者举办各种活动					
		书刊文献外借人次		组织各类讲座次数(次)	参加人次(万人次)	举办展览(个)	参加人次(万人次)	举办培训班(个)	培训人次(万人次)
102513123	**54145.81**	**17466.62**	**42087.15**	**61660**	**2996.79**	**36439**	**5791.30**	**52614**	**491.24**
1802744	412.80	82.07	308.59	1268	55.28	467	56.72	267	1.46
1157946	758.91	133.07	458.91	543	3.97	435	57.66	739	1.69
1928620	857.25	394.43	892.39	1911	27.71	988	77.17	1151	9.30
1912732	989.18	403.46	728.36	1963	26.23	896	218.15	1047	5.66
810997	743.65	219.19	541.25	591	7.59	494	30.96	350	2.25
2304507	1561.92	450.64	1387.24	1533	36.69	996	194.49	1716	30.34
1069097	414.81	144.81	363.45	815	4.72	558	48.44	370	3.02
917756	396.14	126.98	288.21	537	4.91	604	40.01	914	4.69
5552618	668.32	169.22	785.75	876	6.88	292	76.72	361	2.72
28485472	9046.65	3369.57	6239.86	6364	150.09	4374	1559.81	6769	104.37
7176274	8460.87	1468.36	5545.95	5693	153.72	3623	558.46	7946	60.20
2964895	2391.79	880.48	1713.72	2848	39.65	1571	193.57	3167	43.71
2308947	1660.09	738.12	2267.99	1267	14.25	900	82.53	1000	4.67
1891582	1396.37	600.25	1271.25	1478	24.03	1763	164.52	884	6.31
7025679	3574.46	1489.43	2412.25	6488	132.34	2968	282.36	5232	49.70
2285507	2525.95	950.80	1602.10	4690	634.16	1424	204.82	1734	12.44
2639617	1292.85	621.83	1211.14	1305	63.97	947	78.92	809	5.80
2566365	3117.56	955.97	2150.62	3277	706.90	728	209.55	3168	39.35
9354974	5493.81	1432.10	5991.30	5345	701.61	2575	770.23	6078	41.74
1644658	1162.78	277.75	595.66	1384	46.04	1037	135.00	1475	14.52
335752	309.41	51.46	157.79	291	4.73	100	20.04	345	2.30
2803957	1190.20	399.64	1063.60	1381	25.23	1098	131.88	1158	9.10
4691446	1744.36	643.90	1316.63	2257	27.30	1269	181.32	1048	5.54
904890	705.00	296.66	534.45	840	32.50	759	55.22	503	3.64
656672	1073.05	351.90	793.12	2872	15.82	1782	125.55	1047	5.84
16459	26.44	3.46	7.34	76	0.73	205	2.08	35	0.36
724290	825.21	330.96	568.74	1335	25.36	1612	102.85	1308	10.40
567357	587.86	194.51	373.20	1258	11.95	620	52.87	386	2.35
184414	106.17	35.57	65.16	239	3.10	153	7.20	109	0.79
333177	338.73	119.23	240.04	190	1.54	160	13.84	138	0.73
562281	245.99	124.30	199.54	711	7.28	1033	45.56	569	2.88

续表 2

地　区	开展基层培训辅导人次(万人次)	本单位受训人次(万人次)	计算机(台)	供读者使用电子阅览室终端数	图书馆网站访问量(页次)	本年收入合计(千元)	财政拨款预算收入
总　计	**125.66**	**26.61**	**226234**	**143714**	**2296181287**	**19146467**	**18212816**
北　京	1.25	0.96	4540	2057	15278309	741400	736065
天　津	0.78	0.59	4690	3081	11214951	502168	487303
河　北	5.13	0.36	7911	5552	12589648	428023	425930
山　西	2.96	1.08	6906	4543	7715001	371875	361894
内蒙古	1.50	0.24	6626	4410	23635718	378536	374364
辽　宁	1.77	1.43	9747	5925	21504697	451262	447009
吉　林	0.63	0.49	4716	2952	3643022	321169	312698
黑龙江	0.45	0.05	5414	3316	25374717	278762	276062
上　海	1.04	1.27	6323	2835	60305435	2269938	1881390
江　苏	26.44	1.88	13957	7772	102070450	1305471	1281163
浙　江	8.35	2.20	11291	6886	308650797	1368673	1325251
安　徽	12.16	2.59	8351	5805	33404745	427726	407912
福　建	1.09	1.21	7679	4964	80761853	652674	626884
江　西	6.59	0.25	8080	5965	17631205	355479	340080
山　东	6.29	0.95	11737	7829	73409139	766298	755970
河　南	5.17	0.54	10677	7027	12851674	533163	526871
湖　北	4.80	1.08	7254	4510	57805855	589223	573053
湖　南	4.40	1.83	7464	4957	43249710	469711	453288
广　东	5.44	2.29	19732	12342	163372527	2393513	2353878
广　西	6.32	0.76	6705	4584	53246150	409163	396406
海　南	1.22	0.10	1680	1049	7436407	246919	245798
重　庆	3.74	0.36	4158	2858	49913646	351707	325783
四　川	7.13	0.10	10840	7357	40923637	628291	622175
贵　州	1.23	0.54	5057	3560	36204998	420082	391268
云　南	2.28	0.63	7514	4852	41717857	515931	496674
西　藏	0.05	0.01	1425	924	2392460	92624	89942
陕　西	3.11	0.61	6330	4333	19085651	356065	329767
甘　肃	1.56	0.23	5303	3348	4065560	286398	270456
青　海	0.17	0.04	2218	1248	1108818	126680	117837
宁　夏	0.45	0.15	2197	1516	2280924	115873	112663
新　疆	2.06	0.83	5279	3794	1776632	198546	190242

免费开放资金	中央资金	购书专项经费	上级补助收入	事业预算收入	经营收入	附属单位上缴收入	其他收入	本年支出合计(千元)
1689613	**439453**	**2072762**	**115626**	**208877**	**3869**	**126**	**605153**	**18831528**
17749	1950	71244		4658	77		600	716092
11520	2953	60554	410	3597			10858	511519
51185	20574	35855	690	488	45		870	423819
39664	17015	48544	3293	330	540		5818	434404
30802	17372	20357	657	90			3425	383091
45939	22299	33786	2170	1066			1017	475345
14482	8370	31294	1040	4117			3314	322794
21760	14397	18785	722	1642			336	277530
4098	3574	212083		50979	979		336590	1940379
58594	9639	144756	4071	5801			14436	1292443
59869	4165	240238	8644	3091	587		31100	1365922
34020	13628	61495	12160	226			7428	426622
37058	9838	81621	3718	1788	388		19896	650342
51620	21705	48988	6716	3005		121	5557	354458
64772	10691	88852	6777	2035			1516	776362
45417	21390	50435	1686	55	339		4212	540126
28519	11823	75512	5132	44	52		10942	585833
37301	15460	40235	4630	6512			5281	477248
674140	14033	299293	16941	8696			13998	2327727
34328	21080	36233	8019	421			4317	403674
13181	7371	8641	661	277			183	240214
30914	19043	40082	1540	10835			13549	353553
81824	38016	56317	1202	1321			3593	635699
26264	13953	33749	2994	1805			24015	416197
36685	25496	22567	1597	327	74		17259	468129
17824	12734	6771	642	1906	110		24	80409
31294	17556	34517	8412	4209	565		13112	405012
35585	14660	21688	8393	1881			5668	296475
10997	3594	7779	455	233		5	8150	122943
10907	5683	7355	1839	79			1292	121818
31301	19391	7136	415	527			7362	200758

续表 3

地 区	基本支出	项目支出	经营支出	工资福利支出	商品和服务支出	差旅费	劳务费
总 计	**10019660**	**8297939**	**8551**	**7758022**	**4523490**	**60273**	**425644**
北 京	435248	274818	955	343935	236434	108	9131
天 津	399337	104035		227639	158561	100	6589
河 北	216812	156732	602	169317	86038	1016	7765
山 西	160122	196455	540	137240	98180	1320	21681
内 蒙 古	264124	114895		196454	101684	1318	4465
辽 宁	294272	160276	1690	248497	116445	928	11523
吉 林	182981	136966		156231	76439	817	7569
黑 龙 江	217140	60387		164317	57022	538	2148
上 海	689425	1244069	1476	517778	408675	578	7821
江 苏	816348	454154	85	649427	321400	5198	30572
浙 江	746830	614038	9	592613	345844	2488	54598
安 徽	230392	178717	166	163630	92758	1575	5736
福 建	258457	378520	888	198615	131208	601	30115
江 西	216279	121109		169678	77048	2456	10819
山 东	462705	277079	14	366258	161847	1676	19696
河 南	330379	172655	339	252012	89692	1569	9746
湖 北	348440	229410	52	292810	123549	1695	15654
湖 南	304312	156569		196352	76498	2362	7202
广 东	1108645	1209843	160	852831	641044	1725	62895
广 西	228455	170183	12	187970	74480	3241	2957
海 南	47311	170684	450	37401	41020	801	8106
重 庆	183182	153360	22	141293	99663	11577	18565
四 川	309795	321417	35	261839	230945	6490	18146
贵 州	146089	248578	30	117679	59265	1462	4576
云 南	268323	180562	114	236192	74862	2505	7367
西 藏	31380	42741	152	21682	21110	238	141
陕 西	249044	136379	665	184284	72378	1920	7019
甘 肃	175350	100508	45	128742	57127	1650	6592
青 海	74631	41779		59162	22132	334	2528
宁 夏	87336	29200	15	68769	19280	528	2387
新 疆	135548	58198	35	114117	39045	466	4476

在支出合计中：								资产总计（千元）
福利费	各种税金支出	对个人和家庭补助支出	抚恤金和生活补助	其他资本性支出	各种设备购置费	新增藏量购置费	新增数字资源购置费	
63308	**17822**	**624765**	**77115**	**3594034**	**2998154**	**1883227**	**374375**	**69982346**
3358	646	16429	2681	101068	93749	59879	14577	2385736
2095	280	6733	822	100866	90551	50729	19130	1401778
884		22922	2309	107018	63147	41968	3583	1516141
1734	71	4964	576	155670	74659	45680	11809	1423370
1298	591	10316	3613	64353	53381	27706	9198	1336023
83	26	13962	4496	57362	52920	36500	10993	2857484
755	2	4337	1897	61392	49220	28995	4158	1069192
715	20	21829	2216	28459	24588	18520	3786	854423
6494	559	9296	1941	197489	169427	138672	15427	8114158
3174	733	47548	4105	220330	179987	126520	24380	4330733
19735	800	20076	3572	324156	305545	218039	34102	4230364
1457	457	18705	1999	96341	91218	65564	11075	2537197
245	1260	12175	1202	215713	129988	72030	20962	2475779
1414	253	11975	1541	76000	70703	40628	6378	1449642
499	664	37776	3284	157327	143069	87648	15098	2109487
1740	38	24019	3143	108885	94426	59316	10640	1969577
3888	136	19678	1210	109309	99296	60248	14443	2408056
2176	281	21887	3166	84959	71293	43426	9000	1092065
4273	1641	154998	3406	506031	422139	256935	55955	6983102
348	348	9629	3463	93593	82433	36644	10705	1237020
	20	556	189	24936	21790	9369	6169	380940
656	528	12918	5114	71728	50857	28848	10958	1044162
2016	38	18433	5021	81933	75551	49684	12075	1979128
258	252	12429	1853	136298	131761	19141	3950	1574445
1293	570	9813	4320	34104	30212	19770	4845	1201299
11		605		7626	6387	4511	511	193366
489	18	4000	1789	106602	90776	66116	8559	1146522
1292	604	24841	3340	66160	47744	24864	7552	1227656
300	9	5783	1225	17742	14657	4606	8496	2690238
33	171	4453	375	16065	10058	7862	1725	521695
496	331	5163	1423	24476	20983	8341	1724	817806

续表 4

地区	固定资产净值	实际使用公用房屋建筑面积（万平方米）	书库面积	阅览室面积	书刊阅览室面积	电子阅览室面积	实际拥有产权面积（万平方米）
总计	**51102287**	**1785.77**	**345.67**	**537.30**	**403.92**	**66.66**	**998.62**
北京	1565194	29.90	6.32	7.12	6.09	0.77	10.19
天津	1131159	43.51	7.61	11.61	7.58	0.89	3.41
河北	1125856	60.71	11.51	19.99	15.25	2.42	33.24
山西	1100455	56.79	8.25	18.08	13.40	2.72	49.18
内蒙古	1189089	43.90	6.51	13.85	9.87	2.16	19.08
辽宁	2534754	61.53	10.32	17.51	13.18	2.47	30.38
吉林	707370	30.92	5.12	10.16	7.93	1.10	17.51
黑龙江	663097	35.09	5.95	11.03	7.12	1.51	17.38
上海	4485608	45.56	9.35	11.14	9.50	0.98	27.91
江苏	3459994	161.09	19.72	40.82	31.10	3.59	67.46
浙江	3489209	131.73	23.41	38.40	31.90	3.85	51.92
安徽	2063966	60.52	10.27	20.49	13.93	2.45	38.53
福建	2012323	61.62	13.93	22.88	18.88	1.92	35.75
江西	1233941	54.26	13.42	16.64	11.63	2.13	35.91
山东	1632859	114.75	23.43	31.20	22.69	3.95	51.72
河南	1646164	79.02	17.10	22.51	16.65	3.48	46.12
湖北	2092746	72.83	17.05	24.82	17.63	3.16	56.78
湖南	844603	61.16	16.52	17.70	12.65	2.79	41.98
广东	6022201	169.45	31.55	57.26	47.19	5.72	95.74
广西	893692	49.42	12.68	12.07	9.07	2.03	24.40
海南	191945	9.64	2.46	3.51	2.93	0.37	6.00
重庆	906735	38.26	7.08	11.17	7.88	1.33	26.84
四川	1662991	69.79	14.09	25.55	19.54	3.89	46.23
贵州	631345	30.05	8.25	9.68	6.17	1.52	23.25
云南	883134	40.57	9.65	11.62	7.24	2.55	29.54
西藏	158188	6.17	1.36	1.73	0.91	0.41	4.67
陕西	758392	41.31	9.39	13.74	10.72	1.77	25.19
甘肃	668159	37.29	5.81	10.52	8.08	1.45	26.15
青海	445709	11.19	1.78	4.50	3.04	0.59	3.29
宁夏	454503	13.99	2.74	4.74	3.42	0.81	8.72
新疆	427860	35.94	6.11	11.83	8.06	1.77	16.34

阅览室座席数（个）	少儿阅览室座席数	盲人阅览室座席数	志愿者服务队伍数（个）	志愿者服务队伍人数（人）	图书馆延伸服务情况 流动图书车数（辆）	流动服务书刊借阅人次（万人次）	流动图书馆车书刊借阅册次（万册次）	分馆数量（个）
1264694	**310373**	**30756**	**10481**	**494755**	**2010**	**1444.53**	**2724.80**	**38631**
16275	3441	218	147	29047	13	3.94	31.16	483
21433	3738	273	93	5099	12	6.96	21.19	525
48494	10560	1201	306	9730	90	19.29	28.75	1122
41566	9985	1187	296	18609	154	52.79	112.52	2239
35826	7975	1077	177	8605	51	12.60	22.23	1056
42240	8393	973	397	14735	20	136.84	299.65	1229
23373	4723	574	112	5795	61	8.08	11.69	562
27639	6661	786	181	8629	44	10.55	25.80	820
23643	5716	301	282	7764	5	54.55	86.41	205
76682	20167	1539	457	58842	47	111.20	194.65	7469
85557	22256	1345	482	45218	74	166.50	389.35	2732
48653	12570	1582	290	12716	56	64.75	91.28	1373
45603	12373	920	235	12705	28	18.84	97.97	957
47745	12263	1672	1359	7393	39	26.46	46.68	825
69624	16588	2556	497	22671	48	77.08	112.24	1878
65361	18960	1723	439	11580	92	65.77	93.97	1453
50124	11900	1216	1059	10836	96	69.51	103.58	1226
45998	15307	1202	812	49097	63	58.89	96.26	2042
125331	29407	1481	284	96256	278	138.13	327.42	2530
36933	10268	642	199	8138	56	32.36	48.51	378
6983	2253	70	51	1802	7	6.72	8.04	115
31936	7045	812	113	5320	38	49.19	94.27	1454
62588	14814	1635	327	13831	139	46.64	77.85	1395
28863	6250	990	290	5448	82	50.50	66.96	630
31811	8385	1123	345	8169	99	45.32	59.24	1293
3461	659	101	94	1078	58	0.99	1.00	11
32021	7954	886	306	6991	100	34.38	42.95	841
33435	8300	1412	408	3963	57	21.43	30.74	850
6667	1428	168	72	887	39	10.33	20.08	88
13838	2803	369	83	1298	12	35.21	69.99	131
29564	6931	710	279	2441	52	8.73	12.37	701

2020年各地区省级公共

地区	机构数(个)	从业人员(人)	专业技术人才	正高级职称	副高级职称	中级职称	总藏量(万册)
总计	**39**	**7443**	**6459**	**332**	**1362**	**3055**	**22201.62**
北京	1	360	322	11	40	149	925.75
天津	2	333	314	11	68	146	914.45
河北	1	203	137	10	40	64	351.97
山西	1	236	215	12	28	75	329.13
内蒙古	1	166	166	7	45	63	418.32
辽宁	1	223	196	19	44	89	750.53
吉林	1	171	160	11	45	47	511.70
黑龙江	1	171	151	9	30	89	431.91
上海	2	864	825	54	130	399	5834.65
江苏	1	520	400	25	113	188	1248.61
浙江	1	239	221	6	39	127	746.73
安徽	1	178	149	5	35	64	375.06
福建	2	215	198	4	33	104	489.87
江西	1	151	137	7	29	71	418.18
山东	1	224	219	17	40	98	927.89
河南	2	212	151	13	48	72	423.51
湖北	1	299	288	12	63	135	903.08
湖南	2	275	250	10	52	140	646.32
广东	1	283	255	8	49	133	976.27
广西	3	341	302	14	67	140	880.31
海南	1	92	84	1	4	51	195.78
重庆	2	296	223	16	51	104	503.99
四川	1	285	169	2	28	73	572.66
贵州	1	138	107	7	31	51	285.23
云南	1	177	169	7	87	59	371.88
西藏	1	52	40	2	9	11	55.02
陕西	1	202	183	6	20	100	551.21
甘肃	1	197	169	12	32	84	482.33
青海	1	128	71	4	13	30	184.05
宁夏	1	124	110	8	31	55	203.40
新疆	1	88	78	2	18	44	291.83

图书馆基本情况

图书	盲文图书	古籍	善本	报刊	视听文献	缩微制品	其他	在藏量中	
								开架书刊	少儿文献
14165.98	**13.06**	**1345.05**	**169.23**	**2167.28**	**408.31**	**1297.84**	**2817.15**	**5661.88**	**1369.45**
774.81	0.08	41.88	6.71	46.43	50.18	0.03	12.42	122.42	141.34
812.18	0.09	59.05	10.08	15.17	19.14	1.21	7.69	449.39	160.91
284.75	0.53	8.17	0.56	43.38	12.16	2.80	0.72	117.64	18.48
204.74	0.51	29.68	5.02	89.85	2.73	0.40	1.73	198.59	36.76
323.70	1.56	22.00	2.00	20.70	1.66	0.52	49.75	103.69	12.79
614.28	0.35	48.25	12.39	62.32	10.83	0.63	14.21	219.76	31.76
416.73	0.15	23.14	5.35	55.22	2.21	2.60	11.80	69.07	11.67
329.99	0.33	13.37	0.66	49.83	4.19	34.53		79.23	12.50
1688.66	0.72	192.23	19.24	370.45	39.29	1235.93	2308.09	835.96	105.82
923.16	0.30	160.00	14.00	117.26	30.70	4.20	13.28	90.00	10.30
550.66	0.56	82.24	15.01	100.10	13.21	0.48	0.05	197.07	11.45
302.18	0.14	35.21	3.31	35.92	1.08	0.51	0.15	100.34	15.00
399.81	0.34	25.32	2.07	50.19	12.95	1.61		167.35	109.05
296.34	0.64	37.91	4.21	41.73	1.65	0.20	40.33	149.43	12.84
609.06	0.26	75.36	20.00	135.41	8.89	0.86	98.30	480.50	51.16
333.03	0.12	50.66	3.00	36.73	2.76	0.24	0.09	123.06	61.33
743.14	0.65	46.18	5.87	70.94	30.19	3.53	9.10	219.97	56.50
471.90	0.99	62.14	5.00	75.04	33.16	0.46	3.62	302.55	156.62
738.02	0.49	44.01	3.25	159.50	29.33	2.55	2.86	339.15	40.02
565.63	0.15	26.65	1.65	111.18	14.93	0.17	161.76	121.33	106.31
183.96	0.19	0.02	0.01	6.04	5.73		0.04	139.52	37.76
360.19	1.70	45.26	6.99	76.44	8.81	1.05	12.24	136.62	51.48
410.96	0.35	53.01	6.60	101.35	4.83	2.50	0.01	100.70	8.44
239.60	0.42	11.76	0.40	30.14	1.01	0.28	2.44	126.99	12.00
230.90	0.29	59.62	3.32	76.66	4.52	0.12	0.06	55.35	5.50
44.00	0.05	1.10		8.38	0.04		1.50	9.73	1.18
439.04	0.31	32.84	4.37	64.12	7.17	0.03	8.01	176.04	34.56
379.57	0.59	31.76	6.78	65.94	4.35	0.25	0.47	261.99	21.26
147.67	0.09	11.48	1.00	22.49	0.47	0.05	1.89	45.97	3.35
102.32	0.03	3.52	0.12	12.07	50.14	0.08	35.26	77.23	12.03
245.00	0.08	11.23	0.26	16.30		0.02	19.28	45.24	19.28

续表 1

地　区	音视频资源总量(千万小时)	电子文本、图片文献资源总量(万TB)	线上服务人次(万人次)	书架单层总长度(米)	本年新购藏量(万册)	本年新增电子图书(万册)	当年购买的报刊种类(种)
总　计	**62.03**	**50.67**	**66571.00**	**3016840**	**509.58**	**1763.85**	**148294**
北　京	0.03	0.05	221.30	109063	19.34	9.28	7046
天　津	0.05	0.02	406.68	136107	43.84	339.00	8488
河　北			138.00	71800	10.24	310.00	5246
山　西			54.96	36505	14.88	17.88	2566
内蒙古	0.54		1523.68	85196	13.37	24.15	2259
辽　宁	0.01	0.07	1391.62	157878	20.95		5399
吉　林			4932.00	101196	7.69		4040
黑龙江			3133.78	55472	10.34	10.00	2288
上　海		0.07	12567.50	422696	45.95	1.38	13118
江　苏	18.17		2090.29	260000	16.51	10.04	4305
浙　江	0.02	0.01	4877.34	137420	25.93	44.99	7172
安　徽	0.02	0.06	2224.46	60168	14.03	29.70	2966
福　建	0.01	0.03	112.36	8658	17.89	40.99	6098
江　西	0.01	0.03	626.61	8204	15.63	2.93	7659
山　东		0.04	8396.38	154116	20.72	22.67	5911
河　南			879.79	46016	9.87	0.78	2357
湖　北	0.19		4687.86	163732	23.87	10.00	5492
湖　南	0.07	0.04	2987.62	91888	18.35		3174
广　东	0.12	0.04	2377.58	178841	23.99	5.35	8338
广　西	0.02	0.07	4268.71	179230	33.87	150.57	8325
海　南	0.01	0.02	40.30	33947	10.64	253.37	2262
重　庆		0.03	1069.32	44901	12.40	34.21	4680
四　川	0.04		43.39	40221	9.73	387.62	6347
贵　州	0.02		5498.01	63056	27.50	10.00	3100
云　南		0.01	116.48	129035	7.02	1.11	3567
西　藏				22708	1.16		1033
陕　西	0.02	0.04	542.99	115656	9.85	0.30	5147
甘　肃	0.09	0.03	977.97	6000	12.21	13.30	4147
青　海		0.01	228.42	48800	4.59	4.80	1395
宁　夏	42.57	50.00	125.60	44896	7.22	15.43	1800
新　疆	0.02		30.00	3434		14.00	2569

有效借书证数（个）	总流通人次（万人次）	书刊文献外借人次	书刊文献外借册次（万册次）	为读者举办各种活动					
				组织各类讲座次数（次）	参加人次（万人次）	举办展览（个）	参加人次（万人次）	举办培训班（个）	培训人次（万人次）
12887169	**4960.18**	**747.55**	**2658.06**	**2235**	**1323.04**	**1461**	**512.98**	**2163**	**50.83**
607308	131.09	10.10	45.92	13	0.16	46	21.54		
582452	89.12	38.64	174.84	11	0.28	15	20.79	2	0.03
366727	27.19	7.57	29.00	43	0.81	19	0.92	45	0.21
452105	68.60	26.30	79.88	168	3.20	50	7.10	16	0.53
139793	42.07	19.20	119.39	21	0.04	13	0.04	8	0.10
291585	311.33	10.21	70.45	26	8.19	26	92.50	435	10.26
183047	65.90	5.47	28.33	58	1.26	48	6.68		
25369	64.26	6.93	31.79	7	0.13	47	10.40	372	1.70
3675340	158.80	39.68	181.48	72	1.41	35	19.49	43	0.99
889426	156.59	51.36	58.16	19	0.08	29	10.19	176	2.71
66629	828.16	52.56	115.83	156	30.54	108	20.72	83	2.62
249472	112.33	14.81	63.91	67	1.27	48	2.99	166	0.55
401247	75.64	17.76	157.66	139	4.38	60	9.34	5	0.01
267144	64.49	7.84	37.59	6	0.26	462	44.70	21	0.58
52413	83.95	14.61	52.67	183	0.73	19	0.69	70	0.24
208947	73.64	35.87	87.62	90	575.61	28	3.91	32	0.16
665147	115.47	20.84	98.75	43	0.71	25	6.74	15	0.09
364967	841.29	35.52	169.74	373	660.69	58	13.11	153	15.01
735615	673.01	130.36	320.69	8	0.18	61	92.13	6	0.05
866788	302.94	39.69	114.91	214	13.01	85	44.83	52	6.97
218616	121.51	9.13	63.61	155	2.54	14	11.75	101	0.41
524551	160.64	32.91	128.91	107	3.21	43	15.93	187	2.21
299674	64.15	8.69	21.68	42	0.88	8	18.50	16	0.15
99971	24.00	16.77	16.77	2	0.02	16	0.03	8	0.10
120757	96.08	51.41	237.33	30	0.25	20	11.28	43	0.36
5282	12.60		1.40	27	0.20			3	0.01
51428	57.13	17.06	71.60	60	11.43	32	21.38	82	4.42
159216	58.86	10.47	28.73	35	0.52	7	1.09	7	0.13
59980	18.92	1.93	6.09	45	0.81	26	1.61	6	0.03
102176	48.01	7.35	26.85	8	0.17	10	2.10	2	0.06
153997	12.41	6.51	16.48	7	0.07	3	0.50	8	0.14

续表 2

地　区	开展基层培训辅导人次(万人次)	本单位受训人次(万人次)	计算机(台)	供读者使用电子阅览室终端数	图书馆网站访问量(页次)	本年收入合计(千元)	财政拨款预算收入
总　计	**10.44**	**4.05**	**19325**	**8169**	**396131270**	**4790410**	**4314395**
北　京	0.66		955	523	6005021	233294	228154
天　津	0.10	0.03	1242	722	6159951	190931	186109
河　北	2.70	0.03	214	87	309449	60136	60115
山　西	1.26	0.28	670	267	415208	72458	67347
内蒙古	0.24		576	424	15440788	58372	58146
辽　宁	0.80	0.93	732	404	793746	105038	103739
吉　林	0.29	0.01	792	405	1427960	77407	77313
黑龙江	0.08	0.01	326	73	11729232	55132	53482
上　海	0.53		2421	661	41940824	1620648	1235580
江　苏	0.26	0.05	1091	114	23426413	223399	219315
浙　江	0.10		702	324	90907057	128675	124577
安　徽	0.19	0.22	359	117	339716	69004	68936
福　建	0.19	0.11	615	282	58148085	140718	140124
江　西	0.09		705	545	325106	85831	85831
山　东	0.04	0.01	510	250	723520	102945	102392
河　南		0.02	280	128	819150	64839	64437
湖　北	0.22	0.37	947	334	27439000	158491	158033
湖　南	0.21	1.24	491	102	8189812	99325	95641
广　东	0.05		1035	255	5369460	216778	213501
广　西	0.08	0.30	821	681	47581406	124393	121029
海　南	0.11		290	106	6278458	168915	168892
重　庆	0.64		458	191	14878658	110173	95777
四　川	0.15	0.02	490	200	11711915	131620	129471
贵　州	0.11	0.06	220	116	1035130	140928	120928
云　南	0.08	0.22	578	136	2053291	57757	56310
西　藏			127	73	2390000	39110	39110
陕　西	0.95	0.06	528	167	8989776	59115	48890
甘　肃	0.15	0.03	426	164	1100000	83417	82725
青　海	0.02	0.02	346	150	18000	42981	40361
宁　夏	0.06	0.01	250	114	126138	38500	38453
新　疆	0.08	0.02	128	54	59000	30080	29677

免费开放资金	中央资金	基建拨款	购书专项经费	上级补助收入	事业预算收入	经营收入	附属单位上缴收入	其他收入	本年支出合计(千元)
232747	**43448**	**990504**	**549933**	**43**	**82191**	**2544**		**391237**	**4456821**
5642	440		22962		4611			529	218844
2390			43270	40	3521			1261	187131
16310			9200					21	60137
13800			5510					5111	76176
8130			6600					226	59814
30184	16810		2000		576			723	109525
1135			8310		27			67	76541
3440			6500		1626			24	55132
		770590	137690		49012	979		335077	1289772
8100			20630		2765			1319	209596
1125			38390		2078	587		1433	126418
3536			9990					68	69107
8141	4440	50000	12317		73			521	154631
25000	10400		20000						85221
3990			15000		120			433	103185
6560			3890			339		63	67642
			39150					458	158032
4400			10900		1238			2446	99684
3980	3550	8355	36140		3277				209251
7511			16000		242			3122	123128
4745	3928	130000	3639		20			3	169047
5335	2523		18032		10835			3561	113133
25361			12998		1149			1000	131071
8188	1357	17059	13866					20000	140905
2500			7500		327	74		1046	57210
2000			1640						37704
6144			9047			565		9660	64557
13000		14500	12000		692				91971
3900			3792	3				2617	42374
2000			2970					47	38025
6200					2			401	31857

续表 3

地　区	基本支出	项目支出	经营支出	工资福利支出	商品和服务支出	差旅费	劳务费
总　计	**1834934**	**2616749**	**2463**	**1433246**	**1127564**	**10911**	**62272**
北　京	142308	76536		92196	92100	60	529
天　津	175408	11723		83020	57384	16	157
河　北	29563	30574		25491	24170	424	2874
山　西	30784	45392		26838	27056	157	10933
内蒙古	24385	35428		21814	26949	219	100
辽　宁	51458	58067		42771	50033	574	3250
吉　林	28114	48427		21172	31434	228	2076
黑龙江	31331	23800		22130	21330	139	2
上　海	278174	1010122	1476	238342	191340	309	6582
江　苏	137664	71932		139042	50126	260	4539
浙　江	73645	52763	9	53484	27880	459	1792
安　徽	33915	35192		27319	23409	197	1508
福　建	43558	111073		38443	19445	144	3424
江　西	23844	61377		30680	22518	193	5757
山　东	55796	46596		47604	31034	273	2351
河　南	39108	26473	339	32199	20491	214	960
湖　北	68021	90011		63112	43087	203	4176
湖　南	52129	47555		11620	7604	212	831
广　东	128417	80834		101940	42395	113	269
广　西	75863	47264		57144	33689	613	544
海　南	18895	149998		12562	20809	254	587
重　庆	64411	48722		52442	29675	3648	2366
四　川	36166	94905		35076	79929	457	663
贵　州	23003	117902		18735	32870	190	948
云　南	32170	24966	74	29444	19623	241	634
西　藏	14482	23222		10032	19968	103	58
陕　西	24248	39743	565	22881	24976	346	296
甘　肃	30745	61226		21836	22576	449	2129
青　海	21889	20485		19659	9882	55	196
宁　夏	28394	9631		21394	8037	66	901
新　疆	17046	14810		12824	15745	95	840

在支出合计中：								资产总计（千元）
福利费	各种税金支出	对个人和家庭补助支出	抚恤金和生活补助	其他资本性支出	各种设备购置费	新增藏量购置费	新增数字资源购置费	
12297	**3973**	**107569**	**14237**	**826942**	**695536**	**401857**	**111240**	**21582686**
1193	622	3321	909	31227	30823	22933	4062	1321949
998	141	2266	486	44319	44319	35070	7834	653131
65		2637	385	7839	7839	7780		447405
386	14	1578	69	17012	11325	3410	2100	506007
386		754	111	10295	10295	4320	1488	272888
	26	1803	436	14918	14918	13400	1518	1203375
314		1209	614	22725	15558	5890	2420	189738
550		4607	679	6550	6550	4500	2000	237217
1879	556	5095	606	90444	90440	85200	5240	6158952
	397	1292	560	19136	19063	12978	3861	957741
2634	684	3720	2123	41334	41334	24615	14602	570209
577	103	5148	461	13231	13231	7468	1921	252032
	25	3722	149	93003	17103	8990	4955	443658
218	111	4800	110	27223	27223	10398	4000	243799
34		5791	748	18746	18746	13642	5104	452837
441	20	5544	213	8957	5513	1895	1995	177180
1538		2151		49682	49682	25997	9995	1187648
	225	7075	519	17512	11754	9445	1629	251517
3	316	16803	85	48113	41014	23396	1840	1200674
122	34	3850	1007	27960	27960	16003	3485	556432
	20	35	33	8412	7306	3639	1848	218319
25	521	4169	307	26047	21915	10279	7347	575601
301	4	2956	718	13086	13086	9415	3498	681225
		2714	302	86584	86584	8866		607285
5	154	440	167	7703	7703	5000	2500	223921
		542		1640	1640	1163	477	52601
176		623	267	16077	15232	8090	2721	561516
374		7101	883	40458	24088	12877	4706	525156
		2983	796	9850	9097	2228	6869	149378
		1735	139	6859	4195	2970	1225	291412
78		1105	355					411883

续表 4

地　区	固定资产净值	实际使用公用房屋建筑面积(万平方米)	书库面积	阅览室面积	书刊阅览室面积	电子阅览室面积	实际拥有产权面积(万平方米)
总　计	**13877284**	**193.57**	**42.55**	**51.36**	**43.64**	**3.51**	**127.25**
北　京	712666	9.40	1.25	2.43	2.25	0.18	
天　津	599650	12.78	2.03	5.08	2.67	0.25	0.14
河　北	416584	5.06	1.12	0.93	0.86	0.07	5.06
山　西	440567	7.49	1.07	1.71	1.66	0.04	7.49
内蒙古	251431	3.50	0.58	1.56	1.28	0.28	3.50
辽　宁	1043390	10.32	1.74	3.81	3.32	0.49	9.93
吉　林	160690	6.30	1.02	2.11	2.05	0.06	1.38
黑龙江	211180	3.39	0.34	1.28	1.20	0.08	3.05
上　海	2751705	14.49	5.58	1.29	1.12	0.18	13.38
江　苏	838174	10.30	1.03	1.80	1.69	0.10	3.40
浙　江	476396	5.52	2.18	1.10	1.06	0.04	4.99
安　徽	156848	3.69	0.77	0.90	0.75	0.06	3.69
福　建	227964	2.80	0.55	0.48	0.42	0.04	4.20
江　西	187786	9.62	3.27	1.26	1.16	0.11	9.62
山　东	365151	7.07	1.36	1.14	0.96	0.10	4.54
河　南	155227	3.89	1.04	1.46	1.38	0.08	2.95
湖　北	1008652	10.23	1.80	4.20	3.90	0.30	10.23
湖　南	179143	4.40	1.36	1.42	1.38	0.04	4.29
广　东	1098211	9.10	1.84	1.49	1.46	0.03	7.77
广　西	309516	10.60	3.86	2.59	2.32	0.19	5.09
海　南	62419	2.50	0.57	1.72	1.67	0.05	
重　庆	529202	5.61	1.07	1.47	1.04	0.08	
四　川	603901	5.19	0.52	1.45	1.38	0.07	5.19
贵　州	182550	2.52	1.64	0.88		0.03	2.74
云　南	182700	3.04	0.75	0.82	0.75	0.07	3.04
西　藏	38617	1.90	0.42	0.34	0.26	0.07	2.97
陕　西	257725	4.98	1.03	1.72	1.62	0.10	
甘　肃	15530	6.52	1.04	0.86	0.64	0.06	3.92
青　海	67221	2.40	0.26	1.23	0.76	0.04	1.37
宁　夏	256172	3.32	0.90	1.33	1.24	0.10	3.32
新　疆	90316	5.64	0.56	1.50	1.39	0.12	

阅览室座席数（个）			志愿者服务队伍数（个）	志愿者服务队伍人数（人）	图书馆延伸服务情况			
	少儿阅览室座席数	盲人阅览室座席数			流动图书车数（辆）	流动服务书刊借阅人次（万人次）	流动图书馆车书刊借阅册次（万册次）	分馆数量（个）
86735	**12180**	**896**	**988**	**68635**	**19**	**34.58**	**102.97**	**1120**
3317	570	41	59	11856		0.01	1.03	18
5008	577	16	2	1375	1	0.04	0.26	35
3670	280	22	18	247	1	0.01	0.02	50
3425	200	23	41	3685				286
2793	759	103	2	320				127
5862	196	80	76	4629	3	10.03	2.80	2
3308	120	8	14	620				1
2387	261	52	10	98				90
2149	472	8	95	1342	1	2.53	5.38	
1847	420	12	1	368		3.26	2.54	1
1625	62	42	4	1678				39
1545	320	36	7	298				9
948	746	30	23	772	1	0.09	61.71	58
6000	411	34	5	1184				44
1500	160	20	35	2600		1.70	1.91	2
2078	932	4	24	743	1			35
5543	1000	24	1	787	1	0.30	1.00	12
3194	1359	28	469	25317				61
8109	398	33	2	1760				95
3665	612	36	4	1658	2	5.33	6.19	19
1670	380	9	25	400				18
2324	610	32	7	1411	1	5.66	11.98	30
2958	150	8	26	3436	1	0.70	0.90	23
1142	95	30	3	320		2.00	1.50	4
1159	66	37	16	667				22
300	85	13	1	49	1			
1781	147	14	11	350	1	0.08	0.21	26
1576	150	30	3	531	1	0.12	0.37	7
1152	132	26	2	48	1			1
1700	350	25	1	12	1	2.72	5.17	
3000	160	20	1	74	1			5

2020年各地区地市级

地　区	机构数(个)	从业人员(人)					总藏量(万册)
			专业技术人才				
				正高级职称	副高级职称	中级职称	
总　计	**382**	**15313**	**11700**	**345**	**2017**	**5608**	**30660.16**
北　京							
天　津							
河　北	12	567	420	22	81	198	1078.11
山　西	10	534	242	7	41	102	609.52
内蒙古	12	506	465	10	123	196	548.01
辽　宁	23	971	794	50	142	435	2237.99
吉　林	10	481	436	32	143	167	896.59
黑龙江	13	559	445	49	108	225	951.84
上　海							
江　苏	17	1063	806	20	123	368	2925.48
浙　江	13	1151	709	25	112	343	2650.82
安　徽	22	527	336	3	35	157	1083.70
福　建	13	649	374	8	34	199	1448.19
江　西	11	327	259	3	32	126	691.01
山　东	17	911	765	28	160	365	1957.69
河　南	20	810	648	12	99	223	1345.95
湖　北	16	632	560	10	101	278	1456.64
湖　南	18	590	421	6	60	222	1021.70
广　东	27	1735	1469	37	175	791	4800.78
广　西	15	569	458	3	64	216	799.13
海　南	4	63	46		3	20	147.67
重　庆							
四　川	22	625	421	3	60	207	1346.31
贵　州	10	298	250	3	47	110	340.29
云　南	17	448	402	8	119	195	530.82
西　藏	6	54	35		1	6	67.99
陕　西	10	301	210	1	31	103	444.54
甘　肃	17	361	261	2	29	130	425.49
青　海	8	155	93	1	18	48	200.78
宁　夏	5	130	112	1	21	44	174.78
新　疆	14	296	263	1	55	134	478.34

公共图书馆基本情况

图书	盲文图书	古籍	善本	报刊	视听文献	缩微制品	其他	在藏量中	
								开架书刊	少儿文献
26182.30	**34.74**	**668.88**	**42.80**	**2466.06**	**695.84**	**11.76**	**635.45**	**18870.27**	**5382.91**
821.71	2.07	43.54	1.55	120.25	20.08	4.31	68.24	695.58	140.92
515.37	2.22	18.43	1.43	48.53	23.95		3.23	378.01	94.58
484.28	1.03	11.89	0.67	43.34	7.10		1.39	346.05	56.76
1780.88	1.13	85.27	2.91	205.97	50.40	1.37	114.08	1489.94	388.05
770.33	0.74	21.03	1.73	74.04	18.99	0.14	12.03	303.67	140.26
726.38	0.57	29.58	1.73	142.26	33.84	0.05	19.74	485.15	72.63
2497.71	1.59	127.96	9.91	233.00	66.54	0.02	0.25	1761.36	524.00
2319.29	2.00	57.25	4.47	142.09	128.29	0.01	3.88	1317.10	611.08
969.13	2.12	15.61	1.72	64.00	19.40		15.53	731.04	160.06
1110.69	1.28	9.77	0.63	123.96	23.91	0.02	179.84	860.64	290.18
590.80	1.03	16.39	1.84	65.13	9.64	0.04	9.01	304.55	95.51
1740.64	1.64	41.05	2.10	135.87	11.67	0.51	27.97	1313.20	268.14
1143.59	1.53	44.63	4.21	141.74	10.66	0.69	4.67	844.34	240.79
1243.75	2.50	36.57	1.35	140.31	14.07	0.13	21.82	890.72	152.18
926.06	1.49	14.10	0.57	62.19	15.51	0.56	3.32	683.70	174.96
4338.38	4.02	19.76	0.66	215.84	171.17	0.03	55.65	3545.71	1370.18
661.00	0.54	6.88	0.85	111.54	10.31	0.01	9.43	559.53	168.74
130.82	0.06	0.58	0.01	12.69	2.49	0.02	1.08	100.32	12.09
1119.07	2.31	46.58	2.08	131.59	32.52	0.04	16.51	719.66	171.16
298.36	0.28	2.32	0.06	32.46	4.96		2.18	224.44	43.28
434.00	0.94	6.42	0.38	78.92	5.32		6.16	300.24	33.16
66.30	0.26	0.07	0.03	0.93	0.04		0.65	34.78	2.89
410.67	0.57	3.61	0.76	20.84	3.86		5.56	278.73	30.71
345.59	1.09	8.27	1.03	40.60	1.88	3.78	25.40	251.81	55.10
180.15	0.27	0.44	0.05	10.41	0.46	0.02	9.31	88.09	15.60
146.68	0.19	0.12		16.88	0.51		10.58	78.53	21.96
410.67	1.27	0.76	0.07	50.68	8.27	0.01	7.94	283.38	47.94

续表 1

地　区	音视频资源总量（千万小时）	电子文本、图片文献资源总量（万TB）	线上服务人次（万人次）	书架单层总长度（米）	本年新购藏量（万册）	本年新增电子图书（万册）	当年购买的报刊种类（种）
总　计	**73.22**	**276.11**	**51169.83**	**6250245**	**1794.55**	**2186.28**	**498974**
北　京							
天　津							
河　北	0.03	0.08	2932.12	145493	50.39	6.19	9270
山　西	7.82	7.87	1136.33	98123	51.45	130.60	6348
内蒙古			502.94	64560	30.86	30.62	4756
辽　宁	0.06	2.93	800.27	224607	59.56	22.38	23684
吉　林	0.31	0.01	4046.38	83393	44.78	10.27	8453
黑龙江	2.93	0.15	2663.67	258182	17.73	246.48	8228
上　海							
江　苏	13.09	0.03	2862.54	301912	137.72	33.68	28407
浙　江	5.96	0.12	5475.44	516314	285.70	43.49	22549
安　徽	2.02	0.06	2837.61	152350	71.03	57.95	15435
福　建	0.02	0.03	6270.58	185230	169.54	34.86	11080
江　西	2.07	0.01	520.27	53623	23.16	43.26	6705
山　东	6.98	0.13	7581.81	334307	139.44	59.15	18858
河　南	26.66	26.01	1564.01	199688	108.15	77.12	15142
湖　北	0.33	0.08	2170.41	209652	54.62	375.50	11969
湖　南	0.23	87.61	402.59	498013	63.89	172.09	210449
广　东	0.75	0.23	5761.03	1393348	296.15	448.86	35100
广　西	0.03	6.00	294.82	148298	29.53	49.81	9572
海　南	2.01		1453.50	20656	11.96	0.55	1753
重　庆							
四　川	0.02	0.02	702.51	988478	46.62	81.60	18204
贵　州	0.12	2.26	690.65	32766	12.74	51.70	4709
云　南	0.63	0.01	71.31	116845	14.30	37.07	7956
西　藏	0.06		2.36	18	7.50	13.80	825
陕　西	0.14	106.00	132.53	68174	21.07	15.30	6853
甘　肃	0.41	36.46	42.06	79932	8.81	2.69	3317
青　海	0.51	0.01	47.64	9961	3.09	102.10	966
宁　夏			94.06	19579	5.85		2276
新　疆	0.03		110.39	46743	28.91	39.16	6110

有效借书证数(个)	总流通人次(万人次)	书刊文献外借人次	书刊文献外借册次(万册次)	为读者举办各种活动					
				组织各类讲座次数(次)	参加人次(万人次)	举办展览(个)	参加人次(万人次)	举办培训班(个)	培训人次(万人次)
35700213	**15402.03**	**4336.42**	**12894.35**	**15368**	**446.63**	**8323**	**1856.77**	**15044**	**197.51**
781585	256.14	96.63	241.84	461	7.13	210	26.63	268	4.05
1032251	338.20	158.63	289.53	304	1.54	82	139.18	369	1.83
300236	261.12	53.24	121.79	133	1.70	107	10.37	37	0.31
1229176	663.19	177.94	696.94	890	18.13	472	56.02	801	17.05
713214	120.17	32.98	140.88	316	2.18	170	12.45	202	2.01
582590	169.71	47.45	99.45	88	1.40	171	6.53	297	1.63
10887267	3258.28	692.08	1811.99	1460	34.27	1706	490.13	1694	24.95
1899451	1622.53	314.69	1219.16	1695	45.52	906	197.28	2817	30.09
1500196	553.93	142.85	552.38	957	11.96	462	58.77	1124	30.78
1006778	579.46	262.42	735.32	281	2.28	185	33.87	253	1.04
741275	339.89	128.33	321.60	279	8.20	173	22.67	134	0.83
3607673	1357.96	386.64	674.86	1197	84.54	656	81.33	1475	30.58
970302	1000.34	270.02	477.08	2250	33.52	426	144.45	428	5.02
1047133	507.94	204.11	437.95	382	48.40	178	28.50	283	2.08
989764	593.04	218.78	582.05	884	15.33	157	102.72	1813	15.56
3861250	1841.12	597.27	3256.65	1839	59.43	636	283.86	1865	21.78
496810	456.92	76.69	198.21	393	25.87	362	45.69	498	3.02
61747	74.10	17.47	45.65	45	1.29	18	4.00	52	0.29
2749412	463.25	160.78	387.79	532	8.64	184	29.66	115	0.63
225819	159.24	62.89	136.78	114	25.75	117	16.21	60	0.97
168474	263.51	63.99	129.50	220	2.42	218	24.82	217	1.23
8666	6.43	0.52	1.52	11	0.10	99	0.25	2	0.02
219103	163.77	49.91	88.31	79	0.96	172	9.73	27	0.12
143408	125.32	33.18	86.13	277	3.05	116	10.72	101	0.53
99388	47.62	18.08	37.41	83	0.94	22	0.58	17	0.09
125534	99.99	34.18	63.39	57	0.64	47	3.78	21	0.24
251711	78.86	34.67	60.19	141	1.44	271	16.57	74	0.78

续表 2

地区	开展基层培训辅导人次(万人次)	本单位受训人次(万人次)	计算机(台)	供读者使用电子阅览室终端数	图书馆网站访问量(页次)	本年收入合计(千元)	财政拨款预算收入
总计	**23.11**	**7.42**	**53826**	**31040**	**575513307**	**5655905**	**5563726**
北京							
天津							
河北	0.70	0.09	1703	995	5317293	184810	184359
山西	0.33	0.51	1615	959	4542490	160221	159312
内蒙古	0.28	0.08	1447	868	4858932	128845	128813
辽宁	0.22	0.36	3519	1825	11727876	203305	202011
吉林	0.07	0.43	1256	757	618149	112751	107997
黑龙江	0.07	0.02	1340	619	12911329	102881	102603
上海							
江苏	1.41	0.67	5004	2526	47757036	524781	523388
浙江	4.56	0.32	2714	1461	193544801	463666	452827
安徽	6.76	0.43	2545	1664	25393783	184037	178223
福建	0.06	0.92	2994	2010	18125051	287089	275947
江西	0.30	0.17	1229	786	10971622	104221	103169
山东	0.65	0.40	3442	1996	33175039	307513	306159
河南	1.53	0.25	2893	1546	7157170	234989	231207
湖北	0.28	0.37	1862	1089	16615015	191738	184797
湖南	0.56	0.28	1734	1074	9013675	145135	139383
广东	3.07	0.81	6547	3742	139364065	1202874	1194510
广西	0.33	0.30	1787	1078	3436877	165596	160909
海南	0.03	0.03	431	232	676227	33623	33613
重庆							
四川	0.96	0.04	2110	1256	13756098	165547	163666
贵州	0.06	0.31	777	421	7763121	181343	177685
云南	0.31	0.16	1616	869	3757407	237636	234599
西藏			284	236	999	35506	33200
陕西	0.16	0.26	1013	536	1755809	74697	74115
甘肃	0.16	0.08	1133	692	603036	66509	62421
青海	0.02	0.02	621	419	930451	44434	44186
宁夏	0.04	0.06	610	403	1340747	29257	28353
新疆	0.19	0.05	1600	981	399209	82901	76274

免费开放资金	中央资金	购书专项经费	上级补助收入	事业预算收入	经营收入	附属单位上缴收入	其他收入	本年支出合计（千元）
619939	**106089**	**672816**	**15879**	**14601**	**928**		**60771**	**5545909**
8700	3500	14152		100			351	178294
5280	3200	36091		120	540		249	152652
5842	4090	5479					32	132522
7586	2334	25078	1000				294	206349
3955	2530	17746	550	4090			114	110747
4569	3469	7770		16			262	103673
21156	6200	60301		130			1263	523421
10380	255	72429	973	1013			8853	463554
10550	5200	28577	1127				4687	182999
13835	2850	39475	115	1715	388		8924	268999
9161	3917	9400	547	463			42	97499
20954	6325	42651	1124				230	324118
12094	5400	23039	20				3762	236904
8273	4297	20267	1501				5440	191528
10671	4400	12786		5014			738	149222
404586	4145	176927	1497	24			6843	1154618
7800	6000	11809	4051				636	162430
1580	800	2870		10				27234
11967	8800	18836	148				1733	173018
4500	3600	14883	974				2684	178045
10340	6800	8080	35				3002	201207
2700	2200	2993	400	1906				28299
4170	2500	9434	300				282	76072
7117	4777	2490	540				3548	68039
3120	1600	2683	204				44	40587
2100	1300	1310	773				131	30764
6953	5600	5260					6627	83115

续表 3

地　区	基本支出	项目支出	经营支出	工资福利支出	商品和服务支出	差旅费	劳务费
总　计	**2901979**	**2546729**	**1038**	**2317015**	**1270751**	**12246**	**132593**
北　京							
天　津							
河　北	92273	47711		66558	40786	347	1048
山　西	31715	118385	540	32408	50576	303	7713
内蒙古	83704	48815		66075	34987	499	863
辽　宁	114834	85716		100545	43270	158	4423
吉　林	67725	43021		59595	24210	169	2697
黑龙江	83619	20053		63217	19105	135	1276
上　海							
江　苏	320666	201454		242519	144296	1630	13522
浙　江	244078	219476		191802	139070	738	27713
安　徽	80317	99395		63418	38228	454	1325
福　建	97086	171324	498	76044	61689	314	12996
江　西	65767	31732		55706	22898	372	1557
山　东	181210	138207		135482	76197	381	10247
河　南	120552	116023		96988	41229	357	5457
湖　北	126977	64550		103830	43681	483	4339
湖　南	96871	46417		75052	28840	486	2795
广　东	593387	561162		464036	268974	741	11432
广　西	69896	92403		68415	22080	1019	734
海　南	9862	3107		9126	11269	77	3849
重　庆							
四　川	89178	83840		74762	56354	1150	6489
贵　州	57713	120091		46063	16209	388	1682
云　南	83236	111219		70331	22514	691	2146
西　藏	6698	18783		6654	1109	115	82
陕　西	34218	37767		34614	21314	253	1873
甘　肃	48796	13306		29911	16822	418	1834
青　海	29232	11355		23260	6339	177	1849
宁　夏	22085	8679		19823	5118	192	170
新　疆	50284	32738		40781	13587	199	2482

在支出合计中：								资产总计(千元)
福利费	各种税金支出	对个人和家庭补助支出	抚恤金和生活补助	其他资本性支出	各种设备购置费	新增藏量购置费	新增数字资源购置费	
17779	**3504**	**245180**	**20970**	**1151495**	**985353**	**559132**	**161354**	**18892848**
300		13665	748	56711	26789	14869	1537	438491
875	56	939	206	50172	44924	29898	8927	524863
500		2927	954	25410	22507	10549	6802	691026
21		4843	1607	31546	29193	19223	8081	945687
439	2	1304	241	24522	22524	16571	1243	366610
132	20	9097	671	11560	9847	7327	1290	269074
946	61	23746	1105	103105	73915	50538	12193	1181697
6850	16	5439	375	109771	100031	59710	12772	1381251
312	327	8170	665	39067	38228	27403	7504	1751403
79	1227	4999	476	69935	64073	27239	12150	1290946
352	1	2254	578	14195	13750	8118	1044	227361
311	57	17894	539	81571	75873	39419	8275	966319
846	10	10179	957	56743	50265	31115	3855	1142933
984	49	8982	533	25836	23357	16082	2379	570311
703	4	9266	2084	28992	26055	16289	3916	332469
1800	1228	86388	760	238369	202780	124950	46964	4001944
129	68	2332	992	50088	39888	12216	5604	430560
		131	111	5880	4868	2770	20	75260
804		7237	1345	27157	23462	14053	5435	437163
182	85	7004	989	36976	34918	3357	2969	327818
597	113	4374	2527	12055	11725	7415	1260	454055
		63		2994	2300	2040		85051
	9	322	186	17468	16639	7895	2991	221606
300		9272	1223	7888	7468	3010	1323	377285
		1613	361	3597	2702	1300	1220	119883
2	171	610	26	1732	1732	1399	200	88469
315		2130	711	18155	15540	4377	1400	193313

续表 4

地　区	固定资产净值	实际使用公用房屋建筑面积(万平方米)	书库面积	阅览室面积	书刊阅览室面积	电子阅览室面积	实际拥有产权面积(万平方米)
总　计	**15415937**	**532.07**	**99.34**	**164.59**	**134.16**	**14.70**	**274.11**
北　京							
天　津							
河　北	350131	16.75	2.10	4.75	4.26	0.33	10.09
山　西	324556	19.72	2.12	6.84	5.59	0.83	13.78
内蒙古	633589	14.72	1.90	3.64	2.90	0.50	5.16
辽　宁	833724	24.98	4.12	6.48	4.62	0.71	9.55
吉　林	307803	10.33	1.65	3.28	2.52	0.26	6.26
黑龙江	214680	13.56	2.54	3.71	2.38	0.26	5.80
上　海							
江　苏	967387	48.97	6.88	13.04	11.17	0.75	24.52
浙　江	929005	35.51	5.63	10.28	8.40	0.70	10.12
安　徽	1482329	23.66	4.20	8.69	6.84	0.56	14.53
福　建	1159415	29.87	5.77	13.04	11.97	0.82	13.14
江　西	185693	14.54	3.86	5.02	3.79	0.40	7.33
山　东	696046	41.29	8.26	13.09	10.76	1.00	19.79
河　南	935928	32.16	7.37	8.68	7.35	1.03	18.90
湖　北	524709	25.83	7.71	9.15	6.42	0.72	16.93
湖　南	286000	17.25	5.72	4.89	3.40	0.62	10.18
广　东	3523188	66.64	11.45	21.90	19.25	1.90	31.35
广　西	372923	19.68	3.40	4.09	3.03	0.63	5.66
海　南	55012	1.71	0.60	0.39	0.31	0.08	2.06
重　庆							
四　川	357472	14.69	3.47	4.86	4.19	0.43	11.76
贵　州	99602	6.68	1.83	1.63	1.43	0.15	4.87
云　南	249243	11.57	1.82	3.27	2.32	0.57	7.37
西　藏	67661	2.12	0.38	0.57	0.28	0.13	0.87
陕　西	174904	9.89	2.05	3.88	3.65	0.24	7.67
甘　肃	358528	10.16	1.59	4.07	3.30	0.35	7.58
青　海	103444	3.97	0.55	1.72	1.31	0.20	0.89
宁　夏	72204	4.08	0.45	0.71	0.56	0.13	1.50
新　疆	150761	11.74	1.92	2.92	2.16	0.40	6.45

阅览室座席数（个）	少儿阅览室座席数	盲人阅览室座席数	志愿者服务队伍数（个）	志愿者服务队伍人数（人）	图书馆延伸服务情况			
					流动图书车数（辆）	流动服务书刊借阅人次（万人次）	流动图书馆车书刊借阅册次（万册次）	分馆数量（个）
340588	**74388**	**6700**	**1257**	**170779**	**384**	**440.50**	**957.95**	**5311**
11668	1968	185	21	1547	4	2.80	2.69	119
13115	2867	135	67	9596	9	12.81	50.89	153
9463	1224	209	25	1505	2	1.25	2.61	165
14810	3092	352	81	4843	3	115.71	265.96	551
7210	930	173	28	2915	4	0.48	1.50	22
8070	1212	64	19	4811	3	5.31	14.51	128
23459	5419	369	94	38474	18	22.09	35.58	421
19700	5527	269	100	15968	17	40.44	106.68	390
18904	4062	432	62	5316	4	6.57	11.65	225
19779	3308	215	29	2209	6	6.03	13.26	297
10428	2683	341	21	1074	5	1.12	2.34	116
19107	4201	364	53	5670	12	17.07	23.47	341
22695	6677	460	45	4512	9	19.37	26.45	155
17912	3305	280	227	2475	11	21.35	36.27	327
10543	3153	189	107	8162	3	14.11	25.23	345
36666	8777	396	76	47022	234	79.43	201.14	1086
13406	3558	192	36	3745	4	6.06	11.38	51
1425	436	15	7	401		1.92	2.78	12
13389	3173	357	38	3382	10	12.45	21.88	105
5902	683	157	14	1240	2	11.36	16.87	50
7593	1542	376	19	2407	1	7.11	12.98	41
1160	221	70	3	45		0.05	0.20	3
7862	1672	134	17	1646	4	0.35	0.77	101
11095	2170	625	28	815	2	3.33	6.31	41
2389	296	36	15	83	9	6.00	14.59	5
3662	898	40	6	159	2	25.07	49.51	36
9176	1334	265	19	757	6	0.86	0.45	25

2020年各地区县市级

地区	机构数(个)	从业人员(人)	专业技术人才	正高级职称	副高级职称	中级职称	总藏量(万册)
总计	**2790**	**33882**	**20986**	**181**	**2343**	**9543**	**60960.23**
北京	22	868	675	4	46	241	2207.34
天津	25	830	543	6	81	221	1260.67
河北	163	1250	788	1	87	353	2002.23
山西	117	995	608	2	47	279	1214.23
内蒙古	104	1112	886	14	196	385	1083.26
辽宁	105	1101	737	7	86	446	1544.66
吉林	55	819	648	14	117	289	849.86
黑龙江	89	805	700	48	205	299	972.78
上海	21	1248	1075	2	50	422	2257.10
江苏	102	2101	1178	10	124	512	6372.15
浙江	90	2486	1175	21	124	564	6469.84
安徽	108	867	490	1	33	213	2087.05
福建	82	779	489	2	28	211	2668.26
江西	102	909	467	3	20	182	1747.82
山东	136	1769	1313	5	220	603	4089.89
河南	144	1884	875	3	54	456	2295.84
湖北	100	1158	783	1	33	447	2056.38
湖南	123	1201	800		27	429	2254.75
广东	120	3145	1377	11	78	631	5910.28
广西	98	770	547		20	249	1323.62
海南	19	208	90		1	26	321.87
重庆	41	657	373	16	52	173	1493.50
四川	184	1455	766	1	40	339	2431.50
贵州	89	648	451		32	172	1048.07
云南	131	1130	1014	2	368	443	1441.32
西藏	74	92	53		2	3	126.13
陕西	106	1553	905	3	50	409	1159.51
甘肃	86	930	487	1	39	211	906.15
青海	41	205	112	1	10	50	197.06
宁夏	21	314	168	1	15	85	424.53
新疆	92	593	413	1	58	200	742.58

公共图书馆基本情况

图书	盲文图书	古籍	善本	报刊	视听文献	缩微制品	其他	在藏量中	
								开架书刊	少儿文献
52839.91	**78.18**	**478.40**	**38.70**	**3883.79**	**911.89**	**76.13**	**2771.58**	**37722.82**	**8348.30**
2126.46	0.31	5.17	0.33	15.92	27.48	0.27	32.02	1624.45	296.26
1121.89	1.22	6.42	0.39	55.76	10.65	0.05	65.89	652.69	152.11
1811.29	5.29	5.95	0.50	100.63	32.01	1.12	51.31	1111.07	236.16
1026.33	1.99	28.44	4.37	112.99	11.52	1.28	33.73	591.69	100.27
899.63	1.37	5.07	0.40	100.31	20.01	0.88	57.37	617.27	103.73
1319.22	1.56	3.29	0.92	47.65	36.00	0.73	137.81	904.71	253.91
706.07	2.03	1.25	0.03	55.63	18.29	15.30	53.35	527.48	98.31
860.86	1.56	0.41	0.01	80.96	5.89	0.08	24.66	667.28	101.29
2102.60	1.15	8.56	0.46	24.38	102.78	0.01	18.76	1469.84	327.25
5873.02	5.51	64.76	3.67	241.87	54.28	0.48	137.81	4131.15	895.66
5987.78	4.35	54.42	2.75	276.32	92.21	0.43	58.69	4760.04	1244.82
1850.53	5.68	12.15	0.39	91.30	27.64	0.52	104.99	1165.00	282.04
2234.28	1.27	12.06	0.87	126.52	43.07	1.16	251.13	1474.70	448.37
1454.29	3.48	24.43	4.17	180.92	11.88	0.66	75.72	870.64	246.53
3634.68	6.43	24.46	2.35	267.17	40.62	3.81	119.27	2740.18	472.15
1795.62	8.50	14.91	1.21	210.95	30.95	0.74	242.75	1365.56	263.20
1708.27	2.24	13.40	1.01	197.71	23.05	33.90	80.12	1105.27	276.96
1933.81	4.57	40.32	2.91	210.09	17.56	0.95	52.08	1195.80	261.26
4989.84	2.84	13.18	1.13	201.48	112.82	0.21	592.79	4026.62	959.17
1004.33	0.47	6.48	0.16	254.74	7.72	0.95	49.49	661.98	122.21
267.11	0.04	0.60	0.04	18.17	32.75	0.80	2.47	193.29	25.77
1290.72	3.05	21.93	2.34	124.95	20.80	0.12	34.96	1066.80	249.97
2068.54	4.27	44.34	1.74	208.13	16.68	3.17	90.74	1459.29	285.35
867.65	1.65	3.97	0.69	98.05	10.26	1.54	66.67	629.76	98.85
1068.43	1.51	26.59	2.80	177.89	74.86	1.12	92.46	829.59	141.54
99.81	0.34	1.56	0.12	5.46	1.03	0.41	17.89	10.56	6.00
982.92	2.36	19.43	0.99	95.65	9.44	0.38	51.78	681.93	144.25
709.46	1.35	12.08	1.89	131.71	5.97	1.64	45.31	521.93	105.00
160.85	0.37	1.69	0.02	9.06	1.91	2.69	20.95	56.11	16.29
306.37	0.89	0.57	0.02	54.56	5.19	0.05	57.78	189.36	61.92
577.25	0.53	0.51	0.02	106.86	6.57	0.68	50.83	420.78	71.70

续表 1

地　区	音视频资源总量(千万小时)	电子文本、图片文献资源总量(万TB)	线上服务人次(万人次)	书架单层总长度(米)	本年新购藏量(万册)	本年新增电子图书(万册)	当年购买的报刊种类(种)
总　计	**1045.76**	**1739.85**	**26301.03**	**6853349**	**4355.87**	**5622.84**	**555996**
北　京	0.67	0.08	1715.22	198000	99.78	238.10	13789
天　津	0.06	0.13	1629.67	97369	74.68	50.82	14134
河　北	11.25	19.03	167.11	293380	246.58	1392.89	15409
山　西	12.73	68.84	103.52	140324	63.63	26.78	12569
内蒙古	9.44	167.67	321.87	153815	78.50	73.53	13660
辽　宁	2.32	14.74	169.89	156189	32.66	17.29	14171
吉　林	9.65	0.46	72.86	89832	41.03	11.70	7960
黑龙江	43.57	42.95	81.18	103016	42.25	11.22	13766
上　海	0.35	0.14	1442.69	208323	115.28	70.07	27586
江　苏	54.77	20.04	2838.21	716167	423.61	422.25	45695
浙　江	2.75	0.19	6568.14	583067	582.59	364.22	50066
安　徽	15.57	11.21	238.90	167802	336.77	332.46	16829
福　建	2.74	33.08	1077.89	218605	164.67	92.29	19757
江　西	166.27	31.39	298.98	202707	140.13	101.57	16824
山　东	164.18	273.15	1108.30	382517	246.85	376.25	28445
河　南	139.00	45.50	241.30	235464	134.20	83.04	17676
湖　北	20.64	9.35	634.97	213089	106.05	342.50	16297
湖　南	103.73	33.54	494.62	279079	210.48	120.57	19673
广　东	16.09	92.64	2912.30	595425	597.72	341.10	40516
广　西	0.06	15.69	71.36	197563	33.52	37.02	15855
海　南		1.00	64.52	36544	25.42	67.85	3541
重　庆	0.68	0.03	1110.97	377840	87.90	84.50	20591
四　川	0.11	0.04	891.52	451269	143.66	362.11	27878
贵　州	37.83	30.75	417.62	118364	46.12	240.40	14048
云　南	140.00	6.27	593.19	251387	40.37	164.34	24376
西　藏	0.03		7.19	1054	6.22	2.40	1229
陕　西	83.98	812.71	464.18	127617	86.14	57.65	12315
甘　肃	7.23	8.62	145.78	112391	50.91	65.57	7876
青　海	0.03	0.61	105.15	24022	12.94	4.28	2081
宁　夏			190.58	37947	57.03	32.05	8011
新　疆	0.03		121.35	83181	28.18	36.02	13373

有效借书证数（个）	总流通人次（万人次）	书刊文献外借人次	书刊文献外借册次（万册次）	为读者举办各种活动 组织各类讲座次数（次）	参加人次（万人次）	举办展览（个）	参加人次（万人次）	举办培训班（个）	培训人次（万人次）
48994300	**33716.37**	**12376.15**	**26523.19**	**44023**	**1226.61**	**26647**	**3408.75**	**34616**	**239.53**
1195436	281.71	71.97	262.67	1255	55.12	421	35.18	267	1.46
575494	669.79	94.43	284.07	532	3.69	420	36.87	737	1.66
780308	573.92	290.23	621.55	1407	19.77	759	49.62	838	5.04
428376	582.38	218.53	358.95	1491	21.49	764	71.87	662	3.30
370968	440.46	146.75	300.07	437	5.85	374	20.55	305	1.84
783746	587.40	262.49	619.85	617	10.37	498	45.97	480	3.03
172836	228.74	106.36	194.24	441	1.28	340	29.31	168	1.01
309797	162.17	72.60	156.97	442	3.38	386	23.08	245	1.36
1877278	509.52	129.54	604.27	804	5.47	257	57.23	318	1.73
16708779	5631.78	2626.13	4369.71	4885	115.74	2639	1059.49	4899	76.71
5210194	6010.18	1101.11	4210.96	3842	77.66	2609	340.46	5046	27.49
1215227	1725.53	722.82	1097.43	1824	26.42	1061	131.81	1877	12.38
900922	1004.99	457.94	1375.01	847	7.59	655	39.32	742	3.62
883163	991.99	464.08	912.06	1193	15.57	1128	97.15	729	4.90
3365593	2132.55	1088.18	1684.72	5108	47.07	2293	200.34	3687	18.88
1106258	1451.97	644.91	1037.40	2350	25.03	970	56.46	1274	7.26
927337	669.44	396.88	674.44	880	14.86	744	43.68	511	3.63
1211634	1683.23	701.67	1398.83	2020	30.88	513	93.72	1202	8.78
4758109	2979.68	704.47	2413.96	3498	642.00	1878	394.24	4207	19.91
281060	402.92	161.37	282.54	777	7.16	590	44.48	925	4.53
55389	113.80	24.86	48.53	91	0.90	68	4.29	192	1.60
2279406	1029.56	366.73	934.69	1274	22.02	1055	115.95	971	6.89
1642360	1216.96	474.43	907.16	1683	17.78	1077	133.16	917	4.76
579100	521.76	217.00	380.90	724	6.73	626	38.98	435	2.57
367441	713.46	236.50	426.29	2622	13.15	1544	89.45	787	4.25
2511	7.41	2.94	4.42	38	0.43	106	1.83	30	0.33
453759	604.31	263.99	408.83	1196	12.97	1408	71.74	1199	5.86
264733	403.68	150.86	258.34	946	8.38	497	41.06	278	1.69
25046	39.63	15.56	21.66	111	1.35	105	5.01	86	0.67
105467	190.73	77.70	149.80	125	0.73	103	7.96	115	0.43
156573	154.72	83.12	122.87	563	5.77	759	28.49	487	1.96

续表 2

地　区	开展基层培训辅导人次(万人次)	本单位受训人次(万人次)	计算机(台)	供读者使用电子阅览室终端数	图书馆网站访问量(页次)	本年收入合计(千元)	财政拨款预算收入
总　计	**92.01**	**14.18**	**148650**	**102942**	**362977616**	**7907028**	**7657955**
北　京	0.59	0.96	3585	1534	9273288	508106	507911
天　津	0.68	0.56	3448	2359	5055000	311237	301194
河　北	1.73	0.24	5994	4470	6962906	183077	181456
山　西	1.37	0.29	4621	3317	2757303	139196	135235
内蒙古	0.98	0.16	4603	3118	3335998	191319	187405
辽　宁	0.75	0.14	5496	3696	8983075	142919	141259
吉　林	0.27	0.05	2668	1790	1596913	131011	127388
黑龙江	0.30	0.02	3748	2624	734156	120749	119977
上　海	0.51	1.27	3902	2174	18364611	649290	645810
江　苏	24.77	1.16	7862	5132	30887001	557291	538460
浙　江	3.69	1.88	7875	5101	24198939	776332	747847
安　徽	5.21	1.94	5447	4024	7671246	174685	160753
福　建	0.84	0.18	4070	2672	4488717	224867	210813
江　西	6.20	0.08	6146	4634	6334477	165427	151080
山　东	5.60	0.54	7785	5583	39510580	355840	347419
河　南	3.64	0.27	7504	5353	4875354	233335	231227
湖　北	4.30	0.34	4445	3087	13751840	238994	230223
湖　南	3.63	0.31	5239	3781	26046223	225251	218264
广　东	2.32	1.48	12150	8345	18639002	973861	945867
广　西	5.91	0.16	4097	2825	2227867	119174	114468
海　南	1.08	0.07	959	711	481722	44381	43293
重　庆	3.10	0.36	3700	2667	35034988	241534	230006
四　川	6.02	0.04	8240	5901	15455624	331124	329038
贵　州	1.06	0.17	4060	3023	27406747	97811	92655
云　南	1.89	0.25	5320	3847	35907159	220538	205765
西　藏	0.05	0.01	1014	615	1461	18008	17632
陕　西	2.00	0.29	4789	3630	8340066	222253	206762
甘　肃	1.25	0.12	3744	2492	2362524	136472	125310
青　海	0.13		1251	679	160367	39265	33290
宁　夏	0.35	0.08	1337	999	814039	48116	45857
新　疆	1.79	0.76	3551	2759	1318423	85565	84291

免费开放资金	中央资金	基建拨款	购书专项经费	上级补助收入	事业预算收入	经营收入	附属单位上缴收入	其他收入	本年支出合计（千元）
836927	**289916**	**191543**	**724013**	**99704**	**25249**	**284**	**126**	**123710**	**8024207**
12107	1510		48282		47	77		71	497248
9130	2953	7909	17284	370	76			9597	324388
26175	17074	14482	12503	690	388	45		498	185388
20584	13815	1500	6943	3293	210			458	205576
16830	13282		8278	657	90			3167	190755
8169	3155	90	6708	1170	490				159471
9392	5840		5238	490				3133	135506
13751	10928		4515	722				50	118725
4098	3574	22968	74393		1967			1513	650607
29338	3439	9958	63825	4071	2906			11854	559426
48364	3910	18398	129419	7671				20814	775950
19934	8428	324	22928	11033	226			2673	174516
15082	2548	11261	29829	3603				10451	226712
17459	7388	205	19588	6169	2542		121	5515	171738
39828	4366		31201	5653	1915			853	349059
26763	15990		23506	1666	55			387	235580
20246	7526	6250	16095	3631	44	52		5044	236273
22230	11060	2741	16549	4630	260			2097	228342
265574	6338	64423	86226	15444	5395			7155	963858
19017	15080	8153	8424	3968	179			559	118116
6856	2643		2132	661	247			180	43933
25579	16520	9000	22050	1540				9988	240420
44496	29216	709	24483	1054	172			860	331610
13576	8996	152	5000	2020	1805			1331	97247
23845	18696	720	6987	1562				13211	209712
13124	10534		2138	242		110		24	14406
20980	15056	6900	16036	8112	4209			3170	264383
15468	9883	4400	7198	7853	1189			2120	136465
3977	1994	1000	1304	248	233		5	5489	39982
6807	4383		3075	1066	79			1114	53029
18148	13791		1876	415	525			334	85786

续表 3

地区	基本支出	项目支出	经营支出	工资福利支出	商品和服务支出	差旅费	劳务费
总计	**4881779**	**2730838**	**5050**	**3704503**	**1813358**	**36123**	**213720**
北京	292940	198282	955	251739	144334	48	8602
天津	223929	92312		144619	101177	84	6432
河北	94976	78447	602	77268	21082	245	3843
山西	97623	32678		77994	20548	860	3035
内蒙古	156035	30652		108565	39748	600	3502
辽宁	127980	16493	1690	105181	23142	196	3850
吉林	87142	45518		75464	20795	420	2796
黑龙江	102190	16534		78970	16587	264	870
上海	411251	233947		279436	217335	269	1239
江苏	358018	180768	85	267866	126978	3308	12511
浙江	429107	341799		347327	178894	1291	25093
安徽	116160	44130	166	72893	31121	924	2903
福建	117813	96123	390	84128	50074	143	13695
江西	126668	28000		83292	31632	1891	3505
山东	225699	92276	14	183172	54616	1022	7098
河南	170719	30159		122825	27972	998	3329
湖北	153442	74849	52	125868	36781	1009	7139
湖南	155312	62597		109680	40054	1664	3576
广东	386841	567847	160	286855	329675	871	51194
广西	82696	30516	12	62411	18711	1609	1679
海南	18554	17579	450	15713	8942	470	3670
重庆	118771	104638	22	88851	69988	7929	16199
四川	184451	142672	35	152001	94662	4883	10994
贵州	65373	10585	30	52881	10186	884	1946
云南	152917	44377	40	136417	32725	1573	4587
西藏	10200	736	152	4996	33	20	1
陕西	190578	58869	100	126789	26088	1321	4850
甘肃	95809	25976	45	76995	17729	783	2629
青海	23510	9939		16243	5911	102	483
宁夏	36857	10890	15	27552	6125	270	1316
新疆	68218	10650	35	60512	9713	172	1154

在支出合计中：								资产总计（千元）
福利费	各种税金支出	对个人和家庭补助支出	抚恤金和生活补助	其他资本性支出	各种设备购置费	新增藏量购置费	新增数字资源购置费	
33133	**3870**	**235499**	**40084**	**1475554**	**1181626**	**797770**	**99369**	**24083050**
2165	24	13108	1772	69841	62926	36946	10515	1063787
1097	139	4467	336	56547	46232	15659	11296	748647
519		6620	1176	42468	28519	19319	2046	630245
473	1	2447	301	88486	18410	12372	782	392500
412	591	6635	2548	28648	20579	12837	908	372109
62		7316	2453	10898	8809	3877	1394	708422
2		1824	1042	14145	11138	6534	495	512844
33		8125	866	10349	8191	6693	496	348132
4615	3	4201	1335	107045	78987	53472	10187	1955206
2228	275	22510	2440	98089	87009	63004	8326	2191295
10251	100	10917	1074	173051	164180	133714	6728	2278904
568	27	5387	873	44043	39759	30693	1650	533762
166	8	3454	577	52775	48812	35801	3857	741175
844	141	4921	853	34582	29730	22112	1334	978482
154	607	14091	1997	57010	48450	34587	1719	690331
453	8	8296	1973	43185	38648	26306	4790	649464
1366	87	8545	677	33791	26257	18169	2069	650097
1473	52	5546	563	38455	33484	17692	3455	508079
2470	97	51807	2561	219549	178345	108589	7151	1780484
97	246	3447	1464	15545	14585	8425	1616	250028
		390	45	10644	9616	2960	4301	87361
631	7	8749	4807	45681	28942	18569	3611	468561
911	34	8240	2958	41690	39003	26216	3142	860740
76	167	2711	562	12738	10259	6918	981	639342
691	303	4999	1626	14346	10784	7355	1085	523323
11				2992	2447	1308	34	55714
313	9	3055	1336	73057	58905	50131	2847	363400
618	604	8468	1234	17814	16188	8977	1523	325215
300	9	1187	68	4295	2858	1078	407	2420977
31		2108	210	7474	4131	3493	300	141814
103	331	1928	357	6321	5443	3964	324	212610

续表 4

地 区	固定资产净值	实际使用公用房屋建筑面积(万平方米)	书库面积	阅览室面积	书刊阅览室面积	电子阅览室面积	实际拥有产权面积(万平方米)
总 计	**17790020**	**1032.32**	**196.85**	**317.92**	**223.43**	**48.34**	**569.45**
北 京	852528	20.50	5.07	4.69	3.84	0.59	10.19
天 津	531509	30.73	5.58	6.53	4.91	0.64	3.27
河 北	359141	38.90	8.29	14.31	10.13	2.02	18.09
山 西	335332	29.58	5.06	9.53	6.15	1.85	27.91
内蒙古	304069	25.68	4.03	8.65	5.69	1.38	10.42
辽 宁	657640	26.23	4.46	7.22	5.24	1.27	10.90
吉 林	238877	14.29	2.45	4.77	3.36	0.78	9.87
黑龙江	237237	18.14	3.07	6.04	3.54	1.17	8.53
上 海	1733903	31.07	3.77	9.85	8.38	0.80	14.53
江 苏	1654433	101.82	11.81	25.98	18.24	2.74	39.54
浙 江	2083808	90.70	15.60	27.02	22.44	3.11	36.81
安 徽	424789	33.17	5.30	10.90	6.34	1.83	20.31
福 建	624944	28.95	7.61	9.36	6.49	1.06	18.41
江 西	860462	30.10	6.29	10.36	6.68	1.62	18.96
山 东	571662	66.39	13.81	16.97	10.97	2.85	27.39
河 南	555009	42.97	8.69	12.37	7.92	2.37	24.27
湖 北	559385	36.77	7.54	11.47	7.31	2.14	29.62
湖 南	379460	39.51	9.44	11.39	7.87	2.13	27.51
广 东	1400802	93.71	18.26	33.87	26.48	3.79	56.62
广 西	211253	19.14	5.42	5.39	3.72	1.21	13.65
海 南	74514	5.43	1.29	1.40	0.95	0.24	3.94
重 庆	377533	32.65	6.01	9.70	6.84	1.25	26.84
四 川	701618	49.91	10.10	19.24	13.97	3.39	29.28
贵 州	349193	20.85	4.78	7.17	4.74	1.34	15.64
云 南	451191	25.96	7.08	7.53	4.17	1.91	19.13
西 藏	51910	2.15	0.56	0.82	0.37	0.21	0.83
陕 西	325763	26.44	6.31	8.14	5.45	1.43	17.52
甘 肃	294101	20.61	3.18	5.59	4.14	1.04	14.65
青 海	275044	4.82	0.97	1.55	0.97	0.35	1.03
宁 夏	126127	6.59	1.39	2.70	1.62	0.58	3.90
新 疆	186783	18.56	3.63	7.41	4.51	1.25	9.89

阅览室座席数（个）			志愿者服务队伍数（个）	志愿者服务队伍人数（人）	图书馆延伸服务情况			
	少儿阅览室座席数	盲人阅览室座席数			流动图书车数（辆）	流动服务书刊借阅人次（万人次）	流动图书馆车书刊借阅册次（万册次）	分馆数量（个）
831944	**223505**	**23148**	**8227**	**255279**	**1607**	**969.45**	**1663.88**	**32182**
12958	2871	177	88	17191	13	3.93	30.13	465
16425	3161	257	91	3724	11	6.92	20.93	490
33156	8312	994	267	7936	85	16.48	26.04	953
25026	6918	1029	188	5328	145	39.98	61.63	1800
23570	5992	765	150	6780	49	11.35	19.62	764
21568	5105	541	240	5263	14	11.10	30.89	676
12855	3673	393	70	2260	57	7.60	10.19	539
17182	5188	670	152	3720	41	5.24	11.29	602
21494	5244	293	187	6422	4	52.02	81.03	205
51376	14328	1158	362	20000	29	85.85	156.53	7047
64232	16667	1034	378	27572	57	126.06	282.67	2303
28204	8188	1114	221	7102	52	58.18	79.63	1139
24876	8319	675	183	9724	21	12.72	23.00	602
31317	9169	1297	1333	5135	34	25.34	44.34	665
49017	12227	2172	409	14401	36	58.31	86.86	1535
40588	11351	1259	370	6325	82	46.40	67.52	1263
26669	7595	912	831	7574	84	47.86	66.31	887
32261	10795	985	236	15618	60	44.78	71.03	1636
80556	20232	1052	206	47474	44	58.70	126.28	1349
19862	6098	414	159	2735	50	20.97	30.94	308
3888	1437	46	19	1001	7	4.80	5.26	85
29612	6435	780	106	3909	37	43.53	82.29	1424
46241	11491	1270	263	7013	128	33.49	55.07	1267
21819	5472	803	273	3888	80	37.14	48.59	576
23059	6777	710	310	5095	98	38.21	46.26	1230
2001	353	18	90	984	57	0.94	0.80	8
22378	6135	738	278	4995	95	33.95	41.97	714
20764	5980	757	377	2617	54	17.98	24.06	802
3126	1000	106	55	756	29	4.33	5.49	82
8476	1555	304	76	1127	9	7.42	15.31	95
17388	5437	425	259	1610	45	7.87	11.92	671

主要统计指标解释

1．**藏量**：指本馆已编目的古籍、图书、期刊和报纸的合订本、小册子、手稿以及缩微制品、录像带、录音带、光盘等视听文献资料数量之和。

对同一书名，但分若干册（卷）的图书，按每一册（卷）作为一册统计。期刊和报纸均以每一合订本为一册统计。至填报本表时，尚未装订成册编目的期刊和报纸不应统计在内。

2．**图书**：指装订成册，不少于49页，并在“古籍”范围以外的纸介质图书。装订成册但不足49页的，按小册子统计到“其他”类中。

3．**盲文图书**：指供盲人读者阅读的图书。

4．**报刊**：指刊登当前事件的专题或综合新闻，每周至少出版一张并按年、月、日顺序或按编号排列的连续出版物。或者是同一刊名下，按顺序号或按年、月、日出版的定期或不定期的一种连续出版物。包括报纸和期刊。

5．**古籍、善本**：实际成书和出版年代在1911年（含1911年）以前的线装、卷轴装、经折装、蝴蝶装、包背装等书籍为古籍。其中清乾隆六十年即1795年（含1795年）以前的古籍为善本，1795年至1911年间的具有历史文献性、学术资料性和印刷装帧艺术代表性的也归为善本。

6．**视听文献**：包括各类型声频文献（唱片、录音带、盒式磁带等）、视频文献（例如幻灯片、透明正片等）和声频与视频混合文献（例如有声电影、录像片等）。

7．**缩微文献**：指所有经过缩微处理制成缩微胶卷和缩微平片，使用时需要放大的文献资料。

8．**其他**：指馆藏文献资源中，不在以上任何一类文献中的内容。

9．**开架书刊**：指图书馆总藏量中已上架并可用于外借或馆内阅读的图书、报刊等。

10．**少儿文献**：是指供少儿阅读的文献，包括图书、绘本、画册、连环画等，不论其是否装订成册，或页数是否达到49页，均按1个“册/件”计算在内。“少儿文献”不纳入“总藏量”加总计算，在图书、报刊、视听文献、缩微制品中，涉及少儿文献的，仍然分别统计在内。

11．**电子图书**：指本馆通过购买方式取得当前使用权的电子图书，以及本馆自建或与其他机构合作建设的电子图书。

本馆自建电子图书：指本馆通过数字化加工、网络采集、依法保存等方式获得，并在本地存储和保管的电子图书。

本馆外购电子图书：指本馆付费获得使用权不少于12个月的电子图书。

从其他机构免费共享的电子图书：指其他机构通过VPN共享、本地镜像或硬存储等方式免费授权给本馆使用的电子图书。

12．**书架单层总长度**：指馆藏实际占用书架、书柜单层单面长度之和。

13．**本年度新购藏量**：是指本年度内，通过购买、征集、竞拍等各种方式新入藏的各类型文献资源总量（不包括电子图书）。

14．**新增电子图书**：指图书馆本年度自建、购买（获得使用权不少于 12 个月）的电子图书总量。

15．**当年购买的报刊种类**：指图书馆当年购买的期刊和报纸种类之和。其计量原则同图书。

16．**有效借书证数**：是指由本馆或本馆所在总分馆体系中其他图书馆发放，并在当年内在本馆、本馆下辖分馆或本馆派出各类馆外服务设施中使用过至少一次的借书证数。

17．**总流通人次**：指本年度内到图书馆场馆接受图书馆服务的总人次，包括借阅书刊、咨询问题以及参加各类读者活动等。

18．**书刊文献外借人次**：指通过本馆或本馆所辖分馆以及本馆派出的馆外服务设施将本馆各类型文献资源借出阅读的读者人次。

19．**书刊文献外借册次**：指读者通过由本馆或本馆所辖分馆以及本馆派出的馆外服务设施借出阅读的本馆各类型文献册次。

20．**组织各类讲座次数、参加人次**：指由本馆举办或与外机构联合举办的各类讲座次数及参加这些讲座的人次。

21．**举办展览个数、参观人次**：指本馆举办或与外机构联合举办的在馆内或馆外展览的展览个数及参观人次。个数按展览的内容计算。同一内容的展览不论在哪些地点展出和展出时间多久，只计算一个。

22．**举办训练班班次、培训人次**：指本馆举办或与外机构联合举办的各种科普、文化、艺术等训练班，按截止到年底办完的班数及培训人数分别计算班次及培训人次。截止到年底未办完的班数和人数均在下一年度统计。

23．**为少儿举办的专场活动**：是指专门以少年儿童为受众组织的展览、讲座、读书、培训等活动，含亲子阅读类活动。

24．**图书馆网站访问量**：指本年度中图书馆网站中所有网页（含文件及动态网页）被访客浏览的总次数。图书馆网站指有独立域名的 Web 站点，其中包括 cn 和通用顶级域名下的 Web 站点。

25．**计算机台数**：指图书馆内列入固定资产管理并正在使用的计算机终端台数。

26．**供读者使用的终端数**：指图书馆内放置可供读者使用的计算机台数。

27．**新增藏量购置费**：指本馆本年购进图书、报刊、缩微制品、视听文献等藏品所用经费之和。

28．**新增电子图书购置费**：指图书馆本年度专门用于自建、购买电子图书的经费。

29．**少儿阅览室座席数**：指图书馆中专门提供给少年儿童使用的座位数。

30．**盲人阅览室座席数**：指图书馆中专门提供给盲人使用，并配置有专门的辅助阅读、视听设备的座位数。

31．**流动服务书刊借阅人次/册次**：指图书馆利用流动服务方式开展书刊借阅服务的读者人次和册次。

32．**分馆数量**：指在以本馆为中心馆的总分馆体系中，接受本馆统一管理，具有独立馆舍、一定数量的馆藏、专职管理人员的图书馆数量。总馆对分馆负有业务指导关系，并且总、分馆之间实现文献资源共建共享、通借通还。

群众文化

按年份全国群众文化机构基本情况

年　份	机构数(个)	从业人员(人)	举办展览个数(个)	组织文艺活动次数(次)	举办训练班次(次)	收入合计(万元)	财政拨款	支出合计(万元)	实际使用房屋建筑面积(万平方米)
1979年	3965		13001	114307		10114	10114	10114	
1980年	7723		23553	202828	20359	11270	11270	11376	
1985年	8746	59599	30998	118888	31842	20835	20835	17686	308.5
1986年	8906	67501	32803	106726	30576	29573	25505	23751	354.8
1990年	9087	67817	34292	99068	37017	49763	36985	37475	457.8
1991年	10507	70319	35498	116618	39568	45874	31066	43559	484.5
1992年	9564	66938	32095	96481	40707	53735	35577	49798	496.1
1993年	10155	68097	29636	86680	34279	62098	37840	57877	538.6
1994年	11276	70489	30224	92167	39296	79167	48906	73174	560.3
1995年	13487	75263	31070	110509	46023	89411	56826	83628	614.1
1996年	45253	127742	76397	247357	130592	139090	74434	137775	1110.0
1997年	43738	129194	87795	278782	119873	160117	92275	158861	1176.0
1998年	45834	129842	86960	267351	125872	178165	96416	173207	1195.3
1999年	45837	128216	94270	280373	138195	111089	108656	177528	1195.2
2000年	45321	128420	91670	276574	143370	186896	118430	188437	1229.9
2001年	43397	120156	89392	284316	156089	210181	141754	210860	1213.8
2002年	42516	119072	92917	301792	137350	241050	165163	235593	1203.6
2003年	41816	123458	93514	327306	154502	271704	190424	265751	1431.3
2004年	41402	121441	116639	401818	165823	313104	227641	310850	1408.4
2005年	41588	122500	111300	391439	190194	365887	279033	358641	1507.0
2006年	40088	123465	141150	497779	218696	428962	322773	412430	1622.8
2007年	40601	128096	90900	546477	242055	548301	432311	575722	1667.4
2008年	41156	131142	100877	473613	299791	660111	528838	653613	1931.0
2009年	41959	137484	110251	555052	304955	807244	681147	794190	2193.6
2010年	43382	141002	117353	576799	358719	944397	803918	931951	2526.7
2011年	43675	147732	107785	620586	339883	1285601	1122872	1267505	2982.6
2012年	43876	156228	114774	688482	387201	1453601	1300692	1467803	3171.7
2013年	44260	164355	138225	740611	390758	1667594	1478439	1635395	3389.4
2014年	44423	170299	131728	845421	469300	1901726	1623756	1828632	3686.4
2015年	44291	173499	139792	959901	536328	2077606	1856374	2014894	3848.3
2016年	44497	182030	150128	1065287	590516	2272289	2086646	2183721	3991.0
2017年	44521	180911	154106	1114261	675852	2533892	2384631	2562411	4106.8
2018年	44464	185636	158742	1231269	768995	2955019	2806290	3057577	4283.1
2019年	44073	190068	163968	1359460	889247	2998761	2816884	3094571	4518.2
2020年	43687	185076	137945	1088949	668940	2828093	2716535	2871598	4677.9

注：1996年以前数据未包括其他部门所属乡镇综合文化站，1996—1998年包括其他部门所属乡镇文化站，1999年以后，其他部门所属乡镇文化站划归文化部门管理。以下各表同。

按年份各地区群众文化机构数

单位：个

地　区	1995年	2000年	2005年	2010年	2015年	2018年	2019年	2020年
总　计	**13487**	**45321**	**41588**	**43382**	**44291**	**44464**	**44073**	**43687**
北　京	35	268	328	337	349	350	354	356
天　津	19	306	217	256	260	261	261	262
河　北	183	2257	2149	2319	2402	2433	2435	2458
山　西	130	1851	1355	1533	1540	1539	1540	1541
内蒙古	547	1712	1329	1017	1179	1213	1206	1205
辽　宁	1522	1520	1522	1550	1543	1585	1546	1477
吉　林	410	894	821	965	979	980	981	989
黑龙江	266	1201	1015	1654	1641	1635	1430	1387
上　海	45	340	249	240	237	239	242	242
江　苏	1180	1771	1534	1442	1396	1379	1372	1371
浙　江	1986	1932	1592	1612	1417	1475	1464	1446
安　徽	351	1898	1677	1509	1559	1559	1560	1628
福　建	249	1085	1116	1190	1222	1223	1219	1220
江　西	113	2000	1546	1924	1881	1873	1854	1859
山　东	158	2581	1926	2013	1971	1976	1972	1979
河　南	224	2479	2395	2466	2533	2616	2663	2683
湖　北	1280	1695	1258	1376	1399	1406	1405	1424
湖　南	137	2667	2617	2561	2677	2540	2512	2379
广　东	1100	2042	1725	1738	1742	1755	1759	1763
广　西	115	1408	1254	1284	1291	1297	1298	1300
海　南	21	327	243	230	228	242	242	242
重　庆		1248	1086	1041	1045	1068	1069	1071
四　川	246	3865	4716	4652	4785	4781	4617	4438
贵　州	693	1030	1401	1524	1665	1688	1698	1701
云　南	1687	1734	1684	1517	1564	1594	1599	1603
西　藏	60	94	208	321	774	774	774	779
陕　西	133	2065	1732	1827	1591	1507	1498	1483
甘　肃	98	1432	1190	1417	1455	1482	1491	1450
青　海	139	250	244	409	414	416	443	442
宁　夏	199	309	252	250	266	272	272	272
新　疆	161	1060	1207	1208	1286	1306	1297	1237

按年份各地区文化馆机构数

单位：个

地　区	1995年	2000年	2005年	2010年	2015年	2018年	2019年	2020年
总　计	**3259**	**3297**	**3226**	**3264**	**3315**	**3326**	**3326**	**3321**
北　京	23	23	22	20	20	20	20	20
天　津	19	19	19	19	19	17	17	17
河　北	181	178	175	177	180	180	180	180
山　西	130	130	131	131	131	130	130	130
内蒙古	115	117	115	116	119	120	120	120
辽　宁	128	125	132	122	124	125	124	123
吉　林	58	102	81	77	78	79	79	79
黑龙江	137	133	144	146	148	149	150	142
上　海	43	48	33	27	25	25	24	24
江　苏	122	121	117	118	115	115	115	116
浙　江	95	96	99	101	102	101	101	102
安　徽	113	117	118	120	122	122	123	123
福　建	90	90	90	95	97	97	97	98
江　西	113	113	113	115	118	118	118	120
山　东	158	159	158	158	157	157	157	158
河　南	224	214	204	202	205	204	205	205
湖　北	192	147	124	113	122	125	124	125
湖　南	137	140	140	140	143	145	146	146
广　东	136	140	139	144	146	145	145	144
广　西	112	114	115	122	123	124	124	125
海　南	20	21	21	21	21	23	23	23
重　庆		47	42	41	41	41	41	41
四　川	236	198	201	204	207	207	207	207
贵　州	93	93	95	95	98	99	99	99
云　南	147	147	149	148	148	149	149	149
西　藏	33	59	41	82	82	82	82	82
陕　西	122	122	121	120	122	123	122	122
甘　肃	98	98	100	102	103	103	103	104
青　海	51	52	52	51	55	55	55	54
宁　夏	26	26	25	26	26	27	27	27
新　疆	107	108	110	111	118	119	119	116

按年份各地区文化站机构数

单位：个

地　区	1995年	2000年	2005年	2010年	2015年	2018年	2019年	2020年
总　计	**10228**	**42024**	**38362**	**40118**	**40976**	**41138**	**40747**	**40366**
北　京	12	255	306	317	329	330	334	336
天　津	343	287	198	237	241	244	244	245
河　北	2	2079	1974	2142	2222	2253	2255	2278
山　西		1721	1224	1402	1409	1409	1410	1411
内蒙古	432	1595	1214	901	1060	1093	1086	1085
辽　宁	1394	1395	1390	1428	1419	1460	1422	1354
吉　林	352	792	740	888	901	901	902	910
黑龙江	129	1068	871	1508	1493	1486	1280	1245
上　海	2	292	216	213	212	214	218	218
江　苏	1058	1650	1417	1324	1281	1264	1257	1255
浙　江	1741	1836	1493	1511	1315	1374	1363	1344
安　徽	238	1781	1559	1389	1437	1437	1437	1505
福　建	159	995	1026	1095	1125	1126	1122	1122
江　西		1887	1433	1809	1763	1755	1736	1739
山　东		2422	1768	1855	1814	1819	1815	1821
河　南		2265	2191	2264	2328	2412	2458	2478
湖　北	1088	1548	1134	1263	1277	1281	1281	1299
湖　南		2527	2477	2421	2534	2395	2366	2233
广　东	964	1902	1586	1594	1596	1610	1614	1619
广　西	3	1294	1139	1162	1168	1173	1174	1175
海　南	1	306	222	209	207	219	219	219
重　庆		1201	1044	1000	1004	1027	1028	1030
四　川	10	3667	4515	4448	4578	4574	4410	4231
贵　州	600	937	1306	1429	1567	1589	1599	1602
云　南	1347	1587	1535	1369	1416	1445	1450	1454
西　藏	27	35	167	239	692	692	692	697
陕　西	11	1933	1611	1707	1469	1384	1376	1361
甘　肃		1334	1090	1315	1352	1379	1388	1346
青　海	88	198	192	358	359	361	388	388
宁　夏	173	283	227	224	240	245	245	245
新　疆	54	952	1097	1097	1168	1187	1178	1121

按年份各地区群众文化机构从业人员数

单位：人

地　区	1995年	2000年	2005年	2010年	2015年	2018年	2019年	2020年
总　计	**75263**	**128420**	**122500**	**141002**	**173499**	**185636**	**190068**	**185076**
北　京	914	1558	1998	2359	2602	3134	3437	3692
天　津	847	1367	1085	1027	1208	1455	1372	1598
河　北	3305	5950	5592	6336	7138	7542	7390	7326
山　西	2218	4236	3730	4229	4442	4454	4385	4491
内蒙古	2966	4460	3900	3872	5274	4984	5091	4869
辽　宁	4924	4310	4424	4898	5966	5488	4946	4513
吉　林	2429	3404	3318	3437	4534	4405	4364	4313
黑龙江	2311	3167	2947	4324	5193	5685	4972	5175
上　海	1617	3874	3832	4702	4835	4990	4907	4862
江　苏	4723	6695	5542	6457	6980	7498	7654	7763
浙　江	6366	6082	5147	5881	6998	7759	7960	8186
安　徽	2237	4945	4684	5295	5892	5979	5958	6260
福　建	1442	2255	2219	2655	3761	4122	4097	4019
江　西	1933	4432	4191	4360	5987	9287	6351	6215
山　东	3265	6359	6148	7598	8568	8279	8445	8515
河　南	3798	6840	7565	10500	10967	10933	11225	11399
湖　北	5429	5928	5269	4921	4869	5099	5162	5355
湖　南	2207	6198	5857	6937	8062	8595	8931	8964
广　东	4012	8863	8953	9696	11445	12259	12752	13481
广　西	1605	3387	3803	4075	5285	5179	5145	5288
海　南	281	661	615	660	720	794	802	804
重　庆		3071	2808	3726	5021	5675	5236	5030
四　川	3631	8522	7682	8181	10650	11411	11243	11190
贵　州	1751	2142	3577	4790	5957	6467	10907	7493
云　南	4012	4350	4693	5181	7198	7320	9487	7505
西　藏	317	340	254	311	2824	5706	5972	5930
陕　西	2246	5184	5040	5802	7384	7057	7031	6883
甘　肃	1315	5058	2910	3416	6400	6555	6454	6084
青　海	607	705	616	772	1197	1201	1447	1651
宁　夏	867	1093	979	1012	1341	1405	1396	1327
新　疆	1688	2984	3122	3592	4801	4919	5549	4895

按年份各地区群众文化机构组织文艺活动次数

单位：次

地　区	1995年	2000年	2005年	2010年	2015年	2018年	2019年	2020年
总　计	**110509**	**276574**	**391439**	**576799**	**959901**	**1231269**	**1359460**	**1088949**
北　京	1186	5382	11378	24237	27175	44864	47132	27418
天　津	3883	3069	3234	5067	9391	17547	19209	13718
河　北	3668	17997	23880	27408	41732	47920	52703	40653
山　西	1462	4527	9107	13905	22560	25036	27172	39817
内蒙古	4282	11294	9977	11127	17072	21349	22256	16284
辽　宁	7539	10365	27868	26261	31635	31879	30519	15570
吉　林	3138	3745	4939	7482	14977	15267	15842	10142
黑龙江	3463	8149	7720	17351	21569	28197	25307	13785
上　海	1021	7629	35027	35600	64393	71659	75932	40235
江　苏	13698	17058	20548	32586	55298	67509	77304	83206
浙　江	19063	20121	23580	36619	67323	115327	148863	122326
安　徽	2416	5181	5661	11937	36210	47403	52889	44633
福　建	3545	7689	7464	9691	15940	20947	22273	16144
江　西	1142	5816	6853	11781	20079	23706	26981	28047
山　东	2722	16033	21673	41194	73897	110089	121579	117743
河　南	1792	9203	13405	35713	48646	60063	68620	63711
湖　北	7190	11588	11031	18100	22979	39093	41465	27991
湖　南	1218	9352	15898	25945	29555	32319	34387	31846
广　东	5377	22969	23132	32352	50270	62742	75484	54739
广　西	1429	8349	10592	19775	28663	36041	41910	31729
海　南	167	1454	1422	2351	2438	3498	3762	3111
重　庆		10491	7958	15840	25658	30435	33324	27026
四　川	2628	17536	23760	30194	66118	77234	74435	56093
贵　州	2581	4202	5759	8544	18490	24698	26595	19394
云　南	11257	12437	17983	21665	30717	33272	36225	24937
西　藏	455	346	439	1458	5575	8255	9899	20561
陕　西	1205	8612	8282	13306	21539	28988	30490	24667
甘　肃	694	5101	11095	9792	14721	21219	21918	17593
青　海	433	1043	1429	2600	5067	7911	8524	6913
宁　夏	454	4247	2490	6351	12126	12456	12044	10172
新　疆	1401	5589	17855	20567	58088	64346	74417	38745

按年份各地区群众文化机构举办训练班次

单位：次

地　区	1995年	2000年	2005年	2010年	2015年	2018年	2019年	2020年
总　计	**46023**	**143370**	**190194**	**358719**	**536328**	**768995**	**889247**	**668940**
北　京	505	2546	8708	22836	37433	48353	49603	26421
天　津	656	3062	1516	4753	9201	11298	15984	13674
河　北	1282	15233	11798	13852	16189	23537	26287	17908
山　西	518	1405	2248	6886	12076	14829	19573	14223
内蒙古	1091	5552	4099	4082	8734	16391	16884	7852
辽　宁	4767	4712	8200	47452	20402	23604	26126	13859
吉　林	3393	1586	2649	4029	8096	16055	15236	5899
黑龙江	1091	3109	3546	6129	7620	11860	12628	9070
上　海	659	3007	23313	21078	51408	63526	95908	38415
江　苏	3698	6488	7048	18950	22725	38214	47985	61386
浙　江	8058	9960	11354	18539	43279	81366	106079	95271
安　徽	2235	2132	2526	9481	19436	29214	32598	25947
福　建	1159	4885	9956	11096	14366	23032	23046	13417
江　西	480	3376	2757	8217	12311	15343	16724	13985
山　东	1793	17666	8280	21787	29447	57341	64975	47471
河　南	898	5552	7609	11837	24281	25021	29049	26276
湖　北	1548	3080	15320	10654	12870	20099	21505	15414
湖　南	736	2810	4953	10505	15833	23328	23088	22308
广　东	3949	11932	14288	29041	45679	69550	85036	73294
广　西	1314	4557	4798	8747	12507	13921	14050	10480
海　南	159	779	832	1123	1801	2047	3704	3204
重　庆		2236	2467	7285	14827	25831	25593	22083
四　川	1785	8693	12053	19052	32833	38623	38891	28291
贵　州	654	991	1089	4285	8840	10288	11990	9207
云　南	1765	3220	4585	10183	15536	15401	16186	13091
西　藏	7	25	50	313	1858	2238	2270	3759
陕　西	595	6320	5305	9665	11801	17279	15477	12946
甘　肃	238	4533	2900	4960	7644	10472	10939	9719
青　海	175	290	970	1180	1643	2268	2537	3272
宁　夏	327	994	1124	3138	2478	6359	3827	3895
新　疆	488	2639	3853	7584	13174	12307	15469	6903

按年份各地区群众文化机构培训人次

单位：万人次

地　区	1995年	2000年	2005年	2010年	2015年	2018年	2019年	2020年
总　计	**6.6**	**493.9**	**666.5**	**1805.6**	**3868.0**	**4960.6**	**5404.0**	**3931.3**
北　京	0.2	15.4	48.5	130.7	170.1	228.8	302.2	129.2
天　津	0.3	7.6	5.1	25.7	46.6	53.0	74.8	67.9
河　北	0.4	51.7	49.6	70.1	103.7	144.0	144.9	104.9
山　西	0.2	6.8	11.0	38.7	79.9	110.7	125.1	69.9
内蒙古	0.1	19.2	14.8	21.8	46.6	94.6	94.4	51.3
辽　宁	0.5	14.7	43.7	97.1	144.3	131.1	129.4	78.9
吉　林	0.3	7.2	6.8	24.9	63.7	116.1	110.8	39.5
黑龙江	0.2	15.3	8.2	32.5	55.9	92.1	77.2	61.9
上　海	0.1	6.8	63.1	116.4	341.7	421.8	532.7	184.4
江　苏	0.4	29.9	25.3	132.0	176.8	265.0	279.7	412.2
浙　江	0.6	30.5	46.4	103.4	294.0	528.4	629.1	502.5
安　徽	0.1	7.0	12.0	49.9	140.2	214.9	237.5	164.5
福　建	0.2	11.3	15.9	39.8	78.0	149.4	130.2	57.5
江　西	0.2	8.9	6.8	25.9	77.6	91.0	87.2	84.5
山　东	0.3	16.1	43.3	142.3	261.1	437.8	438.2	353.7
河　南	0.3	24.9	32.4	83.1	171.4	176.4	199.0	167.8
湖　北	0.2	9.4	12.7	54.3	97.6	159.3	163.1	115.6
湖　南	0.2	9.3	16.2	48.1	122.8	140.4	148.3	160.0
广　东	0.5	55.8	52.6	126.1	451.9	414.4	478.3	361.1
广　西	0.3	15.0	17.3	37.6	77.9	86.0	81.7	74.8
海　南		1.8	2.1	11.8	19.7	15.8	20.2	14.2
重　庆		5.1	7.9	50.6	131.0	175.2	183.8	144.7
四　川	0.6	28.4	50.0	111.1	224.3	204.0	187.1	126.7
贵　州		5.0	3.2	22.6	59.7	63.3	68.7	56.5
云　南	0.1	17.8	22.6	63.8	135.2	123.7	142.9	102.1
西　藏				2.2	12.3	8.8	14.4	11.5
陕　西	0.1	23.6	12.7	53.0	99.4	116.7	115.3	96.8
甘　肃	0.1	11.1	12.3	35.6	61.5	80.0	85.4	75.0
青　海		10.8	0.7	4.2	10.6	14.0	12.8	11.3
宁　夏		14.0	7.5	20.6	19.1	22.5	20.8	17.4
新　疆	0.1	13.5	15.4	29.8	93.3	81.6	88.8	33.0

按年份各地区群众文化机构财政拨款

单位：万元

地　区	1995年	2000年	2005年	2010年	2015年	2018年	2019年	2020年
总　计	**56826**	**118430**	**279033**	**803918**	**1856374**	**2806290**	**2816884**	**2716535**
北　京	1375	2594	8145	22326	63262	93455	103570	90416
天　津	1249	1422	3076	10026	22909	33597	29632	22687
河　北	1894	5161	9767	21144	49400	60245	66051	60558
山　西	1370	2674	5571	16870	31222	36734	37524	38566
内蒙古	1282	3388	7068	23539	45663	54754	49659	49160
辽　宁	2349	5054	9121	26868	45596	45262	59345	37244
吉　林	1533	3384	5989	26601	49116	46663	45324	48171
黑龙江	1458	3541	6193	17656	40424	44170	46814	45056
上　海	6950	5020	22327	55999	127035	177184	221125	188673
江　苏	4238	8521	19063	50067	128663	181448	201048	191884
浙　江	3233	9446	29490	78833	168027	237801	251202	272241
安　徽	1418	3609	7803	21148	44324	68121	58482	60272
福　建	1731	2895	5168	21289	34617	89115	56302	58938
江　西	1150	2504	4714	14710	36506	53649	57756	53031
山　东	3621	7295	12633	40821	86921	101934	105305	105075
河　南	2151	4630	8194	26726	57791	79304	83330	82680
湖　北	2105	3832	6284	19951	48843	170333	140008	82753
湖　南	1869	3571	7570	22824	53579	77616	84281	85641
广　东	4227	12113	40125	85211	181570	394114	355110	373343
广　西	1248	2639	6056	15349	43343	55816	59279	62194
海　南	222	645	1260	3924	8971	12032	14553	17706
重　庆		2202	4069	21531	60580	80890	86530	84487
四　川	3771	4730	12246	45296	122902	141578	144518	133428
贵　州	540	1657	4797	14770	45418	63467	91349	97670
云　南	1812	5950	10958	23797	72391	153182	101772	106444
西　藏	92	556	1098	5340	21921	53359	49333	48774
陕　西	1183	3027	5296	20919	52313	59432	58126	60588
甘　肃	776	1980	4620	12488	38453	52960	61409	56877
青　海	306	829	1531	13508	12322	18977	31046	28137
宁　夏	367	879	1901	5380	17644	19250	17744	20477
新　疆	1306	2683	6902	19004	44647	49849	49356	53364

按年份各地区群众文化机构总支出

单位：万元

地区	1995年	2000年	2005年	2010年	2015年	2018年	2019年	2020年
总计	**83628**	**188437**	**358641**	**931951**	**2014894**	**3057577**	**3094571**	**2871598**
北京	1566	4681	10119	25593	87751	98586	113897	122250
天津	1376	2633	4133	10948	22775	81008	34018	22665
河北	2713	5711	10549	25437	49542	74449	67487	59967
山西	1824	3151	6016	18865	30779	35749	42664	38424
内蒙古	1932	3799	7478	23762	46239	63092	55941	49651
辽宁	4552	6172	10126	28175	49010	49669	65095	38434
吉林	2101	3748	6394	23338	46690	48749	51130	53870
黑龙江	2219	3804	6485	17356	41041	44012	46557	44723
上海	6752	14985	38967	70650	141808	186340	230670	198405
江苏	8509	16394	25920	60193	136572	176511	186290	197045
浙江	7101	17194	39851	101392	193532	265603	283997	285887
安徽	1934	4302	8976	23550	50686	69338	88825	64118
福建	2199	4135	6763	27568	39942	100745	63100	60585
江西	1493	3167	6265	17285	36937	120070	64275	50776
山东	3317	8909	14358	46221	91746	101973	115249	109263
河南	2737	5647	8810	28402	58814	82263	85795	84091
湖北	3885	7841	10072	26264	51708	206246	157686	86697
湖南	2575	5696	9603	27914	62330	87377	91137	96622
广东	5937	27213	57669	101362	193291	330415	388200	402269
广西	1877	3425	6842	16646	49440	61063	73525	63830
海南	364	887	1329	4084	9510	12940	14920	18083
重庆		4889	6627	32342	67563	86344	92374	87527
四川	5327	8927	14375	49182	128087	148838	146768	137046
贵州	989	1976	5123	15666	51031	66969	121519	109592
云南	4191	7312	11933	25343	76901	165008	112832	111007
西藏	429	607	1169	5937	24044	54828	50374	47403
陕西	1569	3648	5775	26052	57491	63006	63918	63454
甘肃	1189	2251	4995	12960	41794	52828	66790	57023
青海	537	870	1629	13203	13204	51080	43291	31759
宁夏	651	1202	2096	5925	17926	19743	22111	24657
新疆	1785	3261	8194	20338	46711	52734	54140	54476

按年份各地区每万人拥有群众文化设施建筑面积

单位：平方米

地　区	1995年	2000年	2005年	2010年	2015年	2018年	2019年	2020年
全　国	**50.7**	**97.2**	**115.3**	**188.6**	**280.0**	**306.9**	**322.7**	**331.3**
北　京	44.2	80.3	224.3	217.8	329.2	429.3	428.1	447.8
天　津	61.6	138.9	130.4	174.1	205.0	273.1	276.7	357.6
河　北	23.6	62.6	67.7	105.4	163.7	174.6	178.1	192.2
山　西	45.4	53.4	58.1	210.6	267.3	277.4	265.0	284.2
内蒙古	98.0	144.4	132.4	182.6	300.8	337.1	340.9	404.1
辽　宁	84.1	79.0	102.6	201.2	283.6	269.9	262.2	267.9
吉　林	38.2	42.2	38.3	81.5	185.3	215.3	233.1	275.7
黑龙江	26.2	38.5	43.2	140.2	214.0	245.3	235.8	299.7
上　海	71.9	216.2	379.1	485.0	567.7	588.0	570.2	596.8
江　苏	97.8	168.6	181.3	302.8	475.2	620.8	757.9	726.8
浙　江	135.2	190.7	276.0	432.5	677.4	785.1	840.9	795.4
安　徽	17.1	23.6	44.4	93.2	166.0	178.6	187.7	217.6
福　建	61.3	98.8	117.4	240.9	325.7	313.7	313.9	309.8
江　西	38.0	79.5	98.4	131.2	235.3	247.9	250.6	267.4
山　东	22.1	41.7	71.8	218.3	255.8	269.2	277.9	285.3
河　南	21.9	39.0	52.2	94.7	142.4	163.6	167.0	169.2
湖　北	80.5	149.5	140.6	180.6	206.2	259.5	263.8	272.7
湖　南	29.8	63.7	80.6	125.2	223.4	228.5	237.1	263.3
广　东	52.1	222.4	258.2	258.5	359.0	351.9	369.2	355.0
广　西	33.5	76.4	100.9	122.9	157.7	159.3	157.6	159.8
海　南	13.8	86.4	71.3	121.3	117.8	138.1	147.0	142.4
重　庆		99.4	96.5	201.4	305.9	304.1	309.8	308.5
四　川	32.1	107.9	83.9	166.3	262.6	271.8	270.4	273.4
贵　州	26.1	28.7	40.5	81.2	217.8	243.6	258.7	240.9
云　南	126.7	126.2	137.1	163.2	222.6	222.8	226.7	241.1
西　藏	145.4	164.1	238.3	437.9	1164.2	1108.9	1197.1	1149.4
陕　西	52.4	79.1	110.5	150.2	231.8	241.0	255.3	255.2
甘　肃	62.8	103.0	148.8	175.7	279.1	295.6	305.3	327.6
青　海	118.1	96.5	90.2	153.4	261.3	312.2	344.7	375.4
宁　夏	156.5	170.8	179.5	188.9	391.7	424.3	445.3	443.6
新　疆	60.7	116.4	149.3	288.4	434.9	449.4	453.0	421.9

2020年全国群众文化

	机构数（个）	从业人员（人）	专业技术人才	正高级职称	副高级职称	中级职称	组织品牌节庆活动（个）
总　计	**43687**	**185076**	**76158**	**1056**	**6019**	**17969**	**8674**
文化馆	**3321**	**53960**	**40773**	**1056**	**6019**	**17969**	**8674**
其中：省区市	31	1843	1480	151	400	621	100
地市	359	10335	8586	462	1821	3834	1343
县市区	2931	41782	30707	443	3798	13514	7231
其中：县文化馆	1595	21282	15924	172	1889	6920	3367
文化站	**40366**	**131116**	**35385**				
其中：乡镇文化站	32825	102963	30298				

续表 1

	对业余文化队伍开展培训人次	举办展览个数（个）	参观人次（万人次）	组织公益性讲座次数（次）	参加人次（万人次）	计算机（台）	本单位受训人次（万人次）
总　计	**1758.43**	**137945**	**8692.36**	**30646**	**565.74**	**387491**	**129.12**
文化馆	**527.96**	**28637**	**3915.84**	**30646**	**565.74**	**62489**	**19.66**
其中：省区市	7.27	543	168.11	559	14.47	2827	0.17
地市	111.40	3563	823.77	3543	187.67	11421	3.40
县市区	409.29	24531	2923.97	26544	363.60	48241	16.09
其中：县文化馆	141.57	11379	1434.98	8352	129.87	21893	7.83
文化站	**1230.47**	**109308**	**4776.52**			**325002**	**109.46**
其中：乡镇文化站	837.12	84387	3686.69			257313	72.90

机构基本情况

提供文化服务次数(次)	文化服务惠及人次(万人次)	组织文艺活动次数(次)	为老年人组织专场	为未成年人组织专场	为残障人士组织专场	为农民工组织专场	组织文艺活动参加人次(万人次)	举办训练班班次(次)	培训人次(万人次)
1926480	**56327.04**	**1088949**	**30360**	**18584**	**4603**	**14906**	**43134.40**	**668940**	**3931.26**
541349	**27521.50**	**225997**	**30360**	**18584**	**4603**	**14906**	**21682.03**	**256069**	**1356.01**
6082	671.81	1053	62	138	36	59	446.75	3927	42.47
80206	6330.10	21318	2750	2171	371	1258	5026.52	51782	292.05
455061	20519.59	203626	27548	16275	4196	13589	16208.76	200360	1021.49
172002	10441.58	97011	10445	8027	2019	7358	8541.55	55260	334.18
1385131	**28805.54**	**862952**					**21452.37**	**412871**	**2575.25**
954809	21782.32	613019					16313.63	257403	1780.67

线上群众文化活动次数(次)	线上服务人次(人次)	本年收入合计(千元)	财政拨款预算收入	免费开放资金	中央资金	业务活动专项经费	上级补助收入	事业预算收入	经营收入
374435	**827250266**	**28280930**	**27165347**	**3455802**	**1529294**	**7930541**	**222975**	**91125**	**5297**
374435	**827250266**	**13206744**	**12649543**	**1070288**	**411086**	**3144942**	**222975**	**91125**	**5297**
5705	173625261	1018836	952003	67807	20046	383030	41984	16699	
28995	190206797	3287255	3158055	290380	88834	884589	40380	16785	1000
339735	463418208	8900653	8539485	712101	302206	1877323	140611	57641	4297
111256	108908046	3456291	3298193	311941	175733	606638	76654	25214	683
		15074186	**14515804**	**2385514**	**1118208**	**4785599**			
		10950024	10535670	1741685	862555	3375582			

续表 2

	附属单位上缴收入	其他收入	本年支出合计（千元）	基本支出	项目支出	经营支出	工资福利支出
总　计	**154**	**796032**	**28715978**	**16594363**	**9746462**	**7373**	**11947308**
文化馆	**154**	**237650**	**13400947**	**8350275**	**4209396**	**7373**	**6807077**
其中：省区市		8150	1024881	452029	564730		329695
地市		71035	3298419	1917651	1275571	1000	1515185
县市区	154	158465	9077647	5980595	2369095	6373	4962197
其中：县文化馆	154	55393	3423425	2470294	649719	1619	2032061
文化站		**558382**	**15315031**	**8244088**	**5537066**		**5140231**
其中： 乡镇文化站		414354	11210980	6268943	3809376		4052343

续表 3

	固定资产净值	实际使用房屋建筑面积（万平方米）	业务用房面积	实际拥有产权面积（万平方米）	流动舞台车演出情况		
					流动舞台车数量（辆）	利用流动舞台车演出场次（场次）	利用流动舞台车演出观众人次（万人次）
总　计	**60526501**	**4677.88**	**3387.86**	**2533.13**	**1786**	**33139**	**1531.01**
文化馆	**14363678**	**1260.67**	**859.97**	**561.57**	**1786**	**33139**	**1531.01**
其中：省区市	738539	28.92	18.26	17.54	7	91	21.89
地市	3405217	241.80	163.59	91.67	54	355	25.99
县市区	10219922	989.95	678.12	452.36	1725	32693	1483.13
其中：县文化馆	3951329	426.60	297.09	226.01	1257	24165	1112.86
文化站	**46162823**	**3417.21**	**2527.89**	**1971.56**			
其中： 乡镇文化站	33473829	2439.57	1857.91	1593.89			

在支出合计中：									资产总计（千元）
商品和服务支出	差旅费	劳务费	福利费	各种税金支出	对个人和家庭补助支出	抚恤金和生活补助	其他资本性支出	各种设备、交通工具、图书购置费	
3543060	**101051**	**481117**	**63914**	**8713**	**690595**	**124856**	**891308**	**244173**	**76934201**
3543060	**101051**	**481117**	**63914**	**8713**	**690595**	**124856**	**891308**	**244173**	**19260369**
419085	11906	36396	4546	1866	53771	5425	98242	35517	1255272
981548	21231	127459	13694	1383	224505	32666	331097	75366	4946425
2142427	67914	317262	45674	5464	412319	86765	461969	133290	13058672
679130	37307	110068	20888	2079	141587	34887	91951	40436	5021641
									57673832
									41876505

志愿者服务队伍数（个）	志愿者服务队伍人数（人）	分馆数量（个）	由本馆指导的单位					
			馆办文艺团体（个）	演出场次（场）	观众人次（万人次）	馆办老年大学（个）	群众业余文艺团队（支）	群众业余团队人数（人）
400820	**11260679**	**14664**	**9489**	**120801**	**6675.84**	**698**	**454647**	**4328599**
38312	**1560276**	**14664**	**9489**	**120801**	**6675.84**	**698**	**100848**	**4328599**
937	74397	156	128	712	243.54	9	426	21594
5010	362431	568	1247	9682	570.70	75	7222	525844
32365	1123448	13940	8114	110407	5861.61	614	93200	3781161
15577	489292	6878	3490	58746	3395.84	343	41116	1823543
362508	**9700403**						**353799**	
267971	6248466						271966	

2020年各地区群众

地区	机构数(个)	从业人员(人)	专业技术人才	正高级职称	副高级职称	中级职称	组织品牌节庆活动(个)
总计	**43687**	**185076**	**76158**	**1056**	**6019**	**17969**	**8674**
北京	356	3692	783	5	43	210	111
天津	262	1598	530	5	65	229	36
河北	2458	7326	2568	50	256	728	426
山西	1541	4491	1804	18	143	597	222
内蒙古	1205	4869	2457	48	321	697	283
辽宁	1477	4513	1988	57	197	765	239
吉林	989	4313	2557	105	400	717	193
黑龙江	1387	5175	2370	147	429	723	254
上海	242	4862	1182	8	59	294	66
江苏	1371	7763	3236	58	290	816	540
浙江	1446	8186	3641	117	333	745	658
安徽	1628	6260	3105	9	118	485	365
福建	1220	4019	1463	17	140	337	323
江西	1859	6215	2057	14	134	609	302
山东	1979	8515	4250	41	410	1199	662
河南	2683	11399	2967	22	165	775	380
湖北	1424	5355	2694	29	177	705	293
湖南	2379	8964	3152	23	172	721	384
广东	1763	13481	4241	61	239	812	486
广西	1300	5288	2847	22	168	855	272
海南	242	804	251	7	12	61	55
重庆	1071	5030	1695	30	90	283	139
四川	4438	11190	3891	18	222	880	304
贵州	1701	7493	2983	31	166	533	272
云南	1603	7505	5596	29	646	1024	224
西藏	779	5930	3610	4	15	52	70
陕西	1483	6883	2704	22	162	806	346
甘肃	1450	6084	1873	12	144	531	227
青海	442	1651	562	8	61	156	254
宁夏	272	1327	687	24	90	224	77
新疆	1237	4895	2414	15	152	400	211

文化机构基本情况

提供文化服务次数(次)	文化服务惠及人次(万人次)	组织文艺活动次数(次)	为老年人组织专场	为未成年人组织专场	为残障人士组织专场	为农民工组织专场	组织文艺活动参加人次(万人次)	举办训练班班次(次)	培训人次(万人次)
1926480	**56327.04**	**1088949**	**30360**	**18584**	**4603**	**14906**	**43134.40**	**668940**	**3931.26**
55439	937.04	27418	91	98	19	40	727.49	26421	129.19
28783	321.45	13718	146	24	14	16	200.60	13674	67.87
64362	1554.28	40653	1561	976	220	727	1255.75	17908	104.94
58718	1657.99	39817	789	465	107	379	1403.82	14223	69.91
27037	820.08	16284	724	330	90	313	666.61	7852	51.34
32777	1078.95	15570	961	385	43	212	888.12	13859	78.89
18032	434.18	10142	359	123	36	80	322.69	5899	39.53
24851	539.57	13785	1020	381	86	135	402.22	9070	61.92
82754	1269.55	40235	972	314	28	63	879.10	38415	184.39
161136	4440.50	83206	2798	1811	270	511	2750.32	61386	412.24
236984	7063.60	122326	3964	1370	394	1488	5363.49	95271	502.47
77305	2251.99	44633	1350	1057	271	599	1785.35	25947	164.47
33799	896.77	16144	502	681	96	252	614.10	13417	57.49
47372	1402.73	28047	812	521	162	499	1039.97	13985	84.49
177739	5565.63	117743	3741	1953	616	1788	4607.97	47471	353.69
99868	2733.93	63711	1734	1068	387	1002	2142.54	26276	167.81
49361	1684.53	27991	891	538	132	390	1296.50	15414	115.62
60915	2382.92	31846	938	666	196	760	1718.23	22308	160.00
136348	4879.94	54739	796	1117	101	627	3834.38	73294	361.14
45103	1824.73	31729	534	514	48	528	1522.35	10480	74.77
6762	263.99	3111	101	106	6	46	220.87	3204	14.19
56016	1831.77	27026	427	321	86	235	1268.62	22083	144.69
94617	2314.41	56093	1066	865	207	605	1744.89	28291	126.72
31588	1967.61	19394	575	512	143	475	1761.42	9207	56.52
42617	1688.82	24937	870	671	148	704	1299.13	13091	102.06
25404	478.95	20561	162	146	41	370	437.61	3759	11.46
42959	1238.50	24667	748	457	217	509	918.21	12946	96.75
31823	1000.23	17593	403	364	101	429	676.29	9719	75.02
11215	601.09	6913	374	190	52	297	395.51	3272	11.31
14771	429.48	10172	615	253	60	263	369.47	3895	17.36
50025	771.83	38745	336	307	226	564	620.78	6903	33.01

续表 1

地区	对业余文化队伍开展培训人次	举办展览个数(个)	参观人次(万人次)	组织公益性讲座次数(次)	参加人次(万人次)	计算机(台)	本单位受训人次(万人次)
总计	**1758.43**	**137945**	**8692.36**	**30646**	**565.74**	**387491**	**129.12**
北京	66.32	1350	77.99	250	2.37	5978	4.55
天津	43.94	1079	44.04	312	8.94	3810	1.24
河北	53.45	4454	174.93	1347	18.42	11816	1.83
山西	31.94	3584	168.51	1094	15.56	11656	2.69
内蒙古	24.56	1969	90.89	932	11.11	8161	0.52
辽宁	70.47	1686	88.46	1662	23.35	9767	5.44
吉林	19.45	1214	64.86	777	7.03	6545	0.52
黑龙江	16.99	1431	69.11	565	6.15	7876	0.04
上海	80.69	3393	201.10	711	4.92	6095	3.55
江苏	247.98	12565	1252.85	3979	25.02	17353	2.47
浙江	250.59	15656	1153.02	3731	44.44	18439	30.97
安徽	54.71	5924	282.75	801	19.30	18807	7.29
福建	21.36	3702	218.75	536	6.31	9670	4.42
江西	23.18	4571	266.98	769	11.12	11233	5.69
山东	151.64	9803	547.88	2722	55.87	24711	7.94
河南	68.80	8532	407.15	1349	16.24	19978	2.71
湖北	57.18	4791	253.43	1165	18.83	12657	4.45
湖南	61.94	5888	466.87	873	37.65	14859	4.61
广东	123.17	7131	642.98	1184	41.36	25769	9.46
广西	23.56	2194	129.81	700	97.66	12567	1.57
海南	6.03	365	25.70	82	3.21	2240	0.56
重庆	52.43	6247	404.36	660	14.13	13556	2.66
四川	55.00	9121	424.32	1112	18.49	35617	1.62
贵州	26.16	2474	133.49	513	16.06	13416	5.16
云南	44.65	4137	279.57	452	7.86	17196	4.95
西藏	6.38	1019	28.97	65	0.89	13983	0.67
陕西	34.25	4476	210.50	870	12.94	11145	3.45
甘肃	21.51	4051	237.79	460	11.01	10135	2.47
青海	3.51	872	190.33	158	3.93	2303	3.40
宁夏	6.28	622	40.48	82	2.17	3681	0.75
新疆	10.31	3644	114.51	733	3.40	6472	1.47

线上群众文化活动次数(次)	线上服务人次(人次)	本年收入合计(千元)	财政拨款预算收入	免费开放资金	中央资金	业务活动专项经费	上级补助收入	事业预算收入	经营收入
374435	**827250266**	**28280930**	**27165347**	**3455802**	**1529294**	**7930541**	**222975**	**91125**	**5297**
2004	58286493	931036	904155	74643	3662	334977	17	1784	
2182	15807456	230140	226868	20174	1203	50680	1091	263	
7361	24300520	617280	605580	125486	80981	127275	1316	1127	
4182	35573361	392733	385659	84452	58210	85168	3834	1006	
2403	2947421	507226	491604	64555	49197	111288	1158	3077	
5149	11363672	377255	372438	46860	17290	51425	527	58	
1228	18686882	497527	481710	62400	41054	75573	287	9668	
4272	2579929	452852	450561	69209	56858	79886	291	7	
3166	42655255	2034075	1886729	103481	2081	871039	41821	18089	
12451	87558984	1968670	1918839	133805	22668	594081	8618	4391	1040
6224	47187819	2857837	2722409	170146	20521	909694	10679	1826	
88265	55289602	641642	602724	111045	40825	150394	10703	1403	
5995	12994555	627846	589379	63275	9153	236665	13096	2116	
1651	4510178	561312	530310	140800	31714	162638	8290	2930	6
9038	47128013	1079326	1050754	144561	63682	345053	7301	3097	
4530	15952590	845952	826802	158339	96973	163793	4467	5621	
1869	51713411	867593	827533	71932	30615	196495	11319	5204	
2102	44070326	896449	856406	127969	65203	170806	6351	7028	
7119	93361259	3871555	3733426	429204	35250	1349546	26535	4038	3614
2139	13052118	650783	621938	87427	67041	150944	12558	1327	
30953	2596976	186215	177061	17234	6018	66103	147	400	
4565	38572037	876584	844872	86757	57445	211993	8824	7716	
74917	14869497	1357128	1334283	291137	211616	408233	6124	389	36
78015	6781635	1047018	976698	202017	136510	206006	5984	2201	
3755	40507390	1113452	1064441	149788	80635	231022	5207	4414	
152	136996	498599	487738	53325	41260	77887	200		
2840	22381964	635308	605884	96812	71172	115680	7555	1266	
4951	3685393	585447	568769	129187	40807	132691	2514	559	
179	4834662	302866	281368	34586	11555	131237	11226		601
263	3512632	223576	204770	21003	11549	38286	3689	10	
515	4351240	545648	533639	84193	66546	93983	1246	110	

续表 2

地　区	附属单位上缴收入	其他收入	本年支出合计(千元)	基本支出	项目支出	经营支出	工资福利支出
总　计	**154**	**796032**	**28715978**	**16594363**	**9746462**	**7373**	**11947308**
北　京		25080	1222503	739610	416958		304340
天　津		1918	226650	169435	44636		120883
河　北		9257	599672	394351	157809		325210
山　西		2234	384236	231795	126887		198972
内蒙古		11387	496511	382712	96204		299114
辽　宁		4232	384343	279803	71203	50	225853
吉　林		5862	538703	338718	176838		298983
黑龙江		1993	447225	359452	87710		286551
上　海		87436	1984052	772284	1150859		458869
江　苏		35782	1970446	1190921	679315	1205	760346
浙　江		122923	2858869	1410001	1231712		727591
安　徽		26812	641176	436611	150001	22	291622
福　建	100	23155	605852	285315	288156		196254
江　西	54	19722	507763	355865	102026	78	268401
山　东		18174	1092626	722875	278495	120	524670
河　南		9062	840910	628998	164703	75	485182
湖　北		23537	866969	518036	283968	10	379428
湖　南		26664	966221	633249	253261	106	436300
广　东		103942	4022689	1688840	1837831	4203	1593630
广　西		14960	638304	439617	160331		343816
海　南		8607	180828	46542	115036	48	44975
重　庆		15172	875268	576235	254152	120	348972
四　川		16296	1370456	737570	585048	40	516050
贵　州		62135	1095915	619680	302136	263	474510
云　南		39390	1110067	736166	266878	42	624075
西　藏		10661	474033	301762	36958	13	298416
陕　西		20603	634543	443574	118355	57	361864
甘　肃		13605	570228	391902	77606	100	262477
青　海		9671	317588	231300	64711	821	110915
宁　夏		15107	246569	137431	61972		103996
新　疆		10653	544763	393713	104707		275043

在支出合计中：									资产总计（千元）
商品和服务支出	差旅费	劳务费	福利费	各种税金支出	对个人和家庭补助支出	抚恤金和生活补助	其他资本性支出	各种设备、交通工具、图书购置费	
3543060	**101051**	**481117**	**63914**	**8713**	**690595**	**124856**	**891308**	**244173**	**76934201**
144341	2842	7539	2391	224	19102	3014	16929	10063	1233082
33042	309	2104	1459	83	8555	1025	3205	1393	626277
89248	3303	9311	871	108	32352	4260	15711	5238	1738254
57154	2144	8253	1055	460	8688	3175	33043	4429	1164237
77695	2815	14103	920	28	15472	3434	24186	6755	1400892
55261	1049	8188	161	84	14350	2838	2773	1868	1183144
58178	1679	6084	1118		11004	3349	45186	3329	931123
47948	2284	8137	643		28107	3290	11350	6248	949881
176748	565	6181	4089	298	10496	3877	11249	3437	2725823
239397	4505	32454	2817	1293	56647	6420	24448	11852	8242065
338092	4860	54443	14684	1623	32565	7209	84349	28546	8310281
81274	2811	12994	1385	35	20061	3932	14691	7520	2747866
134503	1145	19390	79	109	12181	1939	80402	6138	1694891
82992	3608	10117	3064	300	13028	3513	7722	2662	2292829
128457	1806	23318	496	217	37089	4970	20345	12867	3123444
104341	3539	17866	1539	692	27480	4970	14104	4740	1520458
121755	3810	16690	3708	941	29118	2457	28244	3811	3049716
123541	3942	11796	2799	212	24663	2454	18883	5896	4097882
481762	2309	42294	2643	112	99430	5386	203900	24600	8164706
92112	6660	9083	1605	24	14811	5474	41988	3811	1421457
45844	1873	15598	17	19	1813	439	50949	16019	283106
109382	12835	33482	977	1015	30741	10783	12871	7313	1731767
266185	11112	40985	2444	112	34923	13768	19857	7611	4225247
45538	2372	10800	653	42	24945	1816	9266	7793	3718548
96007	5030	13549	1475	52	20804	7950	18992	10136	2705269
14618	851	1844	1098		709	25	3145	2508	1002954
92525	3393	13666	6527	79	8441	2736	11823	2933	3266257
48674	3090	8666	1883	103	26202	3454	4566	1757	1417204
56788	880	7826	8	219	8880	435	11181	2462	409277
40361	1211	8232	4	72	8022	2467	5980	4703	422591
59297	2419	6124	1302	157	9916	3997	39970	25735	1133673

续表 3

地　区					流动舞台车演出情况		
	固定资产净值	实际使用房屋建筑面积（万平方米）	业务用房面积	实际拥有产权面积（万平方米）	流动舞台车数量（辆）	利用流动舞台车演出场次（场次）	利用流动舞台车演出观众人次（万人次）
总　计	**60526501**	**4677.88**	**3387.86**	**2533.13**	**1786**	**33139**	**1531.01**
北　京	970469	98.03	71.03	34.49	12	31	0.46
天　津	495783	49.59	37.27	12.81	11	50	1.10
河　北	1546523	143.39	104.35	83.61	123	3383	159.18
山　西	886964	99.23	76.09	87.97	151	1619	70.70
内蒙古	1125299	97.19	68.68	39.09	54	1013	37.98
辽　宁	966947	114.11	67.11	40.42	12	175	16.66
吉　林	677327	66.36	38.48	33.31	73	682	29.44
黑龙江	831115	95.45	61.34	32.12	54	975	38.96
上　海	1828659	148.42	105.85	91.30	2	27	0.56
江　苏	6366383	615.95	477.23	259.38	37	1359	68.21
浙　江	6696125	513.54	368.96	275.18	8	228	16.34
安　徽	2461555	132.82	107.07	103.45	35	974	46.74
福　建	1353952	128.69	97.08	73.31	16	186	10.55
江　西	1796557	120.83	85.62	68.10	41	1336	36.87
山　东	2624783	289.66	201.82	115.02	92	3386	106.54
河　南	1316045	168.11	125.07	90.91	100	2717	102.38
湖　北	1498428	157.48	107.45	99.93	46	886	70.93
湖　南	3688047	174.92	123.91	112.60	88	2870	108.07
广　东	6040061	447.29	331.98	204.74	9	64	1.15
广　西	1175065	80.10	58.62	52.08	60	650	34.09
海　南	194651	14.36	11.57	9.76	6	91	3.90
重　庆	1405079	98.89	74.55	75.19	27	726	67.67
四　川	3360766	228.76	176.92	145.98	171	1882	72.79
贵　州	2758707	92.91	65.63	64.81	96	1600	80.75
云　南	2002383	113.80	84.03	94.84	108	1472	97.60
西　藏	840005	41.93	30.15	20.75	69	817	51.33
陕　西	3021190	100.86	72.41	70.43	102	920	69.03
甘　肃	1001036	81.96	57.10	52.20	68	836	71.04
青　海	348035	22.24	14.54	14.60	37	815	24.74
宁　夏	334591	31.95	19.09	12.18	15	450	12.50
新　疆	913971	109.06	66.86	62.57	63	919	22.75

志愿者服务队伍数（支）	志愿者服务队伍人数（人）	分馆数量（个）	由本馆指导的单位					
			馆办文艺团体（个）	演出场次（场）	观众人次（万人次）	馆办老年大学（个）	群众业余文艺团队（支）	群众业余团队人数（人）
400820	**11260679**	**14664**	**9489**	**120801**	**6675.84**	**698**	**454647**	**4328599**
7801	337966	239	101	460	13.73	7	8330	60708
4623	151921	185	196	482	32.70	2	5870	56545
25555	560825	557	394	4802	205.97	33	26458	167014
9481	239360	833	322	3645	154.76	19	12542	125859
6322	143851	502	330	2094	91.81	35	9287	125206
10390	226251	331	440	2504	245.16	18	11207	125569
5491	202784	190	250	1594	59.62	13	6970	85353
6262	190815	307	311	2305	91.59	21	8239	366413
4991	180193	128	88	196	6.68	3	7665	12072
22112	1641640	650	529	9365	593.21	43	21088	168942
30145	836175	696	497	13107	330.64	11	39604	583542
13003	280605	448	423	3084	207.33	12	14861	89337
11407	400514	198	216	1285	53.94	11	9182	53779
10585	239453	257	219	3638	184.69	31	11528	65878
39599	971825	863	651	12072	451.26	53	33697	212493
25214	498999	634	504	5576	164.66	38	30637	147673
15348	508535	544	346	2300	137.77	27	19950	288184
29019	464465	1032	332	4203	220.63	59	25639	277205
15288	683972	996	498	3688	400.05	20	16895	93657
10090	289182	349	364	5744	444.09	22	18860	171967
1457	29829	63	66	388	27.97	2	2178	16158
18364	549694	671	175	3700	480.91	22	8865	69506
19623	399577	767	138	1920	81.29	33	23667	142201
10559	218945	544	497	4084	1096.57	47	12656	97960
12284	254240	1252	637	12756	227.27	43	30208	392388
3128	50514	23	29	891	32.34		3746	9479
10020	222339	461	293	4273	234.53	24	12834	86815
8257	188700	255	258	3526	141.63	25	10942	145418
1699	38086	81	112	2788	148.35	3	1721	30473
2271	80680	67	49	1233	43.39	3	2494	23317
10432	178744	541	224	3098	71.31	18	6827	37488

2020年各地区省级群众

地区	机构数(个)	从业人员(人)					组织品牌节庆活动(个)
			专业技术人才				
				正高级职称	副高级职称	中级职称	
总计	**31**	**1843**	**1480**	**151**	**400**	**621**	**100**
北京	1	57	31	3	2	12	1
天津	1	48	45	2	8	24	5
河北	1	69	56	5	14	20	
山西	1	73	66	5	16	31	10
内蒙古	1	36	34	3	6	14	1
辽宁	1	45	41	5	11	19	5
吉林	1	55	50	5	11	20	1
黑龙江	1	31	28	2	9	10	2
上海	1	98	69	4	14	31	1
江苏	1	51	47	12	14	14	1
浙江	1	61	47	9	18	17	
安徽	1	38	36	4	6	17	4
福建	1	35	35	4	11	10	8
江西	1	50	46	1	13	19	5
山东	1	67	62	4	9	23	8
河南	1	62	34	2	12	16	1
湖北	1	84	66	6	16	24	2
湖南	1	79	61	7	17	30	11
广东	1	43	42	5	12	18	5
广西	1	87	86	11	30	34	4
海南	1	36	19	3	7	6	5
重庆	1	72	54	6	13	21	1
四川	1	94	54	6	18	19	5
贵州	1	66	63	6	18	29	
云南	1	57	52	6	23	17	2
西藏	1	49	19	1	6	12	2
陕西	1	71	60	6	9	29	
甘肃	1	39	37	3	15	18	
青海	1	52	45	3	11	18	2
宁夏	1	95	59	8	21	30	6
新疆	1	43	36	4	10	19	2

艺术馆基本情况

提供文化服务次数(次)	文化服务惠及人次(万人次)	组织文艺活动次数(次)	为老年人组织专场	为未成年人组织专场	为残障人士组织专场	为农民工组织专场	组织文艺活动参加人次(万人次)	举办训练班班次(次)	培训人次(万人次)
6082	**671.81**	**1053**	**62**	**138**	**36**	**59**	**446.75**	**3927**	**42.47**
66	1.85	25		3			0.46	29	0.27
148	1.98	24		1			0.77	106	0.11
104	0.88							53	0.26
485	35.02	90	8	4	5	15	17.00	60	1.20
37	3.34	6					2.28	5	0.06
253	69.92	129	4	2			63.50	115	0.92
18	2.60	10	1			1	1.85	3	0.04
778	6.17	8					0.26	760	0.91
98	5.98	20		20			3.50	40	0.32
14	0.35	4					0.15	4	0.01
206	19.86	14		1			8.53	169	3.56
96	8.22	10	5			4	0.47	7	0.13
107	70.01	86		72	14		35.00	4	0.01
28	3.80	5	1			1	2.00	14	0.20
241	9.35	60	7	12	1	7	2.00	92	0.70
62	28.58	31					6.13	16	0.07
128	15.09	21				1	2.85	73	0.78
106	19.31	38	9	7	1	3	9.07	28	0.35
1470	16.14	53	6	2	1	2	11.30	1377	2.99
128	222.62	40	2	1	1	1	200.95	31	17.20
110	10.24	13	2	1	1		4.51	72	0.19
132	22.74	67	2		2	15	19.00	51	0.15
30	12.85	15					6.75		
50	2.57	27					2.00	8	0.10
841	30.47	37	5	5	5	3	7.60	740	11.34
26	0.55	6					0.30	17	0.10
41	1.27	7				1	0.43	22	0.21
17	3.15	7					3.00	10	0.15
139	27.33	115	7	5	4	2	24.27	5	0.03
103	18.96	80	2	2	1	2	10.50	6	0.05
20	0.61	5	1			1	0.32	10	0.07

续表 1

地　区	对业余文化队伍开展培训人次	举办展览个数（个）	参观人次（万人次）	组织公益性讲座次数（次）	参加人次（万人次）	计算机（台）	本单位受训人次（万人次）
总　计	**7.27**	**543**	**168.11**	**559**	**14.47**	**2827**	**0.17**
北　京	0.04	1	1.00	11	0.12	81	
天　津		18	1.10			102	0.01
河　北		13	0.20	38	0.42	90	
山　西	1.05	50	8.00	285	8.82	78	
内蒙古		26	1.00			93	
辽　宁	0.82	4	5.30	5	0.20	154	0.02
吉　林	0.02	4	0.70	1	0.01	52	
黑龙江		10	5.00			62	
上　海		20	2.00	18	0.16	180	
江　苏		6	0.19			53	
浙　江	0.42	20	7.75	3	0.02	84	
安　徽		74	7.10	5	0.52	38	0.03
福　建	0.01	16	35.00	1		13	
江　西	0.08	9	1.60			65	0.01
山　东	0.36	57	6.60	32	0.05	91	0.01
河　南	0.04	10	22.35	5	0.03	127	0.01
湖　北	0.12	11	11.32	23	0.14	122	
湖　南	0.21	14	9.14	26	0.75	87	0.02
广　东	2.99	11	0.53	29	1.32	113	
广　西	0.48	16	3.54	41	0.93	67	0.02
海　南	0.06	13	5.18	12	0.36	106	
重　庆	0.46	14	3.59			134	0.01
四　川		15	6.10			355	
贵　州		6	0.35	9	0.12	43	0.01
云　南		63	11.52	1	0.01	78	0.01
西　藏		3	0.15			68	
陕　西		5	0.19	7	0.44	30	
甘　肃	0.06					28	
青　海	0.04	16	3.00	3	0.03	100	
宁　夏		15	8.40	2	0.01	95	0.01
新　疆	0.01	3	0.21	2	0.01	38	

线上群众文化活动次数(次)	线上服务人次(人次)	本年收入合计(千元)	财政拨款预算收入	免费开放资金	中央资金	业务活动专项经费	上级补助收入	事业预算收入	经营收入
5705	**173625261**	**1018836**	**952003**	**67807**	**20046**	**383030**	**41984**	**16699**	
187	3063	42331	42327	608	608	25274			
306	10000000	20559	20259	1200		3555	5	263	
		30071	30003	7000		7605			
20	350	22693	22631	2225		11519			
11	141500	15790	15703	1989		5060	86		
38	3056895	18980	18979	4500	3000	1000			
25	12473600	19604	19453	8240	8240	9431			
150	3000	8489	8489	1168		1569			
20	4000	101965	59044			27382	41721	1200	
6	3516000	33834	33015	50		15815		692	
31	2574884	26204	25631			6930		423	
952	28427000	22221	21221	792		892			
2	700000	42656	41520	6598		6598			
9	1400	20280	20280	6000		13105			
80	1470000	41886	39711	970		23220		1395	
62	5000000	25526	20941	198		9494		3651	
42	38552129	43107	42181			26175	172	597	
95	11117000	38178	33028	1340	927	10979		5150	
64	1227581	54271	54018	2110		31690		229	
26	730000	51682	50772	415		29642			
11	1109301	50354	50352			12275			
2118	18637000	34224	31619	4182	1000	9950		2592	
		30584	30389			18595			
8	58620	21386	21346	4241	2200	4241			
1400	27000000	22914	22727	2500		12544		138	
		37850	37850	1800		24136			
4	100000	20400	20011	1200		11122		369	
3	300000	12149	12149	1400		6280			
4	4450000	28867	27597	4381	4071	14102			
15	1100000	29131	28109	700		850			
16	1871938	50650	50648	2000		2000			

续表 2

地　区	附属单位上缴收入	其他收入	本年支出合计（千元）	基本支出	项目支出	经营支出	工资福利支出
总　计		**8150**	**1024881**	**452029**	**564730**		**329695**
北　京		4	42211	19109	23101		16680
天　津		32	22297	17201	5096		11005
河　北		68	30151	15402	14749		11624
山　西		62	22406	10949	11457		9200
内蒙古		1	15780	7339	8360		6419
辽　宁		1	23977	11033	12944		8739
吉　林		151	18727	9470	9256		6887
黑龙江			8493	6880	1609		4749
上　海			98490	32856	65634		19740
江　苏		127	37450	17616	19834		14462
浙　江		150	26196	19011	7185		12368
安　徽		1000	22221	10319	11902		5594
福　建		1136	35108	8382	26725		6778
江　西			21946	7175	13105		9419
山　东		780	46453	18210	28243		11927
河　南		934	25724	14221	11503		8943
湖　北		157	44384	16152	28232		14398
湖　南			39280	22928	16352		13508
广　东		24	47621	20326	27295		13970
广　西		910	51814	21015	30799		17139
海　南		2	50648	6373	44275		5004
重　庆		13	40032	15970	17695		12071
四　川		195	30603	12150	18452		11286
贵　州		40	21932	12490	9442		10082
云　南		49	23293	10370	12923		9236
西　藏			37398	13262	24136		12240
陕　西		20	22866	11155	11711		8699
甘　肃			10877	5869	5008		4326
青　海		1270	28860	14212	14648		11875
宁　夏		1022	26388	19402	6986		14830
新　疆		2	51255	25182	26073		6497

在支出合计中：									资产总计（千元）
商品和服务支出	差旅费	劳务费	福利费	各种税金支出	对个人和家庭补助支出	抚恤金和生活补助	其他资本性支出	各种设备购置费	
419085	**11906**	**36396**	**4546**	**1866**	**53771**	**5425**	**98242**	**35517**	**1255272**
24033	263	212	139		1424	144	74	74	4188
9493	104	660	233	14	1795	313	4	4	156419
15006	1923	687	133	3	3055	175	465	465	14016
12085	362	689	5		922	74	199	199	21615
8345	79	5342	10		504	41			5323
8395	203	974		76	921	18	360	360	20919
2247	95	137	179		287	54	48		25082
1593	47	11	132		2057	226	90	90	3084
12520	97	1797	419		130				187892
19661	446	1016		39	2133	99	1194		43462
11626	411	1740	570	21	2008	1142	193		26265
1197	269	731	86		3149	11	174	174	6650
24322	211	3427		31	1107		2901	865	33642
7117	202	6	256	50	680	45	4730	1788	21219
26175	149	1398		125	5347	424	3004	3004	19475
14295	1205	2172	239	343	2002		484	277	31601
28069	457	2106	347	503	1582	339	335	335	5457
22475	202	575	448	97	2625	245	672		131035
23657	209	841	14		4732		5262	262	52457
15438	352	481	66		2826	271	16410		67829
12528	1294	3730			208	13	32908	908	40777
16102	1240	2634		273	1403	82	3934	2748	132523
18013	298	174	98		1304	381			27750
9390	263	2184			1798	125	661	661	7732
12656	396	191	50	15	393		1008	499	39904
1143	144	35	964						60590
12382	283			36	1761	772	23	23	22707
5179	115	280	70		1299	81	73	73	4463
13610	143	1712		192	1952	176	1423	1340	14594
8293	193	184			3070		193		24775
22040	251	270	88	48	1297	174	21420	21368	1827

续表 3

地　区	固定资产净值	实际使用房屋建筑面积（万平方米）	业务用房面积	实际拥有产权面积（万平方米）	流动舞台车演出情况		
					流动舞台车数量（辆）	利用流动舞台车演出场次（场次）	利用流动舞台车演出观众人次（万人次）
总　计	**738539**	**28.92**	**18.26**	**17.54**	**7**	**91**	**21.89**
北　京	367						
天　津	153406	1.30	1.03				
河　北	4316	1.90	0.61		1		
山　西	18927	0.76	0.55	0.48			
内蒙古	3666	0.36	0.30				
辽　宁	7313	0.85	0.80	0.41	1		
吉　林	17394	0.88	0.58	1.20			
黑龙江	2005	0.16	0.10				
上　海	150462	1.91	1.91	1.91			
江　苏	27030	0.64	0.41				
浙　江	12893	0.83	0.83	0.32			
安　徽	3444	0.25	0.25	0.25			
福　建	24479	0.59	0.33	0.36			
江　西	6915	0.77	0.60	0.60			
山　东	9908	2.04	0.68	2.04	1	13	2.00
河　南	20014	0.98	0.78		1		
湖　北	2868	0.37	0.18	0.37			
湖　南	110674	2.00	1.31	2.00	1	5	0.21
广　东	33374	0.81	0.67				
广　西	11842	0.40	0.36				
海　南	6473	0.38	0.16				
重　庆	11702	2.50	2.00	2.40		67	19.00
四　川	8618	1.09	0.38	1.52			
贵　州	4702	0.40	0.20	0.36			
云　南	17375	1.45	1.33	1.45			
西　藏	37155	1.22	0.89				
陕　西	18021	0.96	0.50	0.96	1	2	0.08
甘　肃	712	0.15	0.10	0.15	1	4	0.60
青　海	5437	1.88	0.23	0.75			
宁　夏	6558	0.88					
新　疆	489	0.21	0.19	0.01			

志愿者服务队伍数（支）	志愿者服务队伍人数（人）	分馆数量（个）	由本馆指导的单位					
			馆办文艺团体（个）	演出场次（场）	观众人次（万人次）	馆办老年大学（个）	群众业余文艺团队（支）	群众业余团队人数（人）
937	**74397**	**156**	**128**	**712**	**243.54**	**9**	**426**	**21594**
24	34567							
178	4000		10	10	0.20		130	4000
1	30		5	20	0.20	1	8	400
			2	2	0.03	1	20	800
2	70		5	300	103.00		7	370
1	260		5	9	0.80		17	500
			3	5	0.20		30	600
1	100		5	1	0.01	1		
4	258							
1	38							
461	15012		3	24	2.17		3	120
1	50		1	7	0.68		3	80
10	2000	1	10	26	0.36		3	3969
29	1860	5	2			1	12	600
10	500					1	2	76
12	7800		5	16	0.56	1	7	332
20	369		4	36	2.85	1	43	3385
102	3030		5	73	124.99		33	830
5	19		5	5	0.10		7	380
1	2		4	25	1.25		24	1200
4	650						13	920
1	200		5	27	2.00			
22	1371	149	22	48	0.72	1	22	922
			1	8	1.00			
			2	3	0.05		2	110
			9	59	2.00			
40	2000	1	8	4	0.20	1	40	2000
7	211		7	4	0.17			

2020年各地区地市级

地　区	机构数(个)	从业人员(人)					组织品牌节庆活动(个)
			专业技术人才				
				正高级职称	副高级职称	中级职称	
总　计	**359**	**10335**	**8586**	**462**	**1821**	**3834**	**1343**
北　京							
天　津							
河　北	11	431	393	28	87	163	57
山　西	11	294	265	10	46	123	13
内蒙古	12	456	391	23	97	178	44
辽　宁	21	529	433	36	87	208	56
吉　林	13	436	364	29	100	147	56
黑龙江	16	374	337	66	89	141	44
上　海							
江　苏	15	472	359	23	74	175	90
浙　江	11	432	376	39	76	158	92
安　徽	17	299	252	2	43	112	61
福　建	9	197	132	10	34	50	63
江　西	13	444	364	7	59	151	48
山　东	17	585	536	29	137	226	99
河　南	18	494	401	13	79	173	49
湖　北	12	413	355	14	63	144	65
湖　南	16	437	361	13	69	162	48
广　东	21	607	451	29	102	223	122
广　西	14	449	411	11	84	192	59
海　南	3	73	39	4	4	18	7
重　庆							
四　川	21	595	472	10	86	220	35
贵　州	9	377	352	14	71	152	20
云　南	16	454	424	13	142	187	33
西　藏	7	145	79		6	29	15
陕　西	11	418	326	9	49	179	36
甘　肃	16	347	278	7	40	137	39
青　海	8	184	100	5	27	46	27
宁　夏	5	128	116	11	27	44	33
新　疆	16	265	219	7	43	96	32

群众艺术馆基本情况

提供文化服务次数(次)	文化服务惠及人次(万人次)	组织文艺活动次数(次)	为老年人组织专场	为未成年人组织专场	为残障人士组织专场	为农民工组织专场	组织文艺活动参加人次(万人次)	举办训练班班次(次)	培训人次(万人次)
80206	**6330.10**	**21318**	**2750**	**2171**	**371**	**1258**	**5026.52**	**51782**	**292.05**
1977	69.67	656	65	41	5	40	42.19	877	9.18
996	48.58	371	57	37	13	19	40.91	490	1.60
1039	65.75	373	98	71	5	27	41.75	540	6.04
2986	318.60	546	79	30	3	10	271.71	2041	10.67
2771	119.39	1248	76	30	5	7	88.03	1351	14.96
2658	59.90	585	75	22	7	33	32.41	1846	13.43
6700	126.37	1237	204	198	33	53	45.29	4934	10.81
7998	254.59	945	86	97	19	66	117.52	6525	23.81
2987	132.46	678	182	99	11	17	89.85	2085	6.93
1861	63.05	517	101	220	12	30	26.16	1170	7.94
3483	162.05	1090	46	59	7	12	125.14	2188	13.20
7384	1297.12	1751	406	228	55	146	1192.47	5050	25.51
4185	223.45	1776	72	89	44	36	144.65	1951	7.48
1952	236.57	687	153	98	10	43	213.32	1132	4.66
5485	465.90	767	144	110	32	76	385.84	4523	20.25
9374	1535.43	2084	67	167	7	117	1370.00	6771	58.55
2567	221.05	857	73	63	11	46	102.78	1208	5.66
1662	78.55	377	56	46	1	3	68.07	1238	4.34
1712	108.25	487	45	52	2	23	56.99	941	3.78
1584	70.53	473	105	72	13	59	55.70	969	6.26
1528	268.37	545	101	29	3	6	237.77	764	4.79
693	26.75	615	15	8	6	22	23.05	36	0.18
1758	77.49	287	30	20	3	8	41.05	1239	12.24
2086	138.49	645	84	77	26	149	78.44	1193	14.60
1048	81.07	759	240	85	10	102	73.13	150	1.53
886	49.79	666	62	92	8	80	42.58	169	0.91
846	30.88	296	28	31	20	28	19.72	401	2.75

续表 1

地区	对业余文化队伍开展培训人次	举办展览个数(个)	参观人次(万人次)	组织公益性讲座次数(次)	参加人次(万人次)	计算机(台)	本单位受训人次(万人次)
总计	**111.40**	**3563**	**823.77**	**3543**	**187.67**	**11421**	**3.40**
北京							
天津							
河北	6.61	138	14.90	306	3.40	348	0.13
山西	1.11	69	5.37	66	0.68	390	0.02
内蒙古	2.81	47	14.39	79	3.57	347	0.05
辽宁	17.20	169	31.70	230	4.51	374	0.08
吉林	7.58	68	14.82	104	1.58	484	0.03
黑龙江	4.09	135	12.50	92	1.56	380	0.01
上海							
江苏	1.45	281	68.32	248	1.93	626	0.06
浙江	13.83	360	111.65	168	1.61	630	0.11
安徽	2.92	129	33.72	95	1.97	423	0.02
福建	4.08	107	28.31	67	0.65	207	0.02
江西	1.70	140	21.99	65	1.71	456	0.05
山东	4.26	268	56.33	315	22.80	718	0.12
河南	2.79	188	68.91	270	2.40	712	0.02
湖北	3.14	89	17.79	44	0.81	562	0.79
湖南	6.90	85	34.75	110	25.06	498	0.08
广东	11.60	311	97.38	208	9.51	863	0.51
广西	1.70	89	19.92	413	92.68	358	0.17
海南	1.32	31	5.86	16	0.28	90	0.01
重庆							
四川	1.65	189	46.11	95	1.37	766	0.02
贵州	3.97	78	7.32	64	1.24	316	0.08
云南	3.46	103	24.34	116	1.48	463	0.85
西藏	0.03	22	3.39	20	0.13	62	
陕西	3.78	120	22.55	112	1.65	332	0.12
甘肃	0.89	121	42.74	127	2.70	350	0.01
青海	0.32	83	5.18	56	1.23	90	
宁夏	0.87	24	5.42	27	0.88	249	0.03
新疆	1.34	119	8.11	30	0.28	327	0.01

线上群众文化活动次数（次）	线上服务人次（人次）	本年收入合计（千元）	财政拨款预算收入	免费开放资金	中央资金	业务活动专项经费	上级补助收入	事业预算收入	经营收入
28995	**190206797**	**3287255**	**3158055**	**290380**	**88834**	**884589**	**40380**	**16785**	**1000**
2507	4190334	117173	116986	8478	2900	6055	39		
1928	687078	86849	85598	5502	2980	6563	245	1006	
990	1130900	118329	116974	5430	4530	30595			
1246	7592247	84653	83996	6467	1750	12531		50	
274	4333839	112753	103147	5634	3005	6003		8858	
1378	1185808	75802	75137	5843	4723	9472		7	
7976	22090009	172716	166663	10266	3400	37369	380	613	1000
792	17247035	252740	242722	9333	1103	94801	2250	764	
1008	5722551	85961	81317	8009	2450	14344	2370	350	
193	2606713	157293	152338	3949	1100	106077	2383	724	
334	967681	98958	91110	12178	3152	23792	484		
1219	20744506	193174	191481	16407	1963	70332	475		
600	3788198	126398	122391	9174	5150	28659	1758		
410	6853964	126606	122700	5669	2521	44440	556	2629	
643	21524759	125039	119857	9309	2305	26116	1090	708	
3123	48302959	395425	378863	108569	2848	147548	10597	1076	
1324	2644958	123004	115139	6940	5260	29444	6937		
348	613683	23546	23453	789	414	15697			
420	2547927	186101	182619	12032	8040	30798			
189	260050	100635	91639	4542	3200	12436	1528		
464	4040941	129643	127488	8150	6500	30283	120		
5	46759	51825	51825	3400	2000	15315			
760	8479315	93081	83853	5000	3600	17929	1212		
489	1287444	65292	64892	6392	4840	11697	100		
65	116623	63551	52346	2655	1500	22024	7856		
165	926513	39649	33168	2500	1200	6601			
145	274003	81059	80353	7763	6400	27668			

续表 2

地　区	附属单位上缴收入	其他收入	本年支出合计（千元）	基本支出	项目支出	经营支出	工资福利支出
总　计		**71035**	**3298419**	**1917651**	**1275571**	**1000**	**1515185**
北　京							
天　津							
河　北		148	117565	73652	27050		59237
山　西			85027	35488	48896		31225
内蒙古		1355	114776	78466	36309		59967
辽　宁		607	81598	65463	15030		51513
吉　林		748	115409	56320	53318		47433
黑龙江		658	78100	61382	16718		48102
上　海							
江　苏		4060	184921	119419	51496	1000	88972
浙　江		7004	249648	121736	122902		96871
安　徽		1924	82821	57169	24629		39518
福　建		1848	145918	30019	115899		23101
江　西		7364	96488	70898	22689		59951
山　东		1218	192545	120697	68992		99058
河　南		2249	125969	81733	41737		63646
湖　北		721	133127	76090	51408		60804
湖　南		3384	126110	83274	39851		58592
广　东		4889	396363	193455	199727		143758
广　西		928	123492	72166	50951		62900
海　南		93	21241	7133	14107		7075
重　庆							
四　川		3482	196094	102323	88240		82620
贵　州		7468	105762	77386	20587		56606
云　南		2035	131949	91278	40664		72437
西　藏			43433	30724	7211		27766
陕　西		8016	91494	55205	36289		50970
甘　肃		300	63961	53727	8869		36899
青　海		3349	58233	26799	25271		25955
宁　夏		6481	54557	26438	14789		22283
新　疆		706	81818	49211	31942		37926

在支出合计中：									资产总计 (千元)
商品和服务支出	差旅费	劳务费	福利费	各种税金支出	对个人和家庭补助支出	抚恤金和生活补助	其他资本性支出	各种设备购置费	
981548	**21231**	**127459**	**13694**	**1383**	**224505**	**32666**	**331097**	**75366**	**4946425**
32253	806	2094	328	1	16926	2685	3671	786	102707
15083	320	2609	343	62	1623	476	24501	1575	221253
29307	958	3073	555		4407	1723	14744	2958	512373
19739	357	2465	52	3	4044	844	1033	598	135444
24306	170	3053	481		3928	632	35389	293	302011
15670	1102	4535	176		8505	742	5663	3926	76998
60234	918	4210	573	215	18813	2230	9423	4874	225891
109633	973	11376	3959	554	7945	1711	22200	15761	409209
25569	724	3183	260	3	2952	1227	1937	707	42354
43048	215	6968	11	14	4150	350	72436	2710	246720
23541	989	2153	1099	24	5032	1226	965	605	67620
41023	685	6182	131	85	12270	1361	7992	6305	146314
28772	583	4093	409	166	10071	1373	9644	3097	102789
23674	461	3669	1003	50	9424	570	18420	1509	124397
36010	660	4843	818	26	13139	736	10856	1781	86556
171478	787	15718	672	19	41771	362	13864	3261	134205
32423	1847	3270	152	3	4715	1097	14738	610	69182
11059	102	3901			586	263	2321	788	40846
80151	2259	12545	679		12646	4913	11834	4213	292822
20163	697	5647	428	27	15465	752	4915	4634	54542
32524	2009	2353	650	17	6255	3109	13826	7791	169532
13026	573	1656			683	25	52	52	60314
26620	851	5959	132		1794	749	5972	651	1021200
13159	690	2731	388	58	10641	1227	413	391	97003
21342	343	3100			1776	244	6176		40490
11605	215	3296			1760	417	3335	2552	42030
20136	937	2777	395	56	3184	1622	14777	2938	121623

续表 3

地　区	固定资产净值	实际使用房屋建筑面积（万平方米）	业务用房面积	实际拥有产权面积（万平方米）	流动舞台车演出情况		
					流动舞台车数量（辆）	利用流动舞台车演出场次（场次）	利用流动舞台车演出观众人次（万人次）
总　计	**3405217**	**241.80**	**163.59**	**91.67**	**54**	**355**	**25.99**
北　京							
天　津							
河　北	72416	5.99	3.99	2.87	2	20	0.53
山　西	28238	3.75	2.38	4.69	4	4	0.08
内蒙古	355100	8.70	4.92	1.73	2	11	0.50
辽　宁	112682	8.29	4.15	1.91	3		
吉　林	163651	9.06	3.51	3.85	1		
黑龙江	57619	5.94	3.97	2.41	4		
上　海							
江　苏	193689	15.60	11.23	7.09	5	24	0.72
浙　江	350734	13.73	5.31	13.04	1	92	9.50
安　徽	32274	11.62	9.57	3.54			
福　建	143743	9.09	7.36	2.89			
江　西	26239	12.51	9.48	3.07			
山　东	87839	20.04	15.49	4.96	6	30	2.48
河　南	67107	17.74	15.94	4.57	2	10	0.10
湖　北	69681	9.29	6.53	6.82	1	7	1.00
湖　南	62392	9.40	4.93	1.96	2	15	2.10
广　东	86792	15.21	11.49	2.35			
广　西	36728	6.57	4.39	3.15	1		
海　南	30551	1.79	1.34		1	22	1.10
重　庆							
四　川	136805	10.15	8.07	4.43	7	14	0.80
贵　州	25032	4.68	3.68	3.47	3	13	0.27
云　南	125656	9.18	5.91	2.58			
西　藏	30136	2.54	1.15	0.79			
陕　西	968398	7.43	4.14	3.53	2	50	3.00
甘　肃	74557	6.68	5.27	1.99			
青　海	20871	2.29	0.66	2.38			
宁　夏	20288	6.30	4.13	0.81	2	9	0.40
新　疆	25999	8.23	4.60	0.79	5	34	3.41

志愿者服务队伍数（支）	志愿者服务队伍人数（人）	分馆数量（个）	由本馆指导的单位					
			馆办文艺团体（个）	演出场次（场）	观众人次（万人次）	馆办老年大学（个）	群众业余文艺团队（支）	群众业余团队人数（人）
5010	**362431**	**568**	**1247**	**9682**	**570.70**	**75**	**7222**	**525844**
206	9293	5	34	627	13.36	1	234	9830
335	34512		27	92	6.18	1	187	20812
174	11720	8	45	336	18.60	4	395	26500
183	16600	16	107	340	19.17	2	363	28260
154	8697	7	47	184	22.23	2	215	9009
117	7628	15	67	303	7.98		458	57798
58	1728	1	66	636	51.53	6	277	12894
54	3150	11	59	713	45.35	2	501	143823
105	5465	9	49	200	12.35		329	7399
84	3575		28	213	7.47		138	7360
197	10116	10	35	467	15.61	5	277	11543
260	8679	29	119	1858	109.58	8	349	8914
362	13280	5	59	178	14.59	6	276	8765
158	7600	62	29	135	19.35	4	336	13760
439	21779	70	41	285	25.99	5	246	32210
1102	144059	221	68	256	38.10	2	333	11078
98	3566	9	53	543	40.40	1	610	22245
10	367	7	6	13	0.86	1	8	250
74	19943	19	19	202	8.07	4	449	23394
206	4942	17	72	275	16.31	1	192	11623
116	5337	16	68	447	20.10	7	307	18029
17	506		5	48	4.40		20	753
89	3360	6	22	244	4.57	1	129	6411
86	4925	3	41	368	23.13	8	302	18202
219	8000	5	10	236	9.75		58	8200
13	648	3	23	243	5.47	3	118	3887
94	2956	14	48	240	10.20	1	115	2895

2020年各地区县市级

地区	机构数(个)	从业人员(人)					组织品牌节庆活动(个)
			专业技术人才	正高级职称	副高级职称	中级职称	
总计	**2931**	**41782**	**30707**	**443**	**3798**	**13514**	**7231**
北京	19	878	564	2	41	198	110
天津	16	612	415	3	57	205	31
河北	168	1719	1244	17	155	545	369
山西	118	1387	981	3	81	443	199
内蒙古	107	1328	1126	22	218	505	238
辽宁	101	1227	921	16	99	538	178
吉林	65	1731	1372	71	289	550	136
黑龙江	125	1724	1366	79	331	572	208
上海	23	867	679	4	45	263	65
江苏	100	1666	1330	23	202	627	449
浙江	90	1762	1367	69	239	570	566
安徽	105	1115	878	3	69	356	300
福建	88	763	621	3	95	277	252
江西	106	1397	1016	6	62	439	249
山东	140	2235	1885	8	264	950	555
河南	186	2577	1180	7	74	586	330
湖北	112	1642	1114	9	98	537	226
湖南	129	1572	1183	3	86	529	325
广东	122	1947	1378	27	125	571	359
广西	110	1563	1256		54	629	209
海南	19	217	110		1	37	43
重庆	40	850	609	24	77	262	138
四川	185	2383	1671	2	118	641	264
贵州	89	1173	974	11	77	352	252
云南	132	1890	1717	10	481	820	189
西藏	74	347	247	3	3	11	53
陕西	110	2086	1375	7	104	598	310
甘肃	87	1260	787	2	89	376	188
青海	45	578	293		23	92	225
宁夏	21	363	291	5	42	150	38
新疆	99	923	757	4	99	285	177

文化馆基本情况

提供文化服务次数(次)	文化服务惠及人次(万人次)	组织文艺活动次数(次)	为老年人组织专场	为未成年人组织专场	为残障人士组织专场	为农民工组织专场	文化活动观众人次(万人次)	举办训练班班次(次)	培训人次(万人次)
455061	**20519.59**	**203626**	**27548**	**16275**	**4196**	**13589**	**16208.76**	**200360**	**1021.49**
5222	216.85	1185	91	95	19	40	184.76	3447	9.00
4811	104.38	1185	146	23	14	16	55.86	2934	16.28
21187	886.39	12779	1496	935	215	687	753.17	6365	35.26
12586	493.72	6069	724	424	89	345	408.57	4964	23.33
8236	479.54	3726	626	259	85	286	402.68	3199	25.61
10343	389.59	2720	878	353	40	202	308.78	5757	33.37
4664	155.89	1723	282	93	31	72	107.99	1966	10.37
9294	299.75	4826	945	359	79	102	230.28	3572	31.52
14940	424.47	4936	972	294	28	63	322.43	8971	42.77
41712	1091.89	11814	2594	1613	237	458	636.67	23307	68.28
64698	2375.68	25875	3878	1272	375	1422	1851.15	32304	135.74
16771	875.17	7192	1163	958	260	578	706.92	7989	44.03
8063	355.57	2162	401	389	70	222	283.27	4692	15.12
11828	546.06	6245	765	462	155	486	409.62	4117	22.71
45566	1973.29	26798	3328	1713	560	1635	1659.98	15058	117.78
22888	986.20	14054	1662	979	343	966	812.57	6473	51.99
10088	531.45	4372	738	440	122	346	400.59	3858	27.66
11700	765.50	6174	785	549	163	681	602.21	4068	30.45
36080	1324.96	7602	723	948	93	508	997.15	26009	91.94
10996	643.51	6802	459	450	36	481	572.68	3573	23.73
1839	113.86	818	43	59	4	43	97.41	868	3.88
10465	811.33	2795	425	321	84	220	596.84	6129	35.00
15442	652.60	9328	1021	813	205	582	527.21	4048	19.97
8754	1428.73	5284	470	440	130	416	1342.87	2647	17.52
8208	630.90	5057	764	637	140	695	501.03	2144	19.55
3873	154.22	2996	147	138	35	348	136.19	631	2.66
10540	523.59	4740	718	437	214	500	387.81	4252	33.09
5980	429.95	3391	319	287	75	280	314.81	1660	13.19
4879	422.21	2761	127	100	38	193	242.32	1854	5.14
5600	196.91	3279	551	159	51	181	178.68	2188	8.70
7808	235.43	4938	307	276	206	535	176.26	1316	5.85

续表 1

地区	对业余文化队伍开展培训人次	举办展览个数(个)	参观人次(万人次)	组织各类理论研讨和讲座次数(次)	参加人次(万人次)	计算机(台)	本单位受训人次(万人次)
总计	**409.29**	**24531**	**2923.97**	**26544**	**363.60**	**48241**	**16.09**
北京	8.27	351	20.84	239	2.25	785	0.26
天津	8.61	380	23.28	312	8.94	749	0.13
河北	16.95	1040	83.23	1003	14.60	1582	0.33
山西	12.13	810	55.68	743	6.06	977	0.08
内蒙古	13.02	458	43.65	853	7.54	1447	0.03
辽宁	26.30	439	28.76	1427	18.64	1219	1.10
吉林	4.78	303	32.06	672	5.44	1054	0.11
黑龙江	6.40	423	33.29	473	4.59	1269	0.01
上海	8.35	340	54.48	693	4.76	992	0.41
江苏	26.49	2860	363.78	3731	23.09	2062	0.30
浙江	58.75	2959	345.88	3560	42.81	2055	1.97
安徽	13.67	889	107.36	701	16.81	1939	0.18
福建	4.88	741	51.47	468	5.66	1065	0.14
江西	6.48	762	104.26	704	9.41	1363	0.73
山东	44.29	1335	162.45	2375	33.02	2430	1.35
河南	19.72	1287	107.73	1074	13.81	2392	0.14
湖北	15.81	760	85.23	1098	17.88	2437	1.15
湖南	11.95	721	120.87	737	11.84	1702	0.14
广东	29.30	1522	205.31	947	30.53	3640	0.85
广西	8.76	375	43.00	246	4.05	2795	0.29
海南	3.14	99	9.99	54	2.57	281	0.03
重庆	6.89	881	165.37	660	14.13	1610	0.13
四川	10.47	1049	88.23	1017	17.12	3158	0.15
贵州	8.83	383	53.54	440	14.70	1280	0.67
云南	12.64	672	103.84	335	6.37	1603	1.76
西藏	1.72	201	14.59	45	0.76	1520	0.11
陕西	10.69	797	91.76	751	10.85	1588	0.14
甘肃	5.53	596	93.60	333	8.31	1065	0.34
青海	0.80	165	172.06	99	2.67	426	3.00
宁夏	1.86	80	8.25	53	1.28	588	0.02
新疆	1.81	853	50.13	701	3.11	1168	0.04

线上群众文化活动次数（次）	线上服务人次（人次）	本年收入合计（千元）	财政补贴收入	免费开放资金	中央资金	业务活动专项经费	上级补助收入	事业预算收入	经营收入
339735	**463418208**	**8900653**	**8539485**	**712101**	**302206**	**1877323**	**140611**	**57641**	**4297**
1817	58283430	389559	384277	8614	1141	114906	17	1784	
1876	5807456	141993	140317	6800	100	17826	1086		
4854	20110186	238872	229226	26924	17128	47565	1277	1127	
2234	34885933	185533	180167	20658	14096	23991	3589		
1402	1675021	211990	207452	17737	12679	36287	1072	3077	
3865	714530	159739	158906	7718	2083	17717	527	8	
929	1879443	229905	225412	11049	7211	27278	287	810	
2744	1391121	225869	224633	18465	14850	22793	291		
3146	42651255	445623	416054	30982	1895	86647	100	16889	
4469	61952975	578034	558734	31235	5868	102035	8238	3086	40
5401	27365900	726463	689820	26332	2194	219003	8429	639	
86305	21140051	222452	206231	24962	9010	52500	8333	1053	
5800	9687842	208164	184155	14250	1889	58299	10713	1392	
1308	3541097	228387	211090	15562	5137	29840	7806	2930	6
7739	24913507	394569	377112	34001	5838	94641	6826	1702	
3868	7164392	290656	285225	33849	20900	37414	2709	1970	
1417	6307318	337134	320652	19202	6602	52743	10591	1978	
1364	11428567	274920	264371	21531	11750	56538	5261	1170	
3932	43830719	897701	866884	115664	6646	272010	15938	2733	3614
789	9677160	243649	235988	21379	16767	54111	5621	1327	
30594	873992	79960	74289	7620	1780	28645	147	400	
2447	19935037	296425	282272	23915	15250	70258	8824	5124	
74497	12321570	529048	518629	43470	28486	125442	6124	389	36
77818	6462965	172239	162371	17593	12499	39721	4456	2201	
1891	9466449	354267	335845	23448	18038	36969	5087	4276	
147	90237	44268	43908	14231	11600	9210	200		
2076	13802649	283505	272877	21790	15196	45568	6343	897	
4459	2097949	181454	173796	15284	9071	27584	2414	559	
110	268039	106568	98696	8281	3283	28479	3370		601
83	1486119	86307	76896	9604	7122	18533	3689	10	
354	2205299	135400	133200	19951	16097	22770	1246	110	

续表 2

地区	附属单位上缴收入	其他收入	本年支出合计（千元）	基本支出	项目支出	经营支出	工资福利支出
总计	**154**	**158465**	**9077647**	**5980595**	**2369095**	**6373**	**4962197**
北京		3481	387326	250216	137106		200715
天津		590	142154	119316	22438		99396
河北		7242	227517	156888	58695		132589
山西		1777	183508	126752	37995		117130
内蒙古		389	211830	172279	32392		141053
辽宁		298	161595	126942	16748	50	105699
吉林		3396	226437	180454	38440		162503
黑龙江		945	221470	194326	27139		153702
上海		12580	440022	282662	154526		187043
江苏		7936	572063	429185	130862	205	287991
浙江		27575	727807	448232	252180		344199
安徽		6835	225447	162043	46587	22	115860
福建	100	11804	205208	128243	68401		101046
江西	54	6501	229916	178673	28556	78	136769
山东		8929	391508	283692	77307	120	243676
河南		752	288401	238409	34131	75	176664
湖北		3913	329000	227233	76889	10	172637
湖南		4118	275788	206099	55051	106	146338
广东		8532	1130380	373013	494216	4203	530883
广西		713	236264	170753	50344		145533
海南		5124	78595	18451	45953	48	21705
重庆		205	284653	190284	87423	120	127544
四川		3870	528593	337602	180611	40	274823
贵州		3211	167706	115698	16729	263	95451
云南		9059	356167	264642	65884	42	229535
西藏		160	41712	24035	1805	13	26936
陕西		3388	281028	193587	40033	57	180733
甘肃		4685	182541	140123	23132	100	107179
青海		3901	116745	82509	21749	821	60170
宁夏		5712	90175	50184	26250		43089
新疆		844	136091	108070	19523		93606

在支出合计中：									资产总计(千元)
商品和服务支出	差旅费	劳务费	福利费	各种税金支出	对个人和家庭补助支出	抚恤金和生活补助	其他资本性支出	各种设备购置费	
2142427	**67914**	**317262**	**45674**	**5464**	**412319**	**86765**	**461969**	**133290**	**13058672**
120308	2579	7327	2252	224	17678	2870	16855	9989	384553
23549	205	1444	1226	69	6760	712	3201	1389	153222
41989	574	6530	410	104	12371	1400	11575	3987	545693
29986	1462	4955	707	398	6143	2625	8343	2655	188748
40043	1778	5688	355	28	10561	1670	9442	3797	194295
27127	489	4749	109	5	9385	1976	1380	910	203369
31625	1414	2894	458		6789	2663	9749	3036	226157
30685	1135	3591	335		17545	2322	5597	2232	394871
164228	468	4384	3670	298	10366	3877	11249	3437	557315
159502	3141	27228	2244	1039	35701	4091	13831	6978	851372
216833	3476	41327	10155	1048	22612	4356	61956	12785	376507
54508	1818	9080	1039	32	13960	2694	12580	6639	240191
67133	719	8995	68	64	6924	1589	5065	2563	280639
52334	2417	7958	1709	226	7316	2242	2027	269	215734
61259	972	15738	365	7	19472	3185	9349	3558	419276
61274	1751	11601	891	183	15407	3597	3976	1366	419901
70012	2892	10915	2358	388	18112	1548	9489	1967	650336
65056	3080	6378	1533	89	8899	1473	7355	4115	2266326
286627	1313	25735	1957	93	52927	5024	184774	21077	747454
44251	4461	5332	1387	21	7270	4106	10840	3201	386330
22257	477	7967	17	19	1019	163	15720	14323	74167
93280	11595	30848	977	742	29338	10701	8937	4565	234177
168021	8555	28266	1667	112	20973	8474	8023	3398	1134937
15985	1412	2969	225	15	7682	939	3690	2498	597452
50827	2625	11005	775	20	14156	4841	4158	1846	386592
449	134	153	134		26		3093	2456	175970
53523	2259	7707	6395	43	4886	1215	5828	2259	206919
30336	2285	5655	1425	45	14262	2146	4080	1293	188552
21836	394	3014	8	27	5152	15	3582	1122	121929
20463	803	4752	4	72	3192	2050	2452	2151	61266
17121	1231	3077	819	53	5435	2201	3773	1429	174422

续表 3

地区	固定资产净值	实际使用房屋建筑面积（万平方米）	业务用房面积	实际拥有产权面积（万平方米）	流动舞台车演出情况		
					流动舞台车数量（辆）	利用流动舞台车演出场次（场次）	利用流动舞台车演出观众人次（万人次）
总计	**10219922**	**989.95**	**678.12**	**452.36**	**1725**	**32693**	**1483.13**
北京	281417	15.53	8.77	4.28	12	31	0.46
天津	84894	13.03	8.67	0.68	11	50	1.10
河北	498268	45.05	30.09	24.07	120	3363	158.65
山西	148623	28.90	21.92	27.92	147	1615	70.62
内蒙古	136620	25.49	19.25	9.43	52	1002	37.48
辽宁	180007	22.89	14.11	6.67	8	175	16.66
吉林	153271	17.87	9.55	6.22	72	682	29.44
黑龙江	323637	24.34	16.32	7.14	50	975	38.96
上海	354237	19.10	7.86	9.42	2	27	0.56
江苏	723350	135.59	99.92	55.19	32	1335	67.49
浙江	249851	71.23	50.74	20.76	7	136	6.84
安徽	202406	29.56	23.31	13.64	35	974	46.74
福建	178615	28.41	20.26	16.05	16	186	10.55
江西	157038	28.17	17.54	13.45	41	1336	36.87
山东	350432	57.68	41.26	17.94	85	3343	102.06
河南	329042	41.75	28.66	18.42	97	2707	102.28
湖北	574707	34.79	20.99	18.76	45	879	69.93
湖南	2100748	36.20	26.10	22.57	85	2850	105.76
广东	378838	67.65	39.17	25.34	9	64	1.15
广西	334951	21.65	14.37	11.46	59	650	34.09
海南	47811	4.60	4.20	3.69	5	69	2.80
重庆	178816	25.42	18.81	14.71	27	659	48.67
四川	717397	52.08	40.42	24.46	164	1868	71.99
贵州	525554	25.38	15.67	15.09	93	1587	80.48
云南	231268	27.94	20.18	17.27	108	1472	97.60
西藏	144068	9.51	6.41	4.76	69	817	51.33
陕西	176458	25.31	19.23	15.70	99	868	65.95
甘肃	152081	17.74	11.40	10.46	67	832	70.44
青海	104441	6.60	4.70	4.52	37	815	24.74
宁夏	47462	7.27	4.37	1.87	13	441	12.10
新疆	153614	23.22	13.87	10.42	58	885	19.34

志愿者服务队伍数(支)	志愿者服务队伍人数(人)	分馆数量(个)	由本馆指导的单位					
			馆办文艺团体(个)	演出场次(场)	观众人次(万人次)	馆办老年大学(个)	群众业余文艺团队(支)	群众业余团队人数(人)
32365	**1123448**	**13940**	**8114**	**110407**	**5861.61**	**614**	**93200**	**3781161**
361	22054	239	101	460	13.73	7	664	60708
292	8887	185	186	472	32.50	2	2224	52545
2020	74172	552	360	4175	192.61	32	4582	157184
924	38347	833	290	3533	148.38	17	2449	104647
921	25650	494	283	1756	73.18	30	2569	97906
1507	43725	315	328	1864	122.98	16	2068	96939
472	49826	183	198	1401	36.59	11	1167	75844
1214	65631	292	241	1997	83.41	21	2031	308015
93	7103	128	88	196	6.68	3	456	12072
1069	46033	649	458	8728	541.67	36	4646	156048
4356	104827	685	438	12394	285.28	9	11084	439719
1096	43986	439	374	2884	194.97	12	2517	81938
421	11221	198	185	1048	44.31	11	959	46299
731	34944	247	183	3164	168.40	26	1917	54255
2339	49256	833	522	10188	341.32	45	5595	199610
2487	49853	624	443	5398	150.07	31	4796	138308
1761	60864	482	317	2165	118.42	22	4316	274348
801	58821	962	286	3902	194.08	53	4800	244663
1370	80401	775	426	3396	359.10	17	2439	79194
1049	28723	340	306	5128	278.70	21	5486	148892
160	6309	56	55	370	27.01	1	513	15528
1497	35141	671	171	3675	479.66	22	1424	68306
951	49069	748	119	1718	73.23	29	3192	117887
875	29118	527	420	3782	1078.26	46	2815	86337
704	17249	1087	547	12261	206.45	35	11233	373437
52	1114	23	23	835	26.94		612	8726
737	30989	455	269	4026	229.91	23	2329	80294
444	11605	252	208	3099	116.50	17	1721	127216
235	5517	75	94	2548	138.40	2	457	20273
192	12493	64	26	990	37.92		742	19430
1234	20520	527	169	2854	60.95	17	1397	34593

2020年各地区文化站

地　区	机构数(个)	从业人员(人)	专职人员	在编人员	专业技术人员	提供文化服务次数(次)
总　计	**40366**	**131116**	**78349**	**81572**	**35385**	**1385131**
北　京	336	2757	1835	1114	188	50151
天　津	245	938	535	369	70	23824
河　北	2278	5107	2648	3372	875	41094
山　西	1411	2737	1497	1028	492	44651
内蒙古	1085	3049	1630	1837	906	17725
辽　宁	1354	2712	1549	1790	593	19195
吉　林	910	2091	1446	1655	771	10579
黑龙江	1245	3046	1739	2065	639	12121
上　海	218	3897	2791	1571	434	67716
江　苏	1255	5574	3791	3062	1500	112710
浙　江	1344	5931	3939	2850	1851	164082
安　徽	1505	4808	3317	3210	1939	57451
福　建	1122	3024	1715	1622	675	23768
江　西	1739	4324	2314	2400	631	32033
山　东	1821	5628	3811	3630	1767	124548
河　南	2478	8266	4929	6426	1352	72733
湖　北	1299	3216	2263	1558	1159	37193
湖　南	2233	6876	4068	4616	1547	43624
广　东	1619	10884	7254	4799	2370	89424
广　西	1175	3189	1856	2712	1094	31412
海　南	219	478	241	325	83	3151
重　庆	1030	4108	2939	3315	1032	45419
四　川	4231	8118	3560	4492	1694	77433
贵　州	1602	5877	2770	4308	1594	21200
云　南	1454	5104	3604	4405	3403	32040
西　藏	697	5389	2725	4242	3265	20812
陕　西	1361	4308	2494	2728	943	30620
甘　肃	1346	4438	2522	2630	771	23740
青　海	388	837	217	204	124	5149
宁　夏	245	741	476	468	221	8182
新　疆	1121	3664	1874	2769	1402	41351

基本情况

文化服务惠及人次(万人次)	组织文艺活动次数(次)	参加人次(万人次)	举办训练班班次(次)	培训人次(万人次)	对业余文化队伍开展培训人次	举办展览个数(个)	参观人次(万人次)	接受戏曲进乡村活动服务次数(次)
28805.54	**862952**	**21452.37**	**412871**	**2575.69**	**1230.47**	**109308**	**4777.48**	**418353**
718.34	26208	542.27	22945	119.91	58.01	998	56.16	2719
215.09	12509	143.97	10634	51.46	35.33	681	19.66	1076
597.34	27218	460.39	10613	60.31	29.89	3263	76.64	6795
1080.67	33287	937.34	8709	43.82	17.65	2655	99.51	12706
271.45	12179	219.90	4108	19.66	8.73	1438	31.89	2045
300.84	12175	244.13	5946	33.94	26.15	1074	22.77	1002
156.30	7161	124.82	2579	14.19	7.07	839	17.29	7457
173.75	8366	139.27	2892	16.09	6.50	863	18.39	1411
839.10	35279	553.17	29404	141.32	72.34	3033	144.61	4859
3221.89	70151	2068.21	33141	333.12	220.04	9418	820.56	75601
4413.47	95492	3386.29	56273	339.40	177.59	12317	687.78	16735
1236.14	36753	988.11	15866	113.41	38.12	4832	134.62	45535
408.14	13379	269.67	7551	34.45	12.39	2838	104.02	5001
690.82	20707	503.21	7666	48.45	14.92	3660	139.16	18944
2285.87	89134	1753.52	27271	209.77	102.73	8143	322.58	85880
1495.70	47850	1179.19	17836	108.29	46.25	7047	208.22	15985
901.42	22911	679.74	10351	82.57	38.11	3931	139.11	7954
1132.21	24867	721.11	13689	108.96	42.88	5068	302.14	21136
2003.41	45000	1455.93	39137	207.66	79.28	5287	339.82	5935
737.55	24030	645.94	5668	28.17	12.62	1714	63.44	7991
61.34	1903	50.88	1026	5.79	1.51	222	4.67	960
997.70	24164	652.78	15903	109.56	45.08	5352	235.36	4913
1540.71	46263	1153.94	23302	102.88	42.88	7868	283.89	14924
465.78	13610	360.85	5583	32.65	13.36	2007	72.28	6416
759.08	19298	552.73	9443	66.40	28.55	3299	139.95	24994
297.43	16944	278.07	3075	8.50	4.63	793	10.86	2404
636.15	19633	488.92	7433	51.19	19.78	3554	96.04	8964
428.64	13550	280.04	6856	47.13	15.03	3334	101.47	3325
70.48	3278	55.79	1263	4.60	2.35	608	10.09	891
163.82	6147	137.71	1532	7.69	3.55	503	18.42	1162
504.91	33506	424.48	5176	24.35	7.15	2669	56.08	2633

续表 1

地　区	服务惠及人次（万人次）	藏书（万册）	计算机（台）	本单位受训人次（万人次）	本年收入合计（千元）	财政补贴收入
总　计	**6609.08**	**30843.10**	**325002**	**109.46**	**15074186**	**14515804**
北　京	25.98	719.46	5112	4.29	499146	477551
天　津	15.63	185.21	2959	1.10	67588	66292
河　北	137.08	1055.74	9796	1.37	231164	229365
山　西	202.00	577.02	10211	2.59	97658	97263
内 蒙 古	47.29	417.23	6274	0.44	161117	151475
辽　宁	17.94	859.51	8020	4.24	113883	110557
吉　林	26.98	392.37	4955	0.38	135265	133698
黑 龙 江	21.52	535.78	6165	0.02	142692	142302
上　海	45.24	1181.31	4923	3.14	1486487	1411631
江　苏	1195.72	3746.98	14612	2.11	1184086	1160427
浙　江	553.44	2629.71	15670	28.89	1852430	1764236
安　徽	443.12	683.41	16407	7.06	311008	293955
福　建	56.87	634.28	8385	4.26	219733	211366
江　西	186.98	825.30	9349	4.90	213687	207830
山　东	1358.91	2193.25	21472	6.46	449697	442450
河　南	446.99	1021.65	16747	2.54	403372	398245
湖　北	224.39	929.90	9536	2.51	360746	342000
湖　南	368.77	1536.98	12572	4.37	458312	439150
广　东	140.66	3726.53	21153	8.10	2524158	2433661
广　西	196.42	734.38	9347	1.09	232448	220039
海　南	22.40	106.40	1763	0.52	32355	28967
重　庆	103.66	683.10	11812	2.52	545935	530981
四　川	245.25	1753.43	31338	1.45	611395	602646
贵　州	64.72	1026.58	11777	4.40	752758	701342
云　南	130.35	746.98	15052	2.33	606628	578381
西　藏	27.14	180.99	12333	0.56	364656	354155
陕　西	162.07	498.44	9195	3.19	238322	229143
甘　肃	66.00	568.37	8692	2.12	326552	317932
青　海	11.81	101.42	1687	0.40	103880	102729
宁　夏	25.61	162.61	2749	0.69	68489	66597
新　疆	38.14	428.78	4939	1.42	278539	269438

免费开放资金	中央资金	业务活动专项经费	本年支出合计(千元)	基本支出	项目支出	工资福利支出	资产总计(千元)	固定资产净值
2385514	**1118208**	**4785599**	**15315031**	**8244088**	**5537066**	**5140231**	**57673832**	**46162823**
65421	1913	194797	792966	470285	256751	86945	844341	688685
12174	1103	29299	62199	32918	17102	10482	316636	257483
83084	60953	66050	224439	148409	57315	121760	1075838	971523
56067	41134	43095	93295	58606	28539	41417	732621	691176
39399	31988	39346	154125	124628	19143	91675	688901	629913
28175	10457	20177	117173	76365	26481	59902	823412	666945
37477	22598	32861	178130	92474	75824	82160	377873	343011
43733	37285	46052	139162	96864	42244	79998	474928	447854
72499	186	757010	1445540	456766	930699	252086	1980616	1323960
92254	13400	438862	1176012	624701	477123	368921	7121340	5422314
134481	17224	588960	1855218	821022	849445	274153	7498300	6082647
77282	29365	82658	310687	207080	66883	130650	2458671	2223431
38478	6164	65691	219618	118671	77131	65329	1133890	1007115
107060	23425	95901	159413	99119	37676	62262	1988256	1606365
93183	55881	156860	462120	300276	103953	170009	2538379	2176604
115118	70923	88226	400816	294635	77332	235929	966167	899882
47061	21492	73137	360458	198561	127439	131589	2269526	851172
95789	50221	77173	525043	320948	142007	217862	1613965	1414233
202861	25756	898298	2448325	1102046	1116593	905019	7230590	5541057
58693	45014	37747	226734	175683	28237	118244	898116	791544
8825	3824	9486	30344	14585	10701	11191	127316	109816
58660	41195	131785	550583	369981	149034	209357	1365067	1214561
235635	175090	233398	615166	285495	297745	147321	2769738	2497946
175641	118611	149608	800515	414106	255378	312371	3058822	2203419
115690	56097	151226	598658	369876	147407	312867	2109241	1628084
33894	27660	29226	351490	233741	3806	231474	706080	628646
68822	52376	41061	239155	183627	30322	121462	2015431	1858313
106111	26896	87130	312849	192183	40597	114073	1127186	773686
19269	2701	66632	113750	107780	3043	12915	232264	217286
8199	3227	12302	75449	41407	13947	23794	294520	260283
54479	44049	41545	275599	211250	27169	137014	835801	733869

续表 2

地　区	实际使用房屋建筑面积(万平方米)	文化活动用房面积	实际拥有产权面积(万平方米)	本站指导群众业余文艺团队(支)	志愿者服务队伍个数(个)	志愿者服务队伍人数(人)
总　计	**3417.21**	**2527.89**	**1971.56**	**353799**	**362508**	**9700403**
北　京	82.50	62.26	30.21	7666	7416	281345
天　津	35.26	27.57	12.13	3516	4153	139034
河　北	90.45	69.66	56.67	21642	23329	477360
山　西	65.82	51.24	54.88	9898	8221	166471
内蒙古	62.64	44.21	27.93	6303	5227	106481
辽　宁	82.08	48.05	31.43	8769	8698	165856
吉　林	38.55	24.84	22.04	5571	4864	144001
黑龙江	65.01	40.95	22.57	5720	4931	117556
上　海	127.41	96.08	79.97	7209	4898	173090
江　苏	464.12	365.67	197.10	16165	20984	1593779
浙　江	427.75	312.08	241.06	28019	25731	727940
安　徽	91.39	73.94	86.02	12015	11801	231116
福　建	90.60	69.13	54.01	8082	10441	370706
江　西	79.38	58.00	50.98	9331	9656	194343
山　东	209.90	144.39	90.08	27750	36990	911890
河　南	107.64	79.69	67.92	25553	22336	434006
湖　北	113.03	79.75	73.98	15296	13419	439571
湖　南	127.32	91.57	86.07	20586	27767	376065
广　东	363.62	280.65	177.05	14080	12796	459143
广　西	51.48	39.50	37.47	12731	8841	253863
海　南	7.59	5.87	6.07	1650	1282	23134
重　庆	70.97	53.74	58.08	7417	16866	514551
四　川	165.44	128.05	115.57	20013	18594	329915
贵　州	62.45	46.08	45.89	9649	9477	184685
云　南	75.23	56.61	73.54	18646	11442	230283
西　藏	28.66	21.70	15.20	3114	3059	48894
陕　西	67.16	48.54	50.24	10374	9194	187990
甘　肃	57.39	40.33	39.60	8919	7727	172170
青　海	11.47	8.95	6.95	1166	1205	22569
宁　夏	17.50	10.59	9.50	1634	2066	67539
新　疆	77.40	48.20	51.35	5315	9097	155057

辖区内社区个数（个）	辖区内社区综合文化服务中心（个）	辖区内社区综合文化服务中心面积（万平方米）	室内面积	辖区内行政村个数（个）	辖区内村综合文化服务中心（个）	辖区内村综合文化服务中心面积（万平方米）	室内面积
155727	**900699**	**8363.57**	**2816.27**	**483881**	**1286414**	**40073.88**	**7407.78**
3280	3132	155.95	87.01	3680	3375	277.58	122.17
1654	9537	84.79	58.68	3097	3094	13951.05	77.52
3899	3862	174.49	64.84	47132	46860	1916.68	469.18
2510	2916	88.93	26.71	20471	41540	631.96	161.42
2143	5058	112.81	56.90	10738	11342	440.42	120.22
10020	48163	176.17	42.33	22855	24401	602.73	87.16
1633	7021	152.92	30.88	9081	34238	697.45	83.93
2155	1648	101.70	32.56	8937	8205	938.53	74.10
3388	8781	126.82	77.49	1677	1774	99.08	53.69
6635	6630	1165.22	666.58	13558	13553	1627.80	941.96
4340	516310	513.16	198.69	20633	248171	2133.60	883.23
3534	20502	142.46	52.99	12881	39574	577.47	164.39
2633	5349	111.30	50.21	12146	32943	330.90	149.25
2870	7504	252.15	26.52	13698	130085	348.00	107.85
51978	27078	780.42	311.51	60296	56540	2279.24	869.00
5738	17145	290.44	87.01	39022	122995	2185.74	409.33
4258	21341	361.48	76.62	16391	51373	893.25	222.45
5357	55060	1434.98	190.77	23695	47357	3988.86	658.76
7583	11190	993.00	281.18	19150	32684	2012.38	532.03
1857	4574	84.61	22.93	13148	40669	895.63	219.02
487	5581	11.64	4.48	2151	4923	72.37	19.00
3171	11181	159.85	52.55	7805	14740	242.29	133.89
8194	7833	310.03	108.19	27274	26058	652.46	207.92
3956	14490	87.49	29.57	21830	29171	311.10	80.49
3326	24942	183.69	57.53	12544	23636	463.95	135.65
1752	987	4.24	2.47	4773	2727	33.31	21.03
2653	35563	113.14	49.86	11994	91191	549.07	141.40
1499	2120	70.88	12.21	10624	36144	392.29	58.39
330	277	4.55	2.66	2460	27737	34.50	8.25
373	12631	16.05	5.61	1704	31045	123.78	17.57
2521	2293	98.21	48.73	8436	8269	370.41	177.53

2020年各地区乡镇

地 区	机构数（个）	从业人员（人）				提供文化服务次数（次）
			专职人员	在编人员	专业技术人员	
总 计	**32825**	**102963**	**61593**	**67497**	**30298**	**954809**
北 京	181	1284	871	528	101	22736
天 津	129	466	286	187	30	14674
河 北	1990	4506	2355	2980	786	32779
山 西	1194	2271	1309	851	439	36988
内蒙古	872	2364	1344	1494	796	12185
辽 宁	928	1727	1011	1262	462	9437
吉 林	623	1543	1132	1323	674	6289
黑龙江	896	1936	1266	1546	553	8499
上 海	107	2458	1689	1062	233	38947
江 苏	841	3759	2603	2376	1198	67547
浙 江	941	3806	2487	1892	1284	98137
安 徽	1278	4143	2953	2916	1806	49405
福 建	955	2551	1401	1405	590	16991
江 西	1594	3841	2091	2205	595	26597
山 东	1207	3601	2472	2407	1187	77499
河 南	1894	6648	4024	5411	1190	57738
湖 北	1030	2524	1784	1206	988	26562
湖 南	1896	5853	3461	4085	1371	34064
广 东	1169	7791	5012	3576	1676	46063
广 西	1127	2999	1785	2617	1069	29765
海 南	198	444	224	311	79	2630
重 庆	813	3038	2251	2512	808	31231
四 川	3708	6605	2735	3747	1390	54679
贵 州	1369	4908	2417	3675	1457	17600
云 南	1297	4374	3142	3870	3026	25388
西 藏	689	5341	2711	4213	3259	20526
陕 西	1168	3646	2162	2270	830	23929
甘 肃	1227	3968	2338	2359	750	20175
青 海	361	756	209	190	123	4571
宁 夏	200	648	410	444	198	5594
新 疆	943	3164	1658	2577	1350	35584

文化站基本情况

文化服务惠及人次（万人次）	组织文艺活动次数（次）	参加人次（万人次）	举办训练班班次（次）	培训人次（万人次）	对业余文化队伍开展培训人次	举办展览个数（个）	参观人次（万人次）	接受戏曲进乡村活动服务次数（次）
21782.32	**613019**	**16313.63**	**257403**	**1781.09**	**837.12**	**84387**	**3687.60**	**373957**
391.75	14003	296.01	8241	58.04	28.66	492	37.70	2543
151.85	6729	97.53	7644	39.40	30.05	301	14.92	461
515.05	21748	396.23	8255	51.28	25.80	2776	67.54	6118
992.01	28579	869.28	6094	33.91	15.33	2315	88.82	12043
205.69	8326	164.97	2763	15.38	6.81	1096	25.34	1848
195.55	6252	162.18	2576	18.47	16.65	609	14.90	725
111.55	4165	88.39	1612	10.47	5.21	512	12.69	1276
127.35	5756	101.41	2133	12.85	5.35	610	13.09	1382
525.98	20176	377.26	17066	72.98	35.85	1705	75.74	4058
2247.79	43378	1455.22	18362	240.79	167.11	5807	551.78	69242
2976.30	59382	2282.50	30493	201.87	100.80	8262	491.93	11350
1142.69	31885	913.51	13113	101.27	34.27	4407	127.91	44925
345.06	9838	224.26	4699	24.36	8.31	2454	96.44	4752
595.87	16972	433.75	6314	41.56	12.87	3311	120.56	18665
1495.05	56648	1154.39	15668	132.30	66.80	5183	208.36	71863
1287.95	38372	1016.30	13380	88.70	37.22	5986	182.95	14346
739.54	15899	550.34	7396	66.81	31.06	3267	122.39	7279
960.80	19058	601.68	10750	88.80	35.59	4256	270.32	20043
1309.36	25743	961.44	16607	100.27	27.85	3713	247.65	4401
713.11	22810	624.02	5317	26.90	12.14	1638	62.19	7905
57.21	1575	47.54	852	5.12	1.38	203	4.55	895
721.55	17531	470.82	9408	73.68	24.39	4292	177.05	4302
1105.71	32722	817.70	15579	68.07	26.40	6378	219.94	14351
394.19	11216	305.37	4628	27.95	11.41	1756	60.87	6130
587.92	15401	414.76	7149	53.61	23.63	2838	119.55	24632
295.56	16776	276.64	2977	8.14	4.63	773	10.78	2393
530.52	14929	401.36	5915	42.68	16.30	3085	86.48	8268
394.99	11277	255.03	5855	42.84	14.00	3043	97.12	3260
63.77	2781	49.41	1205	4.35	2.30	585	10.01	869
130.55	4219	108.93	994	6.32	2.84	381	15.30	1109
470.05	28873	395.40	4358	21.92	6.11	2353	52.73	2523

续表 1

地　区	服务惠及人次(万人次)	藏书(万册)	计算机(台)	本单位受训人次(万人次)	本年收入合计(千元)	财政补贴收入
总　计	**5662.40**	**22949.47**	**257313**	**72.90**	**10950024**	**10535670**
北　京	22.88	361.72	2688	2.03	306553	291296
天　津	10.36	117.75	1485	0.36	42311	41875
河　北	131.69	940.81	8096	1.11	205398	203973
山　西	187.79	459.32	8576	2.17	82782	82412
内蒙古	45.39	308.11	4584	0.25	137983	128505
辽　宁	13.98	497.04	5803	0.85	75922	73546
吉　林	24.84	270.09	3507	0.21	103835	103118
黑龙江	21.21	409.64	4127		94926	94567
上　海	38.32	619.07	2812	1.25	1138284	1086868
江　苏	974.39	2597.96	9470	1.78	841018	824924
浙　江	394.84	1819.71	10590	17.84	1215459	1148426
安　徽	430.17	562.21	14611	6.02	280165	263809
福　建	52.28	520.54	6667	3.30	158059	151411
江　西	170.60	757.76	8470	4.57	200770	195072
山　东	1064.74	1452.43	13615	4.39	245348	241540
河　南	407.94	779.34	12761	1.83	333008	329007
湖　北	208.14	763.00	7468	1.38	291569	274902
湖　南	337.09	1353.34	10111	2.93	370219	354525
广　东	104.73	2438.86	15213	4.84	1735227	1674087
广　西	194.75	696.83	8997	1.01	224986	212885
海　南	21.98	98.83	1646	0.12	30529	27225
重　庆	89.70	491.56	9169	2.18	365062	354590
四　川	231.16	1405.70	26478	0.89	452762	447732
贵　州	57.42	893.22	10508	3.08	372973	341013
云　南	116.14	659.34	13495	1.65	446943	427555
西　藏	27.00	177.87	12271	0.55	364260	353835
陕　西	144.45	425.98	7915	2.59	202688	194254
甘　肃	65.02	477.62	8050	1.67	243984	235645
青　海	11.53	92.74	1592	0.31	74370	73283
宁　夏	24.24	138.28	2219	0.60	64047	62505
新　疆	37.63	362.80	4319	1.14	248584	241285

免费开放资金	中央资金	业务活动专项经费	本年支出合计(千元)	基本支出	项目支出	工资福利支出	资产总计(千元)	固定资产净值
1741685	**862555**	**3375582**	**11210980**	**6268943**	**3809376**	**4052343**	**41876505**	**33473829**
31572	1264	117508	606604	387807	177390	42895	442587	371581
6859	651	17876	38913	19210	11009	6430	208895	184788
74325	53746	59106	199924	130568	52987	106071	864691	768772
47953	35100	36151	79910	49737	24544	35905	691976	653508
31721	25543	32319	132264	107596	15824	78987	625455	573535
13193	7086	13804	76979	54720	11818	44751	526432	410297
26525	16330	25131	101795	70880	23252	65203	268557	244009
32423	27350	34398	92878	60522	32313	57262	357192	342960
39332	41	665440	1125103	337026	761414	192249	1346676	897070
63756	9435	308866	832346	458530	316710	269605	5591900	4242322
97738	10525	386230	1197703	498136	597769	190990	4785908	3976267
68943	26520	70870	278828	189381	57690	119128	2345189	2124512
31314	5526	43697	160210	90529	51932	52354	991541	874416
102737	21896	92540	146212	89985	35350	58219	987025	826977
28822	4579	59989	263208	163462	62291	104587	1429878	1289177
88414	55333	69900	333433	246217	66163	198926	831253	782019
37760	18376	51321	289005	161540	101123	107628	2101156	707469
83416	43779	64776	409003	253046	111707	183434	1259674	1114144
151435	20463	546777	1689220	811503	718568	653859	4776797	3413548
56383	43202	36219	219461	170106	26906	114818	874069	776709
8357	3458	8852	29044	13686	10574	10955	124341	106948
46989	32760	86886	363840	251576	90294	148222	886040	770991
199782	153940	171198	454007	220400	211378	120772	2156772	1929194
108861	64477	71141	434681	272060	79519	215284	2142226	1388722
58091	41185	61159	442839	307355	64807	277226	1551871	1392561
33574	27340	29135	351211	233496	3776	231362	677137	601369
58622	44662	34994	203054	158958	25104	101898	1122544	974366
51609	24975	79896	244218	138617	28441	106754	776065	706009
7817	2701	51775	95446	90605	2009	9143	216741	208464
7024	2788	11846	70768	39411	12916	21744	269962	239916
46338	37524	35782	248873	192278	23798	125682	645955	581209

续表 2

地　区	实际使用房屋建筑面积(万平方米)	文化活动用房面积	实际拥有产权面积(万平方米)	本站指导群众业余文艺团队(支)	志愿者服务队伍个数(个)	志愿者服务队伍人数(人)
总　计	**2439.57**	**1857.91**	**1593.89**	**271966**	**267971**	**6248466**
北　京	47.03	35.72	19.32	3910	3254	58940
天　津	17.56	13.89	8.44	1946	2268	86623
河　北	77.52	61.03	52.29	19124	20516	391477
山　西	55.36	43.76	50.82	8139	6426	118834
内蒙古	45.59	32.95	24.03	4806	3716	75062
辽　宁	42.22	30.15	19.73	5580	4284	70677
吉　林	22.40	16.80	18.37	4085	3217	75115
黑龙江	34.34	27.31	18.53	4289	3500	73220
上　海	75.76	53.64	53.32	4081	2370	77916
江　苏	307.65	250.06	146.88	10038	14525	1035282
浙　江	301.81	226.65	179.72	18713	16423	445119
安　徽	78.68	64.89	78.83	10294	10006	182153
福　建	72.86	56.07	46.45	6387	8580	291771
江　西	70.80	52.62	47.61	8278	8213	153721
山　东	128.86	90.09	59.92	18790	26304	551718
河　南	77.00	60.37	61.18	21196	18352	324165
湖　北	90.00	63.66	63.65	11546	9327	219317
湖　南	101.73	75.43	73.39	17690	18210	281762
广　东	242.08	186.73	133.75	8603	7649	269932
广　西	48.05	37.65	36.20	12270	8415	244817
海　南	6.71	5.21	5.63	1586	900	20236
重　庆	47.58	36.14	42.70	4854	13211	283841
四　川	129.14	100.44	97.58	15130	13785	168886
贵　州	50.86	39.16	41.95	8224	7828	123896
云　南	63.39	46.76	64.77	16258	9786	195781
西　藏	28.04	21.29	14.82	3095	3029	48456
陕　西	54.82	39.17	42.88	8423	7354	122166
甘　肃	46.41	36.27	36.57	8102	6513	83999
青　海	9.10	8.17	6.34	1071	974	9892
宁　夏	13.13	8.89	7.93	1234	1627	52102
新　疆	53.09	36.94	40.29	4224	7409	111590

辖区内社区个数(个)	辖区内社区综合文化服务中心(个)	辖区内社区综合文化服务中心面积(万平方米)	室内面积	辖区内行政村个数(个)	辖区内村综合文化服务中心(个)	辖区内村综合文化服务中心面积(万平方米)	室内面积
93277	**208257**	**4008.87**	**1221.26**	**434989**	**1119114**	**37869.25**	**6577.72**
773	709	44.30	21.91	3597	3304	273.93	119.98
322	278	16.11	10.50	2916	2887	13942.09	72.29
1336	1343	63.02	21.91	46510	46241	1890.24	457.86
933	1278	33.53	9.25	19780	40905	609.25	154.38
994	1996	43.38	22.48	10576	10899	433.50	117.87
858	1007	37.70	7.26	7722	18018	557.04	75.82
365	445	29.23	9.07	8663	10656	674.31	79.02
738	523	33.96	9.09	8656	7973	918.85	72.08
1530	1204	78.33	47.27	1247	1216	90.71	47.27
2838	2836	518.99	295.68	12270	12268	1416.28	824.33
1320	4792	162.99	63.82	16574	173308	1724.68	703.41
2323	12923	100.56	31.10	12571	39315	556.15	160.30
1348	2729	41.72	20.50	11689	32511	309.31	141.79
1821	2759	235.10	17.56	13472	129852	343.38	105.50
46318	6911	387.54	130.51	46978	43913	1755.63	645.27
2532	10130	147.72	32.75	37175	119820	2087.85	387.07
2097	12919	114.64	33.54	14719	44773	823.12	202.77
3236	51674	841.21	128.60	22868	41872	3728.51	635.03
3476	3398	466.31	114.04	17367	18683	1803.37	472.15
1611	4379	66.73	20.72	13055	40580	889.27	217.22
346	2514	8.88	2.92	2144	4916	72.10	18.90
1450	8118	78.86	21.91	6966	13926	213.02	76.30
4580	4337	151.86	41.95	25831	24622	601.22	189.85
2620	11855	60.69	19.03	21113	26686	296.79	75.95
2046	8624	97.83	26.35	11967	23183	435.52	121.13
1718	953	3.79	2.12	4766	2720	33.31	21.03
1260	32312	63.30	29.99	10717	80985	475.41	123.21
975	1663	27.53	5.47	10587	36117	390.49	58.05
233	193	1.84	1.20	2421	27715	33.87	7.94
234	12532	11.18	3.54	1690	31032	122.15	17.48
1046	923	40.04	19.22	8382	8218	367.90	176.47

主要统计指标解释

1．**组织品牌活动**：指由文化馆负责长期组织开展，当地群众广泛参与，在一定区域内具有较大影响，对当地文化生活及经济社会发展产生积极影响的群众文化活动。

2．**组织文艺活动次数**：指本馆组织或与外机构联合组织各种文艺演出（包括调演、汇演）次数，不论地点和内容，每组织一次算一次。

3．**举办训练班班次**：指本馆举办或与外机构联合举办的各种文化、艺术、科普（包括图书、讲演、创作、表演、音乐、舞蹈、美术、文学、摄影等）训练班，按截止到年底办完的班数及培训人数，分别计算班次。

4．**举办展览个数**：指本馆举办或与外机构联合举办的在馆内或者馆外展览的个数。个数按展览的内容计算。同一内容的展览不论在哪些地点展出和展出时间多久，只计算一个。

5．**组织公益性讲座次数**：指由本馆组织的公益性讲座的次数总和。

6．**业务活动专项经费**：指本馆报告期内财政拨款中用于开展群众文化活动的专项经费。

7．**馆办文艺团体**：指由本馆人员组成的为群众提供文艺演出的演出团队。

8．**馆办文艺团体演出场次**：指由本馆人员组成的为群众提供文艺演出的演出团队演出场次。

9．**馆办老年大学**：指由本馆举办的专对老年人进行文艺培训的场所。

10．**群众业余文艺团队**：指业务上受本馆指导的城镇和农村各种业余文艺演出团队。

11．**主体建筑建成年份**：根据填报机构公用房屋建筑的具体建成年份填报，填报机构如有分属不同年份的房屋建筑，按照主体建筑的具体建成年份填报。

艺术

按年份各地区艺术表演团体机构数

单位：个

地区	1995年	2000年	2005年	2010年	2015年	2018年	2019年	2020年
总计	**2682**	**2619**	**2805**	**6864**	**10787**	**17123**	**17795**	**17581**
北京	22	20	20	18	395	414	370	393
天津	19	16	16	36	86	121	151	113
河北	138	138	126	284	596	450	749	770
山西	162	159	156	342	456	795	779	827
内蒙古	118	116	109	123	175	226	264	204
辽宁	89	77	66	239	263	192	238	186
吉林	68	65	61	68	49	82	95	104
黑龙江	92	89	84	89	51	90	87	82
上海	31	29	85	89	180	254	311	315
江苏	136	133	129	408	369	662	626	620
浙江	83	79	273	471	1024	1573	1550	1236
安徽	92	92	92	1255	1617	2859	2628	2334
福建	91	96	91	449	397	454	455	558
江西	81	79	79	99	236	379	337	380
山东	118	118	117	119	623	828	1306	1566
河南	216	205	199	371	824	2017	2221	2391
湖北	105	100	99	204	282	489	388	441
湖南	89	90	91	201	273	510	575	631
广东	134	138	139	397	391	436	397	475
广西	117	118	118	141	92	112	95	78
海南	23	21	22	67	66	82	111	102
重庆		38	29	381	730	1571	1646	1265
四川	140	98	84	348	543	829	732	725
贵州	30	28	26	52	95	153	158	200
云南	134	129	135	142	276	268	304	270
西藏	25	26	27	37	87	86	85	87
陕西	117	118	113	127	177	531	516	591
甘肃	78	76	76	82	191	351	343	347
青海	14	14	12	32	54	84	100	122
宁夏	15	15	23	45	40	75	30	30
新疆	87	88	91	132	132	134	132	122

按年份全国文化和旅游部门执行事业会计制度的艺术表演团体基本情况

年 份	机构数（个）	演出场次（万场次）		观众人次（万人）	平均每团演出场次（场）	总收入（万元）			总支出（万元）	经费自给率（%）
			农村演出				财政拨款	演出收入		
1949年	1000	30			300					
1952年	2084	66		2312	317					
1957年		137		79245	474					
1958年	3181	205		120290	644					
1964年	3302	171	82	84293	518	19030	5290		19817	69.3
1978年	3143	65	22	79395	206	32086	19644	11079	30049	41.4
1980年	2183	54	20	61519	245	34687	22503	10685	29524	41.3
1985年	3295	74	49	72322	226	48568	30942	13091	47292	37.3
1990年	2788	49	32	51012	176	71535	43759	18041	67514	41.1
1991年	2760	45	29	46411	162	71756	42638	17798	76065	38.3
1992年	2744	43	28	46338	155	80959	46617	19559	87797	39.1
1993年	2698	41	26	42530	151	92770	51093	21756	100106	41.6
1994年	2691	40	26	40935	149	127628	75583	27276	134508	38.7
1995年	2676	41	26	43166	154	151388	86620	34382	160654	40.3
1996年	2656	42	27	47934	158	184240	109781	39870	183534	40.6
1997年	2651	42	26	46361	157	206794	125300	40716	202789	40.2
1998年	2640	42	26	53486	161	218546	139913	41730	223877	35.1
1999年	2622	42	26	46904	161	242645	155609	48967	242797	35.8
2000年	2619	41	26	46168	157	263664	172864	51650	268886	33.8
2001年	2590	42	24	47385	163	311852	210018	57448	312601	32.6
2002年	2577	42	24	45980	161	365331	246661	64884	363312	32.7
2003年	2601	38	22	39163	147	400867	269640	71781	397890	33.0
2004年	2512	41	24	37907	165	459183	313068	86125	459369	31.8
2005年	2472	40	23	35752	159	500262	342807	92603	488472	32.2
2006年	2456	41	24	40766	167	565018	387812	103431	558540	31.7
2007年	2455	42	25	45404	170	691050	487842	120396	670009	30.3
2008年	2465	41	25	41272	167	803030	573623	133077	777735	29.5
2009年	2481	42	25	43127	169	889046	631197	142227	860603	30.0
2010年	2421	42	24	44290	175	946742	654258	155743	917143	31.9
2011年	2249	40	24	38209	176	1058959	777590	162684	1029564	27.3
2012年	1804	32	20	29796	179	1076060	824265	132713	1043740	24.1
2013年	1588	29	18	26067	182	998200	773381	123340	969206	23.2
2014年	1581	29	18	24294	183	1074246	843859	116572	1059017	21.8
2015年	1548	28	19	24261	178	1209567	969712	127431	1183497	20.3
2016年	1520	27	18	24004	181	1285603	1016972	132320	1220720	22.0
2017年	1530	28	19	25619	183	1363606	1087389	138645	1387283	19.9
2018年	1527	29	20	23306	190	1495504	1185661	154131	1475031	21.0
2019年	1499	29	28	22353	190	1778141	1340036	164430	1586550	27.6
2020年	1418	19	13	13061	131	1378612	1169495	95404	1369728	15.3

按年份各地区文化和旅游部门执行事业会计制度的艺术表演团体演出场次

单位：万场

地　区	1995年	2000年	2005年	2010年	2015年	2018年	2019年	2020
总　计	**41.2**	**41.0**	**39.9**	**42.4**	**27.6**	**29.0**	**28.5**	**18.5**
北　京	0.4	0.6	0.7	0.3	0.2	0.2	0.3	0.1
天　津	0.3	0.2	0.2	0.3	0.4	0.3	0.3	0.2
河　北	3.0	2.7	3.2	2.3	1.4	1.5	1.3	0.9
山　西	4.4	3.4	2.7	2.9	1.9	1.9	1.9	1.0
内蒙古	1.3	1.4	1.5	1.7	1.3	1.3	1.3	1.0
辽　宁	1.0	0.9	0.9	0.8	0.3	0.2	0.1	0.1
吉　林	1.1	0.7	0.5	0.8	0.1	0.1	0.1	0.1
黑龙江	1.4	1.2	1.1	1.1	0.3	0.3	0.4	0.2
上　海	1.0	1.3	0.9	1.1	0.7	0.8	0.8	0.1
江　苏	3.8	4.0	3.6	3.3	3.2	3.5	3.6	1.7
浙　江	1.1	1.3	1.2	1.2	0.6	0.6	0.6	0.5
安　徽	0.7	1.3	1.1	1.1	0.2	0.2	0.2	0.2
福　建	1.5	1.4	1.2	1.6	1.0	0.9	1.0	0.7
江　西	0.7	0.9	1.0	1.7	0.7	0.6	0.6	0.5
山　东	1.7	2.1	2.0	2.2	2.3	2.2	2.0	1.7
河　南	5.0	3.7	3.9	4.4	4.2	4.5	4.5	3.2
湖　北	1.3	1.5	1.6	2.2	1.6	1.7	1.6	1.1
湖　南	1.2	1.5	2.2	1.9	1.2	1.1	1.0	0.8
广　东	1.7	1.8	1.5	1.1	0.5	0.6	0.6	0.3
广　西	1.1	1.3	1.2	1.2	0.2	0.2	0.2	0.2
海　南	0.2	0.2	0.2	0.2	0.1	0.2	0.2	0.1
重　庆		0.2	0.3	0.4	0.2	0.2	0.2	0.1
四　川	0.9	1.0	0.9	1.1	0.4	0.5	0.4	0.3
贵　州	0.2	0.2	0.3	0.6	0.3	0.2	0.3	0.2
云　南	1.5	1.0	0.9	1.1	0.6	0.7	0.7	0.6
西　藏	0.2	0.2	0.2	0.2	0.6	0.7	0.7	0.7
陕　西	2.3	2.2	2.0	1.8	1.1	1.2	1.1	0.9
甘　肃	1.3	1.4	1.5	1.6	0.3	0.3	0.3	0.2
青　海	0.2	0.2	0.2	0.2	0.1	0.1	0.1	0.1
宁　夏	0.2	0.2	0.2	0.2	0.0	0.0		
新　疆	0.7	0.9	1.1	1.4	1.4	1.7	1.9	1.0

按年份各地区文化和旅游部门执行事业会计制度的艺术表演团体演出观众人次

单位：万人次

地　区	1995年	2000年	2005年	2010年	2015年	2018年	2019年	2020年
总　计	**43166**	**46168**	**35752**	**44290**	**24261**	**23306**	**22362**	**13061**
北　京	249	680	246	145	115	98	98	43
天　津	277	242	159	242	255	187	138	124
河　北	3384	3728	2275	2527	1416	1436	1343	710
山　西	6362	4913	2748	3554	1423	1412	1363	743
内蒙古	969	1147	1035	1419	956	913	863	505
辽　宁	982	1169	961	542	216	85	82	38
吉　林	1032	958	346	858	50	79	86	18
黑龙江	839	993	688	814	160	192	180	84
上　海	506	501	343	550	189	188	199	14
江　苏	1600	1818	1617	1708	1485	1538	1574	991
浙　江	1281	1512	1524	1262	811	856	921	462
安　徽	644	841	984	912	139	95	105	99
福　建	2304	1773	997	1304	652	604	584	276
江　西	589	1058	1105	1441	489	565	559	391
山　东	2497	2438	2154	2421	2023	1837	1758	1320
河　南	5399	5073	4650	6326	5125	4849	4616	2703
湖　北	1668	2121	1656	2829	1706	1547	1371	866
湖　南	700	1096	1340	1525	868	830	761	639
广　东	1961	2427	2102	1829	663	718	680	330
广　西	987	1618	1290	1384	282	251	188	153
海　南	298	283	190	213	168	190	209	78
重　庆		347	258	247	166	144	137	46
四　川	838	782	705	974	317	335	294	146
贵　州	149	461	258	520	331	407	440	137
云　南	1295	1329	1113	1515	821	746	695	484
西　藏	189	305	176	362	390	440	549	398
陕　西	2900	3046	1916	2839	1220	1124	1007	648
甘　肃	2436	2064	1821	2228	295	298	303	173
青　海	219	186	131	185	80	94	63	44
宁　夏	137	318	223	263	56	2		
新　疆	385	694	534	850	1136	1030	975	329

按年份各地区文化和旅游部门执行事业会计制度的艺术表演团体演出收入

单位：万元

地　区	1995年	2000年	2005年	2010年	2015年	2018年	2019年	2020年
总　计	**34382**	**51650**	**92603**	**155743**	**127431**	**154131**	**164430**	**95404**
北　京	1068	2265	5195	6800	8058	9712	11378	5406
天　津	347	547	1335	2195	3858	7854	8273	4934
河　北	1754	2279	3853	5536	4170	5521	5880	2954
山　西	2528	2683	4151	9410	7519	9096	9345	4856
内蒙古	606	497	914	1458	1039	1099	1300	362
辽　宁	1209	2185	3298	4220	1539	3402	1947	1609
吉　林	778	1051	2658	2762	431	1134	1258	673
黑龙江	866	959	887	1804	738	785	1286	791
上　海	3023	4527	9526	16127	11339	15896	16157	4740
江　苏	2332	4142	7018	11661	9445	10828	10893	8014
浙　江	1648	2768	5106	10634	7364	12264	11449	9050
安　徽	507	993	2017	2088	1140	1242	1090	677
福　建	1953	2382	3158	7024	7605	5871	5387	4295
江　西	381	438	717	2342	1505	1338	1006	1472
山　东	1500	2963	4202	6130	5264	6720	8993	5784
河　南	2647	3104	4743	8464	10842	11212	11208	5813
湖　北	1075	1610	2790	4833	4236	5140	5451	3911
湖　南	630	1137	2151	3238	2231	2554	2811	1827
广　东	3861	6282	8955	9697	8206	11130	11691	6743
广　西	507	717	1468	2037	260	255	862	784
海　南	476	367	550	1854	2069	1611	2100	581
重　庆		433	464	1044	745	1384	1305	789
四　川	604	732	1725	5064	1167	1897	2652	1539
贵　州	119	142	313	387	694	2197	2262	1477
云　南	353	455	1515	1407	551	701	2181	679
西　藏	27	12	28	3	104	177	345	1021
陕　西	1245	1804	2685	3214	3075	3595	4253	2651
甘　肃	446	579	1652	3548	881	900	1163	852
青　海	63	70	215	830	404	517	545	480
宁　夏	52	122	212	299	62	5		
新　疆	386	775	761	575	1504	831	820	302

按年份各地区文化和旅游部门所属艺术表演场馆机构数

单位：个

地　区	1995年	2000年	2005年	2010年	2015年	2018年	2019年	2020年
总　计	**1958**	**1900**	**1866**	**1461**	**1264**	**1236**	**1202**	**1111**
北　京	23	24	39	7	8	8	8	6
天　津	30	32	28	27	29	28	28	25
河　北	99	96	95	75	71	72	69	68
山　西	53	49	44	87	90	83	81	73
内蒙古	35	30	27	22	18	21	17	17
辽　宁	79	71	59	42	32	32	31	30
吉　林	60	52	73	32	28	25	25	22
黑龙江	49	56	45	44	34	30	29	26
上　海	43	43	160	82	22	21	19	12
江　苏	140	142	87	86	91	86	85	98
浙　江	100	95	125	69	65	71	63	58
安　徽	110	104	90	55	44	44	44	37
福　建	78	80	76	51	54	50	50	37
江　西	69	61	58	53	44	42	41	38
山　东	116	105	94	90	87	88	88	81
河　南	169	166	156	138	140	136	135	131
湖　北	87	78	66	61	48	48	48	45
湖　南	104	94	83	62	61	62	59	55
广　东	79	75	68	63	42	43	42	40
广　西	34	31	23	22	16	12	12	11
海　南	3	18	13	6	8	8	8	7
重　庆		25	17	18	15	17	17	19
四　川	124	94	65	54	44	42	40	35
贵　州	15	14	12	7	6	6	5	5
云　南	44	40	38	32	17	16	16	12
西　藏	9	20	24	17	13	13	13	13
陕　西	109	112	107	89	81	78	77	63
甘　肃	47	46	30	26	23	23	22	18
青　海	3	2	1	18	13	11	11	11
宁　夏	17	19	12	7	3	3	3	3
新　疆	26	22	47	14	13	13	12	11

按年份全国文化和旅游部门执行事业会计制度的艺术表演场馆基本情况

年 份	机构数(个)	演出场次(万场次)		观众人次(万人)	收入合计(万元)			总支出(万元)
			艺术场次			财政拨款	艺术演出收入	
1985年	1377	99	12		11630	1506	1776	9519
1986年	1928	203	15	88670	19547	2233	2488	16786
1990年	1995	302	9	89157	43491	2865	3375	37402
1991年	2009	367	9	77613	47406	5505	3760	44260
1992年	1987	288	7	53188	51123	4037	4487	48185
1993年	1972	245	6	43278	60204	4688	4635	56846
1994年	1947	221	5	27552	68000	5359	5268	66234
1995年	1918	205	5	24252	79507	5723	6481	77136
1996年	1892	256	5	59057	86147	5034	7611	87204
1997年	1898	231	5	16572	88540	6559	8387	89732
1998年	1882	206	5	15368	84956	6800	8869	88735
1999年	1864	168	6	11581	75675	7588	10187	80731
2000年	1863	136	6	12982	81081	8643	10735	82040
2001年	1840	115	7	20544	83431	13112	11601	89815
2002年	1819	74	7	11421	83643	12033	13186	89374
2003年	1900	56	7	8087	103274	15703	21425	104384
2004年	1552	44	7	11286	99402	15467	21477	101157
2005年	1427	41	7	6328	94363	16792	29958	89301
2006年	1390	38	6	6528	117975	19603	37552	117871
2007年	1330	39	6	5906	115036	24067	38414	117321
2008年	1355	40	5	5596	123572	28116	28649	111036
2009年	1248	27	6	5045	113851	32074	23954	112603
2010年	1176	31	6	6003	132109	45333	25935	130900
2011年	1119	30	4	3945	159185	65871	22004	154849
2012年	1004	27	5	3525	136324	60356	11652	171124
2013年	931	26	3	3236	147259	71838	12812	146031
2014年	917	27	3	2922	167387	81671	10333	169466
2015年	928	30	4	3522	196280	102043	18302	195679
2016年	925	32	5	3299	167208	76847	19418	163172
2017年	909	48	5	3319	208839	104787	24259	194983
2018年	888	35	4	3370	211422	101084	20885	197802
2019年	858	32	4	2980	237089	135988	19752	273503
2020年	749	10	2	1110	144984	97936	5453	164615

按年份各地区文化和旅游部门执行事业会计制度的艺术表演场馆演出场次

单位：万场

地 区	1995年	2000年	2005年	2010年	2015年	2018年	2019年	2020年
总 计	**204.8**	**135.5**	**40.6**	**30.7**	**30.0**	**34.9**	**31.8**	**10.1**
北 京	2.8	2.3	2.1	0.6	1.0	1.5	1.1	0.1
天 津	6.8	4.0	1.8	0.5	1.0	0.6	0.9	0.3
河 北	8.2	6.4	1.7	1.1	1.6	3.5	3.5	1.5
山 西	3.6	3.1	2.6	2.7	2.7	1.3	1.9	0.5
内蒙古	1.9	1.8	0.6	0.8	1.4	2.0	1.5	0.7
辽 宁	6.6	4.9	1.1	0.5	0.3	0.3	0.1	0.1
吉 林	3.2	2.7	0.4	1.4	2.0	1.8	1.6	0.8
黑龙江	1.5	1.9	0.5	0.3	0.1	0.1	0.1	0.0
上 海	4.7	3.9	1.8	1.5	0.9	0.6	0.5	0.1
江 苏	26.6	12.6	0.2	0.3	0.1	0.2	0.2	0.2
浙 江	14.2	7.3	1.6	2.1	1.9	1.7	2.7	0.5
安 徽	16.9	8.2	1.3	0.5	0.1	0.1	0.1	0.1
福 建	6.4	4.9	2.1	3.0	3.4	4.2	4.1	0.9
江 西	4.9	2.0	0.7	0.9	0.4	2.3	2.3	0.2
山 东	11.6	9.5	0.7	1.1	0.7	0.2	0.2	0.1
河 南	16.4	10.3	7.8	2.2	0.9	0.4	0.4	0.2
湖 北	11.8	8.9	1.4	2.7	3.1	5.0	5.0	1.5
湖 南	10.9	7.6	1.9	1.3	1.8	0.9	0.5	0.4
广 东	15.6	9.0	2.1	0.6	0.7	0.3	0.2	0.1
广 西	3.7	1.8	1.2	1.8	0.5	1.0	0.5	0.2
海 南	0.3	0.8	0.2	0.1	0.1		0.0	0.0
重 庆		1.6	0.3	0.1			0.0	0.0
四 川	6.0	2.4	1.2	0.6	0.2	0.2	0.2	0.1
贵 州	1.4	1.0	1.1	0.1				
云 南	6.3	4.8	0.6	0.7			0.1	0.0
西 藏	2.1	2.1	0.7	0.3			0.0	
陕 西	3.9	4.2	1.1	0.4	0.3	0.6	0.6	0.4
甘 肃	2.9	3.2	0.6	0.3	0.6	1.0	0.4	0.3
青 海	0.4	0.2		0.2	0.1	0.1	0.1	0.1
宁 夏	2.2	1.2	0.1			0.1	0.0	0.2
新 疆	0.7	0.9	1.4	2.0	4.0	5.0	3.1	0.3

按年份各地区文化和旅游部门执行事业会计制度的艺术演出场馆观众人次

单位：万人次

地　区	1995年	2000年	2005年	2010年	2015年	2018年	2019年	2020年
总　计	**24252**	**12982**	**6328**	**6003**	**3522**	**3370**	**2980**	**1110**
北　京	430	238	231	59	66	156	59	20
天　津	368	150	56	189	118	116	118	21
河　北	673	493	270	192	119	123	95	36
山　西	662	329	230	595	189	167	165	76
内蒙古	325	198	195	149	89	81	80	43
辽　宁	808	369	407	223	63	68	46	17
吉　林	244	227	106	114	137	102	91	15
黑龙江	210	549	128	169	38	38	48	8
上　海	823	381	503	461	185	203	182	15
江　苏	3266	1257	29	70	62	63	60	18
浙　江	1447	597	269	442	269	268	291	69
安　徽	785	328	211	123	14	25	29	13
福　建	743	547	265	201	178	151	149	17
江　西	543	180	178	161	121	252	254	70
山　东	1028	1051	166	371	150	363	110	75
河　南	2335	881	610	326	212	196	213	81
湖　北	895	2194	377	746	168	115	141	34
湖　南	846	452	232	248	397	232	231	210
广　东	1887	553	243	189	154	126	123	41
广　西	447	205	162	132	44	14	20	8
海　南	74	124	19	14	49	28	14	2
重　庆		27	120	54	5	8	9	14
四　川	520	209	328	199	97	88	94	35
贵　州	190	68	46	34				
云　南	1177	231	123	89	20	20	21	6
西　藏	399	155	138	62	10	4	5	1
陕　西	2106	514	348	196	133	162	166	69
甘　肃	409	212	81	56	42	62	41	18
青　海	98	9		24	51	66	65	61
宁　夏	409	188	45	19	1	21	14	11
新　疆	77	56	185	98	342	53	47	9

按年份各地区文化和旅游部门执行事业会计制度的艺术表演场馆演出收入

单位：万元

地 区	1995年	2000年	2005年	2010年	2015年	2018年	2019年	2020年
总 计	**6481**	**10735**	**29958**	**25935**	**18302**	**20885**	**19752**	**5453**
北 京	175	746	2871	523	414	45	43	1
天 津	83	70	110	536	230	396	415	234
河 北	245	317	235	277	493	560	917	1025
山 西	125	144	201	1016	1530	122	245	64
内蒙古	40	30	19	309	18	34	34	
辽 宁	156	235	646	786	11	595	127	631
吉 林	50	82	212	503	495	161	201	368
黑龙江	57	100	167	164	19	283	2767	629
上 海	472	913	19122	12035	7831	11037	2227	
江 苏	1093	1617	221	544	252	528	343	61
浙 江	649	1174	1111	2772	416	2225	2437	488
安 徽	172	221	275	206	47	27	25	15
福 建	185	347	447	234	427	242	882	16
江 西	61	252	138	635	177	77	137	196
山 东	478	580	270	215	70	98	24	16
河 南	547	636	809	1199	1334	806	1204	638
湖 北	255	309	631	751	612	304	534	101
湖 南	120	551	388	425	657	364	251	201
广 东	926	1393	753	1126	1597	1382	5336	230
广 西	41	123	79	343	40	38	52	4
海 南	12	55	17	2	83	3	7	132
重 庆			10	13	1			
四 川	64	138	403	472	732	1397	1399	387
贵 州	2	46	56	50				
云 南	164	116	151	208	37		60	
西 藏	41	2	5	24	23			
陕 西	81	268	273	410	754	66	58	12
甘 肃	66	75	124	60		96	1	3
青 海	5	1		11			25	
宁 夏	10	33	24	17				
新 疆	29	48	128	72	2			

2020年全国艺术

	剧团数（个）	从业人员（人）	专业技术人才	演出场次（万场次）	国内演出场次	农村演出场次
总　计	**17581**	**436899**	**160604**	**223.20**	**222.66**	**84.26**
按隶属关系分						
中央	14	3074	2440	0.13	0.12	0.02
省区市	212	29682	23332	3.48	3.40	1.14
地市	492	37103	29197	6.37	6.15	2.61
县市区	16863	367040	105635	213.22	212.99	80.49
按单位类型分						
公有制	2060	112436	79446	27.74	27.20	17.90
其中：文化和旅游部门	1973	107525	75908	26.80	26.27	17.40
其他部门	87	4911	3538	0.94	0.93	0.50
非公有制	15521	324463	81158	195.46	195.46	66.36
按剧种分						
话剧、儿童剧、滑稽剧类	254	10882	5611	1.73	1.73	0.32
其中：儿童剧团	102	3050	1045	0.60	0.60	0.05
歌舞、音乐类	3069	92692	39607	29.52	29.37	11.97
京剧、昆曲类	159	9122	5963	1.58	1.57	0.85
其中：京剧	141	7913	5077	1.28	1.28	0.74
地方戏曲类	7173	165749	60128	58.94	58.82	38.66
杂技、魔术、马戏类	583	14097	5545	17.69	17.50	3.67
曲艺类	983	19829	6660	12.29	12.29	4.71
乌兰牧骑	114	4160	2812	1.12	1.11	0.91
综合性艺术表演团体	5246	120368	34278	100.41	100.38	23.33

表演团体情况

国内演出观众人次(万人次)	农村观众人次	本年收入合计(千元)	财政补贴收入	演出收入	本年支出合计(千元)	资产总计(千元)	实际使用房屋建筑面积(万平方米)
88951.81	**32552.61**	**28712513**	**17748509**	**8662917**	**30103574**	**86761569**	**1011.42**
78.51	16.12	1290195	961783	158761	1177137	2550929	17.51
1823.55	485.11	7306699	5239136	1046649	7216256	12887353	139.82
4279.71	1976.04	6919748	5645515	693214	6841715	7133338	182.00
82770.04	30075.34	13195871	5902075	6764293	14868466	64189949	672.09
18941.35	12624.30	19951199	15079562	2471904	19618196	27093687	498.23
18218.43	12325.81	18744324	14223749	2287704	18399694	25358664	481.48
722.92	298.49	1206875	855813	184200	1218502	1735023	16.75
70010.46	19928.31	8761314	2668947	6191013	10485378	59667882	513.19
841.11	131.65	1957659	1328382	344076	1879132	7826964	39.81
239.92	20.32	447976	191547	82659	396897	4258739	6.89
10195.26	3723.36	9454191	5666318	2451605	9819991	39495644	279.28
964.83	554.82	1888030	1659676	157492	1987602	2748573	40.32
800.07	526.20	1478313	1264312	126616	1504495	2441020	32.96
32228.53	19134.01	7449222	5910267	2200069	7886610	9119402	280.94
16843.75	741.34	1290629	555012	588969	1159181	4876358	55.91
3711.93	1310.73	712454	395802	252089	736106	1368416	34.14
481.80	264.55	503233	457394	8824	534045	378887	18.78
23684.63	6692.19	5457095	1775658	2659793	6100907	20947325	262.24

2020年全国公有制艺术

	剧团数(个)	从业人员(人)			
			专业技术人才	正高级职称	副高级职称
总　计	**2060**	**112436**	**79446**	**5002**	**13875**
按隶属关系分					
中央	14	3074	2440	606	645
省区市	212	29682	23332	2546	5584
地市	492	37103	29197	1497	5617
县市区	1342	42577	24477	353	2029
按剧种分					
话剧、儿童剧、滑稽剧类	58	5589	4040	419	918
其中：儿童剧团	8	846	692	60	136
歌舞、音乐类	644	37045	26696	1632	4369
京剧、昆曲类	64	5990	5010	529	1204
其中：京剧	56	5247	4375	463	1050
地方戏曲类	881	40668	27655	1470	4476
杂技、魔术、马戏类	59	4736	2955	188	597
曲艺类	64	2383	1657	111	335
乌兰牧骑	108	3821	2733	42	253
综合性艺术表演团体	182	12204	8700	611	1723

续表

	本年收入合计(千元)			本年支出合计(千元)	资产总计(千元)
		财政拨款预算收入	演出收入		
总　计	**19951199**	**15079562**	**2471904**	**19618196**	**27093687**
按隶属关系分					
中央	1290195	961783	158761	1177137	2550929
省区市	7306699	5239136	1046649	7216256	12887353
地市	6919748	5645515	693214	6841715	7133338
县市区	4434557	3233128	573280	4383088	4522067
按剧种分					
话剧、儿童剧、滑稽剧类	1623530	1218616	216683	1498486	3773426
其中：儿童剧团	237811	162981	18377	212586	472335
歌舞、音乐类	7169591	5170473	1116251	6982799	9813453
京剧、昆曲类	1776580	1520960	116623	1758676	2425795
其中：京剧	1449175	1238168	98134	1445007	2219761
地方戏曲类	5724183	4428485	626858	5745243	5998541
杂技、魔术、马戏类	734508	499506	110720	665203	1190358
曲艺类	477114	352839	61476	480604	627819
乌兰牧骑	497113	450165	8694	519741	365613
综合性艺术表演团体	1948580	1438518	214599	1967444	2898682

表演团体基本情况

中级职称	本团原创首演剧目（个）	本团拥有知识产权数量（个）	演出场次（万场次）	国内演出场次	农村演出场次	国内演出观众人次（万人次）	农村观众人次
28897	**2015**	**2411**	**27.74**	**27.20**	**17.90**	**18941.35**	**12624.30**
748	24	21	0.13	0.12	0.02	78.51	16.12
8386	285	618	3.48	3.40	1.14	1823.55	485.11
11706	514	716	6.37	6.15	2.61	4279.71	1976.04
8057	1192	1056	17.76	17.53	14.13	12759.58	10147.03
1383	126	221	0.73	0.73	0.15	486.06	82.96
219	25	36	0.13	0.13	0.02	51.09	6.48
9463	649	769	6.55	6.40	3.72	3882.35	1980.22
1829	46	20	0.89	0.88	0.45	619.44	354.38
1621	38	20	0.75	0.75	0.39	525.35	341.70
10087	818	1029	13.47	13.35	10.50	10774.46	8682.68
1107	34	12	1.41	1.22	0.37	639.22	188.45
631	97	104	1.45	1.45	0.70	384.99	222.55
914	99	58	1.06	1.05	0.86	469.45	256.13
3483	146	198	2.26	2.23	1.31	1685.41	856.97

实际使用房屋建筑面积（万平方米）	流动舞台车演出情况			政府采购的公益演出活动情况		
	流动舞台车数量（辆）	利用流动舞台车演出场次（万场次）	利用流动舞台车演出观众人次（万人次）	演出场次（万场次）	演出观众人次（万人次）	演出补贴收入（千元）
498.23	**1592**	**8.70**	**6135.73**	**13.70**	**8845.56**	**1128539**
17.51				0.06	41.62	80815
139.82	60	0.23	140.11	1.40	771.51	281458
182.00	292	1.02	818.41	2.88	1934.25	340830
158.90	1240	7.44	5177.23	9.36	6098.18	425436
29.11	13	0.04	22.92	0.33	281.82	59653
4.49				0.05	18.07	14369
171.77	441	1.18	646.36	2.97	1590.51	344669
33.37	32	0.23	209.97	0.48	323.39	61245
28.90	31	0.23	209.97	0.43	309.41	49105
151.71	784	6.01	4592.24	7.54	5332.30	459474
19.93	21	0.13	61.95	0.38	193.16	40762
10.87	24	0.12	82.60	0.38	126.19	24601
17.16	136	0.23	110.07	0.64	260.02	20682
64.31	141	0.73	409.66	1.02	738.23	117453

2020年全国文化和旅游部门

	剧团数(个)	补贴团数	从业人员(人)	专业技术人才	正高级职称	副高级职称
总　计	**1973**	**1798**	**107525**	**75908**	**4749**	**13213**
按隶属关系分						
中央	10	9	3074	2440	606	645
省区市	192	173	26703	20879	2308	4990
地市	479	447	36105	28428	1487	5555
县市区	1292	1169	41643	24161	348	2023
按剧种分						
话剧、儿童剧、滑稽剧类	53	49	5072	3621	384	828
其中：儿童剧团	7	7	703	561	54	114
歌舞、音乐类	606	548	35140	25297	1554	4160
京剧、昆曲类	62	56	5540	4601	482	1090
其中：京剧	55	50	4940	4095	428	971
地方戏曲类	856	780	39340	26781	1396	4302
杂技、魔术、马戏类	57	52	4503	2837	174	556
曲艺类	61	58	2268	1553	110	327
乌兰牧骑	107	105	3808	2733	42	253
综合性艺术表演团体	171	150	11854	8485	607	1697

续表

	本年收入合计(千元)	财政拨款预算收入	演出收入	本年支出合计(千元)	资产总计(千元)	实际使用房屋建筑面积(万平方米)
总　计	**18744324**	**14223749**	**2287704**	**18399694**	**25358664**	**481.48**
按隶属关系分						
中央	1290195	961783	158761	1177137	2550929	17.51
省区市	6247698	4464118	901257	6134439	11435536	128.94
地市	6834667	5592988	681423	6753503	6944364	178.08
县市区	4371764	3204860	546263	4334615	4427835	156.95
按剧种分						
话剧、儿童剧、滑稽剧类	1450920	1101228	184580	1328351	3475371	26.83
其中：儿童剧团	188611	120449	14260	167564	454003	3.84
歌舞、音乐类	6722892	4870262	1030921	6527709	9462898	163.84
京剧、昆曲类	1596074	1383639	100917	1578963	2087192	32.03
其中：京剧	1329972	1142038	89147	1323020	1921673	27.73
地方戏曲类	5426568	4193329	595219	5447048	5767856	148.53
杂技、魔术、马戏类	683328	465431	102901	612744	985712	19.93
曲艺类	454052	337511	57825	456149	487541	10.11
乌兰牧骑	497113	450165	8694	519741	315613	17.11
综合性艺术表演团体	1913377	1422184	206647	1928989	2776481	63.16

所属艺术表演团体基本情况

中级职称	本团原创首演剧目(个)	本团拥有知识产权数量(个)	演出场次(万场次)	国内演出场次	农村演出场次	国内演出观众人次(万人次)	农村观众人次
27582	**1935**	**2332**	**26.80**	**26.27**	**17.40**	**18218.43**	**12325.81**
748	24	21	0.13	0.12	0.02	78.51	16.12
7450	238	590	3.07	2.99	1.02	1646.72	469.91
11430	509	696	6.22	6.01	2.54	4016.30	1911.98
7954	1164	1025	17.39	17.16	13.82	12476.90	9927.80
1218	114	194	0.67	0.67	0.15	460.42	81.80
172	21	15	0.12	0.12	0.02	48.88	5.98
8960	605	747	6.26	6.11	3.61	3651.72	1893.56
1660	42	20	0.84	0.84	0.45	597.61	353.89
1506	34	20	0.74	0.73	0.39	519.81	341.21
9778	805	1025	13.10	12.98	10.25	10544.58	8537.09
1065	34	12	1.39	1.20	0.37	629.72	187.92
609	94	103	1.37	1.37	0.65	345.09	192.77
914	96	58	1.06	1.05	0.86	469.12	255.80
3378	145	173	2.19	2.15	1.26	1520.19	823.00

排练练功用房	实际拥有产权面积(万平方米)	流动舞台车演出情况			政府采购的公益演出活动情况		
		流动舞台车数量(辆)	利用流动舞台车演出场次(万场次)	利用流动舞台车演出观众人次(万人次)	演出场次(万场次)	演出观众人次(万人次)	演出补贴收入(千元)
106.96	**266.87**	**1562**	**8.56**	**6012.46**	**13.38**	**8623.67**	**1102471**
1.75	18.55				0.06	41.62	80815
28.18	81.58	60	0.23	140.11	1.32	753.74	274166
38.84	81.36	284	1.02	798.94	2.79	1878.56	331826
38.19	85.38	1218	7.31	5073.42	9.20	5949.75	415664
4.20	14.65	13	0.03	22.92	0.33	281.42	59368
0.38	2.30				0.05	17.76	14115
40.71	88.85	428	1.15	617.35	2.85	1503.06	330456
7.34	21.24	32	0.24	209.98	0.46	319.95	56045
6.80	19.95	31	0.24	209.98	0.43	308.35	46095
32.48	77.98	771	5.95	4513.17	7.42	5234.71	454467
6.93	13.75	21	0.13	61.95	0.38	192.61	40762
2.08	4.28	23	0.10	70.60	0.33	108.82	23301
4.28	7.73	136	0.23	110.07	0.64	260.02	20682
9.05	38.40	138	0.71	406.47	1.00	723.14	117390

2020年全国文化和旅游部门执行事业

	剧团数（个）	补贴团数	从业人员（人）	专业技术人才	正高级职称
总　计	**1418**	**1347**	**72730**	**52312**	**3163**
按隶属关系分					
中央	9	8	2586	2015	467
省区市	95	95	14580	12113	1443
地市	299	291	23138	19050	990
县市区	1015	953	32426	19134	263
按剧种分					
话剧、儿童剧、滑稽剧类	20	20	2253	1664	216
其中：儿童剧团	3	3	388	315	43
歌舞、音乐类	435	417	22108	16024	914
京剧、昆曲类	43	42	4177	3544	428
其中：京剧	38	37	3637	3073	377
地方戏曲类	640	598	29665	20557	1049
杂技、魔术、马戏类	34	31	2034	1431	70
曲艺类	49	47	1502	1044	75
乌兰牧骑	107	105	3808	2733	42
综合性艺术表演团体	90	87	7183	5315	369

续表 1

	国内演出观众人次	农村观众人次	线上演出展播次数（万场次）	线上演出展播观众人次（万人次）	本年收入合计（千元）
总　计	**12633.42**	**9097.96**	**20.39**	**100573.17**	**13786121**
按隶属关系分					
中央	66.63	15.12	0.03	29264.60	1165041
省区市	684.51	252.59	0.15	33572.19	4099421
地市	2458.90	1267.15	8.40	29544.74	4964542
县市区	9423.38	7563.10	11.81	8191.64	3557117
按剧种分					
话剧、儿童剧、滑稽剧类	112.03	30.73	0.04	6213.81	902471
其中：儿童剧团	29.73	4.88	0.01	1036.58	126479
歌舞、音乐类	2336.19	1357.90	11.26	29193.54	4734727
京剧、昆曲类	455.66	276.77	0.04	25682.68	1358322
其中：京剧	388.90	273.09	0.04	25026.80	1140942
地方戏曲类	7725.35	6338.52	1.61	11814.04	4345789
杂技、魔术、马戏类	380.66	143.76	0.04	21163.90	301736
曲艺类	278.05	174.23	0.05	1578.44	314388
乌兰牧骑	469.12	255.80	7.24	1057.42	497113
综合性艺术表演团体	876.36	520.26	0.10	3869.33	1331575

会计制度的艺术表演团体基本情况

副高级职称	中级职称	本团原创首演剧目（个）	本团拥有知识产权数量（个）	演出场次（万场次）	国内演出场次	农村演出场次	演出观众人次（万人次）
9248	**19554**	**1424**	**1371**	**18.51**	**18.21**	**12.58**	**13061.28**
525	651	21	21	0.12	0.11	0.02	68.51
3168	4486	119	410	1.16	1.15	0.38	688.30
3871	7952	327	357	3.87	3.74	1.58	2578.24
1684	6465	957	583	13.36	13.20	10.60	9726.23
449	580	47	16	0.24	0.24	0.05	118.01
78	107	6	10	0.06	0.06	0.01	30.00
2607	5979	450	365	4.03	3.92	2.51	2546.51
866	1274	36	14	0.54	0.54	0.28	458.36
749	1121	28	14	0.49	0.48	0.27	391.60
3480	7684	618	722	9.52	9.46	7.49	7802.10
223	501	14	8	0.89	0.81	0.28	426.44
204	425	81	99	1.15	1.15	0.60	298.51
253	914	96	58	1.06	1.05	0.86	492.37
1166	2197	82	89	1.17	1.14	0.69	918.96

财政拨款预算收入	上级补助收入	事业预算收入	演出收入	经营收入	附属单位上缴收入	其他收入	本年支出合计（千元）
11694950	**360318**	**1234043**	**954036**	**128252**	**534**	**368024**	**13697278**
931770		161570	103375	9690		62011	1012822
3510182	58851	373861	253027	24641		131886	4135769
4405910	145345	304555	271974	7458		101274	4929329
2847088	156122	394057	325660	86463	534	72853	3619358
768644	14441	85335	63448			34051	815960
99430	150	21197	3902			5702	111980
3944814	87664	481036	369132	110169	57	110987	4593939
1202133	13135	96661	69472	485		45908	1353108
1004610	13135	84632	59802	485		38080	1143734
3632026	154812	415444	342030	11093	477	131937	4459783
248012	5974	39042	38492	2706		6002	312599
266775	7139	27273	24646	250		12951	319990
450165	36708	8942	8694			1298	519741
1182381	40445	80310	38122	3549		24890	1322158

续表 2

	基本支出	项目支出	经营支出	工资福利支出	商品和服务支出
总　计	**8463835**	**4322326**	**155651**	**7898785**	**3209435**
按隶属关系分					
中央	163524	727902	9272	562484	279195
省区市	2544643	1528354	25776	2291885	1132789
地市	3247809	1503924	34712	2801472	1147510
县市区	2507859	562146	85891	2242944	649941
按剧种分					
话剧、儿童剧、滑稽剧类	432017	271820		399887	238533
其中：儿童剧团	33844	78136		64676	42066
歌舞、音乐类	2598309	1647130	79124	2639785	1175942
京剧、昆曲类	792283	556164	672	755551	288969
其中：京剧	640083	498991	672	619815	225859
地方戏曲类	3071171	1071492	60410	2691621	984829
杂技、魔术、马戏类	238038	68341	3337	195795	69180
曲艺类	244554	71733	1562	181840	66416
乌兰牧骑	348690	89756	706	302180	82611
综合性艺术表演团体	738773	545890	9840	732126	302955

续表 3

	各种设备、交通工具、图书购置费	资产总计（千元）	固定资产净值	实际使用房屋建筑面积（万平方米）	排练练功用房
总　计	**264097**	**15743232**	**8038940**	**350.12**	**75.15**
按隶属关系分					
中央	28321	2327948	1121462	16.64	1.50
省区市	114783	6497026	2996471	83.27	17.50
地市	63037	4314031	2205818	124.08	25.30
县市区	57956	2604227	1715189	126.13	30.85
按剧种分					
话剧、儿童剧、滑稽剧类	22179	2134396	582249	12.15	1.06
其中：儿童剧团	1151	164795	55652	1.90	0.11
歌舞、音乐类	83308	5911048	3444253	111.06	27.76
京剧、昆曲类	36759	1679558	837304	21.88	6.29
其中：京剧	34254	1550432	773256	19.47	5.85
地方戏曲类	76211	4010147	1846290	121.87	26.35
杂技、魔术、马戏类	8482	254106	169702	10.23	2.52
曲艺类	1708	205682	132224	7.64	1.47
乌兰牧骑	18377	315613	217188	17.11	4.28
综合性艺术表演团体	17073	1232682	809730	48.21	5.43

在支出合计中：						
差旅费	劳务费	福利费	各种税金支出	对个人和家庭补助支出	抚恤金和生活补助	其他资本性支出
143744	**885739**	**67065**	**47845**	**717214**	**110263**	**705957**
10961	86020	7991	5218	13014	1161	134560
43951	283003	17169	25700	237116	37553	243865
51361	336685	21983	8841	338046	41926	210475
37471	180031	19922	8086	129038	29623	117057
4761	57065	4598	3846	45368	5802	28367
1292	15437	1032	330	2891	362	2345
48703	355423	20893	14486	198106	27378	240815
8173	90365	6190	14085	71021	12383	46228
6230	72675	4838	12882	63681	9391	43040
56720	278293	24919	11226	261167	45846	210882
2973	9601	2278	2168	23408	2677	8928
2929	18293	1575	785	33657	3681	4567
8131	16817	468		5778	995	38482
11354	59882	6144	1249	78709	11501	127688

实际拥有产权面积(万平方米)	流动舞台车演出情况			政府采购的公益演出活动情况		
	流动舞台车数量(辆)	利用流动舞台车演出场次(万场次)	利用流动舞台车演出观众人次(万人次)	演出场次(万场次)	演出观众人次(万人次)	演出补贴收入(千元)
193.24	**1163**	**6.46**	**4777.28**	**9.15**	**5904.78**	**680065**
17.56				0.06	36.62	63835
50.46	32	0.11	90.96	0.46	245.31	127845
57.45	182	0.63	630.19	1.60	1125.98	178362
67.77	949	5.72	4056.14	7.02	4496.87	310023
6.52	4	0.01	11.87	0.09	39.20	32482
1.49				0.03	12.40	11265
58.53	320	0.75	452.31	1.75	941.58	188414
16.00	22	0.15	165.54	0.27	224.45	26710
14.71	21	0.15	165.54	0.26	214.85	26360
62.62	569	4.66	3657.24	5.35	3804.28	336246
7.66	15	0.09	41.45	0.26	115.75	16878
2.74	22	0.10	70.60	0.26	81.19	14583
7.73	136	0.23	110.07	0.64	260.02	20682
31.43	75	0.45	268.24	0.56	438.35	44070

2020年全国文化和旅游部门执行企业

	剧团数（个）	补贴团数	从业人员（人）	专业技术人才
总　计	**555**	**451**	**34795**	**23596**
按隶属关系分				
中央	1	1	488	425
省区市	97	78	12123	8766
地市	180	156	12967	9378
县市区	277	216	9217	5027
按剧种分				
话剧、儿童剧、滑稽剧类	33	29	2819	1957
其中：儿童剧团	4	4	315	246
歌舞、音乐类	171	131	13032	9273
京剧、昆曲类	19	14	1363	1057
其中：京剧	17	13	1303	1022
地方戏曲类	216	182	9675	6224
杂技、魔术、马戏类	23	21	2469	1406
曲艺类	12	11	766	509
乌兰牧骑				
综合性艺术表演团体	81	63	4671	3170
综合性艺术表演团体				

续表 1

	国内演出观众人次（万人次）	农村观众人次	线上演出展播次数（万场次）	线上演出展播观众人次（万人次）
总　计	**5585.01**	**3227.85**	**68.36**	**62869.71**
按隶属关系分				
中央	11.88	1.00		
省区市	962.21	217.32	44.17	45265.88
地市	1557.40	644.83	0.09	12954.89
县市区	3053.52	2364.70	24.10	4648.94
按剧种分				
话剧、儿童剧、滑稽剧类	348.39	51.07	44.11	15624.39
其中：儿童剧团	19.15	1.10	0.02	6126.02
歌舞、音乐类	1315.53	535.66	10.42	35423.57
京剧、昆曲类	141.95	77.12		923.57
其中：京剧	130.91	68.12		923.57
地方戏曲类	2819.23	2198.57	13.72	5441.79
杂技、魔术、马戏类	249.06	44.16	0.02	1286.25
曲艺类	67.04	18.54	0.01	833.70
乌兰牧骑				
综合性艺术表演团体	643.83	302.74	0.01	3336.44
综合性艺术表演团体				

会计制度的艺术表演团体基本情况

正高级职称	副高级职称	中级职称	本团原创首演剧目(个)	本团拥有知识产权数量(个)	演出场次(万场次)	国内演出场次	农村演出场次
1586	**3965**	**8028**	**511**	**961**	**8.29**	**8.06**	**4.82**
139	120	97	3		0.01	0.01	
865	1822	2964	119	180	1.91	1.84	0.64
497	1684	3478	182	339	2.35	2.27	0.96
85	339	1489	207	442	4.03	3.96	3.22
168	379	638	67	178	0.43	0.43	0.10
11	36	65	15	5	0.06	0.06	0.01
640	1553	2981	155	382	2.23	2.19	1.10
54	224	386	6	6	0.30	0.30	0.17
51	222	385	6	6	0.25	0.25	0.12
347	822	2094	187	303	3.58	3.52	2.76
104	333	564	20	4	0.50	0.39	0.09
35	123	184	13	4	0.22	0.22	0.05
238	531	1181	63	84	1.02	1.01	0.57

资产、负债、所有者权益(千元)							
资产总计	固定资产原价	本年折旧	负债合计	所有者权益合计	实收资本(股本)	国家资本	营业收入
9615432	**7651377**	**832670**	**3513363**	**6102069**	**4038992**	**3393053**	**2124846**
222981	240138	10919	28895	194086	283240	283240	86640
4938510	2229516	317655	1919724	3018786	1791158	1505235	1066445
2630333	2045137	273517	781593	1848740	1194293	1031982	588449
1823608	3136586	230579	783151	1040457	770301	572596	383312
1340975	813560	93429	364723	976252	496789	474289	195609
289208	124102	4351	70876	218332	191007	191007	41039
3551850	2173405	320654	1302173	2249677	1390884	1009866	965838
407634	360998	66360	151432	256202	177589	177589	50559
371241	351409	65265	121964	249277	172589	172589	46432
1757709	3196212	225780	642295	1115414	715471	559052	416113
731606	286149	20262	256601	475005	369099	359099	132429
281859	162435	20953	97075	184784	94655	37655	64006
1543799	658618	85232	699064	844735	794505	775503	300292

续表 2

	演出收入	营业成本	养老、医疗、失业等各种社会保险费	住房公积金和住房补贴
总　计	**1333668**	**4430903**	**353818**	**178198**
按隶属关系分				
中央	55386	164152	17465	8962
省区市	648230	1883768	165472	77658
地市	409449	1735544	115799	73753
县市区	220603	647439	55082	17825
按剧种分				
话剧、儿童剧、滑稽剧类	121132	483587	31603	15132
其中：儿童剧团	10358	53831	3764	2059
歌舞、音乐类	661789	1835265	138829	74932
京剧、昆曲类	31445	213529	13880	7081
其中：京剧	29345	166960	13680	5572
地方戏曲类	253189	931054	94187	38951
杂技、魔术、马戏类	64409	278705	23576	14408
曲艺类	33179	108909	4516	4583
乌兰牧骑				
综合性艺术表演团体	168525	579854	47227	23111
综合性艺术表演团体				

续表 3

	工资、福利费、税金(千元)		实际使用房屋建筑面积(万平方米)	
	本年支付的职工福利费	本年应交税金总额		排练练功用房
总　计	**79972**	**61126**	**131.36**	**31.81**
按隶属关系分				
中央	3231	2075	0.87	0.25
省区市	33592	31102	45.67	10.68
地市	28505	18295	54.00	13.54
县市区	14644	9654	30.82	7.34
按剧种分				
话剧、儿童剧、滑稽剧类	8865	9804	14.68	3.14
其中：儿童剧团	971	1250	1.94	0.27
歌舞、音乐类	33825	23374	52.78	12.95
京剧、昆曲类	3804	1858	10.15	1.05
其中：京剧	3439	1755	8.26	0.95
地方戏曲类	15846	14234	26.66	6.13
杂技、魔术、马戏类	4340	2371	9.70	4.41
曲艺类	2102	2724	2.47	0.61
乌兰牧骑				
综合性艺术表演团体	11190	6761	14.95	3.62
综合性艺术表演团体				

损益(千元)							
		营业利润	营业外收入		营业外支出	利润总额	本年发放工资总额
差旅费	工会经费			政府补助(补贴收入)			
34488	**26393**	**-2661019**	**2833357**	**2528799**	**271513**	**-99175**	**2134494**
3333		-77512	38514	30013	163	-39161	66456
10919	13192	-990802	1081832	953936	114902	-23872	860832
14025	10025	-1234457	1281676	1187078	88630	-41411	837036
6211	3176	-358248	431335	357772	67818	5269	370170
4316	2825	-316994	352840	332584	28804	7042	189153
160	407	-12792	21093	21019	1753	6548	23796
11469	10204	-999307	1022327	925448	98505	-75485	879291
807	949	-179534	187193	181506	12326	-4667	83487
799	777	-137092	142598	137428	12326	-6820	74879
9306	6258	-612604	664666	561303	56211	-4149	488883
2022	2383	-209538	249163	217419	21440	18185	166613
874	826	-44903	75658	70736	27250	3505	61386
5694	2948	-298139	281510	239803	26977	-43606	265681

实际拥有产权面积(万平方米)	流动舞台车演出情况			政府采购的公益演出活动情况		
	流动舞台车数量(辆)	利用流动舞台车演出场次(万场次)	利用流动舞台车演出观众人次(万人次)	演出场次(万场次)	演出观众人次(万人次)	演出补贴收入(千元)
73.63	**399**	**2.10**	**1235.18**	**4.23**	**2718.89**	**422406**
0.99					5.00	16980
31.12	28	0.12	49.15	0.86	508.43	146321
23.91	102	0.39	168.75	1.19	752.58	153464
17.61	269	1.59	1017.28	2.18	1452.88	105641
8.13	9	0.02	11.05	0.24	242.22	26886
0.81				0.02	5.36	2850
30.32	108	0.40	165.04	1.10	561.48	142042
5.24	10	0.09	44.44	0.19	95.50	29335
5.24	10	0.09	44.44	0.17	93.50	19735
15.36	202	1.29	855.93	2.07	1430.43	118221
6.09	6	0.04	20.50	0.12	76.86	23884
1.54	1			0.07	27.63	8718
6.97	63	0.26	138.23	0.44	284.79	73320

2020年非公有制艺术

	机构数（个）	从业人员（人）	专业技术人才	演员数	国内演出场次（万场次）	营业性演出场次
总　　计	**15521**	**324463**	**81158**	**216070**	**195.46**	**49.57**
按剧种分						
话剧、儿童剧、滑稽剧类	196	5293	1571	2411	1.00	0.54
其中：儿童剧团	94	2204	353	835	0.47	0.34
歌舞、音乐类	2425	55647	12911	38541	22.97	7.69
京剧、昆曲类	95	3132	953	2085	0.69	0.15
其中：京剧	85	2666	702	1882	0.53	0.11
地方戏曲类	6292	125081	32473	83135	45.47	12.40
杂技、魔术、马戏类	524	9361	2590	6148	16.28	6.35
曲艺类	919	17446	5003	11278	10.84	3.43
乌兰牧骑	6	339	79	260	0.06	
综合性艺术表演团体	5064	108164	25578	72212	98.15	19.01

续表

	演出收入	营业性演出收入	农村演出收入	旅游演出收入	国外演出收入	营业成本
总　　计	**6191013**	**3083443**	**1722079**	**45343**	**8950**	**10485378**
按剧种分						
话剧、儿童剧、滑稽剧类	127393	110971	8995	183		380646
其中：儿童剧团	64282	60495	713	57		184311
歌舞、音乐类	1335354	833641	188823	7216	2710	2837192
京剧、昆曲类	40869	22715	14523	94		228926
其中：京剧	28482	11616	13782	40		59488
地方戏曲类	1573211	543108	891798	4472	1460	2141367
杂技、魔术、马戏类	478249	150460	44228	6028	1470	493978
曲艺类	190613	95440	64393	992	190	255502
乌兰牧骑	130	30	100			14304
综合性艺术表演团体	2445194	1327078	509219	26358	3120	4133463

表演团体基本情况

								经营情况(千元)	
农村演出场次	旅游演出场次	国外演出场次(万场次)	国内演出观众人次(万人次)	营业性演出观众人次	农村观众人次	旅游演出观众人次	国外演出观众人次(万人次)	营业收入	企业赞助收入
66.36	**30.50**	**2.40**	**70010.46**	**20231.17**	**19928.31**	**8528.01**	**384.46**	**8761314**	**150315**
0.17	0.02	0.01	355.05	227.95	48.69	5.55	0.05	334129	3457
0.03	0.02		188.83	142.13	13.84	2.33	0.05	210165	1127
8.25	2.83	0.09	6312.91	2027.47	1743.14	546.84	25.61	2284600	31000
0.40			345.39	105.17	200.44	16.60		111450	13791
0.35			274.72	76.98	184.50	11.50		29138	1200
28.16	1.26	0.54	21454.07	7502.08	10451.33	582.79	151.29	1725039	43321
3.30	3.53	1.07	16204.53	3022.99	552.89	2149.70	130.88	556121	13129
4.01	2.28	0.08	3326.94	704.80	1088.18	1264.67	24.53	235340	7368
0.05	0.01		12.35		8.42	0.50		6120	30
22.02	20.57	0.61	21999.22	6640.71	5835.22	3961.36	52.10	3508515	38219

养老、医疗、失业等各种社会保险费	本年发放工资总额	本年应交税金总额	营业利润	国外演出利润	营业外收入	政府补贴	资产总计(千元)	实际使用房屋建筑面积(万平方米)
556586	**4670830**	**339961**	**-1724007**	**68280**	**9608095**	**2668947**	**59667882**	**513.19**
26632	182786	16226	-46511	60	117814	109766	4053538	10.70
11631	101547	13022	25857		31015	28566	3786404	2.40
134281	1033616	128672	-552587	13090	5581492	495845	29682191	107.51
27322	96623	2153	-117480		140598	138716	322778	6.95
8094	33376	349	-30351		26798	26144	221259	4.06
145529	1493911	25856	-416305	1000	1650119	1481782	3120861	129.23
20063	253831	26974	62144	1100	1288282	55506	3686000	35.98
21995	139908	4523	-20158	180	52149	42963	740597	23.27
1087	9130	319	-8183		7289	7229	13274	1.62
179677	1461025	135238	-624927	52850	770352	337140	18048643	197.93

2020年全国艺术表演

	机构数（个）	从业人员（人）	专业技术人才	座席数（个）	演(映)出场次合计（万场次）	艺术演出场次	惠民演出
总　计	**2770**	**61957**	**16790**	**1878867**	**58.80**	**31.70**	**3.81**
其中：附属剧场	506	14474	4319	283550	13.48	10.52	0.58
儿童剧场	36	575	269	29497	0.40	0.15	0.14
按单位类型分							
公有制	1208	22499	7045	1008885	24.39	3.88	2.13
其中：文化和旅游部门	1111	18245	5833	767021	22.80	3.38	2.05
其他部门	97	4254	1212	241864	1.59	0.50	0.08
非公有制	1562	39458	9745	869982	34.41	27.82	1.68
按机构类型分							
剧场	917	25872	8240	772277	8.44	5.36	1.00
影剧院	590	8710	2399	482378	38.47	18.98	1.42
书场、曲艺场	47	859	415	6122	0.72	0.60	0.10
杂技、马戏场	11	361	153	8564	0.40	0.19	0.02
音乐厅	128	4126	1155	43190	2.28	1.75	0.27
综合性	263	9963	2548	430541	4.64	2.11	0.50
其他艺术表演场馆	814	12066	1880	135795	3.85	2.72	0.43
按隶属关系分							
中央	7	183	15	6665	0.05	0.05	0.02
省区市	124	4862	1928	122420	2.74	0.84	0.24
地市	328	7798	2423	222162	10.16	0.88	0.39
县市区	2311	49114	12424	1527620	45.85	29.95	3.16

场馆基本情况

观众人次合计(万人次)	艺术演出观众	本年收入合计(千元)	财政补贴收入	艺术演出收入	本年支出合计(千元)	资产总计(千元)	实际使用房屋建筑面积(万平方米)	演(映)出业务用房
6064.67	**4077.00**	**13086538**	**3494092**	**3848257**	**12878745**	**76125106**	**1577.70**	**700.03**
1076.46	696.16	2478119	394912	888874	2568018	12553851	224.53	85.04
79.76	55.87	128218	33768	34962	126861	333241	30.73	15.24
2187.92	1258.87	5100209	2674424	851100	5148943	25469780	815.71	425.32
1891.35	1072.13	3083962	1569049	501736	3410318	15981937	656.96	327.51
296.57	186.74	2016247	1105375	349364	1738625	9487843	158.75	97.81
3876.75	2818.13	7986329	819668	2997157	7729802	50655326	761.99	274.71
2672.92	2180.50	7019083	2534803	2245259	6743854	44785884	818.62	380.32
1405.23	805.37	1448157	372919	466989	1484089	8783984	238.22	112.73
58.76	32.04	60400	1586	37592	60244	128832	3.84	1.07
328.14	26.74	41101	2810	29354	60597	426403	8.37	5.34
233.44	129.13	416187	95124	156892	385446	932225	39.87	20.73
779.07	577.19	2545462	415718	557022	2532113	13298230	352.96	151.96
587.13	326.00	1556148	71132	355149	1612402	7769548	115.86	27.85
20.28	19.83	40701		29118	47978	44137	8.22	4.50
429.86	304.82	2108585	1219911	349008	1938297	9672985	149.57	90.47
637.40	334.82	1466225	693769	221220	1583235	8579617	275.94	130.48
4977.13	3417.53	9471027	1580412	3248911	9309235	57828367	1143.97	474.58

2020年全国公有制艺术

	机构数（个）	从业人员（人）					座席数（个）	演(映)出场次合计（万场次）
			专业技术人才	正高级职称	副高级职称	中级职称		
总　　计	**1208**	**22499**	**7045**	**201**	**759**	**2353**	**1008885**	**24.39**
其中：附属剧场	182	3013	1853	107	357	782	139639	0.98
儿童剧场	36	575	269	5	26	89	29497	0.40
按机构类型分								
剧场	563	12042	4165	152	534	1396	441759	4.16
影剧院	483	6166	1536	19	114	583	387000	17.62
书场、曲艺场	7	8					692	0.06
杂技、马戏场	3	42	16		3	6	4902	0.03
音乐厅	15	457	152	1	12	21	19334	0.15
综合性	108	3110	909	14	59	274	140646	2.20
其他艺术表演场馆	29	674	267	15	37	73	14552	0.17
按隶属关系分								
中央	7	183	15	1	6	8	6665	0.05
省区市	124	4862	1928	100	335	596	122420	2.74
地市	328	7798	2423	54	285	888	222162	10.16
县市区	749	9656	2679	46	133	861	657638	11.44

2020年全国文化和旅游部门

	机构数（个）	从业人员（人）					座席数（个）	演(映)出场次合计（万场次）
			专业技术人才	正高级职称	副高级职称	中级职称		
总　　计	**1111**	**18245**	**5833**	**165**	**641**	**2013**	**767021**	**22.80**
其中：附属剧场	163	2378	1497	80	285	630	104239	0.92
儿童剧场	31	506	244	5	25	78	27134	0.39
按机构类型分								
剧场	510	9065	3222	117	432	1123	360852	3.81
影剧院	466	5889	1507	19	114	572	275417	17.48
书场、曲艺场	7	8					692	0.06
杂技、马戏场	3	42	16		3	6	4902	0.03
音乐厅	12	409	139	1	6	14	14972	0.13
综合性	86	2277	688	14	50	228	96700	1.26
其他艺术表演场馆	27	555	261	14	36	70	13486	0.06
按隶属关系分								
中央	4	66					3216	0.03
省区市	99	2708	1131	67	238	371	79664	2.38
地市	310	6938	2218	54	275	840	198335	9.49
县市区	698	8533	2484	44	128	802	485806	10.89

表演场馆基本情况

艺术演出场次	惠民演出	观众人次合计（万人次）	艺术演出观众	本年收入合计（千元）	财政补贴收入	艺术演出收入	本年支出合计（千元）	资产总计（千元）	实际使用房屋建筑面积（万平方米）
3.88	**2.13**	**2187.92**	**1258.87**	**5100209**	**2674424**	**851100**	**5148943**	**25469780**	**815.71**
0.60	0.29	306.23	230.38	590936	323235	109133	662573	1580575	99.05
0.15	0.14	79.76	55.87	128218	33768	34962	126861	333241	30.73
1.76	0.60	1011.29	732.89	3278836	1961672	553098	3201528	14608340	416.71
1.41	1.26	779.11	283.06	699284	282429	53719	816396	4813781	172.68
0.05	0.01	3.31	2.77	9593	1310	930	7675	8676	0.47
0.03		11.97	11.77	5543		1207	6408	115047	3.62
0.12	0.03	67.85	63.95	192994	47119	90715	155249	482674	22.80
0.37	0.12	237.59	150.74	850708	351187	130341	889000	5294493	182.46
0.15	0.04	76.82	13.66	63251	30707	21090	72687	146769	17.01
0.05	0.02	20.28	19.83	40701		29118	47978	44137	8.22
0.84	0.24	429.86	304.82	2108585	1219911	349008	1938297	9672985	149.57
0.88	0.39	637.40	334.82	1466225	693769	221220	1583235	8579617	275.94
2.13	1.48	1100.38	599.40	1484698	760744	251754	1579433	7173041	381.98

所属艺术表演场馆基本情况

艺术演出场次	惠民演出	观众人次合计（万人次）	艺术演出观众	本年收入合计（千元）	财政补贴收入	艺术演出收入	本年支出合计（千元）	资产总计（千元）	实际使用房屋建筑面积（万平方米）
3.38	**2.05**	**1891.35**	**1072.13**	**3083962**	**1569049**	**501736**	**3410318**	**15981937**	**656.96**
0.55	0.28	287.05	213.65	419274	255979	61661	481644	1210297	75.69
0.13	0.14	74.15	50.87	96267	28368	22875	94952	308152	27.82
1.47	0.56	854.13	605.47	1708263	951471	294078	1882592	8396771	332.75
1.39	1.26	765.28	276.10	656995	264020	48235	770192	4733340	147.82
0.05	0.01	3.31	2.77	9593	1310	930	7675	8676	0.47
0.03		11.97	11.77	5543		1207	6408	115047	3.62
0.09	0.03	49.55	46.62	133465	47119	45178	131888	258789	20.78
0.30	0.09	187.12	118.76	518692	282740	91018	551858	2345268	135.76
0.04	0.03	20.02	10.62	51411	22389	21090	59705	124046	15.78
0.03	0.02	11.86	11.86	20264		8767	18903	22726	3.10
0.51	0.21	259.83	204.83	560838	270212	119623	745811	3582355	86.00
0.82	0.38	589.03	306.44	1242384	615658	189028	1316911	6309565	244.40
2.01	1.44	1030.63	549.00	1260476	683179	184318	1328693	6067291	323.46

2020年全国文化和旅游部门执行事业

	机构数(个)	从业人员(人)					座席数(个)	演(映)出场次合计(万场次)
			专业技术人才	正高级职称	副高级职称	中级职称		
总　计	**749**	**9641**	**3343**	**89**	**369**	**1297**	**486621**	**10.05**
其中：附属剧场	121	1553	1195	55	211	512	70429	0.56
儿童剧场	18	133	39		1	8	16341	0.23
按机构类型分								
剧场	334	4581	1961	66	266	768	226112	2.15
影剧院	336	3862	941	17	80	379	189823	7.59
书场、曲艺场	2							
杂技、马戏场	1						850	
音乐厅	6	172	51		2	7	5215	0.03
综合性	51	804	225	5	11	92	55741	0.25
其他艺术表演场馆	19	222	165	1	10	51	8880	0.05
按隶属关系分								
中央								
省区市	46	1255	612	39	126	212	39811	0.50
地市	179	3403	1140	23	149	504	96876	4.29
县市区	524	4983	1591	27	94	581	349934	5.26

续表

	本年支出合计(千元)	基本支出	项目支出	经营支出	在支出合计中：			
					工资福利支出	商品和服务支出	差旅费	劳务费
总　计	**1646146**	**909805**	**498665**	**187235**	**681779**	**470487**	**6970**	**57689**
其中：附属剧场	271824	169235	83555	16814	139309	61654	4288	19618
儿童剧场	19691	14118	620	4472	10078	5391	45	670
按机构类型分								
剧场	899533	505298	305857	65435	387517	241519	5147	32769
影剧院	413368	234455	73172	82681	193195	93508	687	16086
书场、曲艺场								
杂技、马戏场								
音乐厅	40394	30599	9212	583	22383	13144	192	385
综合性	279593	130550	108823	38286	72188	119987	763	8345
其他艺术表演场馆	13258	8903	1601	250	6496	2329	181	104
按隶属关系分								
中央								
省区市	456128	211257	198127	46559	143143	133577	4533	18309
地市	597454	352855	148652	82494	274784	148120	919	21052
县市区	592564	345693	151886	58182	263852	188790	1518	18328

会计制度的艺术表演场馆基本情况

艺术演出场次	惠民演出	观众人次合计(万人次)	艺术演出观众人次	本年收入合计(千元)	财政拨款预算收入	上级补助收入	事业预算收入	艺术演出收入	经营收入	附属单位上缴收入	其他收入
2.12	**1.16**	**1110.43**	**640.13**	**1449843**	**979363**	**25462**	**125948**	**54531**	**194157**	**1935**	**122978**
0.35	0.19	182.44	149.69	217915	187427	585	10856	8613	15618		3429
0.03	0.03	29.62	16.59	17269	7710	116	4549	1799	4186		708
0.78	0.32	476.04	350.35	763322	584074	10098	57038	34156	62957	1695	47460
1.14	0.71	501.36	215.68	370611	205521	12531	39832	7877	67792	240	44695
0.02	0.01	10.06	9.04	37530	21959	160	11950	607	2823		638
0.14	0.05	107.37	58.36	265768	159613	2078	15286	10089	59745		29046
0.03	0.03	15.60	6.70	12612	8196	595	1842	1802	840		1139
0.27	0.15	132.81	120.43	324650	194861	126	46718	22468	66086		16859
0.37	0.17	289.52	149.29	552781	368293	7258	37570	23622	71724	535	67401
1.47	0.84	688.10	370.41	572412	416209	18078	41660	8441	56347	1400	38718

福利费	各种税金支出	对个人和家庭补助支出	抚恤金和生活补助	其他资本性支出	各种设备、交通工具、图书购置费	资产总计(千元)	固定资产净值	实际使用房屋建筑面积(万平方米)	演(映)出业务用房	实际拥有产权面积(万平方米)
11266	**22124**	**75054**	**10633**	**79596**	**24614**	**8242985**	**5905895**	**312.05**	**170.12**	**165.38**
1559	1058	7261	633	5723	2473	402696	247263	45.33	26.44	16.37
327	720	1067	157	1823	4	165856	62747	6.61	3.33	4.02
5452	6762	38789	7427	33515	10599	3520249	1854989	152.47	80.92	83.43
3407	5579	29655	2347	22193	8044	3345665	2916242	95.91	51.60	58.13
								0.13	0.13	0.13
8	1255	2630		2230	2144	130443	52779	2.91	2.02	0.19
2369	7966	3007	667	19706	3229	1194390	1062488	55.76	33.40	21.07
30	562	973	192	1952	598	52238	19397	4.88	2.03	2.44
1396	12701	9518	1818	24005	6617	1909823	645268	36.81	21.21	14.73
3965	5545	41048	4361	32932	10598	3339410	2726581	96.28	47.46	45.60
5905	3878	24488	4454	22659	7399	2993752	2534046	178.96	101.45	105.05

2020年全国文化和旅游部门执行企业

	机构数(个)	从业人员(人)	专业技术人才	正高级职称	副高级职称	中级职称	座席数(个)	演(映)出场次合计(万场次)
总　计	**362**	**8604**	**2490**	**76**	**272**	**716**	**280400**	**12.75**
其中：附属剧场	42	825	302	25	74	118	33810	0.36
儿童剧场	13	373	205	5	24	70	10793	0.16
按机构类型分								
剧场	176	4484	1261	51	166	355	134740	1.66
影剧院	130	2027	566	2	34	193	85594	9.89
书场、曲艺场	5	8					692	0.06
杂技、马戏场	2	42	16		3	6	4052	0.03
音乐厅	6	237	88	1	4	7	9757	0.10
综合性	35	1473	463	9	39	136	40959	1.01
其他艺术表演场馆	8	333	96	13	26	19	4606	0.01
按隶属关系分								
中央	4	66					3216	0.03
省区市	53	1453	519	28	112	159	39853	1.88
地市	131	3535	1078	31	126	336	101459	5.20
县市区	174	3550	893	17	34	221	135872	5.63

续表

	损益(千元)							
	营业收入	艺术演出收入	营业成本	养老、医疗、失业等保险费	住房公积金和住房补贴	差旅费	工会经费	营业利润
总　计	**954670**	**447205**	**1710355**	**80117**	**52676**	**5279**	**6169**	**-758615**
其中：附属剧场	131830	53048	203841	9880	5354	883	846	-72011
儿童剧场	56663	21076	74354	4540	2191	216	392	-17691
按机构类型分								
剧场	540038	259922	964185	40060	23901	2325	2773	-427077
影剧院	189482	40358	340287	23637	9712	409	1424	-150805
书场、曲艺场	8265	930	7675	156	31	7	4	590
杂技、马戏场	4943	1207	6408	492	219	6	204	-1465
音乐厅	64132	44571	91493	2175	2832	404	416	-27361
综合性	124748	80929	267330	12285	7159	1426	952	-142582
其他艺术表演场馆	23062	19288	32977	1312	8822	702	396	-9915
按隶属关系分								
中央	20120	8767	18899	457	422			1221
省区市	148619	97155	277647	17946	7461	1479	1160	-129028
地市	410633	165406	700171	27624	19554	1727	3228	-292468
县市区	375298	175877	713638	34090	25239	2073	1781	-338340

会计制度的艺术表演场馆基本情况

				资产、负债、所有者权益(千元)						
艺术演出场次	惠民演出	观众人次合计(万人次)	艺术演出观众人次	资产总计	固定资产原价	当年提取的折旧总额	负债合计	所有者权益合计	实收资本(股本)	国家资本
1.26	**0.89**	**780.92**	**432.00**	**7738952**	**5045046**	**354169**	**3229400**	**4509552**	**2756754**	**2437403**
0.20	0.09	104.61	63.96	807601	196574	13889	365955	441646	287150	257954
0.10	0.11	44.53	34.28	142296	46313	3151	82009	60287	23987	17677
0.69	0.24	378.09	255.12	4876522	3373850	200009	1812859	3063663	1997292	1813499
0.25	0.55	263.92	60.42	1387675	1022168	102436	630176	757499	467826	437413
0.05	0.01	3.31	2.77	8676	9074	679	5902	2774	756	600
0.03		11.97	11.77	115047	47786	964	1794	113253	1350	1350
0.07	0.02	39.49	37.58	128346	18703	1302	82367	45979	7247	2247
0.16	0.04	79.75	60.40	1150878	514148	43915	671926	478952	259366	160377
0.01		4.42	3.92	71808	59317	4864	24376	47432	22917	21917
0.03	0.02	11.86	11.86	22726	8715	524	7610	15116	10307	5307
0.24	0.06	127.02	84.40	1672532	1387307	111904	589574	1082958	333549	277636
0.45	0.21	299.51	157.15	2970155	1938333	125856	966818	2003337	1380786	1247987
0.54	0.60	342.53	178.59	3073539	1710691	115885	1665398	1408141	1032112	906473

				工资、福利费、税金(千元)					
营业外收入	政府补助(补贴收入)	营业外支出	利润总额	本年发放工资总额	本年发放福利费总额	本年应交税金	实际使用房屋建筑面积(万平方米)	演(映)出业务用房	实际拥有产权面积(万平方米)
679449	**589686**	**53817**	**-132983**	**555774**	**45185**	**47115**	**344.91**	**157.39**	**168.93**
69529	68552	5979	-8461	59910	1753	6539	30.36	15.38	17.77
22335	20658	907	3737	29448	1249	1061	21.21	11.05	0.86
404903	367397	18874	-41048	302692	20469	24586	180.28	73.14	95.62
96902	58499	16537	-70440	117221	6635	9837	51.91	28.42	37.40
1328	1310		1918	712	15	330	0.47	0.13	0.01
600			-865	3174		276	3.49	2.80	1.31
31803	25160	1	4441	30180	1669	3537	17.87	7.96	1.97
128176	123127	4935	-19341	87041	16239	7253	80.00	35.80	29.64
15737	14193	13470	-7648	14754	158	1296	10.90	9.13	2.96
144		4	1361	6170	342	1251	3.10	0.71	1.70
87569	75351	12036	-53495	96931	8176	10158	49.19	18.19	20.34
278970	247365	19286	-32784	230211	16949	17389	148.12	68.31	70.86
312766	266970	22491	-48065	222462	19718	18317	144.50	70.18	76.03

2020年非公有制艺术

	机构数 (个)	从业人员 (人)		座席数 (个)
			专业技术人才	
总　计	**1562**	**39458**	**9745**	**869982**
按机构类型分				
剧场	354	13830	4075	330518
影剧院	107	2544	863	95378
书场、曲艺场	40	851	415	5430
杂技、马戏场	8	319	137	3662
音乐厅	113	3669	1003	23856
综合性	155	6853	1639	289895
其他艺术表演场馆	785	11392	1613	121243

续表

	营业成本	养老、医疗、失业等各种社会保险费	本年发放工资总额	本年应交税金总额
总　计	**7729802**	**226477**	**2006986**	**325557**
按机构类型分				
剧场	3542326	113627	937791	151515
影剧院	667693	18083	144395	47277
书场、曲艺场	52569	2815	22208	3129
杂技、马戏场	54189	5446	43929	2268
音乐厅	230197	9966	99796	3488
综合性	1643113	36133	387128	65972
其他艺术表演场馆	1539715	40407	371739	51908

表演场馆基本情况

演(映)出场次合计(万场次)	艺术演出场次	惠民演出	观众人次合计(万人次)	经营情况(千元) 营业收入	艺术演出收入
34.41	**27.82**	**1.68**	**3876.75**	**6937601**	**2997157**
4.28	3.60	0.40	1661.63	3044550	1692161
20.85	17.57	0.16	626.12	649151	413270
0.66	0.55	0.09	55.45	49770	36662
0.37	0.16	0.02	316.17	32705	28147
2.13	1.63	0.24	165.59	172193	66177
2.44	1.74	0.38	541.48	1603609	426681
3.68	2.57	0.39	510.31	1385623	334059

营业利润	营业外收入	政府补贴	资产总计(千元)	实际使用房屋建筑面积(万平方米)	演(映)出业务用房
-792246	**1048728**	**819668**	**50655326**	**761.99**	**274.71**
-497779	695697	573131	30177544	401.91	164.72
-18540	99722	90490	3970203	65.54	27.51
-2798	1037	276	120156	3.37	0.94
-21484	2853	2810	311356	4.75	2.41
-58004	51000	48005	449551	17.07	9.08
-39509	91145	64531	8003737	170.50	53.86
-154132	107274	40425	7622779	98.85	16.19

2020年各地区艺术表演

地区	总计					
	机构数（个）	从业人员数（人）	专业技术人才	正高级职称	副高级职称	中级职称
总计	**17581**	**436899**	**160604**	**5002**	**13875**	**28897**
北京	393	11769	4003	190	329	689
天津	113	3704	1908	218	422	617
河北	770	18963	6490	236	506	929
山西	827	24879	9479	126	563	1448
内蒙古	204	8555	5321	316	823	1602
辽宁	186	6188	2647	138	406	952
吉林	104	3517	2450	206	452	736
黑龙江	82	4050	2700	268	653	886
上海	315	11237	4620	257	635	1012
江苏	620	15093	7022	324	871	1673
浙江	1236	41169	11512	284	681	1088
安徽	2334	39174	11866	98	374	1047
福建	558	15523	5637	128	408	1107
江西	380	10334	3403	29	165	603
山东	1566	28986	10727	190	829	1828
河南	2391	56665	16874	179	571	1477
湖北	441	10491	5175	241	565	1412
湖南	631	15987	6618	97	431	1221
广东	475	12549	4529	190	483	788
广西	78	3153	1152	50	210	416
海南	102	3320	1235	9	40	114
重庆	1265	18279	5378	55	195	332
四川	725	12288	4768	61	409	1020
贵州	200	4608	1680	52	202	322
云南	270	8718	3537	99	595	1139
西藏	87	2540	882	22	90	257
陕西	591	18974	7108	150	448	1192
甘肃	347	12696	4147	53	312	834
青海	122	3385	883	5	93	183
宁夏	30	1932	781	30	67	172
新疆	122	4943	3536	95	402	1053

团体机构数和从业人员数

按执行会计制度分类								
事业						企业		
机构数（个）	从业人员数（人）	专业技术人才				机构数（个）	从业人员数（人）	专业技术人才
			正高级职称	副高级职称	中级职称			
1437	**74923**	**54140**	**3342**	**9683**	**20262**	**16144**	**361976**	**106464**
10	1246	909	134	197	352	383	10523	3094
16	1752	1504	218	422	617	97	1952	404
80	2727	1753	97	333	661	690	16236	4737
78	4062	2795	51	334	965	749	20817	6684
94	6003	4671	315	820	1602	110	2552	650
14	1449	1197	96	261	491	172	4739	1450
7	1011	933	102	225	386	97	2506	1517
31	1991	1614	160	470	568	51	2059	1086
15	2415	2037	198	476	776	300	8822	2583
88	3276	2458	143	450	981	532	11817	4564
43	2727	2201	204	505	767	1193	38442	9311
11	616	480	20	88	185	2323	38558	11386
67	3321	2527	126	403	1088	491	12202	3110
37	985	812	9	69	282	343	9349	2591
81	3995	3441	149	651	1436	1485	24991	7286
149	6959	3342	145	458	1169	2242	49706	13532
69	3420	2476	94	283	1023	372	7071	2699
71	2739	2207	75	332	894	560	13248	4411
40	2187	1375	118	231	463	435	10362	3154
12	795	543	42	145	239	66	2358	609
14	562	327	7	27	64	88	2758	908
12	594	473	24	95	194	1253	17685	4905
33	2105	1732	52	362	840	692	10183	3036
18	432	284	13	36	61	182	4176	1396
76	3179	2370	93	534	1017	194	5539	1167
85	2508	871	22	90	257	2	32	11
50	2882	1988	49	199	650	541	16092	5120
16	1330	910	20	183	388	331	11366	3237
12	484	420	4	77	142	110	2901	463
						30	1932	781
95	4585	3475	95	402	1053	27	358	61

续表

地　区				文化和旅游部门			
	正高级职称	副高级职称	中级职称	机构数(个)	从业人员数(人)	专业技术人才	正高级职称
总　计	**1660**	**4192**	**8635**	**1973**	**107525**	**75908**	**4749**
北　京	56	132	337	19	2581	1874	190
天　津				16	1752	1504	218
河　北	139	173	268	117	4225	2735	236
山　西	75	229	483	139	7144	4687	125
内蒙古	1	3		95	6007	4675	316
辽　宁	42	145	461	29	2636	2111	138
吉　林	104	227	350	47	2487	2148	206
黑龙江	108	183	318	41	3126	2451	268
上　海	59	159	236	4	313	229	19
江　苏	181	421	692	124	5776	4494	324
浙　江	80	176	321	57	4115	3200	284
安　徽	78	286	862	45	2911	2160	95
福　建	2	5	19	69	3422	2544	128
江　西	20	96	321	66	1865	1478	25
山　东	41	178	392	101	5227	4346	189
河　南	34	113	308	164	8049	4056	179
湖　北	147	282	389	85	5145	3741	241
湖　南	22	99	327	96	3974	2997	97
广　东	72	252	325	70	4233	2509	190
广　西	8	65	177	21	1374	967	50
海　南	2	13	50	18	841	513	9
重　庆	31	100	138	20	1546	1074	55
四　川	9	47	180	46	2932	2282	60
贵　州	39	166	261	35	1479	942	50
云　南	6	61	122	90	3584	2565	99
西　藏				85	2508	871	22
陕　西	101	249	542	82	5467	3550	147
甘　肃	33	129	446	62	3477	2188	53
青　海	1	16	41	14	776	607	5
宁　夏	30	67	172	11	894	495	30
新　疆				95	4585	3475	95

按单位所属部门分							
		其他部门					
		机构数（个）	从业人员数（人）	专业技术人才			
副高级职称	中级职称				正高级职称	副高级职称	中级职称
13213	**27582**	**15608**	**329374**	**84696**	**253**	**662**	**1315**
329	689	374	9188	2129			
422	617	97	1952	404			
506	888	653	14738	3755			41
560	1430	688	17735	4792	1	3	18
823	1602	109	2548	646			
406	952	157	3552	536			
452	736	57	1030	302			
653	886	41	924	249			
41	76	311	10924	4391	238	594	936
871	1673	496	9317	2528			
681	1083	1179	37054	8312			5
363	990	2289	36263	9706	3	11	57
407	1096	489	12101	3093		1	11
152	527	314	8469	1925	4	13	76
813	1784	1465	23759	6381	1	16	44
571	1477	2227	48616	12818			
565	1412	356	5346	1434			
431	1209	535	12013	3621			12
480	767	405	8316	2020		3	21
210	416	57	1779	185			
40	114	84	2479	722			
195	332	1245	16733	4304			
408	1020	679	9356	2486	1	1	
192	266	165	3129	738	2	10	56
588	1106	180	5134	972		7	33
90	257	2	32	11			
445	1187	509	13507	3558	3	3	5
312	834	285	9219	1959			
93	183	108	2609	276			
67	172	19	1038	286			
402	1053	27	358	61			

2020年各地区艺术表演

地区	总计	话剧、儿童剧、滑稽剧类	其中：儿童剧团	歌舞、音乐类	京剧、昆曲类
总计	**17581**	**254**	**102**	**3069**	**159**
北京	393	9	6	50	11
天津	113	10	4	13	4
河北	770	6	4	106	14
山西	827	10	6	139	1
内蒙古	204	1		35	
辽宁	186	14	9	49	2
吉林	104	3		23	
黑龙江	82	5	1	23	1
上海	315	40	17	70	8
江苏	620	18	5	100	14
浙江	1236	17	4	112	24
安徽	2334	13	9	176	4
福建	558	5		50	3
江西	380	6		103	3
山东	1566	14	9	169	47
河南	2391	18	5	154	3
湖北	441	5	1	74	5
湖南	631	5	1	172	5
广东	475	18	7	78	1
广西	78	1	1	37	
海南	102			23	
重庆	1265	9	3	522	1
四川	725	6	3	189	
贵州	200	2		75	1
云南	270	1		174	1
西藏	87	1		48	
陕西	591	7	3	96	1
甘肃	347	4	2	43	2
青海	122	1		53	
宁夏	30	1		9	1
新疆	122	2	1	93	1

团体分剧种机构数

其中：京剧	地方戏曲类	杂技、魔术、马戏类	曲艺类	乌兰牧骑	综合性艺术表演团体
141	**7173**	**583**	**983**	**114**	**5246**
9	54	7	18		244
4	27	2	18		39
14	313	63	51	1	216
1	404	4	77		192
	29	1	1	77	60
2	17	4	10		90
	30	3	2		43
1	15	3	5		30
5	101	6	12		78
6	253	36	48		151
21	752	3	74		254
4	698	195	105		1143
3	417	3	47		33
3	179	4	12		73
47	775	77	80		404
3	1494	99	232		391
5	224	6	21		106
3	241	4	16		188
1	263	6	39		70
	9	3	3		25
	55	1	3		20
1	32	16	17		668
	160	19	31		320
1	68	3	3		48
1	25	3	4		62
	1			32	5
1	307	4	29		147
2	196	3	10	1	88
	17		11	1	39
1	6	1	1		11
1	11	4	3	2	6

2020年各地区艺术表演团体

地区	剧团数（个）	从业人员（人）	专业技术人才	演出场次（万场次）	国内演出场次	农村演出场次
总计	**17581**	**436899**	**160604**	**223.20**	**222.66**	**84.26**
北京	393	11769	4003	1.26	1.22	0.50
天津	113	3704	1908	0.50	0.50	0.10
河北	770	18963	6490	8.02	7.98	3.46
山西	827	24879	9479	6.16	6.14	3.72
内蒙古	204	8555	5321	1.95	1.94	1.10
辽宁	186	6188	2647	0.85	0.85	0.14
吉林	104	3517	2450	0.48	0.47	0.24
黑龙江	82	4050	2700	0.50	0.50	0.19
上海	315	11237	4620	1.75	1.75	0.50
江苏	620	15093	7022	7.41	7.40	2.68
浙江	1236	41169	11512	20.38	20.38	6.14
安徽	2334	39174	11866	30.16	30.12	14.52
福建	558	15523	5637	9.77	9.74	5.08
江西	380	10334	3403	4.79	4.76	2.94
山东	1566	28986	10727	14.00	13.96	6.91
河南	2391	56665	16874	30.62	30.57	12.65
湖北	441	10491	5175	8.24	8.22	1.71
湖南	631	15987	6618	6.85	6.84	3.07
广东	475	12549	4529	3.39	3.38	1.83
广西	78	3153	1152	0.94	0.94	0.28
海南	102	3320	1235	1.15	1.15	0.31
重庆	1265	18279	5378	12.93	12.92	8.34
四川	725	12288	4768	3.65	3.64	1.49
贵州	200	4608	1680	1.47	1.44	0.38
云南	270	8718	3537	5.05	5.04	0.70
西藏	87	2540	882	0.66	0.64	0.52
陕西	591	18974	7108	4.62	4.61	2.25
甘肃	347	12696	4147	32.63	32.62	1.42
青海	122	3385	883	0.48	0.47	0.15
宁夏	30	1932	781	0.29	0.29	0.16
新疆	122	4943	3536	2.06	2.05	0.74

演出及收支基本情况

国内演出观众人次（万人次）	农村观众人次	总收入（千元）	财政补贴收入	演出收入	总支出（千元）	资产总计（千元）	实际使用房屋建筑面积（万平方米）
88951.81	**32552.61**	**28712513**	**17748509**	**8662917**	**30103574**	**86761569**	**1011.42**
2642.05	75.91	1333010	687550	313192	1821042	3735620	18.70
778.72	120.15	427284	288441	72464	472996	642609	13.45
3341.50	1498.28	647670	364528	226258	671874	2049618	42.13
3589.09	2339.39	928678	492893	376328	1000067	1687961	40.11
1043.29	521.09	987258	937822	28035	1039232	1113740	37.40
473.63	71.07	463163	316657	64149	423672	2321170	18.85
368.53	85.02	323101	269043	51300	345478	270139	12.63
143.22	78.34	503553	460129	24056	529421	482731	23.03
559.12	81.63	1695855	1674845	488440	1728294	3508654	22.30
3114.87	1212.08	1879102	1046706	572646	2024093	4802698	50.65
6966.40	3623.41	2114734	861206	957375	2484648	15951759	64.92
9555.11	3655.42	933452	236124	914814	792070	1905664	61.00
3372.02	1331.51	1128277	693696	372830	1302490	2174396	52.54
1904.71	1277.40	567333	197701	170502	485877	2076320	21.35
15084.73	2785.99	1323060	991389	330044	1558450	1514095	63.67
12351.51	5830.69	1352828	855498	528592	1377393	3816477	82.22
6067.20	922.94	1115374	910189	136392	1143804	1970028	35.73
3231.48	1268.71	949762	591989	336906	1135813	11137412	50.93
1689.91	538.13	2021369	917634	408168	2083680	9003998	37.60
505.64	157.68	363851	143360	146855	402925	1849023	11.87
884.21	176.59	392305	132913	181914	326376	848184	5.79
1734.07	947.98	617460	239878	360022	563324	1081764	27.48
1431.33	389.68	900949	501087	364047	892935	1464442	35.46
580.70	170.52	410804	147029	145498	401325	1710550	27.74
1598.14	481.97	865913	610352	202692	899503	1512077	28.95
365.65	270.65	402917	355280	10214	332923	354702	11.88
3174.23	1285.87	1013606	552371	422531	931751	2162821	36.91
1681.20	996.40	614810	302662	245227	579307	1532141	24.34
173.63	63.22	150479	108133	27901	128020	431772	6.10
135.06	48.90	159799	77450	20741	171227	357646	3.46
330.34	228.67	834562	817151	3903	859523	729283	24.35

2020年各地区公有制

地　区	剧团数（个）	从业人员（人）				
			专业技术人才			
				正高级职称	副高级职称	中级职称
总　计	**2060**	**112436**	**79446**	**5002**	**13875**	**28897**
北　京	19	2581	1874	190	329	689
天　津	16	1752	1504	218	422	617
河　北	121	4362	2786	236	506	929
山　西	140	7197	4730	126	563	1448
内蒙古	95	6007	4675	316	823	1602
辽　宁	29	2636	2111	138	406	952
吉　林	47	2487	2148	206	452	736
黑龙江	41	3126	2451	268	653	886
上　海	21	3292	2682	257	635	1012
江　苏	124	5776	4494	324	871	1673
浙　江	61	4177	3209	284	681	1088
安　徽	51	3184	2362	98	374	1047
福　建	71	3492	2564	128	408	1107
江　西	79	2153	1690	29	165	603
山　东	103	5381	4474	190	829	1828
河　南	164	8049	4056	179	571	1477
湖　北	85	5145	3741	241	565	1412
湖　南	97	3994	3013	97	431	1221
广　东	71	4324	2556	190	483	788
广　西	24	1374	967	50	210	416
海　南	19	867	513	9	40	114
重　庆	20	1546	1074	55	195	332
四　川	47	2967	2308	61	409	1020
贵　州	36	1608	1010	52	202	322
云　南	99	3889	2779	99	595	1139
西　藏	85	2508	871	22	90	257
陕　西	85	5549	3569	150	448	1192
甘　肃	65	3558	2200	53	312	834
青　海	25	902	625	5	93	183
宁　夏	11	894	495	30	67	172
新　疆	95	4585	3475	95	402	1053

艺术表演团体基本情况

本团原创首演剧目(个)	演出场次(万场次)	国内演出场次	农村演出场次	国内演出观众人次(万人次)	农村观众人次	本年收入合计(千元)
2015	**27.74**	**27.20**	**17.90**	**18941.35**	**12624.30**	**19951199**
39	0.48	0.44	0.03	133.41	4.51	1041906
8	0.17	0.17	0.03	123.01	74.05	370465
49	1.24	1.20	0.78	967.30	652.96	484392
74	2.08	2.06	1.65	1786.13	1431.41	622976
89	1.00	0.99	0.61	484.43	216.13	951663
50	0.27	0.27	0.06	135.64	22.75	392589
24	0.32	0.31	0.18	143.81	70.70	313451
30	0.31	0.31	0.16	111.75	74.64	491971
58	0.42	0.42	0.11	170.24	12.87	1244559
206	2.45	2.44	1.40	1345.86	711.55	1324666
75	0.90	0.90	0.39	709.69	327.96	1033967
61	0.92	0.88	0.58	484.58	335.31	354953
115	0.78	0.75	0.33	280.86	145.02	690325
92	1.09	1.06	0.91	698.77	532.16	319210
137	2.16	2.12	1.61	1635.17	1308.03	950983
105	3.47	3.42	2.93	2919.69	2604.95	723922
118	1.36	1.34	0.82	1220.81	667.15	922734
79	1.18	1.17	0.84	812.15	574.86	605843
63	0.59	0.58	0.29	501.12	292.77	1085818
25	0.31	0.31	0.19	223.89	121.84	206494
16	0.11	0.11	0.09	101.61	73.45	150819
18	0.20	0.19	0.09	92.39	50.13	263466
31	0.36	0.35	0.14	231.57	84.17	586240
23	0.38	0.35	0.15	258.83	75.36	287587
161	0.74	0.73	0.50	657.35	419.71	620809
54	0.66	0.64	0.52	364.57	269.57	402917
81	1.29	1.28	0.85	982.68	557.43	693901
40	0.95	0.94	0.72	770.45	607.57	396229
9	0.18	0.17	0.06	94.71	22.12	142814
7	0.19	0.19	0.13	95.89	39.34	149657
54	1.03	1.02	0.72	324.48	227.71	833678

续表

地　区	财政补贴收入	演出收入	本年支出合计（千元）	资产总计（千元）	实际使用房屋建筑面积（万平方米）	排练练功用房
总　计	**15079562**	**2471904**	**19618196**	**27093687**	**498.23**	**110.38**
北　京	668132	118367	940522	2353541	8.83	0.92
天　津	286007	49344	373028	359244	7.74	1.58
河　北	352615	90682	461904	1053750	14.53	3.83
山　西	420582	121367	626136	687136	17.78	3.76
内蒙古	920581	6092	977162	960992	30.56	5.63
辽　宁	309966	42610	364550	512705	13.68	4.13
吉　林	240265	37786	329915	251271	10.66	2.23
黑龙江	459394	14731	501205	428735	20.53	4.19
上　海	851788	192795	1264777	2132330	13.34	2.46
江　苏	819984	362190	1315673	1087684	26.66	5.46
浙　江	771889	181459	1047296	1212964	21.95	3.91
安　徽	174545	89043	306187	751086	7.97	2.47
福　建	572153	46992	694027	1238164	29.82	2.41
江　西	194418	75150	267745	383139	10.73	1.87
山　东	833947	82973	981759	498657	23.88	8.42
河　南	558438	75334	782870	812799	20.41	5.32
湖　北	785866	70042	924134	953335	22.75	6.75
湖　南	489452	51939	610936	590501	24.81	6.05
广　东	784749	161332	1130837	1347601	22.43	4.19
广　西	140994	26158	206815	426805	5.65	3.30
海　南	112416	14438	154391	177050	3.31	0.51
重　庆	205632	33861	261185	417575	6.99	2.68
四　川	458194	75370	590590	773083	13.07	3.14
贵　州	127382	47848	259701	766227	12.05	1.89
云　南	550712	15090	612664	380765	14.23	4.56
西　藏	355280	10214	332923	354702	11.62	2.65
陕　西	424270	130105	626041	1419980	21.86	3.88
甘　肃	261560	51975	379581	962412	13.62	4.03
青　海	107982	20698	119375	368982	4.38	1.90
宁　夏	75390	14139	149806	257229	1.82	0.89
新　疆	803196	3019	847324	622314	23.06	3.62

实际拥有产权面积（万平方米）	流动舞台车演出情况			政府采购的公益演出活动情况		
	流动舞台车数量（辆）	利用流动舞台车演出场次（万场次）	利用流动舞台车演出观众人次（万人次）	演出场次（万场次）	演出观众人次（万人次）	演出补贴收入（千元）
273.57	**1592**	**8.70**	**6135.73**	**13.70**	**8845.56**	**1128539**
3.49				0.09	22.09	10078
3.31	2				0.81	188
12.28	65	0.29	226.23	0.38	275.66	25753
8.96	124	0.43	308.84	1.10	898.38	81696
15.11	134	0.21	106.89	0.61	270.17	24023
6.51	9	0.02	9.23	0.07	26.90	8825
6.48	55	0.13	61.59	0.12	67.94	12351
3.58	23	0.07	44.94	0.13	37.21	28976
6.40				0.07	12.87	7400
13.74	53	0.46	350.26	0.78	345.45	69285
8.77	9	0.01	3.28	0.40	241.94	78557
3.60	46	0.43	254.70	0.47	244.73	25005
19.44	33	0.01	23.34	0.41	148.26	48894
3.04	67	0.51	251.34	0.63	314.15	21067
9.84	108	1.34	1119.44	1.50	1103.46	68805
15.40	200	2.31	1829.72	2.17	1684.17	140784
15.73	103	0.61	440.76	0.81	773.77	55016
14.61	112	0.74	422.22	0.80	518.37	48616
12.41	14		8.01	0.17	88.55	65683
0.86	8	0.03	6.37	0.16	86.35	19129
2.14	10	0.01	3.65	0.07	43.91	11266
5.00	4	0.01	3.63	0.09	52.30	7584
8.95	15	0.01	6.21	0.18	122.26	26876
2.34	16	0.02	12.69	0.14	68.26	31345
8.62	64	0.11	111.02	0.25	243.65	14415
7.24	53	0.14	57.24	0.11	50.12	6599
21.01	76	0.37	289.02	0.71	480.78	40547
5.54	63	0.19	103.93	0.47	353.90	39116
3.36	10	0.01	0.87	0.03	12.88	742
1.55	11	0.11	32.19	0.14	40.47	15742
5.71	105	0.14	48.16	0.57	174.21	13361

2020年各地区文化和旅游部门

地　区	剧团数(个)	补贴团数	从业人员(人)	专业技术人才	正高级职称	副高级职称	中级职称
总　计	**1973**	**1798**	**107525**	**75908**	**4749**	**13213**	**27582**
北　京	19	15	2581	1874	190	329	689
天　津	16	16	1752	1504	218	422	617
河　北	117	89	4225	2735	236	506	888
山　西	139	122	7144	4687	125	560	1430
内蒙古	95	93	6007	4675	316	823	1602
辽　宁	29	22	2636	2111	138	406	952
吉　林	47	42	2487	2148	206	452	736
黑龙江	41	40	3126	2451	268	653	886
上　海	4	4	313	229	19	41	76
江　苏	124	103	5776	4494	324	871	1673
浙　江	57	51	4115	3200	284	681	1083
安　徽	45	38	2911	2160	95	363	990
福　建	69	69	3422	2544	128	407	1096
江　西	66	55	1865	1478	25	152	527
山　东	101	98	5227	4346	189	813	1784
河　南	164	157	8049	4056	179	571	1477
湖　北	85	85	5145	3741	241	565	1412
湖　南	96	89	3974	2997	97	431	1209
广　东	70	65	4233	2509	190	480	767
广　西	21	20	1374	967	50	210	416
海　南	18	18	841	513	9	40	114
重　庆	20	18	1546	1074	55	195	332
四　川	46	41	2932	2282	60	408	1020
贵　州	35	27	1479	942	50	192	266
云　南	90	85	3584	2565	99	588	1106
西　藏	85	84	2508	871	22	90	257
陕　西	82	75	5467	3550	147	445	1187
甘　肃	62	53	3477	2188	53	312	834
青　海	14	10	776	607	5	93	183
宁　夏	11	10	894	495	30	67	172
新　疆	95	95	4585	3475	95	402	1053

所属艺术表演团体基本情况

本团原创首演剧目(个)	本团拥有知识产权数量(个)	演出场次(万场次)	国内演出场次	农村演出场次	国内演出观众人次(万人次)	农村观众人次	本年收入合计(千元)
1935	**2332**	**26.80**	**26.27**	**17.40**	**18218.43**	**12325.81**	**18744324**
39	4	0.48	0.44	0.03	133.41	4.51	1041906
8	16	0.17	0.17	0.03	123.01	74.05	370465
49	22	1.21	1.17	0.76	958.30	644.46	472725
72	32	2.06	2.04	1.65	1731.13	1427.91	620769
89	84	1.00	0.99	0.61	484.43	216.13	951663
50	38	0.27	0.27	0.06	135.64	22.75	392589
24	104	0.32	0.31	0.18	143.81	70.70	313451
30	11	0.31	0.31	0.16	111.75	74.64	491971
11		0.05	0.05	0.01	13.87	4.28	187208
206	135	2.45	2.44	1.40	1345.86	711.55	1324666
75	26	0.88	0.87	0.38	690.24	308.51	1032130
55	26	0.79	0.75	0.49	444.74	301.55	333981
115	14	0.76	0.73	0.31	268.68	132.84	688375
90	118	0.98	0.96	0.82	618.61	466.63	310548
136	87	2.12	2.08	1.59	1526.27	1261.43	935901
105	306	3.47	3.42	2.93	2919.69	2604.95	723922
118	77	1.36	1.34	0.82	1220.81	667.15	922734
77	371	1.17	1.16	0.84	808.50	571.61	603710
63	39	0.57	0.57	0.28	494.37	289.77	1070854
25	133	0.26	0.26	0.17	203.43	115.23	204844
16	41	0.11	0.11	0.09	95.61	69.45	149833
18	121	0.20	0.19	0.09	92.39	50.13	263466
29	46	0.36	0.34	0.14	229.95	84.17	581209
23	27	0.38	0.34	0.15	158.83	69.36	273552
148	91	0.68	0.67	0.46	581.38	364.96	592863
54	12	0.66	0.64	0.52	364.57	269.57	402917
79	236	1.27	1.26	0.83	967.88	545.73	686721
40	42	0.93	0.92	0.70	761.10	599.57	388129
6	5	0.17	0.16	0.05	91.29	19.05	137692
7	8	0.19	0.19	0.13	95.89	39.34	149657
54	39	1.03	1.02	0.72	324.48	227.71	833678

续表

地区	财政补贴收入	演出收入	本年支出合计(千元)	资产总计(千元)	固定资产净值	实际使用房屋建筑面积(万平方米)
总　计	**14223749**	**2287704**	**18399694**	**25358664**	**15690317**	**481.48**
北　京	668132	118367	940522	2353541	418771	8.83
天　津	286007	49344	373028	359244	272192	7.74
河　北	352015	79965	458446	1049062	317741	14.18
山　西	418683	121059	623919	685545	346011	17.73
内蒙古	920581	6092	977162	960992	744129	30.56
辽　宁	309966	42610	364550	512705	360642	13.68
吉　林	240265	37786	329915	251271	157744	10.66
黑龙江	459394	14731	501205	428735	418591	20.53
上　海	78390	47403	183032	704086	588599	2.46
江　苏	819984	362190	1315673	1087684	390079	26.66
浙　江	771821	179707	1046750	1211309	468713	21.80
安　徽	162524	85018	285296	733061	326492	7.37
福　建	571283	45912	692069	1237964	808199	29.82
江　西	191170	69855	261092	378558	278291	10.42
山　东	820139	81699	965079	488199	306598	23.22
河　南	558438	75334	782870	812799	366203	20.41
湖　北	785866	70042	924134	953335	762576	22.75
湖　南	488492	51686	608803	589346	344939	24.75
广　东	773916	158556	1115901	1334303	1046267	21.83
广　西	139374	26158	206743	403232	94098	5.65
海　南	111436	14432	153241	176050	125124	3.25
重　庆	205632	33861	261185	417575	243103	6.99
四　川	455227	73363	584869	767901	349276	12.99
贵　州	126670	45325	243287	654119	248794	11.51
云　南	529383	13024	586833	341362	199760	12.46
西　藏	355280	10214	332923	354702	275805	11.62
陕　西	421333	128515	619365	1406350	2975215	21.49
甘　肃	255711	51527	371818	956657	504546	13.42
青　海	106268	18010	115717	318505	179641	4.31
宁　夏	75390	14139	149806	257229	148005	1.82
新　疆	803196	3019	847324	622314	262573	23.06

排练练功用房	实际拥有产权面积(万平方米)	流动舞台车演出情况			政府采购的公益演出活动情况		
		流动舞台车数量(辆)	利用流动舞台车演出场次(万场次)	利用流动舞台车演出观众人次(万人次)	演出场次(万场次)	演出观众人次(万人次)	演出补贴收入(千元)
106.96	**266.87**	**1562**	**8.56**	**6012.46**	**13.38**	**8623.67**	**1102471**
0.92	3.49				0.09	22.09	10078
1.58	3.31	2				0.81	188
3.72	11.93	62	0.28	225.53	0.38	275.36	25703
3.74	8.96	124	0.41	308.84	1.08	862.39	80189
5.63	15.11	134	0.21	106.89	0.61	270.17	24023
4.13	6.51	9	0.02	9.23	0.07	26.91	8825
2.23	6.48	55	0.10	61.60	0.12	67.95	12351
4.19	3.58	23	0.07	44.94	0.13	37.21	28976
0.22	2.22				0.02	3.62	1248
5.46	13.74	53	0.46	350.26	0.78	345.46	69285
3.86	8.74	9	0.01	3.28	0.39	230.84	78494
2.38	3.52	39	0.41	237.42	0.37	223.09	20453
2.41	19.44	33	0.01	23.34	0.41	148.26	48894
1.73	3.03	63	0.49	232.78	0.58	269.16	18841
8.35	9.84	106	1.32	1056.44	1.48	1056.86	68557
5.32	15.40	200	2.30	1829.73	2.17	1684.18	140784
6.75	15.73	103	0.61	440.76	0.81	773.77	55016
6.05	14.55	111	0.76	422.22	0.79	515.13	48360
4.14	12.33	14		8.01	0.16	85.56	63083
3.30	0.86	8	0.03	6.37	0.14	77.81	17989
0.46	2.14	10	0.01	3.65	0.07	42.11	10466
2.68	5.00	4	0.01	3.63	0.09	52.30	7584
3.09	8.95	15	0.02	6.21	0.18	122.26	26876
1.85	2.23	16	0.01	12.69	0.14	68.26	31345
4.17	7.25	58	0.10	94.62	0.23	219.63	9391
2.65	7.24	53	0.14	57.24	0.11	50.12	6599
3.81	20.69	73	0.37	285.97	0.71	477.08	39837
4.00	5.48	60	0.16	100.47	0.46	346.26	38376
1.88	3.31	9			0.03	12.72	742
0.89	1.55	11	0.11	32.19	0.14	40.47	15742
3.62	5.71	105	0.14	48.16	0.57	174.21	13361

2020年各地区非公有制

地区	机构数（个）	从业人员（人）	专业技术人才	演员数	国内演出场次（万场次）	营业性演出场次	农村演出场次
总计	**15521**	**324463**	**81158**	**216070**	**195.46**	**49.57**	**66.36**
北京	374	9188	2129	6892	0.78	0.22	0.47
天津	97	1952	404	1394	0.33	0.19	0.07
河北	649	14601	3704	9823	6.78	2.22	2.68
山西	687	17682	4749	11556	4.08	1.20	2.07
内蒙古	109	2548	646	1842	0.95	0.29	0.49
辽宁	157	3552	536	2978	0.58	0.32	0.08
吉林	57	1030	302	690	0.16	0.09	0.06
黑龙江	41	924	249	553	0.19	0.12	0.03
上海	294	7945	1938	5912	1.33	0.68	0.39
江苏	496	9317	2528	6229	4.96	2.37	1.28
浙江	1175	36992	8303	25460	19.48	2.11	5.75
安徽	2283	35990	9504	24221	29.24	11.07	13.94
福建	487	12031	3073	8101	8.99	1.75	4.75
江西	301	8181	1713	4783	3.70	0.65	2.03
山东	1463	23605	6253	15681	11.84	4.30	5.30
河南	2227	48616	12818	30788	27.15	6.50	9.72
湖北	356	5346	1434	3218	6.88	1.84	0.89
湖南	534	11993	3605	7458	5.67	1.82	2.23
广东	404	8225	1973	5503	2.80	0.91	1.54
广西	54	1779	185	1112	0.63	0.46	0.09
海南	83	2453	722	1456	1.04	0.25	0.22
重庆	1245	16733	4304	11809	12.73	4.20	8.25
四川	678	9321	2460	6203	3.29	1.12	1.35
贵州	164	3000	670	1925	1.09	0.38	0.23
云南	171	4829	758	2731	4.31	1.75	0.20
西藏	2	32	11	21			
陕西	506	13425	3539	8971	3.33	1.14	1.40
甘肃	282	9138	1947	5480	31.68	0.65	0.70
青海	97	2483	258	2211	0.30	0.10	0.09
宁夏	19	1038	286	742	0.10	0.02	0.03
新疆	27	358	61	267	1.03	0.85	0.02

艺术表演团体基本情况

旅游演出场次	国外演出场次(万场次)	国内演出观众人次(万人次)	营业性演出观众人次	农村观众人次	旅游演出观众人次	国外演出观众人次(万人次)	经营情况(千元)	
							营业收入	企业赞助收入
30.50	**2.40**	**70010.46**	**20231.17**	**19928.31**	**8528.01**	**384.46**	**8761314**	**150315**
0.02		2508.64	2410.05	71.40	4.04	5.00	291104	845
0.02		655.71	601.21	46.10	3.60	0.12	56819	627
1.19	0.03	2374.20	593.72	845.32	510.64	7.75	163278	2967
0.42	0.05	1802.96	509.09	907.98	228.56	1.58	305702	4249
0.11	0.01	558.86	166.42	304.96	55.39	2.00	35595	339
0.10		337.99	124.67	48.32	21.07	0.05	70574	494
		224.72	204.68	14.32	1.73		9650	1168
0.01		31.47	13.66	3.70	4.10	0.05	11582	161
		388.88	224.26	68.76	8.03		451296	2110
0.95	0.02	1769.01	743.67	500.53	330.36	21.81	554436	7934
10.96	0.09	6256.71	1583.70	3295.45	762.23	7.23	1080767	27073
2.58	0.29	9070.53	3794.90	3320.11	1096.55	2.62	578499	21487
1.39	0.09	3091.16	371.39	1186.49	1284.89	0.24	437952	3137
0.45	0.08	1205.94	214.94	745.24	96.72	0.30	248123	1689
0.74	0.04	13449.56	1188.56	1477.96	450.52	3.45	372077	29242
4.40	1.25	9431.82	3052.52	3225.74	873.95	278.92	628906	8123
3.58	0.01	4846.39	281.43	255.79	1226.84	1.70	192640	2215
0.93	0.35	2419.33	674.40	693.85	218.45	9.12	343919	6087
0.10		1188.79	472.14	245.36	92.81	10.77	935551	6198
0.04		281.75	205.84	35.84	39.80		157357	59
0.23	0.01	782.60	454.98	103.14	199.74		241486	487
0.31	0.03	1641.68	600.04	897.85	125.20	1.82	353994	6989
0.56	0.02	1199.76	281.03	305.51	542.93	8.28	314709	2627
0.16		321.87	118.07	95.16	68.53	0.23	123217	2959
0.86	0.01	940.79	593.38	62.26	138.92	0.12	245104	2435
		1.08		1.08				
0.19	0.01	2191.55	417.42	728.44	78.26	4.57	319705	3171
0.09	0.01	910.75	313.40	388.83	47.64	1.64	218581	5200
0.06		78.92	17.41	41.10	11.27	0.04	7665	88
		39.17	2.85	9.56	1.44	5.00	10142	150
0.05		5.86	1.04	0.96	3.65	10.05	884	5

续表

地区	演出收入	营业性演出收入	农村演出收入	旅游演出收入	国外演出收入	营业成本	养老、医疗、失业等各种社会保险费
总计	**6191013**	**3083443**	**1722079**	**45343**	**8950**	**10485378**	**556586**
北京	194825	56002	15076	317	1200	880520	26234
天津	23120	17867	4022	56	330	99968	10754
河北	135576	56078	47316	2181	220	209970	35122
山西	254961	140888	75249	2863	10	373931	32258
内蒙古	21943	11652	8416	128	310	62070	3753
辽宁	21539	16187	1441	279		59122	4901
吉林	13514	4228	4668	100	1050	15563	1231
黑龙江	9325	5592	193	16	20	28216	3276
上海	295645	145355	20984	86		463517	19796
江苏	210456	145322	49586	806	130	708420	60891
浙江	775916	339180	303253	11281	80	1437352	51954
安徽	825771	242079	222164	3877	1150	485883	17873
福建	325838	106394	199852	472	460	608463	32220
江西	95352	28049	55616	584	200	218132	8036
山东	247071	143434	65404	2315	850	576691	60896
河南	453258	176838	133698	4447	530	594523	28095
湖北	66350	34422	19398	944	110	219670	10354
湖南	284967	197307	53588	959	90	524877	24265
广东	246836	157130	58464	359	790	952843	22579
广西	120697	80342	5623	3468		196110	4323
海南	167476	137747	24739	247	10	171985	7828
重庆	326161	105975	136235	1942	1040	302139	8351
四川	288677	139312	112450	2382	110	302345	11831
贵州	97650	62938	7972	2377	160	141624	5462
云南	187602	170095	3099	637		286839	23689
西藏							
陕西	292426	208385	54589	1776	100	305710	17593
甘肃	193252	150226	33810	299		199726	17192
青海	7203	2951	2891	95		8645	56
宁夏	6602	1040	1837	37		21421	1002
新疆	884	428	416	4		12199	815

本年发放工资总额	本年应交税金总额	营业利润	国外演出利润	营业外收入	政府补贴	资产总计（千元）	实际使用房屋建筑面积（万平方米）
4670830	**339961**	**-1724007**	**68280**	**9608095**	**2668947**	**59667882**	**513.19**
151064	18508	-589419	10900	21027	19418	1382079	9.87
55431	1090	-43149	250	4669	2434	283365	5.71
125063	6008	-46688	280	17380	11913	995868	27.6
155258	20185	-68226	20	5077490	72311	1000825	22.33
38879	787	-26473		19161	17241	152748	6.84
33158	4339	11455		10135	6691	1808465	5.17
8559	1343	-5913	520	29298	28778	18868	1.97
15748	1258	-16633	70	2207	735	53996	2.5
119525	8257	-12222		926784	823057	1376324	8.96
297942	12457	-153977	200	239556	226722	3715014	23.99
650190	81158	-356586	180	132523	89317	14738795	42.97
332145	10011	92634	2700	1292737	61579	1154578	53.03
418746	2836	-170513	70	135947	121543	936232	22.72
105350	1161	29991	150	6662	3283	1693181	10.62
297041	12617	-204617	190	173029	157442	1015438	39.79
299985	29891	34403	1060	400118	297060	3003678	61.81
114952	1936	-27027	40	132406	124323	1016693	12.98
201789	11167	-180960	990	120978	102537	10546911	26.12
327474	41767	-17285	340	142428	132885	7656397	15.17
44541	4150	-38752		3855	2366	1422218	6.22
73327	18089	69503	10	21276	20497	671134	2.48
166941	6769	51849	170	52444	34246	664189	20.49
134370	6737	12364	50030	103124	42893	691359	22.39
59201	3372	-18406	60	21862	19647	944323	15.69
162036	14137	-41738		263525	59640	1131312	14.72
							0.26
166385	13911	13996	30	135458	128101	742841	15.05
79581	5212	18859	20	99255	41102	569729	10.72
5678	183	-979		352	151	62790	1.72
8455	162	-11280		2884	2060	100417	1.64
10518	163	-11314		13965	13955	106969	1.29

2020年各地区艺术表演

地区	机构数（个）	从业人员（人）	专业技术人才	座席数（个）	演(映)出场次合计（万场次）	艺术演出场次
总计	**2770**	**61957**	**16790**	**1878867**	**58.80**	**31.70**
北京	55	2298	771	40076	13.54	11.26
天津	85	1635	480	50539	2.94	2.01
河北	100	1546	455	49552	2.81	0.91
山西	167	3321	700	78288	3.41	0.57
内蒙古	32	642	138	22637	0.90	0.35
辽宁	93	3184	1077	49262	0.75	0.45
吉林	85	1003	235	22751	1.09	0.26
黑龙江	64	1520	583	28896	0.24	0.20
上海	61	2478	606	123414	0.80	0.48
江苏	274	5314	1346	202025	6.48	1.22
浙江	313	5942	1431	172166	5.90	2.45
安徽	100	1852	758	55342	0.92	0.30
福建	64	2054	678	49227	2.19	0.79
江西	77	1514	615	38580	1.98	1.41
山东	154	3492	785	95871	1.85	1.07
河南	198	4707	735	100496	1.07	0.84
湖北	73	1365	358	50363	1.70	0.17
湖南	110	2790	962	66870	1.60	1.05
广东	118	4019	922	284693	0.91	0.57
广西	48	1505	325	18830	0.67	0.41
海南	20	689	234	22280	1.74	1.69
重庆	51	1049	326	41522	0.92	0.81
四川	125	2073	761	73461	0.63	0.45
贵州	31	366	135	6066	0.02	0.02
云南	34	2449	388	26641	0.58	0.47
西藏	25	125	24	3691	0.07	0.07
陕西	106	1274	531	58332	1.70	0.72
甘肃	36	965	242	19934	0.55	0.26
青海	37	182	13	6253	0.28	0.13
宁夏	3	21	15	2636	0.19	0.19
新疆	24	400	146	11508	0.37	0.06

场馆演出及收支基本情况

观众人次合计(万人次)	艺术演出观众	本年收入合计(千元)	财政补贴收入	艺术演出收入	本年支出合计(千元)	资产总计(千元)	实际使用房屋建筑面积(万平方米)
6064.67	**4077.00**	**13086538**	**3494092**	**3848257**	**12878745**	**76125106**	**1577.7**
319.23	251.71	1185584	557201	336730	1093902	5455838	40.12
141.33	80.09	290641	10820	25624	520794	3132096	31.9
89.75	38.63	217110	126866	24803	244078	1388293	55.26
221.68	82.20	368700	71315	86180	349307	2395536	55.09
61.62	21.60	70511	38536	14399	61763	664095	27.07
186.56	131.74	493385	80322	185974	679446	4934010	81.57
52.66	25.59	161380	47047	32574	135803	278898	16.63
36.51	23.83	140622	43847	19174	161500	660329	35.16
236.29	189.96	1641457	553873	339113	1220086	5474156	111.09
436.67	301.79	1268455	311292	286679	1277798	7072320	223.74
586.13	405.59	1762360	309650	497631	1679080	7051310	161.17
135.85	79.16	161736	68361	40334	192329	3809743	37.96
167.26	141.57	450325	92109	275233	428563	897846	50.73
148.29	96.29	279716	75538	75088	305840	1098910	38.46
562.15	187.96	613625	194674	167346	658735	4670622	103.89
289.22	153.34	562409	87044	175035	521559	2505060	67.51
108.21	71.48	177292	52306	32188	162981	1515623	33.58
612.90	373.20	425818	129501	126746	460627	10335849	57.23
227.83	176.48	1057819	299474	284628	1104183	4434324	129.41
184.67	173.43	133130	1247	94191	154108	1059516	13.71
231.79	230.27	261506	77950	141704	207104	567686	12.15
77.89	64.52	171210	36975	37552	152690	830828	39.91
113.69	86.94	325783	45808	57571	326404	2132968	47.33
3.71	2.42	28906	9770	3411	36767	121865	6.57
324.57	323.66	278628	14892	209815	236921	1833426	21.16
10.88	10.83	8305	175	6670	4685	37060	3.07
254.75	205.55	208258	78824	88689	187509	820426	40.77
94.24	69.14	220976	16507	147368	187178	625454	15.76
66.28	4.88	11621	1500	6273	10911	55447	3.79
11.00	9.00	2615	2316		2859	3618	0.21
50.78	44.32	65954	58352	416	65257	217817	7.48

2020年各地区公有制艺术

地区	机构数(个)	从业人员(人)					座席数(个)	演(映)出场次合计(万场次)	
			专业技术人才						艺术演出场次
				正高级职称	副高级职称	中级职称			
总　计	**1208**	**22499**	**7045**	**201**	**759**	**2353**	**1008885**	**24.39**	**3.88**
北　京	13	1312	517	6	37	97	13445	0.29	0.11
天　津	25	159	36			3	14832	0.83	0.05
河　北	70	1029	345	32	69	130	33611	1.91	0.11
山　西	81	1193	337	1	19	115	62937	2.80	0.13
内蒙古	17	140	71	2	5	33	12909	0.69	0.16
辽　宁	30	356	99	2	5	18	15609	0.15	0.04
吉　林	23	400	118	3	35	34	13924	0.81	0.05
黑龙江	26	198	35	6	1	12	15669	0.03	0.02
上　海	31	1474	400	27	62	142	49208	0.52	0.28
江　苏	113	2754	709	8	18	133	108318	5.67	0.59
浙　江	67	1306	386	2	19	130	91780	2.50	0.25
安　徽	40	790	348	9	31	132	28529	0.57	0.13
福　建	37	531	164	2	13	54	23550	1.34	0.07
江　西	42	709	372	4	45	152	24583	0.35	0.08
山　东	87	1712	501	6	35	162	62107	0.58	0.21
河　南	132	2240	201	13	13	74	69601	0.30	0.21
湖　北	48	839	266	2	23	100	37677	1.60	0.09
湖　南	56	967	555	9	59	265	43748	0.52	0.29
广　东	45	1601	425	25	84	132	145955	0.25	0.16
广　西	12	48	5		1	2	7311	0.22	0.01
海　南	7	354	187	5	23	57	11165	0.02	
重　庆	19	79	13				11317	0.09	0.08
四　川	35	537	344	16	79	171	23482	0.09	0.07
贵　州	5	51	23	1	3	4			
云　南	12	88	18		1	3	7601	0.04	0.03
西　藏	14	6					2974	0.01	0.01
陕　西	66	783	359	11	43	115	41416	1.27	0.33
甘　肃	18	395	78	1	8	28	12244	0.31	0.04
青　海	15	40	2			1	4469	0.15	0.01
宁　夏	3	21	15	1		4	2636	0.19	0.19
新　疆	12	204	101	6	22	42	9613	0.29	0.02

表演场馆基本情况

观众人次合计(万人次)	艺术演出观众人次	总收入(千元)	财政补贴收入	艺术演出收入	总支出(千元)	资产总计(千元)	实际使用房屋建筑面积(万平方米)	演(映)出业务用房	实际拥有产权面积(万平方米)
2187.92	**1258.87**	**5100209**	**2674424**	**851100**	**5148943**	**25469780**	**815.71**	**425.32**	**400.41**
51.99	45.43	803294	545530	97345	686377	3758353	24.98	22.83	25.21
25.23	17.37	25798	5984	3090	29275	309093	10.40	4.71	2.59
49.23	23.35	137895	82964	18119	167115	710517	30.22	17.75	16.64
132.32	39.84	160723	69557	16346	168928	1893154	41.25	17.57	22.42
42.88	7.85	34688	30166		36040	619626	18.36	6.13	7.44
33.01	20.14	68623	38246	19505	119286	211517	20.12	12.46	13.23
24.08	6.99	53932	39323	4292	48582	141118	9.76	4.60	4.67
7.99	7.04	34180	5176	6290	35415	84884	12.84	9.04	1.89
138.66	110.28	961876	489337	171515	729088	2652318	63.35	35.81	24.11
238.55	145.83	636441	217637	135033	706363	3873892	119.47	53.69	41.92
182.45	90.95	359711	174069	64995	419860	2745085	76.20	36.53	46.33
71.12	37.50	93154	48958	16002	98602	836984	22.11	10.59	10.20
38.05	17.38	66059	33659	3295	74558	202784	22.32	7.19	12.15
94.15	62.13	164636	74526	28321	175291	395355	33.82	14.11	9.94
162.21	115.67	257869	154297	56406	275802	1399131	71.11	41.46	33.78
140.08	57.58	140230	73568	6412	152494	573968	33.38	16.72	18.60
72.85	42.63	104461	50186	26029	115847	755503	28.04	18.49	12.82
235.57	133.42	105691	74596	4860	133191	472979	21.46	12.24	14.38
97.77	71.33	434900	232493	72877	450221	1246702	60.41	34.19	40.91
8.86	4.63	3554	285	44	4898	26443	3.13	1.20	1.52
5.91	5.18	70051	57649	4641	72116	97249	5.16	0.76	2.04
31.32	28.32	20733	10376	8597	24556	18338	12.14	7.75	7.63
36.22	29.02	47857	31752	5284	98674	976277	14.78	8.85	4.35
		7480			9965	100188	0.76		0.74
14.52	14.15	35103	12829	7781	35739	233598	6.18	2.93	3.14
1.15	1.10	275	175		295	4840	2.42	0.24	0.06
124.31	79.86	124754	58478	44215	124485	584210	26.12	15.07	11.09
25.52	11.08	38638	702	688	42989	276055	7.33	3.45	4.48
61.91	0.68	2040	1369		3393	46589	2.91	1.66	0.75
11.00	9.00	2615	2316		2859	3618	0.21	0.14	0.19
8.73	3.31	62247	58221		58661	175275	6.75	2.66	2.77

2020年各地区文化和旅游部门

地区	机构数(个)	从业人员(人)					座席数(个)	演(映)出场次合计(万场次)	
			专业技术人才						艺术演出场次
				正高级职称	副高级职称	中级职称			
总　　计	**1111**	**18245**	**5833**	**165**	**641**	**2013**	**767021**	**22.80**	**3.38**
北　　京	6	181	45			6	6435	0.21	0.05
天　　津	25	159	36			3	14832	0.83	0.05
河　　北	68	1017	345	32	69	130	31466	1.91	0.11
山　　西	73	1046	274	1	11	89	56094	2.79	0.13
内 蒙 古	17	140	71	2	5	33	12909	0.69	0.16
辽　　宁	30	356	99	2	5	18	15609	0.15	0.04
吉　　林	22	348	118	3	35	34	12000	0.80	0.05
黑 龙 江	26	198	35	6	1	12	15669	0.03	0.02
上　　海	12	332	52		1	6	9978	0.29	0.09
江　　苏	98	2143	564	8	16	120	89232	5.00	0.52
浙　　江	58	1231	358	2	18	120	56576	2.49	0.25
安　　徽	37	643	339	9	31	128	24333	0.27	0.12
福　　建	37	531	164	2	13	54	23550	1.34	0.07
江　　西	38	610	353	4	45	142	21361	0.30	0.08
山　　东	81	1505	448	6	35	149	54446	0.56	0.19
河　　南	131	2160	197	13	12	72	69035	0.19	0.10
湖　　北	45	630	254	1	22	94	34853	1.59	0.08
湖　　南	55	948	555	9	59	265	42874	0.52	0.29
广　　东	40	1455	406	24	84	129	43019	0.23	0.15
广　　西	11	48	5		1	2	6011	0.21	0.01
海　　南	7	354	187	5	23	57	11165	0.02	
重　　庆	19	79	13				11317	0.09	0.08
四　　川	35	537	344	16	79	171	23482	0.09	0.07
贵　　州	5	51	23	1	3	4			
云　　南	12	88	18		1	3	7601	0.04	0.03
西　　藏	13	6					2674		
陕　　西	63	750	338	11	42	98	40306	1.26	0.33
甘　　肃	18	395	78	1	8	28	12244	0.31	0.04
青　　海	11	22					3175	0.10	0.01
宁　　夏	3	21	15	1		4	2636	0.19	0.19
新　　疆	11	195	99	6	22	42	8923	0.29	0.02

所属艺术表演场馆基本情况

观众人次合计(万人次)	艺术演出观众人次	本年收入合计(千元)	财政补贴收入	艺术演出收入	本年支出合计(千元)	资产总计(千元)	实际使用房屋建筑面积(万平方米)	演(映)出业务用房	实际拥有产权面积(万平方米)
1891.35	**1072.13**	**3083962**	**1569049**	**501736**	**3410318**	**15981937**	**656.96**	**327.51**	**334.31**
21.79	15.53	40666	13014	1386	45751	152401	3.79	1.99	4.02
25.23	17.37	25798	5984	3090	29275	309093	10.40	4.71	2.59
48.29	22.75	130159	82964	18119	158451	707909	28.39	17.34	15.16
129.56	37.41	122671	65786	16161	128484	1788599	37.16	15.53	17.90
42.88	7.85	34688	30166		36040	619626	18.36	6.13	7.44
33.01	20.14	68623	38246	19505	119286	211517	20.12	12.46	13.23
17.08	5.49	44539	32469	4234	44644	136958	6.06	4.08	4.67
7.99	7.04	34180	5176	6290	35415	84884	12.84	9.04	1.89
39.50	29.04	130955	79909	17264	134063	123866	17.74	3.12	11.32
202.06	116.26	455466	166637	90641	485922	1485326	93.49	42.08	34.54
176.31	89.41	343213	165713	62970	374188	2080949	67.28	30.66	38.39
57.82	33.50	66258	32508	11018	70251	827443	15.31	7.95	9.40
38.05	17.38	66059	33659	3295	74558	202784	22.32	7.19	12.15
86.51	59.08	152966	74436	18571	163989	382524	19.85	13.31	9.52
152.54	108.23	221408	122981	52083	236742	1379807	65.96	38.31	32.42
85.28	54.90	130785	65250	6412	142081	551866	32.21	16.28	17.77
65.48	37.51	64329	27581	16813	76442	721477	21.08	11.83	12.52
235.51	133.36	103902	73617	4860	131323	465160	20.77	12.08	13.69
88.99	64.19	414394	220526	69197	429579	1234232	54.15	29.15	36.08
7.96	4.03	3474	205	44	4818	26093	2.84	0.94	1.52
5.91	5.18	70051	57649	4641	72116	97249	5.16	0.76	2.04
31.32	28.32	20733	10376	8597	24556	18338	12.14	7.75	7.63
36.22	29.02	47857	31752	5284	98674	976277	14.78	8.85	4.35
		7480			9965	100188	0.76		0.74
14.52	14.15	35103	12829	7781	35739	233598	6.18	2.93	3.14
0.55	0.50	275	175		295	3840	2.30	0.16	0.06
122.46	78.56	123294	57328	44025	123063	565342	25.70	14.69	10.76
25.52	11.08	38638	702	688	42989	276055	7.33	3.45	4.48
61.42	0.68	1397	1359		1938	18531	2.61	1.38	0.45
11.00	9.00	2615	2316		2859	3618	0.21	0.14	0.19
8.73	3.31	61722	57736		57919	173661	6.57	2.51	2.55

2020年各地区非公有制

地　区	机构数（个）	从业人员（人）	专业技术人才	座席数（个）	演（映）出场次合计（万场次）	艺术演出场次	惠民演出	观众人次合计（万人次）	营业收入
总　计	**1562**	**39458**	**9745**	**869982**	**34.41**	**27.82**	**1.68**	**3876.75**	**6937601**
北　京	42	986	254	26631	13.25	11.15	0.04	267.24	367876
天　津	60	1476	444	35707	2.11	1.96	0.17	116.10	257916
河　北	30	517	110	15941	0.90	0.80	0.08	40.52	30990
山　西	86	2128	363	15351	0.61	0.44	0.14	89.36	203493
内蒙古	15	502	67	9728	0.21	0.19	0.01	18.74	27225
辽　宁	63	2828	978	33653	0.60	0.41	0.12	153.55	377367
吉　林	62	603	117	8827	0.28	0.21	0.01	28.58	99308
黑龙江	38	1322	548	13227	0.21	0.18	0.03	28.52	51282
上　海	30	1004	206	74206	0.28	0.20	0.02	97.63	601376
江　苏	161	2560	637	93707	0.81	0.63	0.03	198.12	532114
浙　江	246	4636	1045	80386	3.40	2.20	0.21	403.68	1209859
安　徽	60	1062	410	26813	0.35	0.17	0.05	64.73	48380
福　建	27	1523	514	25677	0.85	0.72	0.01	129.21	322381
江　西	35	805	243	13997	1.63	1.33	0.06	54.14	112834
山　东	67	1780	284	33764	1.27	0.86	0.15	399.94	303942
河　南	66	2467	534	30895	0.77	0.63	0.10	149.14	398703
湖　北	25	526	92	12686	0.10	0.08		35.36	68443
湖　南	54	1823	407	23122	1.08	0.76	0.07	377.33	221478
广　东	73	2418	497	138738	0.66	0.41	0.04	130.06	545409
广　西	36	1457	320	11519	0.45	0.40	0.04	175.81	121593
海　南	13	335	47	11115	1.72	1.69	0.01	225.88	170720
重　庆	32	970	313	30205	0.83	0.73	0.05	46.57	123462
四　川	90	1536	417	49979	0.54	0.38	0.13	77.47	263084
贵　州	26	315	112	6066	0.02	0.02		3.71	11504
云　南	22	2361	370	19040	0.54	0.44	0.02	310.05	223613
西　藏	11	119	24	717	0.06	0.06		9.73	8030
陕　西	40	491	172	16916	0.43	0.39	0.03	130.44	62165
甘　肃	18	570	164	7690	0.24	0.22	0.02	68.72	161207
青　海	22	142	11	1784	0.13	0.12		4.37	8301
宁　夏									
新　疆	12	196	45	1895	0.08	0.04	0.04	42.05	3546

艺术表演场馆基本情况

经营情况(千元)								资产总计(千元)	实际使用房屋建筑面积(万平方米)	
艺术演出收入	营业成本	养老、医疗、失业等各种社会保险费	本年发放工资总额	本年应交税金总额	营业利润	营业外收入	政府补贴			演(映)出业务用房
2997157	**7729802**	**226477**	**2006986**	**325557**	**-792246**	**1048728**	**819668**	**50655326**	**761.99**	**274.71**
239385	407525	14069	92799	18760	-39649	14414	11671	1697485	15.14	9.76
22534	491519	9882	93626	9135	-233604	6927	4836	2823003	21.50	7.70
6684	76963	2279	19104	2850	-46009	48225	43902	677776	25.04	6.81
69834	180379	3153	48357	8964	23111	4484	1758	502382	13.84	3.44
14399	25723	309	8583	402	1502	8598	8370	44469	8.71	3.97
166469	560160	18081	123600	27016	-182793	47395	42076	4722493	61.45	8.10
28282	87221	1110	12775	5687	12086	8140	7724	137780	6.87	1.97
12884	126085	8176	43141	1020	-74804	55160	38671	575445	22.32	1.70
167598	490998	16256	145897	55948	110378	78205	64536	2821838	47.74	9.47
151646	571435	19532	183826	10885	-39319	99900	93655	3198428	104.27	36.50
432636	1259220	31575	310616	22034	-49362	192790	135581	4306225	84.97	28.73
24332	93727	3729	48312	1351	-45345	20202	19403	2972759	15.85	7.04
271938	354005	9678	79396	7877	-31626	61885	58450	695062	28.41	12.70
46767	130549	1219	23060	644	-17715	2246	1012	703555	4.64	3.33
110940	382933	14916	109008	14105	-78992	51814	40377	3271491	32.78	16.43
168623	369065	12358	85940	28107	29637	23476	13476	1931092	34.13	15.20
6159	47134	1909	13759	231	21310	4388	2120	760120	5.54	2.90
121886	327436	3931	81873	26511	-105959	98649	54905	9862870	35.77	17.54
211751	653962	12233	161676	29052	-108554	77510	66981	3187622	69.00	19.00
94147	149210	2719	36984	3909	-27614	7983	962	1033073	10.58	2.89
137063	134988	6614	41939	15444	35733	20735	20301	470437	6.99	2.12
28955	128134	3459	35492	3302	-4674	27015	26599	812490	27.77	17.87
52287	227730	4372	65626	5299	35351	14842	14056	1156691	32.55	13.15
3411	26802	699	13631	464	-15299	9922	9770	21677	5.81	1.23
202034	201182	11524	66007	17998	22431	19912	2063	1599828	14.98	11.76
6670	4390	301	2024	110	3640			32220	0.65	0.30
44474	63024	2679	22775	2898	-858	21339	20346	236216	14.65	6.98
146680	144189	8200	29543	4301	17018	21131	15805	349399	8.43	5.40
6273	7518	1044	2785	1079	783	1280	131	8858	0.88	0.36
416	6596	471	4832	174	-3050	161	131	42542	0.73	0.36

主要统计指标解释

1. **本团原创首演剧目**：指由戏曲、话剧、歌剧、舞剧、歌舞剧、木偶、皮影等艺术表演团体原生创作并首演且单个剧目演出时间超过一小时的表演剧目，但不包括音乐、舞蹈、曲艺、杂技等单个小节目的创作演出。

2. **演出场次**：指以场为计量单位的在国内和国外的艺术表演的次数。包括售票、包场等有演出收入的场次和政府采购的公益性演出场次及参加汇演、调演等无演出收入的公开演出场次，包括流动舞台车演出场次，不包括彩排和内部观摩等无演出收入的场次。

场数的计算，通常以售票、发票一次（或在其他地点进行一次艺术表演活动相当于剧场演出一场的时间）为一场。按时收费的，按日场、晚场或早场等一般习惯（约 1 至 2 小时）计算。评弹等曲艺演出计算场数，可按演出 1 至 2 小时为一场的原则进行折算。独幕剧或音乐、舞蹈、曲、杂、木、皮节目组成专场演出时，不论包括几个独幕剧或节目，一律按一场计算。

3. **农村演出场次及观众人次**：指本团到（乡镇及以下）农村和林区、牧区、渔区的演出。不论在本省或外省，凡到上述地区演出，均计入农村演出。

4. **演出收入**：指艺术表演团体通过售票或包场演出所取得的票房收入，不包括政府采购的公益性演出补贴收入。

5. **政府采购的公益性演出场次、观众人次**：指本团报告期内不进行售票、免费给社会公众演出并从财政部门获取一定场次补贴的公益性演出场次、观众人次。

6. **政府采购的公益性演出补贴收入**：指本团报告期内因进行公益性演出而取得的补贴收入，为财政拨款的其中项。

7. **座席数**：指公开营业艺术表演场馆可向观众售票的实际座席数。

8. **演（映）出业务用房**：指在艺术表演场馆中用于演（映）出服务的设施面积。多功能艺术表演的场所应包括观众厅、门厅、舞台部分（主台、侧台、后台）的建筑面积和辅助设施——休息室、化妆间、服装间、道具间、舞台设备控制间（灯控间、音控间、放映间等）的建筑面积以及配电设施、消防通道的建筑面积。若属非独立建筑的，则按使用面积计算。

旅　游

按年份旅游业主要发展指标

年　份	国内旅游人次（亿人次）	国内旅游收入（亿元）	入境旅游人次（万人次）	入境旅游收入（亿美元）	出境旅游人次（万人次）	旅游总收入（万亿元）
2010年	21.03	12580	13376	458.14	5739	1.57
2011年	26.41	19305	13542	484.64	7025	2.25
2012年	29.57	22706	13241	500.28	8318	2.59
2013年	32.62	26276	12908	516.64	9819	2.95
2014年	36.11	30312	12850	1053.80	10728	3.73
2015年	39.90	34195	13382	1136.50	11689	4.13
2016年	44.35	39390	13844	1200.00	12203	4.69
2017年	50.01	45661	13948	1234.17	13051	5.40
2018年	55.39	51278	14120	1234.17	14972	5.97
2019年	60.06	57251	14531	1313.00	15463	6.63
2020年	28.79	22286	-	-	-	-

注：受新型冠状肺炎病毒疫情冲击影响，出入境旅游市场波动较大，不再列举。

按年份国内旅游人数和国内旅游收入

年份	国内旅游人数（亿人次）	比上年增长（%）	国内旅游收入（亿元）	比上年增长（%）
1993	4.10		864.00	
1994	5.24	27.8	1023.51	18.5
1995	6.29	20.0	1375.70	34.4
1996	6.39	1.6	1638.38	19.1
1997	6.44	0.8	2112.70	29.0
1998	6.94	7.8	2391.18	13.2
1999	7.19	3.6	2831.92	18.4
2000	7.44	3.5	3175.54	12.1
2001	7.84	5.4	3522.37	10.9
2002	8.78	12.0	3878.36	10.1
2003	8.70	-0.9	3442.27	-11.2
2004	11.02	26.7	4710.71	36.8
2005	12.12	10.0	5285.86	12.2
2006	13.94	15.0	6229.74	17.9
2007	16.10	15.5	7770.62	24.7
2008	17.12	6.3	8749.30	12.6
2009	19.02	11.1	10183.69	16.4
2010	21.03	10.6	12579.77	23.5
2011	26.41	13.2	19305.39	23.6
2012	29.57	12.0	22706.22	17.6
2013	32.62	10.3	26276.12	15.7
2014	36.11	10.7	30311.86	15.4
2015	39.90	10.5	34195.05	12.8
2016	44.35	11.0	39389.82	15.2
2017	50.01	12.8	45660.77	15.9
2018	55.39	10.8	51278.29	12.3
2019	60.06	8.4	57250.92	11.7
2020	28.79	-52.07	22286.3	-61.07

注:2011年起，国内旅游抽样调查方法发生变化，不能与往年数据进行简单比较。

2020年国内旅游基本情况

	总人次数（亿人次）	出游率（%）	总花费（亿元）	人均每次花费（元/人次）
全国总计	**28.79**	**209.37**	**22286.30**	**774.14**
城镇居民合计	**20.65**	**267.78**	**17966.50**	**870.25**
一季度	2.29	29.65	1917.38	838.82
二季度	4.54	58.89	3245.74	714.92
三季度	7.16	92.87	6611.47	923.39
四季度	6.66	86.37	6191.91	929.81
农村居民合计	**8.14**	**135.05**	**4319.80**	**530.47**
一季度	0.66	10.97	326.33	493.54
二季度	1.83	30.35	837.55	457.68
三季度	2.85	47.26	1533.33	538.01
四季度	2.80	46.47	1622.59	579.06

2020年各地区A级旅游景区基本情况

地　区	A级旅游景区总数（个）	直接从业人员（万人）	接待人次（亿人次）	营业收入（亿元）	其中：门票收入（亿元）
总　计	**13332**	**155.94**	**32.37**	**2017.65**	**430.96**
北　京	226	5.43	0.95	34.78	14.81
天　津	96	0.87	0.51	14.05	3.30
河　北	465	5.67	0.55	17.22	6.34
山　西	237	2.61	0.50	38.88	6.02
内蒙古	400	2.70	0.27	10.59	5.07
辽　宁	571	6.53	1.03	20.47	9.26
吉　林	241	1.44	0.24	7.24	2.91
黑龙江	409	3.16	0.25	18.50	3.27
上　海	130	1.67	0.79	32.29	15.64
江　苏	596	6.89	3.03	70.48	28.69
浙　江	827	6.48	2.95	154.42	32.81
安　徽	625	3.65	1.11	94.43	18.52
福　建	401	3.26	1.07	36.39	7.14
江　西	461	4.32	1.79	394.04	22.78
山　东	1227	12.07	2.14	77.51	23.72
河　南	580	5.01	1.10	40.79	20.47
湖　北	479	5.03	1.03	52.62	19.92
湖　南	520	13.93	1.67	144.53	39.51
广　东	486	8.06	1.81	72.60	26.32
广　西	611	5.16	1.50	45.61	12.82
海　南	69	2.30	0.26	15.92	6.89
重　庆	262	2.55	1.10	61.60	9.47
四　川	731	26.71	2.39	265.26	26.02
贵　州	460	4.37	0.90	60.17	5.55
云　南	419	4.17	0.95	81.10	22.88
西　藏	134	0.11	0.01	0.63	0.36
陕　西	502	4.76	0.95	53.93	18.30
甘　肃	358	2.09	0.57	33.00	13.31
青　海	134	0.62	0.22	20.50	3.60
宁　夏	107	1.24	0.16	5.05	2.07
新　疆	507	2.33	0.53	41.43	3.02

2020年各地区分等级A级旅游景区数量

地　区	总计	5A	4A	3A	2A	1A
总　计	**13332**	**302**	**4030**	**6931**	**1986**	**83**
北　京	226	8	72	115	31	
天　津	96	2	31	43	20	
河　北	465	11	140	192	120	2
山　西	237	9	108	99	19	2
内蒙古	400	6	133	115	146	
辽　宁	571	6	136	353	69	7
吉　林	241	7	73	108	46	7
黑龙江	409	6	107	194	87	15
上　海	130	3	68	59		
江　苏	596	25	208	263	100	
浙　江	827	19	224	465	112	7
安　徽	625	12	203	314	96	
福　建	401	10	99	237	55	
江　西	461	13	167	246	35	
山　东	1227	13	220	672	319	3
河　南	580	14	189	273	103	1
湖　北	479	13	152	272	41	1
湖　南	520	10	135	350	23	2
广　东	486	15	189	267	15	
广　西	611	8	279	313	11	
海　南	69	6	22	28	13	
重　庆	262	10	121	81	49	1
四　川	731	15	282	326	105	3
贵　州	460	8	126	317	9	
云　南	419	9	104	221	73	12
西　藏	134	5	23	59	33	14
陕　西	502	11	131	318	41	1
甘　肃	358	6	107	172	72	1
青　海	134	4	29	83	18	
宁　夏	107	4	27	46	28	2
新　疆	507	13	108	292	92	2

2020年各地区旅行社基本情况

地　区	机构数（个）	从业人员（人）	营业收入(千元)			利润总额（千元）	固定资产原价（千元）
			国内旅游营业收入	入境旅游营业收入	出境旅游营业收入		
全　国	**40682**	**322497**	**119448586**	**1616418**	**16391082**	**-7177257**	
北　京	3194	19062	4851004	134092	2649054	-1990393	
天　津	516	4606	10235404	6834	66941	-234963	
河　北	1531	6567	721462	23463	7573	-76651	
山　西	945	5206	677207	11925	82448	-43032	
内蒙古	1159	5354	442890	5256	13045	-44241	
辽　宁	1530	7471	869199	12029	278229	-179175	
吉　林	696	3813	290010	11107	72444	-49236	
黑龙江	824	3866	555315	6268	56000	-84235	
上　海	1808	27135	16787383	273163	3383544	-175342	
江　苏	3057	23747	11001776	58927	1071850	-842059	
浙　江	2885	26586	11864846	38919	1329611	-394821	
安　徽	1522	9479	3195072	16692	58354	-87953	
福　建	1270	13725	3459951	27643	520616	-142512	
江　西	974	5567	1726280	6671	65369	-32464	
山　东	2676	15372	2274512	43542	199642	-171013	
河　南	1166	8395	991737	17664	237654	-73090	
湖　北	1310	11009	3821553	19378	140132	-156258	
湖　南	1315	16693	4289049	36741	270114	-96109	
广　东	3390	38731	17013840	358028	3250177	-1133696	
广　西	922	8220	1435719	36116	151927	-118709	
海　南	600	6311	3157560	180770	35678	-45364	
重　庆	710	10355	7648275	169940	1026430	-349651	
四　川	1336	8279	1738964	27449	459051	-117248	
贵　州	671	4159	1622709	6501	40759	-64064	
云　南	1147	10673	3069415	34546	426844	-162398	
西　藏	310	1746	498090	3660		-13780	
陕　西	903	8449	2841099	41763	409562	-150783	
甘　肃	796	4008	1102897	582	29921	-19934	
青　海	527	2846	540505	1870	32252	-28086	
宁　夏	173	1365	277578	3665	3451	-5404	
新　疆	657	2690	249489	203	7714	-63543	

2020年各地区旅行社组织、接待国内游客情况

地　区	组团		接待	
	人数(人次)	人天数	人数(人次)	人天数
全　国	**57727129**	**142179064**	**75158210**	**160287016**
北　京	1643234	6296774	882003	4245959
天　津	205791	599183	77507	161800
河　北	400669	995982	356067	706401
山　西	546819	1417933	1087169	3946916
内蒙古	162365	393810	284711	815720
辽　宁	754590	2086240	418651	1102144
吉　林	180995	649592	272618	598148
黑龙江	107716	306091	512928	994881
上　海	2539845	7313119	1680087	3130910
江　苏	5743860	11428319	6408157	10616162
浙　江	8303248	17145110	12892688	23024441
安　徽	1437150	4199771	3342096	6194998
福　建	2605500	5665841	2867470	5976560
江　西	1467923	2789272	1006151	2048894
山　东	1597702	4114948	882469	1947647
河　南	758193	1891617	335204	579483
湖　北	4258454	8587153	7984946	12202893
湖　南	4764624	9474252	4147123	8891637
广　东	7376762	18710362	4183089	9432296
广　西	687223	1750426	1918464	4605723
海　南	669679	924882	6393521	17229934
重　庆	4460914	16059457	2709042	3928268
四　川	1952082	5889057	2005106	5131099
贵　州	894361	1774082	4198777	9364884
云　南	1251664	3007169	4053343	10264980
西　藏	63992	126556	283755	1438034
陕　西	1819704	6025166	2301327	6255060
甘　肃	358566	1037756	612385	2143509
青　海	305027	483813	536044	1824464
宁　夏	245146	583932	345630	908709
新　疆	114034	276100	112809	345882

2020年各地区旅行社组织、接待入境旅游者情况

地区	外联		接待	
	人数(人次)	人天数	人数(人次)	人天数
全国	**413073**	**1560472**	**661541**	**2159966**
北京	30735	118016	28288	106086
天津	1203	1761	1563	1717
河北	2406	10040	645	3834
山西	3560	22172	5333	30620
内蒙古	5939	13780	8655	29197
辽宁	24235	95471	25186	99453
吉林	6908	24171	11843	35954
黑龙江	1173	10290	4440	21910
上海	51878	138047	138793	221964
江苏	4319	18639	29604	184491
浙江	7585	38414	25139	62425
安徽	2270	8749	9156	35326
福建	48859	219385	57885	188891
江西	20	30	617	3229
山东	45695	244727	40845	211936
河南	3627	13514	4013	10694
湖北	1441	7308	4560	12006
湖南	7880	33658	22857	94332
广东	111466	345891	159958	471971
广西	9982	29134	13557	51787
海南	13974	16439	25809	101136
重庆	507	2161	2198	3532
四川	5852	38760	10230	66654
贵州	2304	18258	1916	10012
云南	5027	19411	12481	40415
西藏	835	4305	969	4940
陕西	11491	54393	13736	49551
甘肃	1868	13483	219	558
青海	9	9	142	360
宁夏	12	12	657	4628
新疆	6	36	113	220

2020年全国星级饭店基本情况

类　型	饭店数（个）	从业人员（万人）	客房数（间/套）	床位数（张）	客房出租率（%）	营业收入（亿元）	固定资产原　价（亿元）
合　计	**8423**	**75.68**	**1160622**	**1906788**	**38.98**	**1221.53**	**4321.25**
国有企业	1919	23.36	296595	494025	38.74	380.51	1470.87
集体企业	189	1.35	20320	34615	35.05	22.09	75.79
股份合作	179	1.14	19380	33533	37.26	15.70	49.77
联营企业	71	0.43	8038	13810	37.33	5.93	21.27
有限责任公司	923	9.81	145042	232656	38.58	156.09	518.68
股份有限公司	568	5.44	84940	141683	39.86	82.97	272.61
私营企业	3789	23.75	439932	732732	39.37	337.53	1057.73
其他企业	408	2.71	46406	75457	41.04	48.41	144.89
港澳台商投资企业	196	3.98	52753	78654	37.21	86.75	393.52
外商投资企业	181	3.72	47216	69623	39.63	85.55	316.13
一星级	30	0.04	1623	2962	35.74	0.45	0.86
二星级	1100	2.54	61918	110166	38.65	29.56	73.52
三星级	4074	20.73	393129	683458	37.98	261.59	757.51
四星级	2399	29.93	439914	718135	39.12	454.43	1635.05
五星级	820	22.44	264038	392067	40.38	475.50	1854.32

2020年各地区星级饭店主要经济指标情况

地　区	饭店数（个）	从业人员（万人）	客房数（间/套）	床位数（张）	固定资产原价（亿元）	营业收入（亿元）
全　国	**8423**	**75.68**	**1160622**	**1906788**	**4321.25**	**1221.53**
北　京	362	4.19	59701	96743	388.24	89.21
天　津	69	0.86	12962	19355	64.32	13.61
河　北	285	3.08	42834	73000	147.76	41.72
山　西	179	0.99	12159	21575	40.62	10.07
内蒙古	191	1.39	24233	42489	96.92	16.48
辽　宁	293	2.14	39353	64616	180.74	27.61
吉　林	91	0.65	11981	21474	39.34	7.24
黑龙江	149	0.78	16793	29899	50.22	7.36
上　海	188	3.78	51718	74900	333.29	101.17
江　苏	376	5.38	65723	101640	313.00	110.17
浙　江	500	5.93	84286	134792	350.34	120.61
安　徽	245	2.51	38195	63419	137.01	37.06
福　建	279	3.70	48273	74946	146.04	58.36
江　西	293	2.02	41445	69536	99.25	25.16
山　东	454	5.51	70287	115383	272.05	84.79
河　南	344	3.10	47249	80629	132.01	40.06
湖　北	312	2.18	41575	67862	128.52	32.13
湖　南	272	2.63	37042	61279	124.49	37.37
广　东	551	7.15	97317	155001	359.27	121.59
广　西	381	2.06	42231	69339	98.27	26.43
海　南	98	1.40	19990	33423	93.60	27.10
重　庆	151	1.22	19055	30277	73.58	17.48
四　川	366	3.32	46678	75057	186.14	46.90
贵　州	217	1.15	24834	40731	52.97	18.85
云　南	389	1.98	37168	64461	95.77	21.44
西　藏	161	0.15	3474	6088	12.32	1.77
陕　西	269	2.32	34716	59707	105.58	28.44
甘　肃	304	1.73	33986	60001	68.76	19.96
青　海	178	0.45	10143	18782	19.30	6.61
宁　夏	82	0.30	6563	11553	11.70	3.51
新　疆	346	1.41	33289	59124	80.21	18.14

续表

地　区	客房收入(亿元)	餐饮收入(亿元)	其他收入(亿元)	营业利润(亿元)	平均客房出租率(%)	平均房价(元/夜间)
全　国	**487.63**	**508.52**	**225.37**	**-115.69**	**38.98**	**313.91**
北　京	35.61	23.51	30.09	-15.44	31.57	528.14
天　津	6.22	4.30	3.09	-2.35	33.7	387.06
河　北	15.60	19.70	6.42	-9.95	37.5	284.3
山　西	3.51	4.94	1.62	-2	39.97	209.21
内蒙古	6.43	8.03	2.02	-2.02	33.23	231.56
辽　宁	10.80	10.84	5.97	-5.86	31.44	251.23
吉　林	3.09	2.92	1.23	-2.6	30.7	239.33
黑龙江	4.06	2.18	1.12	-2.09	27.52	244.13
上　海	39.86	34.60	26.71	-8.51	36.7	603.04
江　苏	33.62	56.72	19.83	-3.49	41.9	352.46
浙　江	40.97	60.67	18.97	-9.28	41.72	328.85
安　徽	14.09	18.76	4.21	-3.41	39.4	272.45
福　建	24.74	27.08	6.54	-1.68	43.72	330.42
江　西	12.20	10.20	2.76	-1.79	38.53	220.4
山　东	28.50	43.26	13.03	-6.51	39.72	295.36
河　南	15.84	17.99	6.23	-4.09	40.84	243.65
湖　北	15.22	12.39	4.53	-4.52	39.43	279.57
湖　南	15.45	16.42	5.50	-2.71	49.27	242.83
广　东	46.29	50.13	25.17	-10.84	38.05	383.13
广　西	11.74	9.42	5.27	-2.99	40.52	201.93
海　南	15.93	6.44	4.73	3.06	44.81	523.81
重　庆	8.43	6.39	2.66	-3.38	40.04	319.66
四　川	19.93	16.34	10.62	-4.57	44.04	332.97
贵　州	9.52	5.45	3.88	-0.17	40.44	265.25
云　南	10.73	5.82	4.89	-1.21	37.15	229.42
西　藏	1.15	0.44	0.17	-0.32	42.76	253.11
陕　西	12.37	13.37	2.71	-2.19	39.58	256.51
甘　肃	9.74	8.13	2.09	-0.79	38.27	219.23
青　海	3.68	2.41	0.52	-0.5	34.65	237.32
宁　夏	1.41	1.82	0.28	-0.45	36.42	201.94
新　疆	9.29	6.97	1.88	-2.92	39.28	206.2

2020年各地区星级饭店机构情况

地　区	合计	五星级	四星级	三星级	二星级	一星级
全　国	**8423**	**820**	**2399**	**4074**	**1100**	**30**
北　京	362	53	102	143	62	2
天　津	69	13	28	25	3	
河　北	285	24	113	117	30	1
山　西	179	12	50	90	27	
内蒙古	191	12	31	92	56	
辽　宁	293	25	67	153	48	
吉　林	91	4	32	49	6	
黑龙江	149	6	36	90	17	
上　海	188	71	59	50	8	
江　苏	376	78	129	153	16	
浙　江	500	82	168	189	57	4
安　徽	245	23	110	98	14	
福　建	279	51	124	99	4	1
江　西	293	17	122	143	11	
山　东	454	34	137	253	30	
河　南	344	21	80	203	40	
湖　北	312	22	80	164	46	
湖　南	272	17	60	149	46	
广　东	551	101	129	290	30	1
广　西	381	12	106	216	47	
海　南	98	21	35	37	4	1
重　庆	151	27	45	62	17	
四　川	366	34	115	140	77	
贵　州	217	6	68	90	49	4
云　南	389	17	72	183	111	6
西　藏	161	3	44	67	43	4
陕　西	269	16	48	163	42	
甘　肃	304	2	80	162	58	2
青　海	178	2	37	105	32	2
宁　夏	82		31	40	9	2
新　疆	346	14	51	226	55	

2020年各地区五星级饭店经营情况

地　区	饭店数(个)	从业人员(万人)	客房数(间/套)	床位数(张)	固定资产原　价(亿元)	营业收入(亿元)
全　国	**820**	**224441**	**264038**	**392067**	**1851.35**	**474.55**
北　京	53	13515	15740	22268	172.65	35.61
天　津	13	2665	3719	4938	24.07	4.26
河　北	24	7391	7277	11185	55.49	12.44
山　西	12	1175	1015	1665	8.04	0.99
内蒙古	12	3630	4226	6447	37.12	4.75
辽　宁	25	5751	8979	12810	65.93	9.25
吉　林	4	1039	1195	1761	7.97	1.67
黑龙江	6	1118	1698	2512	9.17	1.77
上　海	71	23353	28042	38633	228.41	68.30
江　苏	78	21206	24385	35108	181.85	53.84
浙　江	82	20620	23674	35975	163.14	46.13
安　徽	23	5504	7629	11723	37.21	10.14
福　建	51	14747	16411	23472	73.77	25.60
江　西	17	3855	5036	7518	26.73	5.84
山　东	34	10979	12658	18665	91.45	22.26
河　南	21	6097	5806	9029	31.72	9.08
湖　北	22	5698	7598	10883	40.83	12.53
湖　南	17	6033	5989	9251	48.69	11.41
广　东	101	30400	33810	51341	230.26	65.07
广　西	12	3125	3229	5082	29.64	4.74
海　南	21	8174	8713	14479	64.12	20.94
重　庆	27	5491	7110	10659	41.02	10.18
四　川	34	9881	11465	17149	78.55	17.45
贵　州	6	1585	1967	2982	12.04	2.78
云　南	17	2725	3694	5944	32.41	3.33
西　藏	3	270	482	803	3.42	0.27
陕　西	16	4599	5765	8624	25.18	7.70
甘　肃	2	356	476	762	5.12	0.87
青　海	2	820	1085	1970	1.37	1.72
新　疆	14	2639	5165	8429	23.96	3.63

续表

地　区	客房收入（亿元）	餐饮收入（亿元）	其他收入（亿元）	营业利润（亿元）	平均客房出租率（%）	平均房价（元/夜间）
全　国	**192.11**	**196.33**	**83.29**	**-37.72**	**40.38%**	**518.81**
北　京	13.70	11.21	10.70	-6.61	30.10%	828.43
天　津	2.57	1.44	0.26	-0.55	38.70%	491.81
河　北	4.58	6.22	1.64	-3.29	46.00%	404.88
山　西	0.36	0.57	0.06	-0.23	41.80%	283.05
内蒙古	1.96	2.25	0.54	-0.91	36.15%	387.46
辽　宁	3.52	3.79	1.95	-1.46	33.37%	326.55
吉　林	0.60	0.62	0.44	-0.62	35.59%	420.13
黑龙江	0.87	0.72	0.18	-0.06	31.73%	442.40
上　海	28.64	25.04	14.62	-4.75	37.53%	813.60
江　苏	17.25	24.36	12.23	-0.57	42.86%	479.25
浙　江	15.88	24.14	6.12	-4.53	41.31%	468.41
安　徽	4.25	4.78	1.11	-0.60	42.93%	361.30
福　建	11.30	11.64	2.66	-2.50	41.84%	456.12
江　西	2.58	2.45	0.82	-0.02	44.30%	330.96
山　东	8.63	11.03	2.59	-1.54	41.02%	474.05
河　南	3.93	4.37	0.77	-1.52	44.66%	456.96
湖　北	6.21	4.67	1.65	-0.76	46.49%	520.61
湖　南	3.88	5.15	2.38	-1.07	47.80%	380.00
广　东	24.59	28.33	11.16	-3.59	37.88%	614.07
广　西	1.58	1.78	1.37	-0.82	34.44%	398.87
海　南	12.56	4.75	3.63	3.47	51.46%	814.76
重　庆	4.80	3.91	1.47	-1.59	43.52%	440.20
四　川	7.75	5.59	2.28	-1.20	43.05%	546.08
贵　州	1.34	1.15	0.29	-0.03	41.10%	462.03
云　南	2.05	0.98	0.29	-0.30	36.39%	451.89
西　藏	0.15	0.09	0.03	-0.23	52.44%	1966.24
陕　西	3.75	3.29	0.65	0.27	40.78%	449.48
甘　肃	0.22	0.13	0.52	-0.22	37.07%	355.32
青　海	0.91	0.69	0.12	-0.27	46.23%	503.63
新　疆	1.71	1.18	0.74	-1.64	41.62%	235.89

文化市场

近年来全国文化市场经营机构基本情况

年　份	机构数（个）	从业人员（人）	资产总计（万元）	营业收入（万元）	营业利润（万元）
2006年	166406	945418	4515546	4148403	926142
2007年	217643	1197610	12956212	7089004	2444242
2008年	221253	1254641	12532138	7465936	2541012
2009年	223893	1288615	12074316	5736445	3505134
2010年	230659	1375660	13806937	8654903	3744175
2011年	238455	1415526	16540928	9766472	5425871
2012年	231132	1416028	18997555	10337954	6093759
2013年	226584	1451818	44258484	13665714	5657414
2014年	220164	1323902	25641255	16142494	4682893
2015年	231709	1564660	53671039	29656347	10020910
2016年	242686	1609329	66760690	44989191	10345244
2017年	257345	1733235	94634340	96723615	12241695
2018年	237055	1667316	120209428	58884050	7182744
2019年	218447	1557344	248140886	92305502	14102049
2020年	207853	1554753	152415716	99104013	17284149

近年来全国娱乐场所基本情况

年　份	机构数（个）	从业人员（人）	资产总计（万元）	营业收入（万元）	营业利润（万元）
2006年	51742	490289	2990424	2101890	329557
2007年	82174	611108	5927457	3546201	583689
2008年	84356	639511	7048155	3709413	659403
2009年	82200	636800	6271305	4130085	1367846
2010年	85854	703520	7635552	4772099	1718734
2011年	92577	758377	9661392	5661798	1939320
2012年	90271	765250	11136779	6048764	1982344
2013年	89652	835658	34317748	8842052	2084672
2014年	84179	729516	16144969	11023662	2606315
2015年	79816	673640	11050577	5570354	1361661
2016年	77071	632527	10510102	5387254	1257926
2017年	78616	600106	10313538	5468701	1306909
2018年	70584	528238	9212288	5209738	1123267
2019年	67358	542514	17277257	5359387	717719
2020年	65439	532538	10394735	4192570	253275

近年来全国互联网上网服务经营场所（网吧）基本情况

年 份	机构数（个）	从业人员（人）	资产总计（万元）	营业收入（万元）	营业利润（万元）
2006年	114273	443745	2210843	2016913	329557
2007年	133163	539460	4304405	3434114	1036162
2008年	134267	565707	5307279	3645153	913361
2009年	138048	580749	5585437	3785362	1510735
2010年	140376	584912	5864306	3626809	1490620
2011年	141275	567170	6282208	3754922	1565375
2012年	135683	529362	8818719	3539807	1431362
2013年	131013	478242	8051486	3879399	1425890
2014年	129289	452105	7429194	4477597	1962040
2015年	134847	480260	6939291	4009643	1302975
2016年	141587	488209	7484979	4323160	1312916
2017年	143434	440853	6947788	3825868	1071760
2018年	124266	346686	5592315	2946316	767578
2019年	116807	311859	4858896	2443944	416879
2020年	106165	247148	3853536	1815333	-171908

2020年全国文化市场经营机构基本情况

	机构数（个）	从业人员（人）	资产总计（千元）	损益(千元)				
				营业收入	营业成本	养老、医疗、失业等保险费	本年发放工资总额	营业利润
总　　计	**207853**	**1554753**	**1524157158**	**991040131**	**818198842**	**6268931**	**110769652**	**172841492**
按城乡分								
城市	78554	789755	1311469843	937683918	765208732	4840552	86801669	172475317
县城	56093	652694	185638784	44846425	45124828	1242422	11976195	-278344
县以下	73206	112304	27048531	8509788	7865282	185957	5451034	644519
按经营范围分								
娱乐场所	65439	532538	103947352	41925698	39393019	957879	14277073	2532750
互联网上网服务营业场所(网吧)	106165	247148	38535364	18153329	19872372	355138	5908128	-1719077
非公有制艺术表演团体	15521	324463	59667882	8761314	10485378	556586	4670830	-1724007
非公有制艺术表演场馆	1562	39458	50655326	6937601	7729802	226477	2006986	-792246
经营性互联网文化单位	9670	314882	897859874	713721784	580609170	3064421	49614652	133112573
艺术品经营机构	5323	19350	37086240	7198686	6269887	100542	3357665	928895
演出经纪机构	4173	76914	336405120	194341719	153839214	1007888	30934318	40502504

2020年全国娱乐

	机构数(个)	从业人员(人)	资产总计(千元)		
				营业收入	营业成本
总　计	**65439**	**532538**	**103947352**	**41925698**	**39393019**
按城乡分					
城市	38039	277068	47767707	24051236	23233177
县城	17741	192137	38751788	13395172	12153472
县以下	9659	63333	17427857	4479290	4006370
按行业分					
歌舞娱乐场所	51491	498435	90186111	37695783	35075484
游艺娱乐场所	13948	34103	13761241	4229915	4317535

2020年全国互联网上网服务

	机构数(个)	从业人员(人)	资产总计(千元)	损益(千元)				
				营业收入			营业成本	
					网费收入	其他收入		养老、医疗、失业等保险费
总　计	**106165**	**247148**	**38535364**	**18153329**	**13675352**	**3422171**	**19872372**	**355138**
按城乡分								
城市	28443	126276	19948955	10134817	7680239	1865035	11649568	206155
县城	19631	78128	12942148	5465061	3983408	1096012	5538699	93811
县以下	58091	42744	5644261	2553451	2011705	461124	2684105	55172

场所基本情况

损益(千元)					游戏游艺设备数量(个)	游戏游艺设备进出口数量(个)
养老、医疗、失业等保险费	缴纳著作权许可使用费	本年发放工资总额	本年应交税金总额	营业利润		
957879	**565694**	**14277073**	**755313**	**2532750**	**520977**	**78547**
564481	278702	7449327	400255	818107	280135	32135
288355	212266	5187436	260273	1241729	183470	35084
105043	74726	1640310	94785	472914	57372	11328
841043	543314	13152342	682770	2620375	211456	65031
116836	22380	1124731	72543	-87625	309521	13516

营业场所(网吧)基本情况

		在营业成本中				营业利润	终端数量(个)	经营面积(万平方米)	本年新增投入(千元)	门店数量(个)
本年发放工资总额	本年应交税金总额	房租	人工成本	宽带费用	其他费用					
5908128	**208193**	**6212782**	**6493339**	**1712182**	**1833556**	**-1719077**	**5176229**	**1886.50**	**3050940**	**86462**
3369407	128024	3958011	3637500	854839	1059509	-1514824	2673626	974.55	1650190	41969
1716680	51445	1590535	1858696	436797	538221	-73614	1595214	589.33	989310	24959
822041	28724	664236	997143	420546	235826	-130639	907389	322.62	411440	19534

2020年全国经营性互联网

	机构数(个)	从业人员(人)	资产总计(千元)						
				营业收入	网络音乐	网络动漫	网络表演	其他	营业成本
总　计	**9670**	**314882**	**897859874**	**713721784**	**17679382**	**5394188**	**62108120**	**508564721**	**580609170**
按城乡分									
城市	7030	304772	892235363	706328582	17626380	5257262	58924360	503709048	574295814
县城	441	7901	3739261	6423369	52378	93392	2979980	4160392	5594625
县以下	2199	2209	1885250	969833	624	43534	203780	695281	718731
按经营类别分									
网络音乐	1220	58752	257433129	273558692	17407966	1174690	28014630	150849365	222877098
网络动漫	2024	57699	117306156	77195625	194439	3852754	1874160	53731992	61110855
网络表演	2204	52209	95150767	96209845	15428	9466	23125930	66181717	83886033
其他	4222	146222	427969822	266757622	61549	357278	9093400	237801647	212735184

续表

	经营面积(万平方米)	知识产权(种)			注册用户数(个)	运营网络文化产品数(个)	网络音乐数	
			拥有自主知识产权网络音乐数	拥有自主知识产权网络动漫数				国产网络音乐数量
总　计	**364.45**	**3352848**	**124406**	**213059**	**42338840641**	**418649772**	**380906557**	**130484950**
按城乡分								
城市	339.40	3348068	122617	212304	41435997831	416649726	380549238	130183778
县城	22.07	4381	1780	651	662571108	1956024	328180	272063
县以下	2.98	399	9	104	240271702	44022	29139	29109
按经营类别分								
网络音乐	59.75	566152	116167	9012	13625089704	400131368	374820733	129310733
网络动漫	62.56	2558100	3795	202154	10035594531	7746465	4720680	130772
网络表演	58.97	12735	1127	274	7599694972	5948618	312570	112742
其他	183.27	215861	3317	1619	11078461434	4823321	1052574	930703

文化单位基本情况

损益(千元)								工资、福利费、税金(千元)		
养老、医疗、失业等保险费	住房公积金和住房补贴	差旅费	工会经费	营业利润	营业外收入	政府补助	利润总额	本年发放工资总额	本年支付的职工福利费	本年应交税金总额
3064421	**2424850**	**1360856**	**354833**	**133112673**	**5564675**	**2617143**	**39407680**	**49614652**	**2585223**	**249569648**
3016898	2406936	1346341	350131	132032832	5510442	2591651	39111485	44399544	2371854	249324091
28987	14592	8286	4046	828741	35178	17562	160523	1388070	106467	221322
18536	3322	6229	656	251100	19055	7930	135672	3827038	106902	24235
1041903	805077	815914	163367	50681607	1376207	721452	16716521	12482878	294024	6251986
633575	502455	149709	60511	16084790	876832	477757	167023	7997648	1477924	235268668
456699	306262	121640	34342	12323824	567391	216335	1953876	5803576	164903	1603840
932244	811056	273593	96613	54022452	2744245	1201599	20570260	23330550	648372	6445154

							出口情况	
进口网络音乐数量	网络动漫数	国产网络漫画数量	进口网络动画数量	网络表演主播数	国内网络主播数	国外网络主播数	出口额(千元)	出口网络文化产品数量(个)
220594109	**6032377**	**5447888**	**583614**	**31710838**	**30897101**	**50651**	**4660788**	**23244**
220538017	5955132	5390735	563530	30145356	29359774	47641	4660314	22997
56089	74889	54883	20001	1552955	1525911	3008	444	237
3	2356	2270	83	12527	11416	2	30	10
220185177	3099718	2598253	501299	22210917	21447931	34916	610712	11461
89806	2860744	2781532	78662	165041	165010	6	1972603	11208
199605	5682	4885	735	5630366	5582792	12820	297366	137
119521	66233	63218	2918	3704514	3701368	2909	1780107	438

2020年全国艺术品

	机构数(个)	从业人员(人)	资产总计(千元)		
				营业收入	营业成本
总　计	**5323**	**19350**	**37086240**	**7198686**	**6269887**
按城乡分					
城市	1785	10892	26363652	5476833	4334880
县城	920	5115	9317320	1272789	1540553
县以下	2618	3343	1405268	449064	394454
按经营类别分					
画廊	816	2335	1439661	422253	383004
画店	620	1707	1199135	520973	966078
艺术品拍卖企业	100	1451	7638571	732040	550634
艺术品展览机构	350	3410	13265298	1519063	1029947
艺术品电商平台企业	188	2785	3626880	2551012	2284924
文化产权交易所	892	7040	8683878	1234047	926172
艺术品鉴定机构	30	498	689536	188119	98001
艺术品评估机构	19	124	543281	31179	31127
其他	2308				

续表

		经营面积(万平方米)			
	本年应交税金总额		交易量(件)	交易金额(千元)	结算数量(件)
总　计	**1401303**	**523.56**	**413159**	**9795503**	**1423991**
按城乡分					
城市	1297979	407.31	151808	9735670	582250
县城	71520	72.67	223438	31008	665905
县以下	31804	43.58	37913	28825	175836
按经营类别分					
画廊	465427	27.73	6530	488993	60810
画店	10876	8.77	23013	20214	145063
艺术品拍卖企业	175296	6.02	86798	9167479	30098
艺术品展览机构	53103	374.56	203155	32298	104661
艺术品电商平台企业	503472	21.11	21304	23504	261404
文化产权交易所	112486	83.83	71628	62005	788368
艺术品鉴定机构	29687	1.28	710	310	15606
艺术品评估机构	50956	0.48	21	700	17981
其他					

经营机构基本情况

损益(千元)					工资、福利费、税金(千元)	
养老、医疗、失业等保险费	住房公积金和住房补贴	差旅费	工会经费	营业利润	本年发放工资总额	本年支付的职工福利费
100542	**47017**	**67734**	**13643**	**928895**	**3357665**	**85594**
77069	42335	46654	8361	1142046	1876509	41500
17973	3438	14761	3951	-267763	778906	27115
5500	1244	6319	1331	54612	702250	16979
8596	2205	8135	574	39253	1239956	21248
5856	1569	3657	782	-445108	892631	3296
14013	9182	16960	1478	181408	173902	4926
25954	12192	14553	2979	489213	284572	14423
13500	6112	6374	1789	266082	208239	12903
27047	12153	14094	4986	307878	274988	25546
5081	3543	3033	964	90118	74782	2440
495	61	928	91	51	208595	812

拍卖情况					
结算金额(千元)	展览/预展场次(次)	展览交易数量(件)	展览交易金额(千元)	艺术品进出口批次(次)	艺术品进出口数量(件)
14239910	**26909**	**513937**	**510956**	**11299**	**1131646**
5822500	17255	189313	299203	10308	7353
6659050	7792	111482	168935	484	2193
1758360	1862	213142	42818	507	1122100
608100	1993	49362	40197	121	914
1450630	623	139606	26735	202	123306
300980	908	28801	30489	3	52
1046610	6116	97421	93148	99	1891
2614040	742	45527	38733	74	1001232
7883680	15828	140406	109473	10778	4225
156060	615	12781	171895	1	1
179810	84	33	286	21	25

2020年全国演出经纪

	机构数(个)	从业人员(人)	演出经纪人员	资产总计(千元)	营业收入
总　计	**4173**	**76914**	**11720**	**336405120**	**194341719**
按城乡分					
城市	3257	70747	10597	325154166	191692450
县城	277	5492	947	10565059	2591119
县以下	639	675	176	685895	58150

续表

	工资、福利费、税金(千元)		演出项目数(个)		
	本年支付的职工福利费	本年应交税金总额		涉外项目	港澳台项目
总　计	**1348445**	**7304782**	**116025**	**2160**	**1177**
按城乡分					
城市	1302927	7189619	113277	2057	1158
县城	44342	112544	2149	90	19
县以下	1176	2619	599	13	

机构基本情况

损益(千元)						本年发放工资总额
营业成本	养老、医疗、失业等保险费	住房公积金和住房补贴	差旅费	工会经费	营业利润	
153839214	**1007888**	**37730**	**358999**	**151077**	**40502504**	**30934318**
151695293	975949	37530	339863	146576	39997156	29706882
2082299	30233	200	16561	4192	508816	1202457
61622	1706		2575	309	-3468	24979

内地项目	演出场次(万场次)	涉外项目演出场次	港澳台项目演出场次	内地项目演出场次	观众人次(人次)	经营面积(万平方米)
110463	**57.11**	**11.40**	**0.35**	**44.01**	**433820835**	**1222.26**
108065	53.00	10.34	0.35	41.29	427135004	1158.75
1851	2.75	1.05		1.56	5756847	52.75
547	1.36	0.01		1.16	928984	10.76

2020年全国各地区文化市场经营机构基本情况

地区	机构数(个)	从业人员(人)	资产总计(千元)	损益(千元)				
				营业收入	营业成本			营业利润
						养老、医疗、失业等保险费	本年发放工资总额	
全国	**207853**	**1554753**	**1524157158**	**991040131**	**818198842**	**6268931**	**110769652**	**172841492**
北京	2567	92736	489300822	395798019	290098310	2279967	19416561	105699715
天津	1708	16497	56662780	63034083	59432316	102744	4257110	3601772
河北	5734	33585	5781810	1282561	1342958	60757	1603269	-60425
山西	4675	35546	5194155	1410812	1433381	53408	492694	-22569
内蒙古	2837	11595	1761816	672339	1233234	33573	508881	-560894
辽宁	4535	25364	11909129	2310944	2518673	68393	666578	-207719
吉林	3348	12340	2804416	1037707	1002513	19202	301590	35192
黑龙江	4193	14861	4242876	1106661	1253121	36556	281456	-146468
上海	3077	56537	187845425	93742928	78132965	550042	5714781	15610067
江苏	19571	76858	33254892	16555565	14834058	305258	6593043	1721525
浙江	11213	133876	109637096	65493683	60449660	465129	8904672	5044033
安徽	12153	74853	14309628	7910048	7316153	88509	3394250	593936
福建	5966	63993	19999551	15757598	14157615	144622	2814389	1599972
江西	4278	32725	8620469	2711434	2426713	44168	815210	284697
山东	15477	58558	25375128	8164965	7499554	183248	3502408	665424
河南	16932	95198	13408372	5187107	4826834	112943	4653174	360294
湖北	8348	38590	23988303	26083386	24506411	127376	2130041	1576994
湖南	9594	72368	78807989	34176339	29885271	157608	3837983	4291072
广东	15831	242237	343156289	206380094	177999988	730550	28027716	28380095
广西	3428	32944	8588690	3474687	3220973	53227	901284	253720
海南	1882	18197	5427053	5203181	4561441	57154	647768	641743
重庆	6086	49271	10445441	8695748	7196328	101326	1418531	1499431
四川	17268	82541	17917730	8786225	7670658	195801	3707647	1115583
贵州	6486	42059	10347376	5521344	4940663	56445	1353258	580685
云南	6661	50396	10150852	3413190	3251060	77899	1284780	162116
西藏	1089	9824	6353952	1091581	818143	11294	301884	273437
陕西	5747	34906	6205038	3174305	3058915	57392	1251736	115392
甘肃	3127	22890	7967355	1662527	1559538	54267	505198	102992
青海	624	6012	1004578	297353	289234	4441	1078861	8117
宁夏	642	3311	566016	222032	200043	4676	69652	21988
新疆	2224	12701	2849233	567140	937606	24684	296740	-370462

2020年各地区娱乐场所基本情况

地区	机构数(个)	从业人员(人)	资产总计(千元)	损益(千元)					
				营业收入	营业成本	养老、医疗、失业等保险费	本年发放工资总额	本年应交税金总额	营业利润
全国	**65439**	**532538**	**103947352**	**41925698**	**39393019**	**957879**	**14277073**	**755313**	**2532750**
北京	449	5326	1207098	469444	525841	15447	125340	16377	-56393
天津	469	4244	766410	316936	336078	11310	106738	4961	-19137
河北	1655	10126	1627051	567646	509616	13459	216306	9848	58028
山西	1353	8377	1146714	400944	353358	6729	141312	6583	47587
内蒙古	1190	4755	838795	340801	357397	25397	130264	9212	-16599
辽宁	2260	10849	1854783	644903	622814	19880	209683	15191	22094
吉林	1317	5579	1165941	379359	352971	7631	133097	6807	26390
黑龙江	1838	5788	1007152	296218	271087	9964	94592	5242	25128
上海	969	13689	2829218	2029159	1987162	59367	420887	27503	42026
江苏	7488	31873	5374209	3151858	2932091	85226	921560	62743	219767
浙江	3661	50633	8067508	4894180	4510438	106926	1414119	82894	383752
安徽	3187	17112	3695022	1334844	1233978	27397	479118	22087	100873
福建	2548	33509	4988088	2914365	2751071	45168	970253	49470	163291
江西	1489	14558	4471282	1186380	1010924	21156	444070	23693	175434
山东	3172	12896	2230887	993175	923187	26133	355265	17878	69995
河南	2579	15997	2181781	933524	869622	16549	345629	19048	63900
湖北	1693	11847	2326352	856514	858539	24377	332964	14906	-2024
湖南	2086	25036	4248975	1855769	1791757	42124	722586	40113	64013
广东	4795	76580	22702589	5769014	5720425	153472	2070316	101302	48604
广西	1176	18590	2239558	1121736	1067037	22611	426599	16056	54706
海南	650	8575	1067039	462413	452867	16867	207446	9308	9551
重庆	1543	13833	1827102	1257073	1151178	29857	447813	23369	105900
四川	5728	32086	5425930	2761471	2341043	63938	870866	49023	420437
贵州	2638	28211	4220929	2124656	1819888	27166	831378	41245	304768
云南	3809	34925	5403647	2249968	2033780	33034	841172	30165	216189
西藏	688	8426	5549885	614760	526037	7764	253132	10607	88722
陕西	1634	9029	1509662	722759	691820	11159	247011	14243	30933
甘肃	1406	7907	1764441	641939	585181	10826	223302	11303	56752
青海	215	1652	258088	123896	114040	1803	48883	2155	9855
宁夏	444	1666	300456	149261	123135	2808	46839	2581	26125
新疆	1078	8164	1500678	287238	494439	11162	182450	8397	-207195

2020年各地区互联网上网

地 区	机构数（个）	从业人员（人）	资产总计（千元）	
				营业收入
全 国	**106165**	**247148**	**38535364**	**18153329**
北 京	386	1723	224124	77497
天 津	789	1935	352352	130524
河 北	3301	7456	1004634	367464
山 西	2419	5274	781657	294099
内 蒙 古	1440	3379	548690	233818
辽 宁	1766	4600	613313	246454
吉 林	1638	3788	633353	253156
黑 龙 江	2148	4871	731212	254660
上 海	807	4101	733949	462004
江 苏	9957	15564	2581304	1364858
浙 江	4710	12671	2053951	1230250
安 徽	6094	13378	2408255	1068476
福 建	2266	4494	930404	350033
江 西	2366	8398	1448152	752533
山 东	9461	11725	1752646	832730
河 南	10318	19603	2495188	1076500
湖 北	5849	11376	1919497	757397
湖 南	6531	20228	3380515	1632514
广 东	6521	18732	2419106	1511876
广 西	1864	6406	731385	374338
海 南	606	1942	232943	122834
重 庆	2746	10088	1473579	800980
四 川	9677	21928	3257198	1647690
贵 州	3478	8821	1420001	648925
云 南	2581	7248	1165799	464543
西 藏	384	1222	397939	148202
陕 西	3179	7612	1176418	514143
甘 肃	1115	3179	664800	255374
青 海	256	1306	286568	121683
宁 夏	176	536	86933	32999
新 疆	1025	3086	536902	105236

服务营业场所(网吧)基本情况

损益(千元)				
营业成本	养老、医疗、失业等保险费	本年发放工资总额	本年应交税金总额	营业利润
19872372	**355138**	**5908128**	**208193**	**-1719077**
168358	4035	41125	881	-90862
181289	2831	41327	1782	-50764
469740	7078	127129	4526	-102272
335026	3541	87516	3446	-40926
249303	2864	66217	2128	-15487
365301	5264	83343	3578	-118846
325364	4036	82847	4165	-72216
342454	4031	76836	2899	-87803
556599	14519	149090	9873	-94609
1509310	29989	422601	14942	-144449
1284308	27752	416049	15110	-54064
1111807	15893	320161	23983	-43324
379521	5086	135649	2713	-29489
700149	11789	211499	7696	52382
869135	20664	228330	10501	-36404
1112722	17005	331493	11105	-36223
913254	18978	267550	9097	-155847
1619136	24461	493186	17362	13384
1762911	46365	548671	18188	-251071
405630	4553	131827	2348	-31292
117620	3590	41289	1519	5213
814299	12026	267222	4081	-13313
1675793	34262	568259	13504	-28097
643681	8877	206789	6403	5250
513760	5391	161016	3904	-49230
147170	2814	43487	1459	1032
594543	7413	176793	6310	-80394
268025	3105	73333	2058	-12648
132448	1348	38187	731	-10767
31777	396	9998	151	1223
240105	4359	52437	1606	-134872

2020年各地区经营性互联网

地　区	机构数(个)	从业人员(人)	资产总计(千元)	营业收入				
					网络音乐	网络动漫	网络表演	其他
全　国	**9670**	**314882**	**897859874**	**713721784**	**17679382**	**5394188**	**62108120**	**508564721**
北　京	1132	63849	313936356	302699189	202188	260900	6552080	245750916
天　津	95	5094	32887265	50320355	305532	17586	353660	10384327
河　北	19	149	62148	21766		1406	300	19780
山　西	18	166	102477	38112	95	11	30	33015
内蒙古	5	42	12046	2900	56		410	1090
辽　宁	99	2178	1831595	740444	512		10340	605243
吉　林	33	509	625017	135492	2	113	400	32653
黑龙江	37	491	149453	26395		360	830	21413
上　海	500	24963	146986418	78230239	164442	1303563	1974030	66689455
江　苏	367	8877	9881051	7975342	360307	166641	1325680	4238041
浙　江	651	20031	42132289	44520294	1861860	523886	2038960	36048132
安　徽	345	6027	3300993	4318730	443585	30777	81800	2642178
福　建	327	9557	9631911	10164403	119482	1139873	1220	6312221
江　西	40	433	109838	217851	810	11860	1400	17237
山　东	224	3817	5768775	4416874	1295	11455	7750	3520686
河　南	568	6233	2133560	1650361	18494	66791	177390	348602
湖　北	315	7007	10262307	14439870	16111	335850	9225190	3454945
湖　南	137	6345	19246623	14375243	2214	74637	2598300	11331667
广　东	2682	117816	283158253	163758929	14020389	1013575	34420260	106386001
广　西	222	3401	1654906	1309110	938	4590	19410	1135288
海　南	386	3612	2061189	4024779	10254	151863	2313060	2909179
重　庆	397	5867	3908976	5069040	6538	134607	759810	3760265
四　川	812	14998	4954588	3067014	58926	118028	234970	2053227
贵　州	56	231	1281671	1034731	17728	994		94469
云　南	22	358	349124	64507	25914	4		36731
西　藏								
陕　西	131	2229	1171031	1018270	41096	24138	10500	701405
甘　肃	34	343	193530	33285	514	680	340	17719
青　海	2	9	4173	1509				300
宁　夏								
新　疆	13	250	62311	46750	100			18536

文化单位基本情况

损益(千元)										工资、福利费、税金(千元)		
营业成本	养老、医疗、失业等保险费	住房公积金和住房补贴	差旅费	工会经费	营业利润	营业外收入	政府补助	利润总额	本年发放工资总额	本年支付的职工福利费	本年应交税金总额
580609170	**3064421**	**2424850**	**1360856**	**354833**	**133112673**	**5564675**	**2617143**	**39407680**	**49614652**	**2585223**	**249569648**
224934284	1624323	1408991	318052	131945	77764914	1136077	596178	4545002	16144542	1167410	7214749
48268566	38651	33118	21878	4314	2051793	1066748	175607	1440544	607827	12087	564629
19913	1033	285	171	251	1851	890	777	2128	5623	269	222
21056	2170	447	1208	37	17056	22587	21342	1194	8359	569	35
1816	174		27		1085	14	14	-226	1452	16	102
686250	15774	15970	1241	2965	54194	33160	12315	-14052	148260	4711	58074
79216	2476	3229	643	268	56279	2271	304	-5272	40468	775	6026
28741	969	326	401	141	-2345	5780	5093	33	6637	464	1196
63053637	379994	235848	57217	14361	15176606	1048006	671419	10704079	4237762	206019	235307277
6577049	58443	39867	25347	10958	1398297	202758	72582	1347731	998357	103176	187361
40686948	182085	149159	60301	17636	3833359	506407	217683	2739284	2470583	199474	1418307
3850342	19660	10554	16732	5456	468391	76250	44786	312893	2159160	11218	91413
8582381	41647	56358	20121	7642	1582017	145344	93383	845932	980040	40475	301496
192710	1590	835	1113	52	25141	1405	219	2769	13400	1303	1337
3668217	24892	15126	10330	4149	748656	90626	72622	3965195	1625674	17288	258806
1431512	33553	10781	10647	3407	218853	39503	24576	-36845	3371292	9171	50819
13586329	45603	32715	14815	7122	853547	58086	30891	635422	764068	26070	255511
12188645	29527	18855	16978	4695	2186599	181457	153381	2461482	1070302	31228	274002
139737712	403357	308862	730276	118836	24021215	706013	341340	10917551	10997448	575572	3146367
1028909	13033	6683	7296	2033	280198	13187	5111	228527	197767	8505	52933
3454544	16745	5130	5443	1238	570234	9370	2132	-1863048	211901	9175	64439
3943591	39965	27508	10010	1489	1125459	43551	13941	880833	376074	13076	144291
2523277	67216	30224	18881	8779	543740	152716	45511	323201	1880060	132147	112084
965128	4422	1118	2251	1507	69605	1611	1155	39260	84337	1903	23871
83052	2052	919	1263	1417	-18543	1168	664	19101	25711	4123	4435
931228	11541	10841	6750	3800	87045	14397	10617	-6144	188442	7528	25954
33195	903	33	929	106	91	2279	1153	-56221	9069	629	761
1164	13		12		344			247	972018		25
49758	2610	1068	523	229	-3008	3014	2347	-22920	18019	842	3126

续表

地　区	经营面积(万平方米)	知识产权(种)	拥有自主知识产权网络音乐数	拥有自主知识产权网络动漫数	注册用户数(个)	运营网络文化产品数(个)
全　国	**364.45**	**3352848**	**124406**	**213059**	**42338840641**	**418649772**
北　京	50.02	71891	12709	6346	11554773505	56803530
天　津	4.8	30889	690	130	828325278	20146690
河　北	1.78	1658	4	30	342171	47
山　西	0.42	32		1	80758	15380
内蒙古	0.14	15	15		312732	52157
辽　宁	2.66	501	166	140	38421728	24327
吉　林	0.59	1363	11	198	3992411	407
黑龙江	1.2	445	10	315	10284034	531
上　海	32.57	2706269	16781	101201	9287007738	40215483
江　苏	13.34	5090	499	1304	1280010949	21950173
浙　江	38.01	15461	6866	2497	3318265386	72020934
安　徽	8.82	2443	750	204	736264296	4456
福　建	10.43	25613	957	16569	3564452881	293897
江　西	0.69	212	31	116	161723	388
山　东	5.65	10439	594	2197	66880236	164987
河　南	63.29	3718	279	219	40898928	151243
湖　北	10.61	25787	199	12796	860474849	2256748
湖　南	7.19	5824	601	1574	1001667476	427236
广　东	56.39	247750	62780	56705	9139942930	199424679
广　西	8	2040	118	144	105437038	16519
海　南	5.25	2284	627	1072	278664710	282926
重　庆	8.13	133640	11343	1184	43655067	181056
四　川	28.2	17192	6518	7916	94218499	4108867
贵　州	0.57	400	224	16	13218923	6037
云　南	0.55	1264	1160	6	438825	73803
西　藏						
陕　西	4	19542	101	85	69495882	16090
甘　肃	0.62	1043	72	74	888809	9914
青　海	0.03	11			20001	1
宁　夏						
新　疆	0.5	20032	301	20	242878	1266

网络音乐数			网络动漫数			网络表演主播数		
	国产网络音乐数量	进口网络音乐数量		国产网络漫画数量	进口网络动画数量		国内网络主播数	国外网络主播数
380906557	**130484950**	**220594109**	**6032377**	**5447888**	**583614**	**31710838**	**30897101**	**50651**
54001848	44743114	9256231	294233	271749	22457	2507449	2507170	202
20001216	20001176		1198	1198		144276	144273	
10	10		30	30		7	7	
15010	15010		337	337		33	33	
52154	22064	30090				3	3	
6072	5990	82	145	145		18110	18098	6
182	101	81	197	196	1	28	27	1
65	50		319	319		147	147	
14832498	5115220	9716965	5455296	4953326	501951	19927689	19882162	35724
21780737	1884735	19896002	22223	22154	19	147213	147190	2
71067324	10676676	53427262	24067	23518	519	929543	924957	4566
1355	1332	7	636	626	6	2465	2428	9
130361	129730	618	28440	22304	5652	135096	135087	1
52	52		289	289		47	47	
548	461	87	3229	3229		161210	161208	
73956	73838	79	31392	30968	383	45895	17512	3152
103637	93332	10250	12920	12920		2140191	2137684	6
403450	353360	50082	5015	4895	114	18771	18771	
194423914	43421471	128143096	67767	35248	32425	4932998	4206080	1872
4968	4968		208	205		11343	6321	5007
5579	5553		73032	53031	20000	204315	204315	
13385	13381		1759	1740	19	165912	165785	7
3882600	3882323	54	9117	9083	11	217150	217042	60
6000	5186	814	16	16		21	21	
73756	17756	56000	32	32		15	14	1
14983	7270	6206	341	205	46	766	583	35
9656	9550	103	119	105	11	139	131	
						1		
1241	1241		20	20		5	5	

2020年各地区艺术品

地　区	机构数(个)	从业人员(人)	资产总计(千元)		
				营业收入	营业成本
全　国	**5323**	**19350**	**37086240**	**7198686**	**6269887**
北　京	69	571	6448145	464379	425461
天　津	23	117	307236	11778	13971
河　北	25	403	667405	21066	12237
山　西	43	850	1462122	69275	58842
内蒙古	56	111	106483	4561	503645
辽　宁	79	266	87079	36214	29778
吉　林	159	111	39071	11019	10130
黑龙江	18	50	8405	4301	2752
上　海	281	2279	5619326	1755433	1488325
江　苏	638	2864	4115361	1180764	891073
浙　江	491	1505	4143930	783772	379135
安　徽	134	576	641776	394279	378039
福　建	184	536	391470	234035	219726
江　西	30	120	94984	127669	111839
山　东	852	2201	5354883	393464	280591
河　南	984	1098	507124	77395	63884
湖　北	54	96	73601	6915	5268
湖　南	132	1139	1400170	195031	188694
广　东	444	1438	2265678	385940	270209
广　西	11	19	5397	2018	2543
海　南	23	35	35729	11053	27258
重　庆	53	473	866407	552297	522422
四　川	145	850	1205540	189241	141902
贵　州	34	302	110688	23261	18274
云　南	4	9	11580	750	480
西　藏	3	10	23050	487	1326
陕　西	115	337	268930	153144	136641
甘　肃	203	645	581449	50162	40100
青　海	30	267	167554	30639	22642
宁　夏	2	61	74560	27550	22060
新　疆	2	8	947	744	570

经营机构基本情况

损益(千元)					工资、福利费、税金(千元)	
养老、医疗、失业等保险费	住房公积金和住房补贴	差旅费	工会经费	营业利润	本年发放工资总额	本年支付的职工福利费
100542	**47017**	**67734**	**13643**	**928895**	**3357665**	**85594**
9148	6859	7070	154	38915	173272	1331
670	142	587	26	-2194	28671	140
865	453	235	101	8830	9756	214
533	133	1120	132	10432	11632	1051
371	32	115	22	-499082	253501	10071
1079	185	637	130	6436	5036	117
106	62	59		889	1437	39
41	30	540	10	1549	820	130
24485	12290	14061	1777	267201	271176	9001
13228	8232	7448	2574	289689	805918	8477
7389	3598	5601	783	404637	135899	4865
1775	871	974	359	16241	26743	2444
2205	1167	1571	330	14309	32318	4280
36	16	583	13	15830	4837	194
14672	3435	3681	894	112881	703128	4082
1816	993	1643	973	13511	136092	11448
328	33	372	25	1646	2648	106
2770	1263	3142	1479	6335	252827	3867
9756	5480	9556	1181	115729	350384	12885
27	27	120		-526	794	
300		187	16	-16206	1158	33
1475	824	1589	1169	29874	41953	1084
3709	461	3198	730	47342	66620	2510
65	5	422	49	4987	3373	808
11		7		270	210	2
		33		-839	372	4
358	146	837	219	16502	7752	4776
2759	270	1721	445	10065	14455	970
88	10	480	12	7998	10435	555
400		140	40	5490	4210	80
77		5		174	238	30

续表

地区	本年应交税金总额	经营面积(万平方米)	交易量(件)	交易金额(千元)	结算数量(件)
全国	**1401303**	**523.56**	**413159**	**9795503**	**1423991**
北京	543450	3.38	10314	5742516	10652
天津	6068	1.91	4285	38692	7637
河北	4213	3.72	44	2426	14350
山西	4615	8.95	259	257	18066
内蒙古	66	0.57	41	30	2022
辽宁	963	2.81	1879	590	9023
吉林	780	0.48	8037	46	10990
黑龙江	60	1.33	10	10	1041
上海	84367	18.34	59457	3008166	87492
江苏	64317	36.57	20434	28698	77000
浙江	409171	308.42	2428	5358	57116
安徽	17680	7.81	179	6023	16122
福建	6869	13.28	1539	153171	2963
江西	235	6.32	146	1220	6309
山东	13029	24.30	38199	21709	309336
河南	3842	18.39	21154	12404	227965
湖北	106	1.37	130	15	1955
湖南	54654	14.37	2510	6189	136205
广东	107633	8.97	15139	275401	47313
广西	185	0.09	905	6197	933
海南	412	0.31	1	230	649
重庆	9401	4.37	475	482	17091
四川	63887	21.80	1607	5873	213876
贵州	461	1.58	42	220	2306
云南	24	0.08	20	1	398
西藏		0.03			245
陕西	2535	2.48	20794	478281	33965
甘肃	716	7.84	2644	1038	66755
青海	237	2.34	200487	260	40804
宁夏	1320	1.20			3400
新疆	7	0.14			2

拍卖情况					
结算金额(千元)	展览/预展场次(次)	展览交易数量(件)	展览交易金额(千元)	艺术品进出口批次(次)	艺术品进出口数量(件)
14239910	**26909**	**513937**	**510956**	**11299**	**1131646**
106520	360	181	340	3	2
76370	21	209	2748		
143500	45	953	670	3	71
180660	127	6671	6033	11	280
20220	49	234	303		
90230	396	10595	7439	15	800
109900	39	67	57	3	3
10410	14	112	210		
874920	1368	116372	75491	66	690
770000	2024	18867	219467	10224	749
571160	1034	5318	45447	10	37
161220	620	12515	25143	4	5
29630	374	445	2302	48	1000301
63090	10031	1285	535	4	15
3093360	3295	68055	28123	380	473
2279650	1360	62001	6952	29	381
19550	251	10175	965	1	79
1362050	979	46188	11221	59	820
473130	1296	122141	45077	126	120201
9330	9	905	6197		
6490	10	44	123	3	3
170910	303	4512	2381	24	3492
2138760	777	8812	18925	144	917
23060	39	5330	1421	3	60
3980			1	1	318
2450	4	50	40	2	500
339650	189	788	425	1	8
667550	1557	3031	1430	64	739
408040	285	3948	400	71	702
34000	51	3833	1040		
20	2	300	50		

2020年各地区演出

地区	机构数（个）	从业人员（人）		资产总计（千元）	
			演出经纪人员		营业收入
全　国	**4173**	**76914**	**11720**	**336405120**	**194341719**
北　京	115	11093	362	164405535	91428530
天　津	175	1679	514	19243149	11939755
河　北	55	333	132	746928	110351
山　西	69	1069	212	197978	99187
内蒙古	22	258	66	58585	27439
辽　宁	111	1091	329	991401	194988
吉　林	82	720	202	184386	149723
黑龙江	73	1415	256	1717213	462223
上　海	196	2556	580	27478352	10213421
江　苏	464	5803	1288	4389525	1796193
浙　江	279	7408	825	34194398	11774561
安　徽	50	708	174	136245	166840
福　建	127	2343	378	2426384	1334429
江　西	17	230	41	99477	66044
山　东	238	2534	589	5981008	852703
河　南	190	1184	223	1155949	421718
湖　北	56	2392	175	7629733	9761607
湖　南	120	5804	405	30121925	15552385
广　东	912	17028	2501	21766644	33473375
广　西	65	1292	220	1502153	388535
海　南	121	1245	367	888582	169896
重　庆	70	1307	243	892698	538902
四　川	138	1822	400	1226424	543016
贵　州	90	1179	236	2348087	1555050
云　南	52	666	170	489562	164705
西　藏	1	15	3	350858	320102
陕　西	142	1783	389	1099940	384119
甘　肃	69	1108	219	3844007	301979
青　海	2	153	6	216547	3660
宁　夏	1	10	8	3650	2080
新　疆	67	639	194	598884	122742

经纪机构基本情况

损益(千元)						
营业成本	养老、医疗、失业等保险费	住房公积金和住房补贴	差旅费	工会经费	营业利润	本年发放工资总额
153839214	**1007888**	**37730**	**358999**	**151077**	**40502504**	**30934318**
62756321	586711	30	98185	35902	28672209	2688419
10040925	28646	30	7457	1432	1898827	3323490
44519	921		2669	55	65835	1100288
110789	5024	10	1667	738	-11603	40260
33280	705		495	144	-5840	9985
195248	3414	40	2818	1299	-259	63498
132048	2612	10	2408	412	17677	22407
453786	10099	30	3003	872	8440	43682
10092727	35625	18670	12623	2488	120687	370444
1644680	37949	630	19676	4812	151517	2962839
10892259	57448	1240	28517	6483	882297	3507216
162377	2182	90	1724	534	4466	28611
1262448	8618	70	6118	2041	71983	197987
62410	342		1459	205	3634	12994
798800	21075	90	7231	1542	53905	183962
385506	3567	30	2382	897	36213	82743
8876217	25827	2640	1798	8157	885389	634100
13244726	30530	1050	11228	4081	2307660	1015420
28901926	82788	8930	111418	70251	4571457	13571747
371534	5961	500	1683	986	17000	62772
202179	5210	60	4178	785	-32285	70708
334565	6193	360	2982	1837	204336	83036
458568	10473	60	8122	942	84446	121846
1325266	9754		7917	2120	229780	154549
131967	2198	60	1541	259	32737	28628
139220	415		21		180882	2869
335949	6649	3020	5070	733	48168	442578
289122	11282	80	2850	604	12855	75915
2777	89		39	15	883	875
1650	70		20		430	150
133939	5190		1592	446	-11197	28246

续表

地区	工资、福利费、税金(千元)		演出项目数(个)		
	本年支付的职工福利费	本年应交税金总额		涉外项目	港澳台项目
全国	**1348445**	**7304782**	**116025**	**2160**	**1177**
北京	72047	2995666	21484	75	4
天津	5941	829466	43206	30	3
河北	1317	6198	116	7	
山西	1333	4073	396	8	1
内蒙古	68	60971	56	1	
辽宁	4961	7115	581	88	3
吉林	626	82004	224	9	5
黑龙江	51134	4823	368	21	3
上海	11791	695632	24637	107	551
江苏	20507	394216	3508	193	51
浙江	58574	748137	2974	386	28
安徽	1329	2671	578	17	9
福建	8515	16170	747	46	7
江西	845	7455	194	11	
山东	7120	32684	1095	112	12
河南	3312	19875	292	22	2
湖北	18008	83284	901	7	98
湖南	32626	325271	762	52	26
广东	960042	717015	7972	423	192
广西	2608	21754	729	187	49
海南	8257	8228	347	94	6
重庆	7223	74873	710	27	10
四川	55771	20402	703	15	6
贵州	3441	39042	1337	110	
云南	712	7831	401	88	6
西藏	7	24737	112		
陕西	4400	26046	1088	20	99
甘肃	4447	24602	390	4	6
青海	27	48	1		
宁夏	10	80			
新疆	1322	24403	108		

内地项目	演出场次(万场次)	涉外项目演出场次	港澳台项目演出场次	内地项目演出场次	观众人次(人次)	经营面积(万平方米)
110463	**57.11**	**11.4**	**0.35**	**44.01**	**433820835**	**1222.26**
21401	7.77	0.3		7.49	3405387	16.87
43159	15.38	0.24		15.13	111750487	10.06
106	0.06	0.03		0.02	150855	2.02
387	0.26	0.01		0.22	1417436	82.01
48	0.08			0.08	129968	3.51
492	1.5	1.29		0.21	446952	26.03
210	0.18	0.02		0.06	299986	3.12
279	0.63	0.32		0.17	814132	4.87
23951	9.85	1.15	0.19	8.51	4571635	30.7
3028	2.96	0.58		2.29	4998193	228.54
2547	4.28	2.99	0.01	1.23	21100588	66.53
522	0.38	0.04		0.33	263757	3.05
672	0.56	0.38		0.19	1245422	17.73
183	0.06			0.06	158848	5.38
949	0.5	0.24		0.25	2428584	98.65
265	0.28	0.17		0.1	1013362	16.09
785	0.2		0.03	0.18	250651508	11.11
681	0.69	0.43	0.01	0.25	1847559	135.33
6038	7.04	2.05	0.08	4.66	14161667	277.46
287	0.69	0.18		0.5	1111145	42.11
246	1.33	0.5		0.23	2619236	14.35
626	0.35			0.35	1094338	20.44
678	0.39	0.15		0.22	854922	22.92
1227	0.36			0.34	3189471	12.11
244	0.32	0.16		0.15	505547	22.29
112	0.01			0.01	10000	
900	0.62	0.15	0.03	0.43	1658994	17.06
370	0.31	0.02		0.29	1725876	11.08
	0.01				5000	14
62	0.06			0.06	176980	5.91

主要统计指标解释

1．**藏品**：藏品是文博机构根据收藏品的文化属性、自然属性等情况所划分的文物藏品、标本藏品、模型藏品（含具有收藏、展示价值的雕塑、绘画等艺术作品）和复制品藏品的总和。本指标所统计的藏品是指报告期末，该机构已经整理并登记入账的藏品数。尚未整理或正在整理的藏品，应在整理造册入账后列入下年统计。一级品、二级品、三级品均根据入账情况如实填写。

藏品数：指按历年来以件、套为计量单位统计的藏品数量。即单件藏品编一个号者按一件计算，成套藏品按整体编一个号者，也按一件计算（其组成部分即使有分号，也按一件计）。不易计数的藏品，如粮食、药材及液体等，不论数量多少，均按一件计算。

2．**本年新增藏品数**：指本年从各种渠道获得的新增入库藏品总数。

3．**本年从有关部门接收文物数**：指本年从公安、工商、海关等司法及检查部门移交接收的文物。

4．**本年藏品征集数**：本年从社会上征集为馆藏的文物数量（包括标本数）。

5．**本年修复文物数**：本年运用技术手段进行修复保养的馆藏文物数量（包括标本）。

6．**基本陈列**：指由本馆设计布陈、地点固定、时间较长的展出。

7．**举办展览**：展览指在本机构内设置，由本馆设计布陈、形式比较多样的展出。同一内容的巡回展览，均按一个计算。展览的计量单位不是指每次展出的文物藏品件数。与系统外机构合办的展览，由本馆统计；与系统内机构合办的，由主办馆统计。基本陈列不作为展览统计。

8．**参观人次和未成年人参观人次**：参观人次指本报告期末，向社会开放的文物保护管理机构当年接待的所有参观人次的累计数。

未成年人参观人次是指接待有组织的集体参观人次与零散观众中能够确切统计的未成年人参观人次的总和。

9．**本年承担课题、项目数**：指本机构报告期内承担的课题和项目数量。

10．**专利数**：向中央及地方专利局申请并得到承认的专利数量。

11．**专著或图录**：由本单位人员完成，经过正式出版部门编印出版的科技专著、高等院校教科书、科普著作和论文集。

12．**论文数**：是指由本机构的人员完成，并在省级以上刊物公开发表的论文数之和。

13．**古建维修报告**：地上不可移动文物维修保护工程全过程记录及应用技术研究介绍的综合性技术报告。

7 文 物

按年份各地区文物业藏品数

单位：件/套

地区	1995年	2000年	2005年	2010年	2015年	2018年	2019年	2020年
总计	**11331575**	**12491531**	**19964963**	**28642200**	**41388558**	**49604379**	**51301927**	**50891012**
北京	167342	181864	1152341	3735879	3678397	4422918	4426246	4653639
天津	546695	553684	598813	955735	1025328	1049957	1056414	1105699
河北	617098	668097	527123	554831	613234	553930	564751	578198
山西	394648	397373	897875	775959	1197673	1799227	1759224	1834054
内蒙古	352021	367847	442177	461499	572423	1009656	1055315	1278889
辽宁	225092	214994	423106	724758	754521	644488	890550	614612
吉林	163694	168976	190796	299574	461091	653784	669961	685391
黑龙江	162820	166115	168899	218877	773220	990509	1016202	1022374
上海	203424	268984	1496698	1444185	3850202	4692055	4907843	2115495
江苏	771836	803066	1933152	2490474	2601976	2676969	2839683	2566899
浙江	396543	494206	869053	896263	1331284	1504325	1554476	1666243
安徽	328780	432385	446566	822095	1021742	1057972	1086317	963140
福建	218598	263587	419697	445866	561053	710838	684439	749831
江西	202575	241239	387165	643335	609512	626591	614660	687073
山东	591720	792763	811316	1448056	2090547	4506001	4617164	4875467
河南	1021544	1260014	1435202	1833281	2101398	2065508	2102575	2119935
湖北	560737	615162	983730	1464517	1947865	2112271	2451046	2571659
湖南	278609	277841	532768	857677	985246	1012975	1016508	804243
广东	456762	498102	988920	1121797	1283237	1398121	1561236	2658274
广西	232666	211091	301908	347472	508649	379337	388157	440823
海南	24938	48731	30140	58398	45155	166662	150445	192176
重庆		237413	301849	754363	689914	625321	624807	672506
四川	675154	457941	752459	1147088	3679655	4241906	4312962	4849733
贵州	36892	41579	54690	119594	139048	182108	153374	218920
云南	214693	244475	299465	453712	1301043	1518885	1668431	1653623
西藏	127026	68650	212691	143071	262984	265886	287755	393805
陕西	502005	533192	883408	946083	2885836	4046736	4077113	4042375
甘肃	249723	280812	429726	546332	609895	556849	695668	773582
青海	75233	97052	141121	186276	179008	93724	91858	103151
宁夏	37881	48620	77025	84093	103783	395521	367622	370692
新疆	72457	94477	107777	150646	241046	245892	262365	239061

按年份各地区博物馆机构数

单位：个

地 区	1995年	2000年	2005年	2010年	2015年	2018年	2019年	2020年
总 计	**1194**	**1384**	**1581**	**2435**	**3852**	**4918**	**5132**	**5452**
北 京	17	25	34	41	40	82	81	80
天 津	14	14	18	18	22	65	68	71
河 北	31	43	46	65	107	134	136	148
山 西	69	76	86	89	100	152	158	159
内蒙古	17	25	33	54	84	109	125	172
辽 宁	26	30	39	61	64	65	65	65
吉 林	16	16	18	57	76	107	107	107
黑龙江	29	41	46	76	158	191	193	191
上 海	12	11	25	27	99	100	98	107
江 苏	72	86	99	213	312	329	345	367
浙 江	59	68	80	100	224	337	366	406
安 徽	30	37	43	120	171	201	219	230
福 建	64	81	82	94	98	128	130	132
江 西	82	81	82	108	137	144	143	172
山 东	56	59	75	114	312	517	541	577
河 南	66	70	79	111	248	334	340	336
湖 北	88	94	91	120	175	200	213	214
湖 南	57	66	73	81	113	121	117	122
广 东	114	128	146	169	177	184	241	296
广 西	37	39	49	64	124	131	131	142
海 南	17	15	16	16	18	19	27	35
重 庆		14	18	37	78	100	104	105
四 川	54	50	55	108	225	252	256	258
贵 州	4	8	11	59	73	91	91	92
云 南	22	30	32	120	86	137	140	161
西 藏	2	2	2	2	7	7	7	8
陕 西	59	67	82	106	249	294	294	309
甘 肃	52	65	69	102	150	215	224	226
青 海	8	14	15	18	23	24	24	24
宁 夏	3	4	6	6	12	54	55	54
新 疆	12	23	28	71	86	91	90	81

2020年全国文

	机构数(个)	从业人员(人)			
			专业技术人才	正高级职称	副高级职称
总　　计	**11314**	**175742**	**53942**	**2857**	**8215**
按单位类型分					
文物科研机构	128	5123	2852	349	669
文物保护管理机构	3373	31959	9017	150	1080
博物馆	5452	118913	40005	2214	6112
文物行政部门	2009	13924			
其他文物机构	352	5823	2068	144	354
按隶属关系分					
中央	13	3244	2077	252	568
省区市	325	21162	9369	846	2022
地市	1801	51918	17565	839	2846
县市区	9175	99418	24931	920	2779
按部门分					
文物部门	9244	146587	45849	2101	6984
其他部门	2070	29155	8093	756	1231

续表 1

	在藏品数中(件/套)		本年修复藏品数(件/套)		
	本年从有关部门接收文物数	本年藏品征集数		一级品	二级品
总　　计	**175623**	**938657**	**99655**	**407**	**2806**
按单位类型分					
文物科研机构	157	584	24073	46	969
文物保护管理机构	3009	9895	19474	11	27
博物馆	162399	839719	53257	346	1639
文物行政部门	10043	18786	1950		106
其他文物机构	15	69673	901	4	65
按隶属关系分					
中央	673	31565	2264	18	847
省区市	38699	43171	29050	165	807
地市	40208	182801	27233	102	545
县市区	96043	681120	41108	122	607
按部门分					
文物部门	158951	372080	92836	376	2731
其他部门	16672	566577	6819	31	75

物业基本情况

中级职称	安全保卫人员	登记注册志愿者（人）	藏品数（件/套）	一级品	二级品	三级品	本年新增藏品
22165	**35261**	**205630**	**50891012**	**97268**	**627040**	**3284530**	**1479526**
1064	323	574	1649403	1647	4378	35310	63611
3794	5559	10841	1687721	7544	24368	145531	22123
16549	29280	194071	43190898	85515	588192	3036818	1293573
			501576	1008	3963	54404	30302
758	99	144	3861414	1554	6139	12467	69917
864	384	489	3389450	14963	282864	781619	50639
3697	3124	21089	14990229	36005	181709	1272857	129293
7722	10272	69926	9794406	17613	79606	639509	366829
9882	21481	114126	22716927	28687	82861	590545	932765
19320	29111	162470	39002910	92095	615962	3234104	862114
2845	6150	43160	11888102	5173	11078	50426	617412

三级品	基本陈列（个）	临时展览（个）	参观人次（万人次）	未成年人参观人次	境外观众参观人次	门票销售总额（千元）	本年收入合计（千元）
14424	**16259**	**12665**	**61631.70**	**13564.08**	**708.76**	**3591270**	**63737792**
5966	13	10	238.84	7.48	0.06	51214	4034052
361	773	409	8740.52	1339.91	73.18	1603870	9408977
7309	15473	12246	52652.35	12216.72	635.51	1936186	32697058
534							11098264
254							6499441
147	60	79	614.52	60.31	10.20	182108	2336346
3409	475	719	4143.33	774.40	52.66	746101	11600078
6172	3749	3833	19858.27	3694.23	122.28	1181652	18109277
4696	11975	8034	37015.58	9035.14	523.62	1481409	31692091
13876	11104	10179	50862.24	11212.07	615.12	2954084	56877575
548	5155	2486	10769.47	2352.19	93.60	637186	6860217

续表 2

	财政拨款预算收入	上级补助收入	事业预算收入	经营收入	附属单位上缴收入
总　计	**47063141**	**1523998**	**3496521**	**1714910**	**15022**
按单位类型分					
文物科研机构	2312380	39157	1247794	147785	
文物保护管理机构	7539506	678101	791669	141021	7982
博物馆	26657136	803265	1299461	1198176	7040
文物行政部门	10185035				
其他文物机构	369084	3475	157597	227928	
按隶属关系分					
中央	1612349		419437	84591	
省区市	8901798	26379	1448903	267233	1915
地市	15680539	345555	671267	354042	415
县市区	20868455	1152064	956914	1009044	12692
按部门分					
文物部门	44013596	1164853	3346569	932336	13924
其他部门	3049545	359145	149952	782574	1098

续表 3

	劳务费	福利费	各种税金支出	对个人和家庭补助支出	抚恤金和生活补助
总　计	**2409475**	**216605**	**217036**	**1073763**	**167577**
按单位类型分					
文物科研机构	670455	5564	74192	45034	6640
文物保护管理机构	238002	54683	24248	249331	60767
博物馆	1186232	131101	83201	603235	69680
文物行政部门	182166	21508	10780	167165	28336
其他文物机构	132620	3749	24615	8998	2154
按隶属关系分					
中央	120490	3255	19196	47230	4870
省区市	645689	31035	77847	183540	24976
地市	842399	58822	57105	495393	81365
县市区	800897	123493	62888	347600	56366
按部门分					
文物部门	2271066	195039	188254	966644	114407
其他部门	138409	21566	28782	107119	53170

其他收入	本年支出合计(千元)	基本支出	项目支出	经营支出	在支出合计中：工资福利支出	商品和服务支出	差旅费
9941600	**62496645**	**21450976**	**32523945**	**1100158**	**15348293**	**20132982**	**337985**
286936	3962986	942785	2807308	93814	642638	2538940	79877
250698	9656915	3887939	5240018	196729	2977540	3012705	26809
2731980	32272426	13760466	16563128	710776	9974707	11356550	172182
930629	10917539	2509553	7677872		1545941	2827957	38575
5741357	5686779	350233	235619	98839	207467	396830	20542
219969	2340996	1110205	1121383		772344	1217390	29636
953850	10959332	3385511	6537517	165340	2559512	4807507	130322
1057459	18519093	6594242	11197020	215506	4835555	6889199	70331
7710322	30677224	10361018	13668025	719312	7180882	7218886	107696
7423697	56004128	18964939	29891844	703069	13748633	18312639	308320
2517903	6492517	2486037	2632101	397089	1599660	1820343	29665

其他资本性支出	各种设备、交通工具、图书购置费	资产总计(千元)	固定资产净值	实际使用房屋建筑面积(万平方米)	展览用房	文物库房	实际拥有产权面积(万平方米)
7237426	**891229**	**253670415**	**126113855**	**4973.70**	**1613.42**	**261.36**	**2887.68**
511203	57137	4992020	1091231	45.44	12.24	2.80	22.01
881242	64503	19654532	8149845	1613.78	110.31	16.89	370.86
4566122	695535	194876546	110129281	3188.47	1474.37	239.33	2421.03
1260641	70926	13666302	4149368	75.47			47.07
18218	3128	20481015	2594130	50.91	16.66	2.48	26.68
146035	91904	6855448	1795949	58.29	11.16	3.93	57.39
1685092	241495	39434143	14547514	337.95	121.29	45.20	211.55
2601731	281531	92922759	48102288	1219.56	437.99	74.61	650.39
2804568	276299	114458065	61668104	3357.90	1042.98	137.62	1968.35
6501349	822223	195691495	98275598	3832.84	1199.68	201.24	2259.90
736077	69006	57978920	27838257	1141.03	414.00	60.32	627.80

2020年全国文物保护

	机构数(个)	从业人员(人)	编制人员数	在编人员数	专业技术人才
总　计	**3373**	**31959**	**18924**	**16176**	**9017**
按隶属关系分					
中央					
省区市	12	448	289	269	167
地市	294	10537	6667	5990	2990
县市区	3067	20974	11968	9917	5860
按部门分					
文物部门	3298	29483	16852	14468	8495
其他部门	75	2476	2072	1708	522
按机构类型分					
区域性文物保护管理机构	1821	16134	9556	8350	5800
专门为一处或几处文物保护单位设立的保护管理机构	1552	15825	9368	7826	3217

续表 1

		在藏品数中(件/套)			
	三级品	本年新增藏品	本年从有关部门接收文物数	本年藏品征集数	本年修复文物数(件/套)
总　计	**145531**	**22123**	**3009**	**9895**	**19474**
按隶属关系分					
中央					
省区市	9551				
地市	11254	6013	26	2127	1455
县市区	124726	16110	2983	7768	18019
按部门分					
文物部门	143488	22122	3009	9895	19474
其他部门	2043	1			
按机构类型分					
区域性文物保护管理机构	99679	20174	2231	9281	18594
专门为一处或几处文物保护单位设立的保护管理机构	45852	1949	778	614	880

管理机构基本情况

正高级职称	副高级职称	中级职称	安全保卫人员	登记注册志愿者人数(人)	藏品数(件/套)	文物藏品	一级品	二级品
150	**1080**	**3794**	**5559**	**10841**	**1687721**	**869933**	**7544**	**24368**
6	35	49	70		210592	575	421	1657
100	510	1267	1190	2615	129049	79824	424	1342
44	535	2478	4299	8226	1348080	789534	6699	21369
140	983	3594	5451	10719	1680992	863456	7455	24162
10	97	200	108	122	6729	6477	89	206
109	712	2514	2765	7242	1251854	730361	4794	15472
41	368	1280	2794	3599	435867	139572	2750	8896

一级品	二级品	三级品	基本陈列(个)	临时展览(个)	参观人次(万人次)	未成年人参观人次	境外观众参观人次	举办社会教育活动(次)
11	**27**	**361**	**773**	**409**	**8740.61**	**1339.96**	**73.20**	**12445**
				1	123.22	0.35	0.20	13
6	8	108	164	68	3000.44	301.78	7.64	2057
5	19	253	609	340	5616.95	1037.83	65.36	10375
11	27	361	769	405	8201.96	1286.03	71.61	11977
			4	4	538.64	53.93	1.59	468
3	18	272	514	314	3971.02	576.81	43.43	8840
8	9	89	259	95	4769.61	763.19	29.77	3605

续表 2

	参加活动人次(万人次)	未成年人参加人次	门票销售总额(千元)	省部级及以上科研课题数(个)	专利(个)
总　计	**299.85**	**137.07**	**1603870**	**23**	**1**
按隶属关系分					
中央					
省区市	0.98	0.37	109175	2	
地市	88.81	39.51	715851	10	
县市区	210.06	97.19	778844	11	1
按部门分					
文物部门	298.36	136.71	1348846	23	1
其他部门	1.49	0.36	255024		
按机构类型分					
区域性文物保护管理机构	180.52	82.32	366710	10	1
专门为一处或几处文物保护单位设立的保护管理机构	119.34	54.74	1237160	13	

续表 3

	经营收入	附属单位上缴收入	其他收入	本年支出合计(千元)	基本支出
总　计	**141021**	**7982**	**250698**	**9656915**	**3887939**
按隶属关系分					
中央					
省区市			435	313641	102264
地市	57961	-206	122692	3701294	1366776
县市区	83060	8188	127571	5641980	2418899
按部门分					
文物部门	140698	7982	243237	8933551	3729431
其他部门	323		7461	723364	158508
按机构类型分					
区域性文物保护管理机构	41985	275	156683	5821014	2126970
专门为一处或几处文物保护单位设立的保护管理机构	99036	7707	94015	3835901	1760969

本年完成科研成果					本年收入合计（千元）			
专著或图录（册）	论文数（篇）	古建维修、考古发掘报告（册）	获国家奖（个）	获省、部奖（个）		财政拨款预算收入	上级补助收入	事业预算收入
59	**268**	**30**	**4**	**12**	**9408977**	**7539506**	**678101**	**791669**
1	25		1	1	353564	267548	5824	79757
21	154	6		4	3490047	2743348	198777	367475
37	89	24	3	7	5565366	4528610	473500	344437
56	267	30	4	12	8965465	7117931	675872	779745
3	1				443512	421575	2229	11924
37	152	30	2	10	5961228	4686162	541229	534894
22	116		2	2	3447749	2853344	136872	256775

项目支出	经营支出	在支出合计中：						
		工资福利支出	商品和服务支出					对个人和家庭补助支出
				差旅费	劳务费	福利费	各种税金支出	
5240018	**196729**	**2977540**	**3012705**	**26809**	**238002**	**54683**	**24248**	**249331**
204135		86078	193514	1933	2249	304	1512	1486
2166277	38540	1017494	1374674	7209	80605	21567	18977	163431
2869606	158189	1873968	1444517	17667	155148	32812	3759	84414
4678521	196356	2884463	2503308	26288	233016	54001	24188	186666
561497	373	93077	509397	521	4986	682	60	62665
3403736	111468	1597746	1677049	19276	149848	34563	21631	136185
1836282	85261	1379794	1335656	7533	88154	20120	2617	113146

续表 4

	抚恤金和生活补贴	其他资本性支出	各种设备、交通工具、图书购置费	资产总计（千元）	固定资产净值
总　　计	**60767**	**881242**	**64503**	**19654532**	**8149845**
按隶属关系分					
中央					
省区市	259	1515	1395	363094	72184
地市	49904	331708	16977	11124392	4246458
县市区	10604	548019	46131	8167046	3831203
按部门分					
文物部门	15959	850410	62739	18041867	7804687
其他部门	44808	30832	1764	1612665	345158
按机构类型分					
区域性文物保护管理机构	9676	564923	51788	8617631	3843450
专门为一处或几处文物保护单位设立的保护管理机构	51091	316319	12715	11036901	4306395

续表 5

	进行考古发掘情况				
	考古发掘面积（万平方米）	出土器物（件/套）	原址保护展示面积（万平方米）	异地保护展示面积（万平方米）	主办刊物（种）
总　　计	**238.58**	**28502**	**813.53**	**0.33**	**19**
按隶属关系分					
中央					
省区市	15.76	1300			
地市	64.18	14134	23.36	0.11	10
县市区	158.64	13068	790.17	0.22	9
按部门分					
文物部门	238.58	28502	813.53	0.33	19
其他部门					
按机构类型分					
区域性文物保护管理机构	236.24	25868	635.06	0.33	13
专门为一处或几处文物保护单位设立的保护管理机构	2.34	2634	178.47		6

实际使用房屋建筑面积（万平方米）	展览用房	文物库房（含标本室）	实际拥有产权面积（万平方米）	文物保护规划和方案设计（个）	文物保护维修情况 国保单位保护维修项目数（个）	保护维修面积（平方米）	省保单位保护维修项目数（个）	市、县保单位保护维修项目数（个）
1614.11	**110.39**	**17.10**	**370.91**	**1030**	**617**	**15648515**	**528**	**605**
1.86	0.57	0.05	4.21	1	11	933	1	
289.97	23.74	2.85	99.91	119	101	1473313	50	33
1322.28	86.08	14.20	266.79	910	505	14174269	477	572
1377.59	109.41	17.01	370.52	999	605	15508280	527	604
236.53	0.98	0.09	0.39	31	12	140235	1	1
182.65	64.29	9.97	222.33	883	425	14581264	485	588
1431.50	46.12	7.09	148.60	147	192	1067251	43	17

国际合作项目数（个）	文化创意产品情况 文化创意产品种类（个）	文化创意产品销售收入（千元）	文化创意产品销售利润（千元）	文博单位举办新媒体情况 举办线上展览（个）	网站年访问量（次）	举办微信公众号、微博（个）	举办微信公众号、微博关注人数（人次）
	863	**21416**	**6290**	**179**	**14030570**	**1024**	**6494991**
	400	13193	4022		204732	1	885
	325	4818	1648	40	11088194	336	3418709
	138	3405	620	139	2737644	687	3075397
	863	21416	6290	179	9510570	1016	4344644
					4520000	8	2150347
	368	4805	1650	118	7859658	317	2656251
	495	16611	4640	61	6170912	707	3838740

2020年全国博物

	机构数（个）	从业人员（人）	编制人员数	在编人员数	专业技术人才
总　计	**5452**	**118913**	**57872**	**49767**	**40005**
其中：免费开放	4726	93026	44572	38077	32651
按机构类型分					
综合性	1910	48527	26012	22125	18636
历史类	1856	45483	22252	19345	13019
艺术类	556	6499	2217	1833	2381
自然科技类	204	5332	2704	2473	2253
其他	926	13072	4687	3991	3716
按隶属关系分					
中央	5	2620	2647	2374	1742
省区市	140	15043	9330	8225	6669
地市	1130	36141	18728	16405	13358
县市区	4177	65109	27167	22763	18236
按系统分					
文物单位管理的国有博物馆	3591	93718	49288	42484	32973
其他行业性国有博物馆	599	13596	6381	5579	4082
非国有	1262	11599	2203	1704	2950

续表 1

	在藏品数中(件/套)				本年修复文物数（件/套）
	三级品	本年新增藏品	本年从有关部门接收文物数	本年藏品征集数	
总　计	**3036818**	**1293573**	**162399**	**839719**	**53257**
其中：免费开放	2328206	1008605	145852	602619	48695
按机构类型分					
综合性	1884956	473732	129997	239215	30076
历史类	870007	140944	13962	55225	12967
艺术类	138533	38854	11460	6257	1625
自然科技类	14578	386957	12	309827	1085
其他	128744	253086	6968	229195	7504
按隶属关系分					
中央	781619	50638	673	31565	1142
省区市	1245409	95769	38699	30704	14922
地市	586615	300535	39436	163182	16403
县市区	423175	846631	83591	614268	20790
按系统分					
文物单位管理的国有博物馆	2992611	693281	145727	290061	46438
其他行业性国有博物馆	31053	71758	16426	42349	1153
非国有	13154	528534	246	507309	5666

馆基本情况

正高级职称	副高级职称	中级职称	安全保卫人员（人）	登记注册志愿者人数（人）	藏品数（件/套）	文物藏品	一级品	二级品
2214	**6112**	**16549**	**29280**	**194071**	**43190898**	**21685697**	**85515**	**588192**
1790	4958	13574	23056	165635	34924658	18472265	65669	304652
901	3048	8186	12667	87009	18162799	12656681	50736	205587
609	1794	5253	10851	56921	10093383	7465416	26787	304975
282	358	876	1563	9667	2468553	370148	2171	37736
172	367	839	935	21285	5565027	286449	1916	6934
250	545	1395	3264	19189	6901136	907003	3905	32960
199	485	750	379	489	3374092	3334457	14962	282864
544	1406	2683	2926	20927	10811153	7174198	34059	172411
650	2102	5939	8865	66793	8563464	5468118	16718	75760
821	2119	7177	17110	105862	20442189	5708924	19776	57157
1533	5105	14066	23238	151033	31379616	20861982	80509	578279
234	603	1634	2978	27312	3742055	442248	2524	7633
447	404	849	3064	15726	8069227	381467	2482	2280

一级品	二级品	三级品	基本陈列（个）	临时展览（个）	参观人次（万人次）	未成年人参观人次	境外观众参观人次
346	**1639**	**7309**	**15473**	**12246**	**52652.35**	**12216.72**	**635.51**
300	1289	6263	13768	11065	44440.82	10877.75	592.55
242	1108	4672	5851	6078	16679.85	4867.20	264.86
68	425	2037	4461	3243	26226.49	4958.56	252.64
7	36	352	1560	1242	2526.34	541.51	27.58
20	36	90	678	285	2075.63	666.34	11.82
9	34	158	2923	1398	5144.28	1183.34	78.64
	54	15	59	79	614.32	60.31	10.20
140	605	1512	473	717	3967.84	770.34	52.39
89	519	1923	3575	3756	16672.52	3388.69	114.66
117	461	3859	11366	7694	31397.67	7997.38	458.26
315	1564	6761	10322	9764	42421.49	9918.64	543.45
21	44	293	1823	861	6094.86	1263.49	27.16
10	31	255	3328	1621	4136.05	1034.74	64.83

续表 2

	举办社会教育活动(次)	参加活动人次(万人次)	未成年人参加人次	门票销售总额(千元)	省部级及以上科研课题数(个)
总　计	**189173**	**25041.24**	**5246.28**	**1936186**	**547**
其中：免费开放	157588	20036.14	4541.75	120166	458
按机构类型分					
综合性	73402	14422.97	2242.54	396171	235
历史类	67518	5228.86	1269.52	1210064	163
艺术类	7098	528.96	208.95	17539	16
自然科技类	24638	2291.57	699.97	103006	84
其他	16517	2569.23	825.57	209406	49
按隶属关系分					
中央	1688	6.60	5.30	182108	11
省区市	13735	8657.30	1348.11	625878	180
地市	39238	2145.82	849.82	425635	163
县市区	134512	14231.52	3043.05	702565	193
按系统分					
文物单位管理的国有博物馆	131443	21810.87	4351.38	1554024	418
其他行业性国有博物馆	44542	2640.17	640.62	338801	118
非国有	13188	590.36	254.43	43361	11

续表 3

	财政拨款预算收入		上级补助收入	事业预算收入	经营收入
	中央财政免费开放补助资金	地方财政免费开放补助资金			
总　计	**1850079**	**960785**	**803265**	**1299461**	**1198176**
其中：免费开放	1836352	933360	740173	562605	257824
按机构类型分					
综合性	890955	558818	268219	672594	121753
历史类	753886	202916	258173	320277	740293
艺术类	35469	38203	24607	78308	88634
自然科技类	55981	21624	60953	115082	82220
其他	113788	139224	191313	113200	165276
按隶属关系分					
中央	4670			185355	84591
省区市	445501	318436	1310	342782	26123
地市	698347	329884	125148	159425	180113
县市区	701561	312465	676807	611899	907349
按系统分					
文物单位管理的国有博物馆	1630411	858969	446349	1161433	415925
其他行业性国有博物馆	217109	63799	195405	134527	574227
非国有	2559	38017	161511	3501	208024

本年完成科研成果						本年收入合计（千元）	
专利（个）	专著或图录（册）	论文数（篇）	古建维修、考古发掘报告（册）	获国家奖（个）	获省、部奖（个）		财政拨款预算收入
448	**1040**	**6564**	**102**	**188**	**648**	**32697058**	**26657136**
370	822	5254	97	162	592	25000357	21005085
89	470	3341	90	66	296	13746196	12122433
28	310	2084	7	62	162	11842109	10182567
57	87	309	4	25	83	1519614	1247154
25	89	417		4	34	1630369	1269269
249	84	413	1	31	73	3958770	1835713
7	116	725	4	3	8	1725008	1338524
70	239	2328	16	44	109	7336428	6849538
48	288	2115	44	85	284	9946973	9094166
323	397	1396	38	56	247	13688649	9374908
193	836	5829	91	152	511	26785506	24055426
198	131	651	7	9	67	3682195	2526077
57	73	84	4	27	70	2229357	75633

			本年支出合计（千元）				
附属单位上缴收入	其他收入			基本支出	项目支出	经营支出	
		捐赠收入					工资福利支出
7040	**2731980**	**1753630**	**32272426**	**13760466**	**16563128**	**710776**	**9974707**
6919	2427751	1697503	24271220	10189973	12967363	294856	7237501
3896	557301	116836	14321626	6207092	7466874	124787	4364579
407	340392	54740	12007520	4963872	6213860	330637	3840651
796	80115	8791	1501797	591266	767603	84748	461865
1915	100930	444	1795740	696638	1017476	49461	495429
26	1653242	1572819	2645743	1301598	1097315	121143	812183
	116538	32087	1782685	857647	914380		680820
1915	114760	9391	6854669	2506857	4258323	23628	1864964
621	387500	118462	10064111	4276865	5511912	130756	3194931
4504	2113182	1593690	13570961	6119097	5878513	556392	4233992
5942	700431	74443	26958944	11437256	14501697	314060	8472234
	251959	1595	3875922	1614716	1798277	227056	1163440
1098	1779590	1677592	1437560	708494	263154	169660	339033

续表 4

	在支出合计中：				
	商品和服务支出	差旅费	劳务费	福利费	各种税金支出
总　　计	**11356550**	**172182**	**1186232**	**131101**	**83201**
其中：免费开放	8578070	146190	980804	84340	27912
按机构类型分					
综合性	5390752	87234	599343	58826	18648
历史类	4104763	54593	429849	48280	47251
艺术类	441841	7844	24749	6063	4954
自然科技类	621797	7250	37798	5239	3254
其他	797397	15261	94493	12693	9094
按隶属关系分					
中央	934818	5180	81830	3069	10341
省区市	2583035	50662	220566	23841	7360
地市	3868871	46587	408453	30562	16929
县市区	3969826	69753	475383	73629	48571
按系统分					
文物单位管理的国有博物馆	10054629	143146	1052817	110230	54479
其他行业性国有博物馆	1207213	19751	119518	13317	23846
非国有	94708	9285	13897	7554	4876

续表 5

	文物库房（含标本室）面积	实际拥有产权面积（万平方米）	本年度可移动文物保护情况		国际合作项目数（个）
			数字化保护（项）	预防性保护（项）	
总　　计	**239.78**	**2421.42**	**16795**	**22280**	**143**
其中：免费开放	205.63	1945.09	16685	21505	106
按机构类型分					
综合性	129.65	869.64	5094	18030	43
历史类	49.56	945.47	5191	3003	54
艺术类	18.07	94.62	2014	665	20
自然科技类	12.71	98.34	59	103	11
其他	30.28	413.55	4437	479	15
按隶属关系分					
中央	3.80	52.32	10	10022	12
省区市	42.16	183.64	8344	3224	34
地市	69.93	532.43	1800	6257	27
县市区	123.89	1653.03	6641	2777	70
按系统分					
文物单位管理的国有博物馆	179.74	1798.19	11856	20576	93
其他行业性国有博物馆	17.17	314.55	2994	1140	11
非国有	43.20	308.80	1945	564	39

对个人和家庭补助支出	抚恤金和生活补贴	其他资本性支出	各种设备、交通工具、图书购置费	资产总计（千元）	固定资产净值	实际使用房屋建筑面积（万平方米）	展览用房
603235	**69680**	**4566122**	**695535**	**194876546**	**110129281**	**3189.16**	**1474.77**
450649	57561	3633995	574258	160047931	92004728	2644.32	1200.52
313257	39041	1821667	388418	81962389	44602792	1538.38	622.77
211788	23943	1537148	200953	47831888	24913880	886.79	435.93
24663	1925	381945	29061	14895557	6797925	181.74	97.62
15921	2041	438927	22576	33401647	24281560	175.86	112.54
37606	2730	386435	54527	16785065	9533124	406.92	206.47
39113	3828	122836	77868	4940389	1093449	52.18	10.01
135531	14855	1463113	209673	29777728	13296849	295.38	107.37
273760	25275	1557601	220526	72950642	42344125	890.16	407.84
154831	25722	1422572	187468	87207787	53394858	1951.44	949.55
558882	61318	3860943	628293	142993143	82971029	2303.49	1067.28
41496	7422	579439	52226	28764368	16237235	356.76	190.50
2857	940	125740	15016	23119035	10921017	529.15	217.27

主办刊物（个）	文化创意产品情况			文博单位举办新媒体情况			
	文化创意产品种类（个）	文化创意产品销售收入（千元）	文化创意产品销售利润（千元）	举办线上展览（个）	网站年访问量（次）	举办微信公众号、微博（个）	举办微信公众号、微博关注人数（人次）
1245	**94051**	**2403224**	**341029**	**13893**	**570271585**	**94433**	**73170451028**
477	68116	1635480	251487	11471	384310362	56287	73089335855
157	36017	1505329	226814	7419	256355558	20813	65831373
210	19843	766899	91795	4313	197821132	43130	73055789664
81	18758	35545	3545	636	15872825	20959	5325545
16	2642	57714	10931	179	26461991	273	7383033
781	16791	37737	7944	1346	73760079	9258	36121413
4	1768	653263	97211	78	102076027	92	24161599
115	32003	589466	122598	590	71518181	1534	26993752
811	36378	885807	59086	4856	109295377	4256	73035371139
315	23902	274688	62134	8369	287382000	88551	83924538
998	73838	2239562	308350	11871	462072089	86823	123533083
130	5856	121609	23901	571	71255744	4187	73015538274
117	14357	42053	8778	1451	36943752	3423	31379671

2020年文物保护科学

	机构数（个）	从业人员（人）	编制人员数	在编人员数	专业技术人才（人）	正高级职称
总　计	**128**	**5123**	**3467**	**3028**	**2852**	**349**
按性质分						
考古研究	84	3559	2400	2099	1963	261
古建研究	15	597	317	310	345	32
其他研究	29	967	750	619	544	56
按隶属关系分						
中央	1	122	119	108	95	13
省区市	44	2883	1977	1717	1650	251
地市	71	1975	1236	1098	1020	82
县市区	12	143	135	105	87	3
按部门分						
文物部门	128	5123	3467	3028	2852	349
其他部门						
按经费来源分						
文物经费	108	4191	2958	2570	2405	289
科研经费	12	784	437	391	383	55
其他经费	8	148	72	67	64	5

续表 1

	在藏品数中（件/套）				本年修复文物数（件/套）	一级品
	三级品	本年新增藏品	本年从有关部门接收文物数	本年藏品征集数		
总　计	**35310**	**63611**	**157**	**584**	**24073**	**46**
按性质分						
考古研究	29711	49136	4	584	16044	
古建研究	4987	14322			1298	
其他研究	612	153	153		6731	46
按隶属关系分						
中央					943	18
省区市	13663	21327		499	13406	21
地市	14158	42284	157	85	9375	7
县市区	7489				349	
按部门分						
文物部门	35310	63611	157	584	24073	46
其他部门						
按经费来源分						
文物经费	33352	32765	4	584	19105	39
科研经费	1384	29790			4820	7
其他经费	574	1056	153		148	

研究机构基本情况

副高级职称	中级职称	安全保卫人员	登记注册志愿者人数(人)	藏品数(件/套)	文物藏品	一级品	二级品
669	**1064**	**323**	**574**	**1649403**	**1031358**	**1647**	**4378**
466	708	149	293	1188657	600913	1604	3468
83	148	50	30	424205	423759	34	848
120	208	124	251	36541	6686	9	62
32	37	5		4419			
411	585	106	123	829888	344232	1331	2605
212	413	188	451	803225	675416	247	1685
14	29	24		11871	11710	69	88
669	1064	323	574	1649403	1031358	1647	4378
570	890	290	574	1335037	995202	1391	3822
90	147	11		310916	32796	246	360
9	27	22		3450	3360	10	196

二级品	三级品	基本陈列(个)	临时展览(个)	参观人次(万人次)	未成年人参观人次	境外观众参观人次
969	**5966**	**13**	**10**	**238.84**	**7.48**	**0.06**
28	200	7	4	80.10	5.37	0.06
18	295	1	6	5.55	1.47	
923	5471	5		153.19	0.64	
793	132	1		0.20		
137	1643	2	1	52.27	3.72	0.06
18	4141	10	9	185.34	3.76	
21	50			1.03		
969	5966	13	10	238.84	7.48	0.06
969	2120	13	10	236.04	7.15	0.06
	3846					
				2.80	0.33	

续表 2

	举办社会教育活动(次)	参加活动人次(万人次)	未成年人参加人次	门票销售总额(千元)	省部级及以上科研课题数(个)	专利(个)
总　计	**197**	**3.88**	**0.52**	**51214**	**96**	**31**
按性质分						
考古研究	106	2.23	0.35	10373	37	10
古建研究	23	0.13	0.07	229	6	8
其他研究	68	1.52	0.10	40612	53	13
按隶属关系分						
中央	8	0.72			44	11
省区市	51	1.99	0.24	11048	46	20
地市	136	0.94	0.28	40166	4	
县市区	2	0.24			2	
按部门分						
文物部门	197	3.88	0.52	51214	96	31
其他部门						
按经费来源分						
文物经费	197	3.88	0.52	50164	76	21
科研经费					19	10
其他经费				1050	1	

续表 3

	上级补助收入	事业预算收入	经营收入	附属单位上缴收入	其他收入	本年支出合计(千元)
总　计	**39157**	**1247794**	**147785**		**286936**	**3962986**
按性质分						
考古研究	37716	975990	88870		264395	3154809
古建研究		122522	43187		4277	301572
其他研究	1441	149282	15728		18264	506605
按隶属关系分						
中央		121203			4828	141062
省区市	19085	994110	112632		43981	2249557
地市	19981	132481	16578		172165	1477651
县市区	91		18575		65962	94716
按部门分						
文物部门	39157	1247794	147785		286936	3962986
其他部门						
按经费来源分						
文物经费	23625	1058729	131207		137234	3269489
科研经费	15532	189065	15728		138587	661043
其他经费			850		11115	32454

本年完成科研成果						
专著或图录（册）	论文数（篇）	古建维修、考古发掘报告（册）	获国家奖（个）	获省、部奖（个）	本年收入合计（千元）	财政拨款预算收入
117	**957**	**236**	**12**	**44**	**4034052**	**2312380**
91	734	220	11	31	3127064	1760093
12	62	16		3	325268	155282
14	161		1	10	581720	397005
12	90			2	171691	45660
78	595	160	11	31	2233922	1064114
24	267	75	1	11	1499030	1157825
3	5	1			129409	44781
117	957	236	12	44	4034052	2312380
103	744	165	6	37	3338594	1987799
11	186	64	6	5	654749	295837
3	27	7		2	40709	28744

基本支出	项目支出	经营支出	在支出合计中：			
			工资福利支出	商品和服务支出		
					差旅费	劳务费
942785	**2807308**	**93814**	**642638**	**2538940**	**79877**	**670455**
649379	2352156	39628	446018	2123312	67010	543084
80171	188999	28221	70697	178971	3640	75207
213235	266153	25965	125923	236657	9227	52164
117007	24055		35417	82475	5112	28477
464499	1604366	63055	376130	1534897	66910	344623
338036	1112117	26058	213958	878488	7497	278278
23243	66770	4701	17133	43080	358	19077
942785	2807308	93814	642638	2538940	79877	670455
850747	2233065	67849	559775	1968544	68087	535596
80533	554544	25965	72143	553959	11173	131720
11505	19699		10720	16437	617	3139

续表 4

	福利费	税金支出	对个人和家庭补助支出	抚恤金和生活补贴	其他资本性支出	各种设备购置费
总　计	**5564**	**74192**	**45034**	**6640**	**511203**	**57137**
按性质分						
考古研究	3488	57608	33422	5677	414547	36961
古建研究	844	9675	5530	240	20305	4517
其他研究	1232	6909	6082	723	76351	15659
按隶属关系分						
中央		5723	3601	501	19569	12297
省区市	3166	54976	26013	5598	143472	24079
地市	1653	13390	14847	473	344753	18725
县市区	745	103	573	68	3409	2036
按部门分						
文物部门	5564	74192	45034	6640	511203	57137
其他部门						
按经费来源分						
文物经费	4796	54899	37636	3609	486634	50734
科研经费	735	18570	6232	3031	20836	5144
其他经费	33	723	1166		3733	1259

续表 5

	进行考古发掘情况				国际合作项目数（个）	主办刊物（种）
	考古发掘面积（万平方米）	出土器物（件/套）	原址保护展示面积（万平方米）	异地保护展示面积（万平方米）		
总　计	**94.43**	**220415**	**25.59**	**0.03**	**20**	**14**
按性质分						
考古研究	91.83	206834	25.59	0.03	13	10
古建研究	2.52	13419				2
其他研究	0.08	162			7	2
按隶属关系分						
中央					7	1
省区市	57.35	153022	1.61	0.01	6	11
地市	30.36	65143	23.64	0.02	7	2
县市区	6.72	2250	0.34			
按部门分						
文物部门	94.43	220415	25.59	0.03	20	14
其他部门						
按经费来源分						
文物经费	77.05	182763	25.59	0.03	11	10
科研经费	17.29	37444			9	3
其他经费	0.09	208				1

资产总计（千元）	固定资产净值	公用房屋建筑面积（万平方米）	文物库房（含标本室）面积	实验室面积	实际拥有产权面积（万平方米）	文物保护规划和方案设计（个）
4992020	**1091231**	**45.44**	**12.24**	**2.80**	**22.01**	**269**
3686902	664580	31.26	10.49	1.03	11.93	87
321560	66175	3.15	0.88	0.09	0.86	86
983558	360476	11.06	0.87	1.69	9.22	96
505793	124576	3.01	0.28	0.13	2.99	59
3599771	625760	23.71	7.70	0.84	12.40	155
747728	320460	17.97	4.03	1.66	6.62	53
138728	20435	0.75	0.23	0.17		2
4992020	1091231	45.44	12.24	2.80	22.01	269
4244083	875691	36.97	10.86	1.55	16.08	232
720720	211140	7.80	1.13	1.19	1.73	36
27217	4400	0.68	0.25	0.06	4.20	1

文化创意产品情况			文博单位举办新媒体情况			
文化创意产品种类（个）	文化创意产品销售收入（千元）	文化创意产品销售利润（千元）	举办线上展览（个）	网站年访问量（次）	举办微信公众号、微博（个）	举办微信公众号、微博关注人数（人次）
13			**29**	**3096705**	**309**	**2917368**
7			4	2769592	50	2310649
			1	31420	6	25108
6			24	295693	253	581611
1				133993	4	28607
2			24	1761326	276	2172196
10			4	1197026	29	716565
			1	4360		
13			29	3096705	309	2917368
13			29	1779885	302	1818115
				1316820	5	1094853
					2	4400

2020年全国各地区

地　区	机构数（个）	从业人员（人）					
			专业技术人才				安全保卫人员
				正高级职称	副高级职称	中级职称	
总　计	**11314**	**175742**	**53942**	**2857**	**8215**	**22165**	**35261**
北　京	221	8100	1993	93	259	564	1652
天　津	115	1805	831	40	130	312	245
河　北	501	8532	2253	129	428	903	2043
山　西	426	8948	2183	67	289	891	1705
内蒙古	281	3499	1474	94	306	633	669
辽　宁	142	3901	1402	71	213	740	576
吉　林	169	2555	1167	92	243	422	390
黑龙江	388	2999	1295	92	296	550	661
上　海	168	4357	2191	91	247	851	501
江　苏	513	8989	2756	176	459	1194	2081
浙　江	590	11184	2970	203	516	1155	1943
安　徽	323	3886	1447	71	192	580	911
福　建	194	3102	1100	73	175	396	776
江　西	266	5016	1544	75	184	680	1189
山　东	748	12401	4566	224	678	1843	2287
河　南	656	12401	3001	158	441	1247	2637
湖　北	334	5760	2238	119	278	1097	1330
湖　南	280	4905	1205	36	151	516	817
广　东	449	7788	2469	103	271	1113	1538
广　西	309	3352	1274	53	155	556	732
海　南	70	956	274	7	33	84	304
重　庆	192	3671	1185	66	187	460	820
四　川	524	9236	2353	106	250	913	2068
贵　州	204	2702	736	21	92	243	596
云　南	418	3084	1686	74	362	790	626
西　藏	1392	2659	239	7	32	55	358
陕　西	644	16216	3226	161	394	1357	3125
甘　肃	388	6488	1749	60	225	694	1275
青　海	107	777	235	7	38	98	132
宁　夏	107	1170	389	15	73	163	279
新　疆	182	2059	434	21	50	201	611

文物业基本情况

登记注册志愿者(人)	藏品数(件/套)	一级品	二级品	三级品	在藏品数中(件/套) 本年新增藏品数	本年从有关部门接收文物数	本年藏品征集数	本年修复藏品数(件/套)	一级品	二级品
205630	**50891012**	**97268**	**627040**	**3284530**	**1479526**	**175623**	**938657**	**99655**	**407**	**2806**
11580	4653639	4703	13482	88293	88563	287	57823	769	45	2
2735	1105699	1054	5459	134976	14244	11407	2663	188	2	4
2794	578198	1491	13728	46698	10842	5485	1930	1557	13	32
4597	1834054	4433	9523	62158	36072	26217	5237	4471	40	349
1803	1278889	3492	7281	12866	7708	3584	2591	1910	22	62
3274	614612	2291	16103	158346	4516	638	2551	3328	5	123
1722	685391	574	6028	31502	6574	425	4929	29	2	
4251	1022374	2709	5907	45508	6353	214	3427	2359		8
8934	2115495	2335	39810	171086	28377	338	23422	434	19	42
17770	2566899	3713	21330	286462	65060	12697	34044	2070	13	26
22874	1666243	2217	11079	86048	66824	3821	50428	2251	23	69
5589	963140	6975	32172	77633	6531	380	2821	1405	8	42
5525	749831	1117	3722	104650	63697	51862	10084	237	14	118
8047	687073	1725	6547	68567	29626	5401	12215	704		3
24713	4875467	6096	14966	101592	80334	786	19672	10186	19	255
10865	2119935	2633	17002	273830	40012	667	9518	5439	34	153
6902	2571659	3557	9892	126619	64008	21810	34524	12009	8	65
5275	804243	1986	7957	78597	11651	2221	7791	6059	14	122
13039	2658274	2254	16212	67166	67994	5500	15545	3269	6	55
3309	440823	333	5471	41208	56467	2975	13692	542		1
403	192176	184	762	3199	25315	335	22732	120	7	4
14298	672506	1238	2743	29524	41080	11047	11344	2138	39	64
5995	4849733	4111	8526	104695	538693	662	525794	20541	8	34
1459	218920	622	2017	7281	5283	133	4329	5413	2	29
2279	1653623	1021	2225	19080	13247	1360	6875	2394	5	24
6	393805	5704	29826	70338	809	2	806	30		2
7758	4042375	7273	15048	82474	27405	1627	6530	4470	22	193
5752	773582	4503	12309	104615	11333	2964	5156	1342	2	39
113	103151	771	1602	3241	526		187	137	6	9
564	370692	367	3848	8758	8051	50	7082	330		
916	239061	823	1599	5901	1692	55	1350	1260	11	30

续表 1

地　区	三级品	基本陈列(个)	临时展览(个)	参观人次(万人次)	未成年人参观人次	境外观众参观人次	门票销售总额(千元)
总　计	**14424**	**16259**	**12665**	**61631.70**	**13564.08**	**708.76**	**3591270**
北　京	27	222	166	1141.12	109.13	5.64	150525
天　津	9	215	191	521.25	70.68	4.97	20954
河　北	1123	391	371	1292.23	380.13	12.67	173925
山　西	1938	329	153	2132.15	314.69	10.42	175967
内蒙古	215	509	177	825.25	182.78	7.37	1253
辽　宁	272	240	202	815.53	176.43	18.48	66329
吉　林		213	273	337.13	115.75	24.03	14270
黑龙江	83	447	338	2686.50	184.22	8.50	219
上　海	107	545	347	1238.21	221.14	6.28	87019
江　苏	86	1108	1006	5498.94	1356.47	50.34	136411
浙　江	278	1359	1213	4509.35	945.75	87.89	187533
安　徽	472	670	544	1522.34	333.59	4.74	8062
福　建	83	388	629	1326.63	373.70	15.39	8638
江　西	21	570	475	3649.76	1103.13	86.64	47114
山　东	1163	2066	1064	4203.95	1184.97	25.78	370069
河　南	1724	747	701	4039.67	988.75	12.45	164697
湖　北	3921	678	423	1815.71	497.13	39.20	371425
湖　南	766	302	250	3854.30	945.92	57.77	22578
广　东	121	1199	1138	2616.29	676.47	10.12	63546
广　西		321	276	1435.60	380.68	18.59	1480
海　南	49	103	82	308.83	71.61	21.42	5080
重　庆	273	293	350	1757.51	365.82	15.40	35943
四　川	370	727	474	4096.44	749.01	14.73	309610
贵　州	18	213	138	1976.57	362.22	91.36	9433
云　南	73	604	381	1193.31	237.22	17.14	4628
西　藏	8	25	4	290.93	43.83		107127
陕　西	541	799	425	3290.69	565.64	7.53	572416
甘　肃	442	580	596	1882.66	403.39	6.19	264325
青　海	4	49	30	121.29	27.68	4.78	69
宁　夏	57	135	71	404.41	70.51	8.71	26767
新　疆	33	152	98	232.63	65.33	4.03	1750

本年收入合计(千元)	财政拨款预算收入	上级补助收入	事业预算收入	经营收入	附属单位上缴收入	其他收入	本年支出合计(千元)	基本支出	项目支出
63737792	**47063141**	**1523998**	**3496521**	**1714910**	**15022**	**9941600**	**62496645**	**21450976**	**32523945**
9578490	2509915	175047	705026	13998		6174504	7382043	1509457	1752895
583118	428564	4989	41493	17732	1915	88425	645484	330748	244914
1976361	1813574	660	103454	25679		32994	1741752	842690	865113
3684124	3292535	69036	58421	105207	101	158824	3699724	763471	2664491
895737	821147	3670	7131	51918		11871	977156	330700	588721
999208	956652	12602	21809	4179		3966	960350	441281	485421
553983	500625	3984	19068	70		30236	578076	182863	369800
509527	450747	37032	4808	4236		12704	476847	222947	251587
2979659	2209161	15516	224420	132810	150	397602	2814127	879830	1617870
3400761	2940944	31305	140834	121823	25	165830	3420164	1541922	1633538
5207660	4085957	70253	464477	53661	308	533004	5228598	1931085	3059566
975487	780357	74162	70476	10424	61	40007	1004952	349198	587168
962508	828143	44503	10454	16665	230	62513	909720	299675	549976
1188753	1021639	84585	17704	25332	320	39173	1120637	462725	607819
2581316	1648746	34556	124467	421723	3331	348493	3079863	958743	1377515
3205238	2541271	65323	323602	117785	286	156971	3248651	1181913	1850233
1801400	1275753	94482	113772	48196	6788	262409	1758407	569807	944792
1592220	1410993	34858	49884	11837		84648	1505487	628349	797868
3612622	3269729	48659	62431	46424		185379	3689728	1447145	2029915
1019154	865277	87863	6371	46105	215	13323	957207	269513	620627
314017	296469	4879	3863	5093		3713	263682	64273	188275
1031576	868158	20937	65697	14527	5	62252	1167334	341214	717453
2627173	2367226	119224	27682	33274	36	79731	2689685	792801	1757304
497086	463351	17668	9973	7029		16465	447549	178416	231077
980702	713849	126450	83250	7815		49338	1009091	436956	499474
802129	701514	25185	53212	10053	1250	10915	1083934	514308	545750
4688467	3781513	81310	110208	245989	1	469446	5410127	1713510	3045308
1908461	1613249	83439	112206	8507		91060	1723587	764299	846271
338595	230191	8588	23747			76069	309727	114776	172395
264762	211663	3078	110	22028		27883	294656	110776	161391
641152	551880	40155	17034	200		31883	557304	165380	338035

续表 2

地　区	经营支出	在支出合计中：工资福利支出	商品和服务支出	差旅费	劳务费	福利费	各种税金支出
总　计	**1100158**	**15348293**	**20132982**	**337985**	**2409475**	**216605**	**217036**
北　京	101994	986451	1368095	2150	47605	31977	26429
天　津	13791	227050	202539	874	12503	2367	1785
河　北	20239	632219	709327	7504	94186	10686	4924
山　西	89926	598391	1168044	12506	144401	7512	8806
内蒙古	19678	221665	275078	7018	36219	1387	6165
辽　宁	621	286277	457791	6760	55998	859	685
吉　林	8865	155841	179449	3949	27012	1324	1024
黑龙江	2037	178531	136938	2564	17111	1165	321
上　海	62226	631888	925773	4217	21141	10198	10970
江　苏	96728	1059447	1459882	17715	167064	9678	5052
浙　江	18008	1223524	1759963	14367	176355	44991	19225
安　徽	11990	258903	393466	8148	39604	3782	1657
福　建	22369	221223	307950	4774	45303	347	260
江　西	22837	353053	317587	13412	44612	7953	252
山　东	108219	708606	1125092	13907	108878	8281	24937
河　南	38517	747530	1108153	18024	349520	7378	28649
湖　北	57152	465486	575099	14666	90726	5435	3926
湖　南	7990	379523	525485	17836	68830	5039	1050
广　东	40354	1004104	1252316	13007	59757	8147	2758
广　西	35895	244796	245776	7935	16912	1700	4814
海　南	4540	55365	109251	3010	30021	2	100
重　庆	34425	292444	415955	26143	84234	2045	603
四　川	35421	703817	1043716	29029	129088	6248	6209
贵　州	4520	157779	120678	5327	29538	802	704
云　南	9177	263230	261563	6995	39057	3465	535
西　藏	6081	497866	152363	3767	2871	35	25
陕　西	201506	1276810	1598360	19374	225193	25680	32288
甘　肃	7818	463865	477757	16235	86953	2540	1493
青　海	9348	68064	32758	2065	5667	807	119
宁　夏	7046	92675	80077	1655	8673	447	1094
新　疆	840	119526	129311	3416	23953	1073	981

对个人和家庭补助支出	抚恤金和生活补助	其他资本性支出	各种设备购置费	资产总计（千元）	固定资产净值	实际使用房屋建筑面积（万平方米）	展览用房	文物库房	实际拥有产权面积（万平方米）
1073763	**167577**	**7237426**	**891229**	**253670415**	**126113855**	**4973.70**	**1613.42**	**261.36**	**2887.68**
71987	5520	155738	44383	22609236	5521492	110.03	44.17	6.22	75.63
9451	482	98565	16615	4277092	1629703	43.91	20.74	3.91	78.81
55765	3465	316792	32446	4642526	2574503	105.12	55.19	6.02	80.72
27663	3774	821073	38102	9082838	2747620	124.35	46.31	8.12	123.18
8733	2997	129584	15514	4601232	3511999	114.58	63.58	7.25	55.26
18882	4158	22327	4474	1745923	1192415	68.73	32.58	6.53	126.38
6797	779	78318	8217	1247076	849959	45.11	24.53	4.11	18.33
13694	555	66833	19239	2297044	1828829	69.18	44.79	5.42	37.54
10133	2390	636780	37154	16102975	5711074	97.63	42.88	7.76	46.57
78646	4100	387894	40035	69769487	44102473	301.07	134.36	14.98	200.20
102349	11338	612042	51719	14241909	6282872	240.65	119.68	15.90	110.42
24848	5794	66890	9504	3260982	2236941	109.79	50.98	10.63	72.27
11610	1589	108573	31813	2054003	1097193	104.64	33.69	5.90	66.84
20968	5726	159527	15586	2305796	1147782	101.57	50.62	6.50	204.76
111958	48867	209313	26735	14225945	9030264	323.23	168.64	29.86	411.53
46272	4591	684898	40367	8000419	2893598	161.48	77.24	14.75	91.90
30118	6127	220891	38487	4071819	1828485	294.20	91.40	13.29	94.09
41174	3495	222051	31646	5575938	1787641	87.58	36.57	7.88	73.05
135716	4538	267413	52546	12375465	6937302	195.21	75.45	12.89	174.42
9338	3222	175328	39746	2675998	1619817	74.89	34.14	5.19	42.22
551	274	44583	17452	2040008	1457758	21.32	9.47	1.98	15.98
10649	2380	93279	11093	2960866	818975	77.11	40.07	6.46	38.49
56896	10157	154702	13588	8194816	4063048	176.71	78.29	13.03	176.62
10297	2349	42738	7250	1622000	886455	49.81	22.22	4.06	26.74
6114	1406	93498	38150	3074783	1584066	84.87	34.68	6.42	54.83
2358	231	298548	30	968071	155351	1354.39	4.18	4.06	23.11
36430	11627	531398	67562	13571308	5984497	185.85	72.35	13.97	155.68
51112	8057	166161	28806	5975032	2907569	108.03	46.53	8.58	108.55
3587	214	59045	974	648103	530529	12.54	5.84	0.94	10.78
2236	402	28516	1920	1192245	832962	31.04	17.48	2.12	19.22
10201	2103	138093	18172	1404032	564734	40.79	23.61	2.70	16.17

2020年全国各地区文物

地　区	机构数(个)	从业人员(人)					
			编制人员数	在编人员数	专业技术人才		
						正高级职称	副高级职称
总　计	**3373**	**31959**	**18924**	**16176**	**9017**	**150**	**1080**
北　京	26	1805	474	449	290		7
天　津	8	50	50	46	39	2	11
河　北	156	3564	2541	2349	757	30	114
山　西	115	1681	971	753	502	3	38
内蒙古	97	699	438	386	410	12	73
辽　宁	61	1156	776	626	331	6	40
吉　林	52	302	222	202	201	6	42
黑龙江	55	197	159	136	123	7	31
上　海	6	111	95	93	67	1	4
江　苏	47	353	226	202	135	3	22
浙　江	86	2467	1823	1652	760	25	125
安　徽	82	395	283	250	200	5	27
福　建	52	326	172	152	126	7	11
江　西	66	469	254	177	166	1	9
山　东	91	2611	2180	1802	1008	6	125
河　南	127	2366	1140	907	467	6	53
湖　北	42	698	357	236	249		13
湖　南	50	681	527	394	122	1	5
广　东	25	298	154	136	75		4
广　西	70	446	316	289	223	1	15
海　南	12	200	65	60	32		1
重　庆	38	199	138	131	98	1	15
四　川	175	2073	1222	1027	549	10	35
贵　州	66	353	63	53	177		11
云　南	136	840	644	596	592	10	138
西　藏	1259	1977	1137	840	130	1	17
陕　西	187	3945	1662	1504	734	2	48
甘　肃	54	801	467	394	250	3	16
青　海	28	91	36	36	39	1	3
宁　夏	22	275	174	165	125		24
新　疆	82	530	158	133	40		3

保护管理机构基本情况

中级职称	安全保卫人员	登记注册志愿者人数(人)	藏品数(件/套)	文物藏品	一级品	二级品	三级品	在藏品数中(件/套) 本年新增藏品	本年从有关部门接收文物数
3794	**5559**	**10841**	**1687721**	**869933**	**7544**	**24368**	**145531**	**22123**	**3009**
47	499	25	23384	10254	201	395	1496	28	
17	1		58	44		2	5		
318	1010	259	95313	93735	292	1672	9616	1208	129
187	417	394	156044	54274	392	710	3115	48	
182	69	86	77675	24607	127	439	1246	881	87
171	126	186	44109	19012	111	696	9814	29	29
97	21	43	6210	5971	4	18	136	270	
55	26	31	13923	9366	25	210	749	1606	
17	4	185	2416						
69	42	251	7956	7311	16	66	565		
305	253	2857	96165	70403	102	292	3072	1224	1010
83	35	311	32494	14238	219	350	6702	65	
47	66	520	4554	101	2	8	650	45	26
62	139	1303	55763	29549	94	491	5568	1187	202
411	86	162	139917	105075	28	235	1755	684	57
212	451	519	108207	72160	58	964	22945	465	118
142	208	135	27056	8687	71	185	703	13	
47	99	647	37152	11911	120	461	4313	818	594
32	41	85	8996	7132		22	299		
103	58	384	40752	26945	29	425	3610	4973	41
8	62	5	853	662		1	4		
44	27	148	26173	21308	9	173	1479	47	
220	188	278	136477	125004	564	1160	18577	3897	63
54	55	192	10885	4966	37	206	628	394	
303	128	425	84496	33191	171	132	1786	834	43
20	328		307652	52643	4522	13594	38566	1	
369	665	1075	107198	29638	219	865	6262	2681	607
73	135	181	1818	1356	32	79	139	3	3
18	29	9	11663	10616	41	142	160	1	
56	53	58	19507	18490	53	348	1159	721	
25	238	87	2855	1284	5	27	412		

续表 1

地　区	本年藏品征集数	本年修复文物数(件/套)	一级品	二级品	三级品	基本陈列(个)	临时展览(个)
总　计	**9895**	**19474**	**11**	**27**	**361**	**773**	**409**
北　京	1					21	7
天　津							
河　北	114	24		1	5	37	9
山　西	48	726	6	19	290	12	8
内蒙古	642	104				27	16
辽　宁						36	24
吉　林	270					4	5
黑龙江	161					12	14
上　海						3	1
江　苏						30	12
浙　江	186	119	2			105	49
安　徽	63	6				13	3
福　建						7	9
江　西	5	6		2	4	62	58
山　东	627	592				36	20
河　南		70			50	4	8
湖　北		5			5	17	15
湖　南	221					23	13
广　东						48	13
广　西	4931					35	21
海　南						18	2
重　庆	46	94				4	2
四　川	375	17623	1		1	46	19
贵　州	37	10		5	3	23	3
云　南	574	33	2		3	47	34
西　藏						4	
陕　西	1341	41				79	25
甘　肃		21					2
青　海	1					3	7
宁　夏	252					10	7
新　疆						7	3

参观人次(万人次)			举办社会教育活动(次)			门票销售总额(千元)	本年完成科研成果		
	未成年人参观人次	境外观众参观人次		参加活动人次(万人次)	未成年人参加人次		省部级及以上科研课题数(个)	专利(个)	专著或图录(册)
8740.61	**1339.96**	**73.20**	**12445**	**299.85**	**137.07**	**1603870**	**23**	**1**	**59**
322.58	1.62	2.28	119	0.80	0.54	94256			3
			2	0.70	0.08				
394.42	94.66	4.65	77	3.09	1.57	163937	8		3
675.50	67.24	5.71	139	30.60	11.79	80513	1		
36.57	5.34		102	6.53	2.10	112	1		1
136.89	30.44	1.49	89	2.75	1.45	20445	1		6
4.16	0.70		40	0.20	0.08				1
11.14	4.05		4	3.70	2.90	115			
2.28	0.76		132	2.60	1.31				
82.50	16.75		138	2.30	1.14	1401	2		
1428.81	149.76	1.82	588	48.43	9.45	160751	1	1	9
68.37	21.39	0.03	29	0.89	0.16	6455			1
132.90	34.89	0.91	63	5.41	0.43	7497			1
411.07	120.52	22.08	1924	44.11	32.46				
678.57	24.37	0.65	266	3.07	1.31	256103			3
843.12	81.42	0.53	195	4.75	2.79	142565			4
435.42	135.54	12.97	45	3.56	2.91	364214			2
459.03	123.23	8.19	383	17.18	8.75	5701			
122.20	44.78	0.55	573	7.41	6.70	17375			1
192.93	29.51	0.60	185	7.40	4.71				1
127.45	29.61	0.27	92	16.84	13.41	4190			
6.06	0.24		5	0.11	0.02	70			
334.81	24.58	2.98	597	12.51	4.86	94684	3		6
72.26	16.24	5.90	289	9.61	5.02	9085			1
256.12	25.51	0.74	5471	29.89	7.43	3041	1		7
272.49	42.13		48	0.14	0.03	107127			1
1048.62	190.58	0.64	637	25.23	10.95	44759			2
92.00	8.25	0.20	60	1.65	0.85	14351	4		3
2.82	0.97		5	0.18	0.05	69			
62.94	9.19	0.01	87	0.36	0.32	4654	1		2
26.58	5.69		61	7.85	1.50	400			1

续表 2

地 区	论文数(篇)	古建维修、考古发掘报告(册)	获国家奖(个)	获省、部奖(个)	本年收入合计(千元)	财政拨款预算收入	上级补助收入
总 计	**268**	**30**	**4**	**12**	**9408977**	**7539506**	**678101**
北 京					1126873	790626	154366
天 津	9				59365	29966	
河 北	20	1			883992	817756	
山 西	12				358262	277540	41702
内蒙古	8	1			259502	256877	2210
辽 宁	5	1			179348	156726	1215
吉 林					59705	57413	
黑龙江	1			1	64592	45823	18769
上 海					60453	55360	
江 苏	9				199747	194566	3222
浙 江	15		1	1	1161676	765014	40502
安 徽	11	4			175476	141024	33494
福 建	2				131647	85812	17552
江 西	4			2	197284	162369	28935
山 东					482605	454631	10706
河 南	17				422432	316380	26441
湖 北	3				162952	90061	41677
湖 南	5	5			300873	275068	8937
广 东	2				91981	73046	2557
广 西	11	1			160724	132444	25739
海 南					24136	18291	1289
重 庆					72629	72629	
四 川	45	2		1	966065	828992	108294
贵 州	3	4	2	1	71680	57955	3827
云 南	18	6		1	299781	266438	8945
西 藏	13		1	1	304091	216525	22282
陕 西	13	3		3	737191	610155	34622
甘 肃	34	2			162048	121014	10088
青 海					24544	13652	800
宁 夏	8			1	125971	103913	2752
新 疆					81352	51440	27178

事业预算收入	经营收入	附属单位上缴收入	其他收入	本年支出合计(千元)	基本支出	项目支出	经营支出	在支出合计中：工资福利支出	商品和服务支出
791669	**141021**	**7982**	**250698**	**9656915**	**3887939**	**5240018**	**196729**	**2977540**	**3012705**
176205	3243		2433	1155171	377866	657766	93154	291691	272788
29182			217	54832	13328	41504		12809	40788
35704	13055		17477	741497	346548	382223	12502	295415	260402
11855	26759		406	374746	131596	209587	21267	94473	91222
273			142	199339	70770	126275		58663	68791
15838	4039		1530	194822	171318	20132	421	92639	48653
114			2178	51238	23318	27572		20899	23556
				40441	19592	20849		14475	15568
4898			195	62283	26445	35837		23618	36223
356	1066		537	185051	85029	99548	472	70144	80697
309019	15963	-206	31384	1092141	588437	500044	284	373223	347483
			958	164732	57007	103258	120	35813	29230
1164	7071		20048	121782	37665	69944	8480	25660	48458
3561			2419	159927	39292	117717	160	26409	11370
8619	5541		3108	763421	157155	589338	4557	116689	511249
38295	31505	265	9546	423544	221713	173484	17006	147341	133548
17931	3639	6663	2981	163181	61362	91032	5472	51104	30739
2409	5000		9459	300772	147390	117941	5850	46553	97944
10969			5409	91981	39883	49680		28266	51792
2257			284	139974	36306	99944	1313	30031	31561
3470	743		343	20760	9851	9182	856	11600	6243
				79880	23826	55964		18406	21430
3634		10	25135	915182	203860	657131		200687	201095
9688			210	66713	35949	22111	100	24241	6883
421			23977	314123	124160	167426	49	88161	73434
50601	10053	1250	3380	591949	429011	142734	6051	422129	132522
43005	6005		43404	794277	263038	426431	11490	248486	263928
2138	7339		21469	143335	74560	64966	2446	52156	37405
10063			29	26609	6946	12107	4679	6289	2190
			19306	145106	27245	109521		27560	28628
			2734	78106	37473	38770		21910	6885

续表 3

地区	差旅费	劳务费	福利费	各种税金支出	对个人和家庭补助支出	抚恤金和生活补贴	其他资本性支出
总计	**26809**	**238002**	**54683**	**24248**	**249331**	**60767**	**881242**
北京	84	20408	14059	2368	36018	503	55785
天津	236	859	117	1468	541	179	656
河北	952	28708	8256	212	16762	936	164475
山西	905	6638	848	56	1743	188	52667
内蒙古	642	4386	158		2895	475	9421
辽宁	343	6527	797	160	10199	1042	3169
吉林	406	1819	36	1	284	72	3338
黑龙江	109	916	6		1330	68	156
上海	125	55	260	13	109		344
江苏	671	1372	397	4	4181	101	22091
浙江	1337	19987	15922	12484	41664	2440	128533
安徽	716	2886	146		4348	268	19348
福建	401	2397	5	11	1332	510	2662
江西	1040	5713	213	13	2159	347	46764
山东	591	15609	305	338	59644	46198	4843
河南	2014	27074	2665	3190	14077	943	23346
湖北	511	5676	281	59	1683	283	13393
湖南	1975	7157	329	83	3135	692	26714
广东	79	5130	156	6	2088	120	348
广西	937	2387	189	6	714	172	33633
海南	49	1590			143	25	1873
重庆	1590	6896	139		917	232	20350
四川	4540	26390	683	2764	26039	1877	25690
贵州	743	692	85	8	487	107	12324
云南	1807	5405	362	94	1963	187	26676
西藏	1296	173	3	25	1705	231	
陕西	1199	21833	7978	126	3394	1226	140832
甘肃	974	4756	195	116	4888	227	12690
青海	135	1046	5		54	3	6694
宁夏	241	2700	1	643	440	79	22306
新疆	161	817	87		4395	1036	121

各种设备购置费	资产总计(千元)	固定资产净值	实际使用房屋建筑面积(万平方米)	展览用房	文物库房(含标本室)	实际拥有产权面积(万平方米)	文物保护规划和方案设计(个)	国保单位保护维修项目数(个)
64503	**19654532**	**8149845**	**1614.11**	**110.39**	**17.10**	**370.91**	**1030**	**617**
7046	1045903	222081	9.67	1.56	0.17	3.89	1	17
328	64169	4040	0.10		0.02			3
859	1209520	358519	15.99	6.79	1.10	8.77	35	78
1347	644545	412292	15.40	5.94	0.78	46.38	28	25
179	273042	140946	7.92	3.43	0.36	2.32	29	20
1772	129971	68707	11.97	2.43	0.42	91.65	14	8
1180	22153	4765	1.41	0.53	0.15	0.03	7	15
150	28113	23891	1.73	0.82	0.11	0.46	1	11
237	45143	28223	1.16	0.61	0.04	0.17		
935	233425	47485	3.88	2.06	0.26	3.00	3	8
1251	4792003	1958806	41.97	23.33	0.44	10.04	124	61
532	670796	574705	4.18	1.43	0.35	0.68	109	28
156	121318	13378	2.87	0.92	0.05	0.63	71	33
394	170928	21169	11.47	5.95	0.46	36.69	45	12
414	1278228	380101	15.44	8.61	0.57	3.48	35	14
2589	2038257	486186	17.30	5.54	1.71	11.84	30	21
78	413546	245722	5.44	2.14	0.19	5.52	21	16
236	1110149	388615	8.56	3.16	0.73	13.46	49	25
49	100191	29877	7.74	3.07	0.04	1.18	33	5
17868	167518	110287	5.83	3.48	0.37	2.87	20	25
106	44309	35345	1.59	0.61	0.01	4.66	2	1
7	63156	14835	3.15	1.29	0.80	0.33	26	12
5837	1208501	528486	22.17	3.07	1.61	36.60	134	52
62	86182	37637	3.95	1.69	0.23	2.41	28	8
13577	382054	198305	20.86	4.45	0.54	10.30	88	39
	324580	70447	1330.27	2.96	3.89	15.79	4	1
5338	2139476	1153073	28.26	8.02	0.88	40.75	46	20
1028	229788	92005	4.79	1.65	0.25	10.01	13	26
34	68325	56606	1.23	0.66	0.08	3.54	11	14
891	483511	394687	4.22	1.41	0.44	0.75	13	9
23	65732	48624	3.59	2.78	0.05	2.71	10	10

续表 4

地 区	文物保护维修情况			进行考古发掘情况			
	保护维修面积（平方米）	省保单位保护维修项目数（个）	市、县保单位保护维修项目数（个）	考古发掘面积（万平方米）	出土器物（件/套）	原址保护展示面积（万平方米）	异地保护展示面积（万平方米）
总 计	**15648515**	**528**	**605**	**238.58**	**28502**	**813.53**	**0.33**
北 京	4993	5	20	0.20			
天 津	7802	3	2	0.16	1300		
河 北	621107	22	8	0.80	440		
山 西	62104	7	13	0.31			
内蒙古	1310721	5	5	1.24	2187	0.54	
辽 宁	28836	7	1	0.23	150		
吉 林	275614	3	1	0.01			
黑龙江	2954811	2	1				
上 海		3	2	15.60			
江 苏	4257808	15	8	2.65	620	0.10	0.20
浙 江	295106	83	115	1.31	2590	0.05	0.01
安 徽	153853	35	23				
福 建	28972	62	65	0.35	1221	0.06	
江 西	119433	15	13	0.08	352	0.39	
山 东	12725	23	13	37.63	185		
河 南	20434	25	10	0.65	3000		
湖 北	94836	7	10	0.35	313	630.25	
湖 南	278269	16	20	45.13	738		
广 东	12143	9	26	0.03	589	0.03	
广 西	222052	22	19	0.35	135		
海 南	5					18.74	
重 庆	13198	12	22	1.28	592	0.03	0.02
四 川	3316408	52	48	4.84	7130		
贵 州	46478	6	8			159.00	
云 南	134746	45	141	123.97	5780	0.12	
西 藏	895	4	1				
陕 西	126326	26	3	0.93	175	4.20	0.10
甘 肃	704109	1	1	0.12	200		
青 海	73070	12	4				
宁 夏	103305	1		0.05	520		
新 疆	368356		2	0.31	285	0.02	

主办刊物(种)	文化创意产品情况			文博单位举办新媒体情况			
	文化创意产品种类(个)	文化创意产品销售收入(千元)	文化创意产品销售利润(千元)	举办线上展览(个)	网站年访问量(次)	举办微信公众号、微博(个)	举办微信公众号、微博关注人数(人次)
19	**863**	**21416**	**6290**	**179**	**14030570**	**1024**	**6494991**
				2	426279	192	1136759
1		2	1	7	259590	236	945403
	10	11		4	97289	15	225160
	20	7	2	21	73854	105	19009
				11	330129	11	138848
						2	1620
				8	17359	2	3866
	4			5	204732	7	1700
2				14	109294	47	159700
3	11			17	4830905	33	607373
1						5	5131
	12	1670	170	2	42015	9	123945
2	21			14	395210	77	40046
				13	855593	13	2203157
1	10	7	-2			7	4246
				6	518649	6	99493
1	10	490	120	1	1000	7	108962
	4			8	11045	2	1926
	15	5		1	271964	11	16172
				18		2	15044
4	315	4800	1650	9	205877	20	176364
						1	1725
2	1			1	5051682	17	30043
	400	13193	4022				
1	16	3	3	15	319899	167	273912
1	14	1228	324	1	5400	14	69619
					1200	8	1605
				1	1605	7	83983
						1	180

2020年全国各地区

地区	机构数（个）	从业人员（人）	编制人员数	在编人员数	专业技术人才	正高级职称	副高级职称
总计	**5452**	**118913**	**57872**	**49767**	**40005**	**2214**	**6112**
北京	80	4323	2387	1810	1189	57	166
天津	71	1545	829	746	716	26	93
河北	148	4219	2142	1955	1295	74	266
山西	159	4786	2068	1704	1343	43	193
内蒙古	172	2649	1349	1163	981	68	220
辽宁	65	2460	1373	1277	974	52	139
吉林	107	1993	1170	980	885	79	185
黑龙江	191	2743	1337	1114	1129	79	252
上海	107	3443	2693	2336	1853	68	183
江苏	367	7947	3429	2964	2514	164	406
浙江	406	6550	2517	2121	1984	147	346
安徽	230	3342	1272	1076	1200	62	149
福建	132	2696	1174	1006	949	62	158
江西	172	4033	2120	1696	1308	64	157
山东	577	8871	3801	3382	3194	199	510
河南	336	7433	2851	2333	2112	108	295
湖北	214	4324	2248	1991	1789	102	227
湖南	122	3245	1689	1513	971	25	127
广东	296	5811	2879	2442	2243	92	244
广西	142	2540	1171	987	977	38	122
海南	35	694	311	219	237	7	32
重庆	105	3229	1486	1305	978	58	147
四川	258	6522	2749	2198	1655	80	180
贵州	92	1923	254	221	532	16	75
云南	161	2007	1187	985	1025	52	206
西藏	8	233	153	125	83	4	12
陕西	309	9466	5012	4610	2108	118	264
甘肃	226	4834	2572	2239	1365	48	184
青海	24	530	192	181	161	3	28
宁夏	54	774	283	266	211	10	32
新疆	81	1128	527	448	302	10	29

博物馆基本情况

中级职称	安全保卫人员(人)	登记注册志愿者人数(人)	藏品数(件/套)	文物藏品	一级品	二级品	三级品	本年新增藏品
16549	**29280**	**194071**	**43190898**	**21685697**	**85515**	**588192**	**3036818**	**1293573**
388	1150	11555	2192500	736450	3062	7465	83432	37764
272	244	2735	761363	252198	1054	5452	134940	12776
521	1017	2517	409994	270710	1006	10987	30012	9632
560	1264	4147	1445779	912781	3717	8576	57417	33308
422	592	1717	1183832	875743	3160	6706	11467	6731
532	440	3048	530401	326999	2006	14876	145698	3570
297	343	1514	646423	398754	566	5979	31261	6304
479	632	4220	1002934	314179	2673	5656	44007	4416
752	490	8730	2086603	385549	2335	39810	170919	16808
1080	2026	17439	2025066	1032535	3684	21188	285389	57772
761	1688	19989	1511944	672524	2025	10397	78173	65000
478	874	5278	908842	567107	6725	31791	70441	5036
341	710	5005	745277	539807	1115	3714	104000	63652
597	1028	6744	601851	276736	1566	5596	56072	27486
1286	2196	24551	4607278	2424940	6002	14545	98935	76647
842	2110	10154	1200736	543568	2323	14621	234126	12150
870	1096	6722	2137113	1417091	3227	8555	100069	51877
416	704	4628	648179	471608	1643	6342	59610	9883
1024	1490	12954	2531279	819757	2244	16188	66857	64319
427	673	2925	387903	245837	296	4987	35656	51494
73	242	398	175897	136860	182	755	3179	10270
393	779	14150	596494	392756	1229	2569	28044	39074
646	1853	5701	4588431	978215	3542	7358	84241	531959
181	541	1267	192149	92607	579	1741	6422	4828
464	498	1854	1566085	478835	849	2062	17288	12407
26	29	6	72012	4396	1068	15810	26951	808
817	2396	6683	3852109	2110337	6754	13600	71812	8694
563	1128	5571	564617	396968	4319	11887	103423	9099
64	99	83	74172	64050	506	1066	2346	252
88	226	506	346058	48856	314	3500	7578	7227
139	343	791	223485	162487	782	1549	5434	1692

续表 1

地区	在藏品数中(件/套)		本年修复文物数(件/套)				基本陈列(个)
	本年从有关部门接收文物数	本年藏品征集数		一级品	二级品	三级品	
总计	**162399**	**839719**	**53257**	**346**	**1639**	**7309**	**15473**
北京	287	9809	769	45	2	27	201
天津	11407	1224	188	2	4	9	215
河北	5356	1814	466	8	31	66	353
山西	26064	4993	3069	30	248	1312	317
内蒙古	3497	1949	1789	22	62	215	482
辽宁	517	2052	428	5	123	272	204
吉林	425	4659	29	2			206
黑龙江	214	3266	2359		8	83	435
上海	338	12053	434	19	42	107	542
江苏	12697	31504	1334	13	24	84	1078
浙江	2766	49715	1437	21	65	206	1253
安徽	380	2758	1399	8	42	472	657
福建	51836	10084	237	14	118	83	381
江西	5199	12160	550		1	17	508
山东	713	18348	7833	17	207	826	2029
河南	548	9463	1722	34	114	991	742
湖北	11921	32333	5544	1	6	24	661
湖南	1627	7247	3574	14	119	724	279
广东	5500	14538	2714	6	55	121	1151
广西	2934	8761	521				285
海南	335	7687	117	7	4	49	85
重庆	11047	9771	1055	39	60	221	289
四川	580	522601	1823	7	34	369	678
贵州	133	4261	5176	2	24	15	190
云南	1317	6298	2361	3	24	70	557
西藏	2	806	10		2	8	21
陕西	1020	5183	3378	8	90	387	720
甘肃	2961	4524	1071	2	39	442	580
青海		113	33	6	7	4	46
宁夏	50	6830	302			57	125
新疆	55	1350	393	11	30	33	144

临时展览（个）	参观人次（万人次）	未成年人参观人次	境外观众参观人次	举办社会教育活动（次）	参加活动人次（万人次）	未成年人参加人次	门票销售总额（千元）	省部级及以上科研课题数（个）
12246	**52652.35**	**12216.72**	**635.51**	**189173**	**25041.24**	**5246.28**	**1936186**	**547**
159	818.53	107.50	3.35	3692	11150.90	1095.62	56269	27
191	521.25	70.68	4.97	1984	40.55	9.23	20954	5
362	897.31	285.41	8.03	1839	303.84	148.34	9988	5
145	1310.49	247.45	4.70	5752	421.14	35.05	56567	14
161	788.69	177.46	7.37	3275	3291.22	520.10	1141	4
178	678.60	145.97	16.99	1597	94.04	24.56	45884	7
268	332.51	114.85	24.03	1421	57.09	40.96	14270	7
324	2675.36	180.17	8.50	1925	182.02	64.09	104	11
346	1235.93	220.38	6.28	25512	281.62	104.56	87019	21
993	5396.45	1339.73	50.34	9787	2236.58	284.26	135010	38
1164	3076.53	795.00	86.07	8524	259.12	119.57	26782	25
541	1453.97	312.21	4.71	4437	682.30	514.86	1607	13
620	1193.74	338.82	14.48	1946	54.97	29.90	1141	6
417	3238.67	982.62	64.58	8565	287.82	164.56	47114	12
1043	3525.13	1160.52	25.13	12511	636.22	392.93	113966	57
687	3191.01	905.86	11.93	26734	472.14	191.78	21903	51
408	1380.29	361.59	26.23	3848	366.96	104.64	7211	11
237	3394.24	822.68	49.58	7998	298.22	140.26	16877	6
1125	2494.08	631.69	9.58	8095	263.67	134.12	46171	44
255	1241.80	351.14	17.99	9767	1109.98	238.08	1480	5
80	181.39	42.00	21.15	269	13.55	8.60	890	1
348	1751.45	365.58	15.40	4954	612.51	213.82	35873	49
454	3753.36	723.54	11.75	8297	611.00	159.09	213876	31
135	1904.31	345.99	85.46	3888	78.18	38.75	348	
347	937.21	211.70	16.39	3971	97.31	41.95	1587	23
4	18.44	1.71		56	0.24	0.21		
400	2242.09	375.04	6.89	3405	757.11	260.90	527657	25
593	1748.66	393.14	5.93	7555	275.05	122.10	239774	25
23	118.48	26.71	4.78	609	9.53	4.01		
64	335.47	59.72	8.70	1704	54.55	22.00	21940	9
95	202.59	59.55	4.02	3568	35.21	12.08	675	4

续表 2

地　区	本年完成科研成果						本年收入合计(千元)
	专利(个)	专著或图录(册)	论文数(篇)	古建维修、考古发掘报告(册)	获国家奖(个)	获省、部奖(个)	
总　计	**448**	**1040**	**6564**	**102**	**188**	**648**	**32697058**
北　京	12	61	359			10	3138415
天　津		12	98		2	12	480221
河　北	1	14	127	4	3	7	777996
山　西		12	157		2	18	938336
内蒙古	3	7	90	1	3	10	557076
辽　宁		24	205		4	4	516010
吉　林	2	6	79		3	2	396929
黑龙江		8	79	1	1	14	429875
上　海	8	87	363		5	31	2495429
江　苏	197	69	469	22	22	94	2482376
浙　江	14	85	208	4	9	40	2021332
安　徽	3	24	212		5	14	614828
福　建		18	135	2	1	4	674342
江　西	3	14	73	5	2	12	812661
山　东	49	35	356	6	27	91	1612319
河　南	21	29	281	1	20	46	1374196
湖　北	4	35	256	18	28	66	1060419
湖　南	3	15	228	6	6	32	951919
广　东	2	106	378	4	10	25	2001014
广　西	14	17	158	1	3	5	545439
海　南	1	5	26	1		3	190039
重　庆	22	45	375	7	5	25	834203
四　川	13	58	189	7	13	42	1469767
贵　州	25	10	110		2	3	282902
云　南	12	17	132	1	1	3	496525
西　藏							331835
陕　西	9	56	240	1	2	10	1628416
甘　肃	23	46	345	4	3	15	1189589
青　海		1	2				172921
宁　夏		4	32		3	2	117731
新　疆		4	77	2			376990

财政拨款预算收入	财政拨款预算收入		上级补助收入	事业预算收入	经营收入	附属单位上缴收入	其他收入	
	中央财政免费开放补助资金	地方财政免费开放补助资金						捐赠收入
26657136	**1850079**	**960785**	**803265**	**1299461**	**1198176**	**7040**	**2731980**	**1753630**
1297288	26834	1062	20681	216140	10755		1593551	1561989
395574	1050	10199	4989	12311	17732	1915	47700	807
747569	129394	23577	660	8738	12624		8405	1862
848279	29573	19486	25055	7515	17219	101	40167	70
536841	46557	8762	1460	6618	956		11201	
500062	29293	40727	11387	3587	140		834	
373422	28631	11019	3984	2482	70		16971	
391383	88212	6998	18263	3408	4236		12585	221
2074222	27536	30538	15516	219334	79861	150	106346	3113
2144072	66747	64803	28083	140478	112722	25	56996	2697
1724628	41975	59354	29301	78888	37698	514	150303	104492
535483	48901	11926	40668	7644	10424	61	20548	1936
593226	51610	79492	26791	6929	9594	230	37572	1848
719147	105256	39233	55650	14143	4867	320	18534	1038
1066241	88251	66228	23850	8011	415332	3331	95554	2319
1229387	101435	37473	18731	66493	10688	21	48876	2231
866246	97186	61560	52519	45302	28829	125	67398	3086
837113	104847	77152	25921	20475	6837		61573	1470
1831035	82531	65562	46011	33446	46424		44098	3696
464696	51086	14405	62024	4004	2918	215	11582	100
180028	24204	2624	3590	393	4350		1678	3
751072	94051	19783	20937	32323	14527	5	15339	53
1394248	159505	82359	10930	17848	16669	26	30046	13543
247792	19856	41500	13841	285	7029		13955	23
355091	35208	16467	117505	7748	7815		8366	120
331835								
1280176	102926	49460	30876	67002	211536	1	38825	3988
1010230	96422	8201	73351	68340	1168		36500	10838
152291	9338	926	7788	12812			30	
89340	18550	2200	326	110	20365		7590	
350595	38444	7709	12577	1299	200		12319	

续表 3

地　区	本年支出合计(千元)	基本支出	项目支出	经营支出	工资福利支出	商品和服务支出	差旅费
总　计	**32272426**	**13760466**	**16563128**	**710776**	**9974707**	**11356550**	**172182**
北　京	1647177	1016068	609725	8840	606046	674269	1965
天　津	544117	315622	201821	13791	213723	160874	638
河　北	689122	402083	278887	7737	258493	276472	2727
山　西	956717	249530	638644	11881	242303	354886	3207
内蒙古	730046	249015	449415	2493	150950	173620	3484
辽　宁	508148	183903	294663	200	139830	251661	2630
吉　林	433454	140233	272389	8865	118634	100542	2118
黑龙江	420197	191555	226329	2037	156983	114232	2111
上　海	2407491	816025	1521376	51597	590790	816260	4080
江　苏	2588220	1332262	1120182	90489	897768	1031132	15850
浙　江	2099966	901064	1124458	17724	568026	807016	6857
安　徽	665311	262755	338667	11870	202575	257507	4753
福　建	636776	231530	378043	13889	188575	248703	3728
江　西	789727	387906	384506	4192	295051	257796	9338
山　东	1865681	746341	638136	103662	544937	496838	6299
河　南	1429370	529057	823500	18655	406922	404408	6090
湖　北	1067839	406087	607170	25715	334798	417374	7405
湖　南	900624	369284	498029	2140	243886	325680	6803
广　东	2153103	976305	1078528	40354	719961	828428	7190
广　西	509489	182654	308372	6361	173611	131799	4077
海　南	189496	47982	132721	3684	37435	96382	2775
重　庆	974896	300428	610553	34425	259756	348275	19681
四　川	1512211	537638	924929	21618	459597	700052	13905
贵　州	264045	107051	136368	4420	103138	77770	2231
云　南	554333	282050	238015	9128	153928	125737	2511
西　藏	288924	32304	256055	30	31932	9738	903
陕　西	2023523	931958	801179	177771	701035	467741	7969
甘　肃	1031859	527603	442300	5372	329899	315132	12395
青　海	156411	84625	64487	4669	43892	20466	976
宁　夏	123083	68959	40824	6327	52674	38458	786
新　疆	328385	92942	208477	840	66739	92484	1520

在支出合计中：							资产总计（千元）	
			对个人和家庭补助支出		其他资本性支出			固定资产净值
劳务费	福利费	各种税金支出		抚恤金和生活补贴		各种设备、交通工具、图书购置费		
1186232	**131101**	**83201**	**603235**	**69680**	**4566122**	**695535**	**194876546**	**110129281**
24366	16927	4184	31926	3621	85193	35647	7608581	3838766
11644	2250	317	8910	303	97909	16287	3475643	1611494
37079	1926	2102	29603	1926	118709	29181	2836210	2126071
33396	3326	3350	8375	365	214287	11676	4932257	1738319
22321	1061	197	5338	2445	119824	15172	4294283	3363554
32261	62	525	5892	1812	17562	2702	1105085	801553
12395	1087	499	5328	698	73298	5766	1134645	806772
13140	986	320	10496	468	66557	18999	2246965	1803404
14388	8781	2728	7933	2325	630417	36586	13180165	5506800
87344	8842	4303	62788	3573	297134	33013	68923088	43880670
82352	16171	5186	23191	4161	279851	36209	8151628	3876055
19155	3211	1222	14561	2277	45875	8936	2556570	1655964
41122	331	249	9882	1079	81522	31657	1580287	807616
26982	6856	167	14034	2646	63357	13705	1899200	1072270
76277	7939	18668	48068	2660	177310	23227	12421223	8592268
45169	3551	2442	22151	2081	437437	23223	4641980	2105789
61040	3813	2540	21085	2211	157583	35580	2979694	1325046
38350	4002	934	31667	1724	166351	27189	4078392	1225240
46876	5679	1721	93918	2695	229270	47357	10616789	6400014
9111	996	682	6323	2474	82595	2870	2293173	1466661
27687		100	408	249	40659	17280	1688337	1348901
65848	1870	534	9697	2148	66241	10223	2465363	749994
69149	5203	2428	28229	7446	92045	7127	6664279	3366316
15276	584	642	7380	2113	28224	6044	959559	526617
16515	3044	316	2567	963	41605	24523	2305192	1375731
2016	32		42		246003		553606	26641
97808	15582	15119	12372	3615	180197	56384	7492546	3840561
51625	1982	365	34152	6596	121263	24500	4688547	2588904
3694	802	43	2482	211	48951	471	540777	452163
3343	432	101	1249	314	5821	982	676852	430715
16673	704	876	4075	653	130236	15151	945241	324963

续表 4

地　区	实际使用房屋建筑面积（万平方米）	展览用房	文物库房（含标本室）面积	实际拥有产权面积（万平方米）	本年度可移动文物保护情况	
					数字化保护（项）	预防性保护（项）
总　计	**3189.16**	**1474.77**	**239.78**	**2421.42**	**16795**	**22280**
北　京	91.74	37.58	6.00	66.98	7	81
天　津	41.68	19.63	3.89	78.51	1	3
河　北	85.39	45.94	5.00	69.83	2	2
山　西	94.38	39.86	7.31	70.43	11	27
内蒙古	105.91	59.93	6.90	52.62	6	14
辽　宁	54.25	30.14	6.11	32.57	6	9
吉　林	41.94	23.92	3.94	16.90	2	3
黑龙江	66.90	43.73	5.34	37.09	6	8
上　海	91.11	40.11	6.99	44.59	5812	1595
江　苏	293.01	130.90	14.60	195.37	163	514
浙　江	189.87	94.15	15.06	96.83	532	687
安　徽	102.75	49.58	10.31	71.58	977	5063
福　建	101.43	32.69	5.73	66.22	11	18
江　西	84.39	44.38	5.87	161.19	200	426
山　东	304.46	158.95	29.22	406.41	609	219
河　南	132.57	69.64	13.03	76.58	555	512
湖　北	277.85	87.10	10.83	80.66	66	84
湖　南	74.98	32.68	7.18	56.66	12	21
广　东	169.47	71.15	12.82	162.13	677	448
广　西	65.11	30.22	4.86	37.89	4	10
海　南	19.56	8.89	1.97	11.30	2	5
重　庆	72.60	38.43	5.68	37.87	6	28
四　川	149.55	73.96	11.34	127.61	375	179
贵　州	42.11	20.47	3.84	21.48	5350	2193
云　南	62.07	30.04	5.91	42.23	1350	55
西　藏	8.81	1.21	0.18	6.75		
陕　西	146.05	63.45	12.58	108.45	10	22
甘　肃	93.87	44.33	8.33	93.90	18	19
青　海	10.51	5.03	0.86	7.19	4	4
宁　夏	26.52	16.03	1.68	18.31	3	4
新　疆	36.14	20.64	2.62	12.97	8	5

国际合作项目数(个)	主办刊物(个)	文化创意产品情况		文博单位举办新媒体情况	
		文化创意产品种类(个)	文化创意产品销售收入(千元)	举办线上展览(个)	网站年访问量(次)
143	**1245**	**94051**	**2403224**	**13893**	**570271585**
6	19	1444	5448	237	113586748
	9	589	481	176	36907619
2	5	374	972	296	9848474
	9	364	2038	82	2700037
1	2	364	661	175	1231214
	6	1262	4655	378	7558674
	6	512	69	364	4599421
1	68	557	288	578	4121097
16	36	13105	42804	235	36687914
6	39	8159	345905	620	17010017
9	44	2006	9659	523	15164602
1	15	288	986	1819	2447357
6	16	345	979	1070	21580569
2	18	4062	42258	190	7619623
12	55	5092	48817	775	11959885
3	12	346	32843	283	13059460
4	15	5530	435244	193	10498656
3	21	893	487409	202	6715701
8	29	8502	30717	420	36943247
3	15	623	43148	126	3151579
		7245	1099	13	932852
7	39	4656	91808	555	14452511
14	18	3851	85046	168	26729188
5	700	15113	1080	25	3490637
11	9	1692	5032	311	14599071
		27	980		
6	20	2832	27184	1391	22971348
5	14	2005	1231	2534	21241782
	1	94		30	82759
		63	12	25	196850
	1	288	1108	21	106666

2020年全国各地区文物单位

地　区	机构数(个)	从业人员(人)	编制人员数	在编人员数	专业技术人才	正高级职称	副高级职称
总　计	**3591**	**93718**	**49288**	**42484**	**32973**	**1533**	**5105**
北　京	66	3445	2083	1541	1049	40	148
天　津	69	1321	787	704	610	26	92
河　北	92	3188	1609	1479	933	47	184
山　西	145	4612	2024	1663	1297	37	185
内蒙古	130	2275	1191	1053	900	63	204
辽　宁	62	2415	1352	1256	968	52	138
吉　林	78	1547	946	810	745	59	159
黑龙江	100	1775	1043	863	765	50	190
上　海	40	1421	1231	1016	885	37	102
江　苏	257	6291	2832	2442	2118	110	340
浙　江	158	4624	2154	1855	1649	104	303
安　徽	153	2319	978	856	880	24	110
福　建	107	2500	1148	981	889	54	146
江　西	141	3412	1877	1490	1175	52	139
山　东	262	5056	2811	2539	2286	103	359
河　南	211	6041	2605	2133	1730	53	215
湖　北	145	3657	2067	1866	1581	63	192
湖　南	112	2643	1414	1274	778	19	109
广　东	197	4741	2612	2199	1949	54	221
广　西	102	2230	1080	908	908	35	114
海　南	20	561	272	196	210	6	30
重　庆	62	2281	1177	1026	594	35	102
四　川	205	5594	2545	2045	1415	34	146
贵　州	87	1874	240	207	521	14	74
云　南	108	1343	885	766	785	25	152
西　藏	8	233	153	125	83	4	12
陕　西	198	7753	4452	4092	1726	75	214
甘　肃	143	3874	2167	1917	1188	40	163
青　海	24	530	192	181	161	3	28
宁　夏	23	414	187	179	151	6	20
新　疆	81	1128	527	448	302	10	29

管理的国有博物馆基本情况

中级职称	安全保卫人员(人)	登记注册志愿者(人)	藏品数(件/套)	文物藏品	一级品	二级品	三级品	本年新增藏品
14066	**23238**	**151033**	**31379616**	**20861982**	**80509**	**578279**	**2992611**	**693281**
332	967	11273	2083271	712694	3006	7333	82419	31699
256	206	2541	724696	249475	1054	5452	134940	12288
356	787	2193	320830	233069	932	10932	29785	8525
540	1221	3674	1353533	912408	3714	8572	57117	33236
387	500	1358	1095245	858052	2480	6595	11157	5655
527	431	3048	514327	320576	1986	14846	145648	3570
252	273	1090	471654	385984	558	5965	31138	4447
323	414	2504	616840	265085	2526	5136	40469	3315
326	152	2505	1335142	257081	1176	35286	156975	2316
945	1599	13898	1471237	992624	3016	19929	279935	52622
666	1193	15031	1148773	600288	1994	10303	75788	51158
367	621	3908	671379	550308	6539	31237	66918	4239
324	654	3756	691795	518470	1104	3676	103419	63002
553	871	6107	445002	268715	1482	5486	55734	22097
986	1288	16762	3252941	2370517	5899	14263	97530	63238
716	1757	9217	914363	506703	2114	14019	230831	11604
808	902	5777	1789776	1345252	3207	8481	99480	50129
343	601	4092	597596	436210	1576	6136	58645	8091
916	1230	11413	2347781	782839	1418	15716	65753	58346
406	585	2639	373911	243722	296	4987	35640	51236
71	191	371	152081	132270	180	709	3179	8892
263	566	10816	522235	380655	1176	2415	26429	26798
580	1518	3863	1118062	929806	3056	7159	83359	36811
178	523	1247	187406	92567	572	1646	6116	4818
384	359	1593	517166	453228	841	2049	17111	10313
26	29	6	72012	4396	1068	15810	26951	808
695	1963	4228	2426248	2086421	6700	13420	71179	4907
523	881	4489	423633	368423	4275	11746	101991	5441
64	99	83	74172	64050	506	1066	2346	252
64	135	271	68932	43150	314	3496	7576	1098
139	343	791	223485	162487	782	1549	5434	1692

续表 1

地　区	在藏品数中(件/套)		本年修复文物数(件/套)				基本陈列(个)
	本年从有关部门接收文物数	本年藏品征集数		一级品	二级品	三级品	
总　计	**145727**	**290061**	**46438**	**315**	**1564**	**6761**	**10322**
北　京	287	7156	766	45		26	172
天　津	10927	1216	84	2	4	9	200
河　北	5356	973	261	8	31	66	237
山　西	26064	4990	3069	30	248	1312	293
内蒙古	3497	1406	1541	22	62	187	377
辽　宁	517	2052	428	5	123	272	200
吉　林	377	2860	29	2			129
黑龙江	214	2190	155		3	51	264
上　海	229	1897	262		2	16	105
江　苏	12658	28239	1325	13	24	84	858
浙　江	2675	45977	1084	19	65	178	666
安　徽	379	2233	1054		18	380	444
福　建	51836	10032	224	14	118	82	331
江　西	262	12127	315		1	17	456
山　东	713	9107	6372	15	204	825	932
河　南	493	9217	1464	34	114	791	413
湖　北	11861	31287	5466	1	6	24	505
湖　南	1627	5480	3574	14	119	724	260
广　东	5500	12109	2233	6	55	121	897
广　西	2932	8539	511				237
海　南	335	6309	117	7	4	49	44
重　庆	532	8587	1033	39	59	221	168
四　川	580	27784	1695	7	34	369	502
贵　州	133	4251	5174	2	24	15	185
云　南	1206	5888	2286	3	24	70	333
西　藏	2	806	10		2	8	21
陕　西	1014	2008	3266	8	90	385	452
甘　肃	2793	1540	906	2	39	420	340
青　海		113	33	6	7	4	46
宁　夏		773	166			7	52
新　疆	55	1350	393	11	30	33	144

临时展览(个)	参观人次(万人次)	未成年人参观人次	境外观众参观人次	举办社会教育活动(次)	参加活动人次(万人次)	未成年人参加人次	门票销售总额(千元)	省部级及以上科研课题数(个)
9764	**42421.49**	**9918.64**	**543.45**	**131443**	**21810.87**	**4351.38**	**1554024**	**418**
141	752.12	84.13	3.21	2574	9963.95	902.77	54961	19
184	416.19	63.62	4.90	1745	40.08	8.81	6590	5
300	660.68	221.10	7.92	1194	246.80	119.82	7771	1
126	1217.23	233.54	4.68	5673	412.56	31.50	56567	14
144	668.55	145.14	6.32	2491	3278.45	514.24	1141	3
176	656.53	135.70	16.99	1597	94.04	24.56	45884	7
204	276.84	105.87	23.85	1208	51.50	37.27	13934	4
262	2443.45	114.00	6.85	1121	142.53	49.04	30	11
188	469.38	79.20	1.56	2530	61.27	19.43	10494	6
861	4479.94	1141.98	40.87	8035	2115.02	250.24	58982	31
879	2249.81	596.72	79.60	5863	177.83	94.37	10286	23
463	1170.29	244.70	3.45	4098	660.47	500.08	845	9
569	1108.99	314.78	13.64	1596	50.81	27.10	634	6
385	2875.09	891.94	64.36	5149	272.56	158.62	7888	10
646	2146.93	740.49	15.47	8267	405.42	264.77	11148	53
458	2651.99	770.30	8.22	25695	386.35	151.05	21883	43
328	1210.98	320.57	23.67	2326	240.09	95.50	2307	8
229	2618.37	717.80	49.56	5706	260.21	126.83	16877	6
964	2071.55	524.58	7.95	5457	213.06	107.77	40284	41
221	867.61	264.97	9.17	9133	1066.14	210.68	1398	5
74	110.82	28.54	21.14	212	8.95	6.36		1
250	1109.62	267.21	3.24	3202	501.20	185.08	31753	28
366	3309.50	621.99	9.81	7618	560.50	136.91	211375	24
135	1877.46	339.94	84.16	3882	76.05	37.96	133	
289	719.95	165.50	7.82	1995	82.01	35.73		2
4	18.44	1.71		56	0.24	0.21		
227	1922.50	310.71	4.18	2066	209.01	141.92	518363	14
444	1199.84	286.18	1.51	3536	153.51	77.92	239713	25
23	118.48	26.71	4.78	609	9.53	4.01		
50	205.45	39.16	0.35	1553	28.92	13.45		4
95	202.59	59.55	4.02	3568	35.21	12.08	675	4

续表 2

地区	本年完成科研成果						本年收入合计(千元)
	专利(个)	专著或图录(册)	论文数(篇)	古建维修、考古发掘报告(册)	获国家奖(个)	获省、部奖(个)	
总计	**193**	**836**	**5829**	**91**	**152**	**511**	**26785506**
北京	9	54	305			8	1423229
天津		12	94		2	12	411938
河北		14	110	4	2	4	654235
山西		12	157		2	18	915382
内蒙古		6	81	1	3	9	469744
辽宁		24	205		4	4	514485
吉林		4	37		3	1	363362
黑龙江		3	60			13	340440
上海		41	199		2	11	1482370
江苏	31	60	404	22	21	80	2111667
浙江	11	78	185	4	2	24	1794940
安徽	3	10	177		1	5	521941
福建		16	133	2		2	668992
江西	3	12	65	5	2	10	708413
山东	12	21	341	5	14	58	935179
河南	15	24	254	1	18	38	1302988
湖北	2	32	250	17	28	65	1022865
湖南	3	13	158	6	6	30	754365
广东	1	84	360	3	10	23	1871413
广西	12	17	158	1	3	5	425932
海南	1	5	26	1		3	183406
重庆	22	33	328	7	4	16	666619
四川	4	47	173		13	34	1419572
贵州	25	10	110		2	3	280274
云南	1	4	83	1		1	360214
西藏							331835
陕西	9	39	200	1	1	9	1520615
甘肃	22	39	342	4	3	15	983654
青海		1	2				172921
宁夏		1	30		3	2	70518
新疆		4	77	2			376990

财政拨款预算收入	财政拨款预算收入		上级补助收入	事业预算收入	经营收入	附属单位上缴收入	其他收入	
	中央财政免费开放补助资金	地方财政免费开放补助资金						捐赠收入
24055426	**1630411**	**858969**	**446349**	**1161433**	**415925**	**5942**	**700431**	**74443**
1181978	26834	562	1155	211573	9321		19202	2456
385654	1050	10199	4231	11472	2480	1915	6186	807
646560	111040	16836		3127	2478		2070	108
836974	29013	11068	25055	7515	5703	101	40034	70
455738	46407	8296	1294	6618	637		5457	
498537	29293	40727	11387	3587	140		834	
348040	28017	3698	970	1844			12508	
336885	73442	6857	1152	2199			204	-10
1341040	24227	29698	536	127574	305	150	12765	
1893036	59087	60234	13259	138334	26512	25	40501	1147
1665324	40895	53987	6876	78710	4085	514	39431	2591
461883	46976	11131	37329	7629	4300	61	10739	1936
592926	51610	79442	25471	6929	7722	230	35714	1233
620208	96069	30662	55500	14143	2230	320	16012	1038
885733	72001	54717	15411	7014	5428	2605	18988	982
1188740	98295	34953	11227	66490	2550	20	33961	1594
847884	94066	59210	49301	44623	20530		60527	3086
668740	62554	68416	13946	20197	5500		45982	1366
1769650	81321	58597	32290	33061	2287		34125	2586
389889	32248	10981	20536	3844	528		11135	100
178018	23684	1544	100	200	3410		1678	3
594406	47547	12189	20437	28170	9371		14235	23
1368578	159156	74611	7368	15505	6592		21529	10187
245854	19856	41500	13241	285	7029		13865	23
325870	35208	14607	14774	7748	4503		7319	60
331835								
1208516	87345	47376	25598	61802	197360	1	27338	162
881188	84168	8036	17314	51774	117		33261	10808
152291	9338	926	7788	12812			30	
64332	16550	200	226		16		5944	
350595	38444	7709	12577	1299	200		12319	

续表 3

地　区	本年支出合计(千元)	基本支出	项目支出	经营支出	工资福利支出	商品和服务支出	差旅费
总　计	**26958944**	**11437256**	**14501697**	**314060**	**8472234**	**10054629**	**143146**
北　京	1445921	848830	578530	7526	544875	588834	1648
天　津	438541	286403	133286	5969	185565	121081	598
河　北	526466	289169	234815	2070	183977	209368	1705
山　西	925828	236199	629383	8287	236396	352531	3110
内蒙古	638364	234891	375511	940	140655	145308	2958
辽　宁	506623	182627	294614		139049	251068	2600
吉　林	380222	115295	261370	47	98145	93018	1780
黑龙江	334645	141231	192950	400	117496	94047	1077
上　海	1317424	433814	877979	320	278328	464736	2519
江　苏	2223253	1165648	994650	18774	762035	872326	14096
浙　江	1794796	701111	1070240	2447	497022	783394	6204
安　徽	490710	204881	245109	2679	157606	218987	3272
福　建	626361	225950	377395	10919	183462	247634	3525
江　西	689295	342867	330977	3348	257447	235184	5653
山　东	999229	526769	404731	13853	378225	364778	3713
河　南	1316742	472254	802639	6081	353921	384208	4913
湖　北	1016723	384728	594740	19945	314495	405934	7011
湖　南	706675	286540	388036	1300	192163	253751	5708
广　东	1921037	831870	1041282	13017	647485	801239	6516
广　西	407301	170348	224217	2217	165070	126174	3717
海　南	178964	43163	130845	2571	32138	95756	2668
重　庆	796758	231966	508865	30042	192607	266471	14932
四　川	1441099	500693	915138	6009	427767	689529	13174
贵　州	259394	105116	135868	3920	101746	77259	2123
云　南	357252	140829	199938	5764	113517	114288	2177
西　藏	288924	32304	256055	30	31932	9738	903
陕　西	1772599	779947	766282	137318	639274	432595	6594
甘　肃	814383	443601	316821	2728	277332	276584	9995
青　海	156411	84625	64487	4669	43892	20466	976
宁　夏	75934	42998	32087	30	31053	31041	581
新　疆	328385	92942	208477	840	66739	92484	1520

在支出合计中：							资产总计（千元）	
劳务费	福利费	各种税金支出	对个人和家庭补助支出	抚恤金和生活补贴	其他资本性支出	各种设备、交通工具、图书购置费		固定资产净值
1052817	**110230**	**54479**	**558882**	**61318**	**3860943**	**628293**	**142993143**	**82971029**
20631	16073	3969	28501	1930	81501	35051	5004841	2858666
2691	2221	216	8910	303	89868	9070	1961989	1423256
31151	1333	384	21582	1217	106953	27268	1430731	1154393
32610	2965	3090	8375	365	214287	11676	4722974	1630111
21888	935	29	5249	2415	75694	15132	3239095	2780465
32241	62	525	5891	1812	17412	2552	1083663	781270
11248	901	494	4942	694	67706	4732	960728	705236
10679	796	277	9122	456	57749	17570	1145293	930415
9482	5126	677	4473	1822	325059	18260	6568715	1129193
84914	8372	1071	59292	1860	243942	31697	61030107	38996875
79921	15447	4059	21802	3318	269496	35288	4582122	2693680
14028	2414	990	11658	2084	30513	7696	1133127	661669
40928	280	188	9881	1079	80432	30581	1494453	757007
25410	6234	159	12676	2593	59531	12697	1572473	797810
41481	3222	1237	44924	2451	63672	17997	6230287	5215320
40250	2855	1694	21168	1876	434374	21291	3212041	1507653
56934	3508	2500	20852	2184	156742	35327	2394127	824090
29683	3082	723	28681	1661	118247	16874	3007921	958399
38064	5071	1354	93159	2638	219751	43738	4757521	3328092
6609	834	681	6323	2474	81642	2828	1376627	1029505
27617		100	408	249	39908	16745	1469725	1319371
52628	641	432	6987	1933	59650	7697	1070388	350693
67966	4810	2287	25475	7325	91118	6784	5926355	2825417
15074	484	562	7180	1963	27824	5694	838359	425417
15295	2017	261	2562	963	40094	23974	1361623	1091811
2016	32		42		246003		553606	26641
90353	14546	15056	11944	3461	172268	52447	5282366	2968365
45764	1352	204	29972	5186	82578	23399	2923225	1803883
3694	802	43	2482	211	48951	471	540777	452163
3064	42		1181	314	4906	738	232254	125751
16673	704	876	4075	653	130236	15151	945241	324963

续表 4

地　区	实际使用房屋建筑面积（万平方米）	展览用房	文物库房（含标本室）面积	实际拥有产权面积（万平方米）	本年度可移动文物保护情况	
					数字化保护（项）	预防性保护（项）
总　计	**2303.49**	**1067.28**	**179.74**	**1798.19**	**11856**	**20576**
北　京	79.20	33.67	5.38	56.80	7	78
天　津	35.45	17.29	3.11	70.33		2
河　北	64.07	33.65	4.24	45.82	2	2
山　西	88.12	34.87	6.56	67.16	11	27
内蒙古	89.76	51.36	5.33	49.81	6	14
辽　宁	53.00	29.30	6.09	32.57	6	9
吉　林	30.34	17.02	3.07	11.62	2	1
黑龙江	33.85	22.86	2.70	12.46	5	6
上　海	39.39	13.66	4.88	16.26	2804	987
江　苏	239.24	100.63	12.35	143.19	160	510
浙　江	117.91	53.38	10.10	61.48	370	98
安　徽	72.96	33.23	7.93	34.70	976	5061
福　建	97.18	30.01	5.10	64.68	11	18
江　西	72.29	37.78	5.43	158.02	191	418
山　东	159.71	82.71	12.75	227.89	286	47
河　南	96.38	50.95	9.66	60.19	468	479
湖　北	117.98	76.48	8.57	71.70	6	14
湖　南	63.71	27.41	6.26	48.37	9	15
广　东	139.06	54.17	10.39	151.66	657	262
广　西	49.70	26.50	4.55	21.06	3	9
海　南	14.10	5.37	1.85	9.43	2	3
重　庆	51.88	25.47	3.91	23.08	6	26
四　川	118.48	54.85	8.52	83.39	370	176
贵　州	40.09	19.32	3.56	19.03	5350	2193
云　南	41.27	19.47	3.15	33.37	101	47
西　藏	8.81	1.21	0.18	6.75		
陕　西	107.37	42.42	10.10	76.99	5	21
甘　肃	68.97	28.21	5.77	55.27	17	19
青　海	10.51	5.03	0.86	7.19	4	4
宁　夏	14.39	8.35	0.97	12.63	3	3
新　疆	36.14	20.64	2.62	12.97	8	5

国际合作项目数(个)	主办刊物(个)	文化创意产品情况		文博单位举办新媒体情况	
		文化创意产品种类(个)	文化创意产品销售收入(千元)	举办线上展览(个)	网站年访问量(次)
93	**998**	**73838**	**2239562**	**11871**	**462072089**
2	14	1436	5448	206	103897972
	9	578	470	166	10025462
2	2	179	957	276	8664246
	9	364	2038	81	2700037
		301	361	174	1139911
	6	1262	4655	378	7558674
	3	352	69	310	4037352
1	6	336	282	533	3332505
3	15	11529	13569	96	12811664
5	35	6157	335383	518	15003615
8	38	1202	6456	498	14017114
1	7	221	971	1551	2089833
1	15	241	215	949	18824412
1	11	3989	17609	159	6042779
8	17	1956	6308	644	8165662
1	7	228	4500	201	8564607
4	12	5230	434454	129	10036967
3	7	685	482520	197	4195770
7	13	2220	19030	334	31284006
3	10	557	43043	94	3120523
		7241	1099	12	543651
4	10	4247	91335	532	12934558
11	18	2446	82259	153	16104015
5	700	15113	1080	25	3410637
1	8	893	3803	131	11745144
		27	980		
6	11	968	25225	1222	19847713
4	9	1689	1060	2156	19545084
	1	94		30	82759
		41	12	17	162724
	1	288	1108	21	106666

教育、科技、动漫及其他

2020年文化和旅游部门

	机构数（个）	从业人员（人）	双师型	专业技术人才	正高级职称
总　计	**112**	**12545**	**3489**	**9364**	**469**
本科以上艺术学校	8	3102	930	2444	201
高等职业学院	72	7640	2356	5754	228
中等专业学校	18	1438	163	892	27
文化和旅游干部院校	14	365	40	274	13

续表 1

	就业人数	招生数（人）	中职生	高职生	在校生数（人）
总　计	**14898**	**44624**	**12822**	**29782**	**132714**
本科以上艺术学校	2849	11064	1190	9211	32570
高等职业学院	12046	29474	8257	20421	86665
中等专业学校	3	3643	3223	150	11570
文化和旅游干部院校		443	152		1909

教育机构基本情况

副高级职称	中级职称	毕业生数（人）	中职生人数	升学人数	就业人数	高职生人数	升学人数
2102	**4228**	**33257**	**10003**	**5438**	**2854**	**21617**	**3772**
568	1100	7048	796	420	112	5804	424
1311	2650	22707	6525	3493	1910	15750	3348
188	371	2687	2584	1463	796	3	
35	107	815	98	62	36	60	

影视类	戏剧戏曲类	音乐类	舞蹈类	美术设计类	杂技曲艺类	其他	在校生中高职生人数（人）
5654	**8465**	**19576**	**22702**	**19899**	**2805**	**53613**	**78293**
2922	2797	6779	5519	7768	411	6374	23978
2482	4604	11002	13147	11201	1754	42475	53735
250	966	1515	3334	733	244	4528	161
	98	280	702	197	396	236	419

续表 2

	本年收入合计(千元)	财政拨款预算收入	上级补助收入	事业预算收入	经营收入
总　计	**4496073**	**3566808**	**14842**	**668513**	**22481**
本科以上艺术学校	1100269	826407		225539	2421
高等职业学院	2790750	2231134	14731	372996	3135
中等专业学校	477237	385264		66413	16925
文化和旅游干部院校	127817	124003	111	3565	

续表 3

	差旅费	劳务费	福利费	各种税金支出	对个人和家庭补助支出
总　计	**31778**	**208843**	**27324**	**4223**	**301135**
本科以上艺术学校	4848	43694	7734	617	84532
高等职业学院	13370	132286	17926	2553	193036
中等专业学校	13113	29737	1422	903	19534
文化和旅游干部院校	447	3126	242	150	4033

附属单位上缴收入	其他收入	本年支出合计(千元)	基本支出	项目支出	经营支出	在支出合计中：工资福利支出	商品和服务支出
	223429	**4416570**	**2891769**	**1362213**	**23558**	**2172035**	**1206516**
	45902	1063763	782593	278747	2421	570011	326442
	168754	2775030	1767502	866940	3267	1336770	716005
	8635	486203	270508	196563	17870	206779	141188
	138	91574	71166	19963		58475	22881

抚恤金和生活补助	其他资本性支出	各种设备、交通工具、图书购置费	资产总计(千元)	固定资产净值	实际使用房屋建筑面积(万平方米)	教学用房面积	实际拥有产权面积(万平方米)
25090	**503749**	**184292**	**10805604**	**4972671**	**363.72**	**215.64**	**252.31**
5594	79926	47465	3719265	1715209	104.91	57.46	98.52
16451	322355	116859	5659796	2730949	210.93	120.53	122.79
2916	99127	19346	1311555	496714	36.66	29.95	25.16
129	2341	622	114988	29799	11.21	7.73	5.84

2020年各地区文化和旅游

地区	机构数(个)	从业人员(人)					
			双师型	专业技术人才			
					正高级职称	副高级职称	中级职称
总计	**112**	**12545**	**3489**	**9364**	**469**	**2102**	**4228**
北京	2	510	98	384	20	68	178
天津	3	359	157	300	19	79	131
河北	4	504	98	321	14	88	144
山西	16	1345	365	1005	18	238	430
内蒙古	4	361	30	301	7	76	119
辽宁	3	83		64	5	12	30
吉林	1	5		2			1
黑龙江	4	293	98	271	53	87	118
上海							
江苏	13	1115	357	914	39	213	402
浙江	6	1878	789	1535	130	404	696
安徽	4	84	13	36		2	13
福建	10	665	155	442	25	86	203
江西	2	330	61	294	11	63	102
山东	4	682	185	548	21	93	335
河南	7	270	18	188	6	44	81
湖北	6	629	177	371	17	98	164
湖南	4	785	210	528	22	106	230
广东	2	322	224	274	3	75	114
广西	2	128	26	117	12	27	46
海南	1	127	11	94	3	17	39
重庆	2	411	142	305	3	27	164
四川	3	866	186	607	31	117	326
贵州							
云南							
西藏							
陕西	3	131	50	106		17	50
甘肃							
青海	1	144		79	3	23	22
宁夏	2	207	39	160	4	19	43
新疆	1	62		48		5	16

部门教育机构基本情况

毕业生数（人）	中职生人数	升学人数	就业人数	高职生人数	升学人数	就业人数	招生数（人）	中职生	高职生	在校生数（人）
33257	**10003**	**5438**	**2854**	**21617**	**3772**	**14898**	**44624**	**12822**	**29782**	**132714**
410	284	199	57	126	16	110	412	270	142	2094
1002	67	51	9	935	10	814	1459	112	1347	3842
1874	622	557	65	1252	162	1090	2321	367	1954	6566
2255	1250	683	367	941	245	586	3219	1256	1741	9670
462	381	194	31				904	807		1605
157	157	104	53				106	106		479
438	139	84	1	299	81	87	910	185	725	2313
3180	542	253	245	2346	696	1481	3656	563	2868	11953
7063	787	652	135	5828	930	4811	7739	640	6436	23639
313	221	56	163				201	141		1082
1386	369	222	119	1017	223	766	2201	507	1694	5516
793	182	114	68	611	64	401	1495	321	1174	4430
3189	679	348	265	2510	150	2340	4541	1638	2903	13734
929	525	94	114				826	810		4026
1373	556	414	14	817	806	11	2556	560	1685	7564
1595	322	95	151	1273	45	994	3039	469	2300	8752
434	434	127	170				571	571		2010
362	221	86	62				545	404		1251
190	190	143	47				388	388		1029
1796	204	204		1592	337	1226	2113	310	1803	5759
2611	729	154	405	1882			3671	1079	2592	9705
108	93	70	3				272	257		637
192	192		192				201	201		710
820	532	498	34	188	7	181	1046	628	418	3103
120	120	36	84							450

续表 1

地区	影视类	戏剧戏曲类	音乐类	舞蹈类	美术设计类	杂技曲艺类	其他
总　计	**5654**	**8465**	**19576**	**22702**	**19899**	**2805**	**53613**
北　京	64	655	253	628	100	255	139
天　津	317	235	430	251	1476	156	977
河　北	257	227	861	1063	942	241	2975
山　西	827	1178	2790	2482	1262	80	1051
内蒙古	18	5	619	503	448		12
辽　宁	28		60	380		11	
吉　林							
黑龙江	53	154	559	556	353	39	599
上　海							
江　苏	125	447	1129	1532	1575	396	6749
浙　江	656	919	4032	1579	1133	128	15192
安　徽				206			876
福　建	233	195	938	1048	1830	48	1224
江　西	289	418	680	1853	963	17	210
山　东	219	1022	713	1428	636		9716
河　南	50	621	685	869	156	1089	556
湖　北	336	526	1329	1685	1441		2247
湖　南	1814	924	985	1402	1494	32	2101
广　东	22	103	710	424	751		
广　西		60	151	613	103	195	129
海　南	15	140	243	300	164		167
重　庆	97	75	808	579	1083	19	3098
四　川	157	242	802	1124	3327	87	3966
贵　州							
云　南							
西　藏							
陕　西	13	227	164	147	86		
甘　肃							
青　海			130	471	45		64
宁　夏	26	92	370	573	465	12	1565
新　疆			106	312	32		

在校生中高职生人数(人)	本年收入合计(千元)	财政拨款预算收入	上级补助收入	事业预算收入	经营收入	附属单位上缴收入	其他收入	本年支出合计(千元)	基本支出
78293	**4496073**	**3566808**	**14842**	**668513**	**22481**		**223429**	**4416570**	**2891769**
459	242305	223916		14285	2669		1435	220673	189342
1961	117708	84443		28990			4275	123632	115514
5057	177069	133707	9187	33267			908	172844	122171
4041	278303	248358		23974	1308		4663	297268	186254
	70634	66706		3923			5	70707	51997
	19113	16137		2976				17624	14072
	508	508						502	502
1613	79214	67600		10679			935	76845	59121
6376	518407	459144		51332	358		7573	444232	313504
18651	1036781	880822	900	117072			37987	1046146	640944
	8944	4179	2262	1385	913		205	9471	7015
4108	239933	192675	188	36291	4662		6117	224095	134181
3004	79119	49206		28812	225		876	79769	53430
8913	236397	164119		55298	996		15984	245334	148106
	43294	39122		1089			3083	55916	44513
4483	197392	170944		16383			10065	196057	135924
6487	181349	105917	2200	58873			14359	176389	124395
	171527	164479		1684			5364	184674	137217
301	28264	26966	5	1169			124	33255	14099
	81053	80640		403			10	82081	47099
5174	227452	99112		47768			80572	220051	85800
6662	221286	137382		60705	1802		21397	213388	112476
	19785	18625	100	600			460	19592	17491
	40712	35899		2960			1853	40941	23838
1003	61584	50119		9619			1846	55545	34643
	18003	16319					1684	21791	14081

续表 2

地区	项目支出	经营支出	在支出合计中：工资福利支出	商品和服务支出	差旅费	劳务费	福利费
总计	**1362213**	**23558**	**2172035**	**1206516**	**31778**	**208843**	**27324**
北京	28239	3090	141177	61971	156	5928	1541
天津	8118		89713	21572	97	3197	428
河北	50673		80627	57185	1144	5329	88
山西	109686	1020	160213	80572	1912	13068	2649
内蒙古	18708		45538	19409	419	2663	405
辽宁	3552		11211	5632	16	515	4
吉林			491	8			
黑龙江	17724		42167	15076	971	4536	673
上海							
江苏	130370	358	244578	120867	2457	24575	917
浙江	292006		424612	334364	5409	63955	16454
安徽	80	2039	5574	2391	48	40	
福建	71051	4662	100043	41455	369	6202	41
江西	26114	225	53564	13576	464	1610	483
山东	96233	995	112960	64124	1555	16822	659
河南	11044		31126	13439	183	1018	464
湖北	60133		100171	64800	830	24945	849
湖南	49389		92700	36538	404	3089	
广东	40038		115714	26129	65	1692	103
广西	19156		20937	8099	184	1640	
海南	34981		22320	27840	219	4181	
重庆	134251		62227	28574	1213	2025	890
四川	99015	1897	100045	90727	1756	7209	667
贵州							
云南							
西藏							
陕西	2101		15099	3734	93	1108	9
甘肃							
青海	17103		21060	5971	203	507	
宁夏	20902		27407	16336	406	2694	
新疆	7710		8715	12209	43	4844	

各种税金支出	对个人和家庭补助支出	抚恤金和生活补助	其他资本性支出	各种设备购置费	资产总计（千元）	固定资产净值	实际使用房屋建筑面积（万平方米）	教学用房面积	实际拥有产权面积（万平方米）
4223	**301135**	**25090**	**503749**	**184292**	**10805604**	**4972671**	**363.72**	**215.64**	**252.31**
110	9603	1234	7921	7921	312639	97969	8.45	7.37	2.45
2	10330	965	2017	1465	329402	299329	7.75	4.53	7.75
44	21352	3626	13379	7736	174336	112146	6.61	4.06	6.44
137	15673	2331	35233	17422	274886	155357	20.07	13.25	14.39
	2397	660	3024	1320	88245	26686	6.30	4.59	3.81
	762		19	8	22608	11315	0.97	0.97	0.83
	2				198	162	0.01	0.01	
	15306	1859	4296	1035	20329	12953	4.28	3.37	2.89
507	37139	996	28516	2730	1200185	498965	37.98	19.91	9.60
254	65043	5854	203033	72111	2810559	1893946	88.61	49.06	76.57
12	556	12	118		75097	40076	2.89	1.06	2.89
124	10183	1018	59629	16775	487121	232944	15.52	9.21	11.18
60	5332	263	7296	1392	111492	76816	7.99	6.33	5.34
694	15089	587	42746	7386	625553	379984	20.76	9.70	11.22
20	2069	124	386	347	24922	16394	11.90	5.01	3.52
871	12720	559	18157	9943	470068	293019	17.48	14.65	14.10
306	16842	650	23622	6601	1516795	57632	28.95	12.56	27.58
	12321	98			168720	146742	11.59	8.54	6.50
287	3127	739	883	883	60161	36941	3.07	2.94	3.03
	781	196	14734	4904	305699	42141	2.24	1.81	2.24
125	14397	363	10325	7443	667593	287806	15.98	4.72	9.31
121	16734	1109	3975	3975	525022	73392	24.85	17.44	18.76
	639	197	120		24630	20980	2.31	1.98	2.35
107	5348	696	8561	7778	51352	33384	2.10	2.07	1.18
59	3507	534	6992	3019	326975	62080	8.85	6.02	4.66
	867				40713	17933	1.54	1.03	0.87

2020年艺术科研

	机构数（个）	从业人员（人）		
			专业技术人才	
				正高级职称
总　计	**203**	**4852**	**3832**	**409**
按行业分				
文化科技研究	66	1490	1167	106
综合性艺术研究	95	2319	1935	263
地方戏艺术研究	32	660	492	31
其他科研机构	10	383	238	9
按经费来源分				
科研经费	14	937	729	134
文化和旅游经费	181	3582	2831	256
其他经费	8	333	272	19
按隶属关系分				
中央	3	737	584	121
省区市	28	966	808	102
地市	130	2643	2166	185
县市区	42	506	274	1
按部门分				
文化和旅游部门	203	4852	3832	409
其他部门				

续表 1

		本单位拥有知识产权数量（个）	主导技术标准数量（个）	所办刊物（种）
	获省部级奖			
总　计	**48**	**59**	**29**	**84**
按行业分				
文化科技研究	12	19	16	27
综合性艺术研究	19	6		42
地方戏艺术研究	7	7		8
其他科研机构	10	27	13	7
按经费来源分				
科研经费	7	19	16	20
文化和旅游经费	33	23		59
其他经费	8	17	13	5
按隶属关系分				
中央	8	35	29	17
省区市	14	6		29
地市	26	17		35
县市区		1		3
按部门分				
文化和旅游部门	48	59	29	84
其他部门				

机构基本情况

副高级职称	中级职称	本年完成科研项目(个)	国家级	省级	文化科研项目	本年度科研项目获奖情况(个)	获国家级奖
948	**1679**	**376**	**54**	**112**	**115**	**66**	**7**
238	556	134	11	37	47	21	1
571	769	152	38	62	51	28	6
96	248	31	3	8	9	7	
43	106	59	2	5	8	10	
263	301	136	24	37	25	15	
639	1226	183	28	71	83	43	7
46	152	57	2	4	7	8	
228	222	108	23	19	22	8	
228	320	134	18	63	53	19	2
471	1000	134	13	30	40	39	5
21	137						
948	1679	376	54	112	115	66	7

申请专利数(个)	论文及资料		本年收入合计(千元)			
	专著数(册)	论文数(省级及以上刊物公开发表)(篇)		财政拨款预算收入	上级补助收入	事业预算收入
8	**121**	**1521**	**1970552**	**1736110**	**8017**	**185244**
1	26	282	504258	385659	1926	98085
6	87	1131	1294853	1222310	4861	45611
	4	7	84719	81446	1230	1997
1	4	101	86722	46695		39551
1	42	885	1021127	876442	1070	125448
6	75	545	874513	821843	6947	23003
1	4	91	74912	37825		36793
1	39	853	1006334	829948		161925
7	42	444	344580	318834	2090	14488
	32	216	592648	561623	4736	8748
	8	8	26990	25705	1191	83
8	121	1521	1970552	1736110	8017	185244

续表 2

	经营收入	附属单位上缴收入	其他收入	本年支出合计(千元)
总　　计	**338**		**40843**	**1928820**
按行业分				
文化科技研究			18588	479211
综合性艺术研究	338		21733	1286086
地方戏艺术研究			46	88195
其他科研机构			476	75328
按经费来源分				
科研经费			18167	1002964
文化和旅游经费	338		22382	860576
其他经费			294	65280
按隶属关系分				
中央			14461	976610
省区市	338		8830	326511
地市			17541	598896
县市区			11	26803
按部门分				
文化和旅游部门	338		40843	1928820
其他部门				

续表 3

	福利费	各种税金支出	对个人和家庭补助支出	抚恤金和生活补助
总　　计	**7451**	**4559**	**125615**	**12110**
按行业分				
文化科技研究	1219	504	29465	2785
综合性艺术研究	4794	1782	87779	8051
地方戏艺术研究	552	18	5366	861
其他科研机构	886	2255	3005	413
按经费来源分				
科研经费	388	1462	32344	1265
文化和旅游经费	6246	943	91525	10452
其他经费	817	2154	1746	393
按隶属关系分				
中央	806	3542	26872	994
省区市	1060	763	33465	4196
地市	5402	254	62983	6607
县市区	183		2295	313
按部门分				
文化和旅游部门	7451	4559	125615	12110
其他部门				

基本支出	项目支出	经营支出	在支出合计中: 工资福利支出	商品和服务支出	差旅费	劳务费
919393	**1003708**	**455**	**706594**	**498120**	**12120**	**73951**
273188	203527		217272	186400	3333	17008
513800	771107	287	388809	263451	6772	45583
66939	19637	168	55382	21788	487	6712
65466	9437		45131	26481	1528	4648
266929	735984		182113	264120	3396	39699
593389	261977	455	482856	212860	7302	29947
59075	5747		41625	21140	1422	4305
248540	728054		160750	267107	4282	38891
211437	114573	287	164699	115647	4048	13317
435323	160012		361940	111954	3611	20734
24093	1069	168	19205	3412	179	1009
919393	1003708	455	706594	498120	12120	73951

其他资本性支出	各种设备、交通工具、图书购置费	资产总计(千元)	固定资产净值	实际使用房屋建筑面积(万平方米)	科研房屋面积	实际拥有产权面积(万平方米)
561804	**11900**	**2721127**	**741562**	**33.32**	**3.82**	**19.66**
30260	4677	502706	129008	4.83	1.37	1.43
529970	6254	2032383	516948	21.46	2.20	14.89
1566	961	66544	44941	5.53	0.25	1.89
8	8	119494	50665	1.51		1.45
522509	8369	2049487	527443	14.91	1.42	11.11
39060	3296	574212	201209	17.48	2.40	8.55
235	235	97428	12910	0.93		
521880	7947	2028052	465717	14.59	1.10	10.80
2245	1654	152596	55466	4.98	1.37	2.14
37659	2283	531329	212609	13.20	1.09	6.58
20	16	9150	7770	0.55	0.26	0.14
561804	11900	2721127	741562	33.32	3.82	19.66

2020年各地区艺术

地　区	机构数(个)	从业人员(人)	专业技术人才	正高级职称	副高级职称	中级职称
总　计	**203**	**4852**	**3832**	**409**	**948**	**1679**
北　京						
天　津	1	22	20	4	5	6
河　北	12	170	153	14	29	62
山　西	34	1252	900	58	179	450
内蒙古	9	124	114	11	29	42
辽　宁	6	101	81	9	17	41
吉　林	6	171	147	22	65	50
黑龙江	3	77	68	13	17	24
上　海						
江　苏	6	80	70	14	17	23
浙　江	4	58	36	8	5	13
安　徽	10	148	113	7	20	46
福　建	9	107	82	10	20	34
江　西	13	302	284	13	40	146
山　东	5	156	119	12	31	64
河　南	16	177	151	13	30	55
湖　北	9	85	69	8	14	33
湖　南	7	90	75	8	16	38
广　东	7	101	69	6	21	32
广　西	9	209	178	13	56	76
海　南	1	19	3	2		1
重　庆	1	37	31	3	10	16
四　川	5	224	154	10	32	63
贵　州	3	35	32	3	7	15
云　南	9	91	81	6	15	32
西　藏	1	16	12		3	3
陕　西	6	76	57	6	15	25
甘　肃	3	94	76	6	6	33
青　海	1	12	10	1	4	4
宁　夏	2	30	25	5	7	12
新　疆	2	51	38	3	10	18

科研机构基本情况

本年完成科研项目(个)	国家级	省级	文化科研项目	本年度科研项目获奖情况(个)	获国家级奖	获省部级奖	本单位拥有知识产权数量(个)	主导技术标准数量(个)
376	**54**	**112**	**115**	**66**	**7**	**48**	**59**	**29**
4		4						
13	1	2	10	6		6		
19	2	14	3	8	1	7		
							1	
2			1					
8	1	6	1	1		1	1	
2		2		6		6		
7			7	7		4		
7	1		6					
5		1	4	1	1			
15	3		1	2	2			
10			10	2		2		
72	6	24	3	19	3	8		
6		1	5	1		1		
8	3	5					7	
4	1	1	2				5	
5	1	2	2	2		2		
17	1	14	2	2		2		
4		3	1					
26	1	4	21	1		1	10	
6	2	4						
4	1	2	1					
6	1	2	3					
13	3	1	9					
1	1							
2	1		1					
2	1	1						

续表 1

地　区	所办刊物(种)	申请专利数(个)	论文及资料		本年收入合计(千元)	
			专著数(册)	论文数(省级及以上刊物公开发表)(篇)		财政拨款预算收入
总　计	**84**	**8**	**121**	**1521**	**1970552**	**1736110**
北　京						
天　津					7299	7162
河　北	5		1	19	33980	33860
山　西	7		2	58	162218	147372
内蒙古	2		1	5	39051	38315
辽　宁			1	5	20078	20078
吉　林	1	1		7	48319	47273
黑龙江	1		3	33	17352	17266
上　海						
江　苏	2			62	34188	31942
浙　江	4		2	23	38261	35399
安　徽	4		1	34	28583	26678
福　建	4		7	24	23735	23505
江　西	3			33	93063	92621
山　东	4		11	54	42647	38974
河　南	2		2	41	39570	37772
湖　北	3		4	24	23618	22607
湖　南	1		6	40	20167	17897
广　东	3		6	44	54376	52744
广　西	3		7	53	66801	64629
海　南					3384	3384
重　庆	1		2	9	18829	16350
四　川	3	6	7	31	53488	41271
贵　州	3			3	6147	6074
云　南	2		2	9	19061	16912
西　藏	2		1	6	6100	6100
陕　西	3		13	35	16806	13379
甘　肃	1				12243	12243
青　海	1		3	6	10176	10167
宁　夏	1			4	7893	7449
新　疆	1			6	16785	16739

上级补助收入	事业预算收入	经营收入	其他收入	本年支出合计(千元)	基本支出	项目支出	经营支出
8017	**185244**	**338**	**40843**	**1928820**	**919393**	**1003708**	**455**
			137	8339	6643	1696	
			120	33292	30057	3220	
2802	3275		8769	164644	96458	67129	
			736	38045	20378	17508	
				21040	16738	4301	
	889		157	44455	39085	5318	
	33		53	17408	16758	650	
	1734		512	34178	30601	3577	
747	1914		201	41140	27241	13899	
1366	316		223	27598	24908	2072	168
30	145		55	27473	23673	3800	
230	83		129	77216	40348	34485	
40			3633	44248	37602	6646	
	595		1203	39910	34454	5294	
436			575	23686	17121	6165	
485	644	50	1091	22649	15424	7174	50
475	157		1000	53922	41087	12835	
1361			811	66076	41008	25067	
				3384	1789	1595	
	2444		35	19327	7929	11398	
	11044	288	885	51796	36336	15223	237
			73	6781	5159	1622	
	46		2103	17171	14345	2826	
				5611	4261	1350	
			3427	15102	11353	3528	
				12434	11617	817	
4			5	10531	3849	6682	
			444	7835	6261	1230	
41			5	16919	8370	8547	

续表 2

地　区	在支出合计中：					
	工资福利支出	商品和服务支出	差旅费	劳务费	福利费	各种税金支出
总　计	**706594**	**498120**	**12120**	**73951**	**7451**	**4559**
北　京						
天　津	5460	1955	4	163	137	
河　北	22510	3144	237	256	160	9
山　西	94535	31610	810	4362	3262	78
内蒙古	16422	9800	621	1739	191	
辽　宁	16932	2327	146	47		
吉　林	22226	5839	88	1017	526	105
黑龙江	11322	1397	125	65	241	
上　海						
江　苏	20825	6171	284	1376	6	39
浙　江	21663	10464	30	3758	218	17
安　徽	17101	3831	177	1551	309	
福　建	18747	3586	194	1196	3	
江　西	42506	32367	609	989	453	70
山　东	26325	11741	398	3804		
河　南	26647	6495	251	1420	196	155
湖　北	13176	6684	65	203	58	
湖　南	11386	7812	220	1056	58	113
广　东	26721	13997	263	1923	128	132
广　西	35866	16009	851	2581	95	
海　南	2861	395	4	17		
重　庆	6902	11713	919	2418	31	27
四　川	27008	16702	386	2959	295	235
贵　州	4100	1574	138	602		5
云　南	14105	2846	320	448	93	21
西　藏	3969	1358	168	136		
陕　西	10522	3387	105	119	4	
甘　肃	10190	1611	128	253	112	
青　海	3015	7044	15	214		
宁　夏	5143	655	8	110		
新　疆	7659	8499	274	278	69	11

对个人和家庭补助支出	抚恤金和生活补助	其他资本性支出	各种设备购置费	资产总计（千元）	固定资产净值	实际使用房屋建筑面积（万平方米）	科研房屋面积	实际拥有产权面积（万平方米）
125615	**12110**	**561804**	**11900**	**2721127**	**741562**	**33.32**	**3.82**	**19.66**
904	483	20	20	2295	404	0.13	0.11	
5232	296	39	39	5895	1292	0.31	0.15	
5991	798	27054	1324	132755	47442	4.02	0.42	2.44
3233	312	120	19	6797	3104	0.45	0.01	0.33
1741	467	38	38	30105	28413	0.51	0.03	0.02
16181	1243	148	105	19118	6144	0.52	0.09	0.50
4688	410			1374	388	0.19		
6127	328	269		8134	1264	0.24		
1259		349	110	182986	862	2.89	0.05	
6037	996	20	20	9960	4940	0.34	0.10	0.27
2850	174	132	132	13945	1910	0.19	0.09	
1574	623	405	342	9765	5042	0.78	0.13	0.28
5274	454	458	298	75509	66809	0.33	0.12	0.05
5736	474	137	137	10634	7092	0.41	0.02	
3192	3	25	10	3958	1521	0.21	0.01	0.03
2331	197	34	29	5350	3699	0.08	0.02	0.06
12259	75	219	219	8063	2036	0.36		0.07
4561	1221	8880	160	34100	10651	2.09	0.70	1.96
128				702	472	0.05	0.02	
224		488	164	28006	19469	1.55	0.16	
4828	1795	536	314	53356	40733	1.54	0.10	1.56
757	281	350	334	1353	609	0.07	0.01	0.01
206	59	14	14	4264	1179	0.04		0.05
284				10005	1792			
919	242	24	12	11976	6444	0.86	0.36	0.83
632	30			11413	10465	0.33		0.33
472				643	194			
528				3868	794	0.07	0.02	0.07
595	155	165	113	6746	681	0.17		

2020年全国认定动漫

	机构数(个)	从业人员(人)	具有大专以上学历人员	资产、负债、所有者权益(千元) 资产总计	固定资产原值	当年提取的折旧总额	负债合计	所有者权益合计
总　计	**484**	**19228**	**16727**	**24415066**	**2279639**	**344099**	**10837343**	**13577723**
按城乡分								
城市	472	18709	16314	23558370	2212949	333125	10446796	13111574
县城	12	519	413	856696	66690	10974	390547	466149
县以下								
按登记注册类型分								
内资企业	481	19205	16704	24405619	2275904	343471	10825851	13579768
港澳台商投资企业	1	11	11	3023	3735	628	10954	-7931
外商投资企业	2	12	12	6424			538	5886
按机构类型分								
漫画创作企业	40	933	867	1360090	72108	7999	287679	1072411
动画创作、制作企业	364	15142	13036	18411682	1511149	242988	7911403	10500279
网络动漫(含手机动漫)创作制作企业	26	484	462	744127	25139	5650	234003	510124
动漫舞台剧(节)目创作演出企业	3	14	13	3023	3735	628	10954	-7931
动漫软件开发企业	28	1261	1155	2412177	536207	64527	1894681	517496
动漫衍生产品研发设计企业	23	1394	1194	1483967	131301	22307	498623	985344

续表

	损益(千元) 动漫产品研究开发经费	营业利润	营业外收入	政府补助(补贴收入)	营业外支出	利润总额
总　计	**1148309**	**865161**	**227153**	**163923**	**34520**	**1057794**
按城乡分						
城市	1077327	803281	220275	157100	31516	992040
县城	70982	61880	6878	6823	3004	65754
县以下						
按登记注册类型分						
内资企业	1145541	870815	227117	163889	34486	1063446
港澳台商投资企业	60	-6179			34	-6213
外商投资企业	2708	525	36	34		561
按机构类型分						
漫画创作企业	45935	-12897	18449	16135	2554	2998
动画创作、制作企业	693981	627186	158290	109053	35136	750340
网络动漫(含手机动漫)创作制作企业	38548	44732	8886	8449	137	53481
动漫舞台剧(节)目创作演出企业	150	-6540			177	-6717
动漫软件开发企业	156810	-49168	12869	5228	-4296	-32003
动漫衍生产品研发设计企业	212885	261848	28659	25058	812	289695

企业基本情况

		损益(千元)							
实收资本(股本)	国家资本金	营业总收入	主营业务收入	自主开发生产动漫产品收入	营业总成本	养老、失业等保险费	住房公积金和住房补贴	差旅费	工会经费
7158556	**670870**	**9750284**	**9081220**	**6035573**	**8885123**	**238714**	**73373**	**73843**	**18400**
7017342	640870	9190313	8531595	5682573	8387032	233705	69412	69210	15953
141214	30000	559971	549625	353000	498091	5009	3961	4633	2447
7150556	670870	9744203	9075586	6031201	8873388	238554	73300	73827	18399
6000		1399	1355	1301	7578	96	23	15	1
2000		4682	4279	3071	4157	64	50	1	
595899	88000	531128	525993	391405	544025	7776	5004	2029	393
4777640	238030	6540191	6328743	3994865	5913005	114922	49891	55327	15399
107363	10000	342807	341417	156204	298075	1530	995	3637	93
6000		1569	1525	1301	8109	126	44	45	81
1155676	329540	1158124	709963	424011	1207292	106030	10721	6422	1964
515978	5300	1176465	1173579	1067787	914617	8330	6718	6383	470

工资、福利费、税金(千元)									
本年发放工资总额	本年支付的职工福利费	本年应缴税金总额	经营面积(万平方米)	本单位拥有知识产权数量(个)	自主知识产权动漫软件	原创漫画作品(部)	原创动画作品(部)	网络动漫(含手机动漫)下载次数(次)	动漫舞台剧演出场次(次)
2049778	**57578**	**453375**	**60.60**	**66347**	**6999**	**23574**	**6328**	**92527275418**	**1078**
1940004	53366	422927	59.43	65151	6946	23568	6307	92527121418	1058
109774	4212	30448	1.18	1196	53	6	21	154000	20
2048209	57530	453293	60.58	66004	6999	23574	6327	92527075418	1044
860	48	27	0.02	343					34
709		55					1	200000	
97382	2957	20714	2.15	4186	1105	1476	96	3026834257	1
1533416	34454	342138	50.85	54695	3430	18159	4855	43725563007	607
46251	1282	16504	0.88	1246	288	558	336	41695105234	43
872	48	27	0.02	343					34
194912	15226	34582	3.71	2712	712	3259	881	63251058	240
176945	3611	39410	3.04	3165	1464	122	160	4016521862	153

2020年各地区认定

地区	机构数(个)	从业人员(人)		资产、负债、所有者权益(千元)			
			具有大专以上学历人员	资产总计	固定资产原值	当年提取的折旧总额	负债合计
总计	**484**	**19228**	**16727**	**24415066**	**2279639**	**344099**	**10837343**
北京	65	687	604	498161	21881	4742	115334
天津	13	317	297	580842	115691	13558	131504
河北	17	452	435	239890	23345	3694	77187
山西	17	90	87	149765	2602	445	55152
内蒙古	5	44	42	163911	3338	1100	35057
辽宁	10	197	156	162985	13246	6478	77099
吉林	8	185	175	623116	137988	10845	515758
黑龙江	8	420	328	148975	53812	4494	96319
上海	35	1369	1136	2214878	243362	102987	817703
江苏	51	812	679	1304066	211557	9332	777738
浙江	16	871	793	1429827	58946	5375	473351
安徽	19	1099	1015	860710	85039	6383	322508
福建	30	1494	1325	2621260	332013	55108	2007207
江西	16	415	386	223959	65840	8190	89917
山东	12	512	482	410496	22098	1944	162355
河南	5	239	238	278934	34350	1370	60454
湖北	17	1500	1255	1930486	54084	7477	386513
湖南	23	1020	902	1182978	79619	12654	442845
广东	60	6087	5279	6530755	410118	68675	2305990
广西	9	181	175	141333	12219	850	36920
海南							
重庆	6	317	275	266862	18671	1448	123198
四川	3	329	145	305296	15091	1030	123359
贵州							
云南	9	19	17	14546	5819	3767	4726
西藏	2	7	5	-1089		10	-750
陕西	11	274	270	98406	19437	3472	43472
甘肃	6	89	84	1543595	23670	2426	1465929
青海							
宁夏	5	80	67	129177	56143	1714	63399
新疆	5	64	60	39260	7140	959	15800

动漫企业基本情况

			损益(千元)						
所有者权益合计	实收资本(股本)	国家资本金	营业总收入	主营业务收入	自主开发生产动漫产品收入	营业总成本	养老、失业等保险费	住房公积金和住房补贴	差旅费
13577723	**7158556**	**670870**	**9750284**	**9081220**	**6035573**	**8885123**	**238714**	**73373**	**73843**
382827	103125		216150	205945	142354	202601	6651	1973	419
449338	311124		122958	121401	87693	147322	2596	1561	406
162703	74105		58049	51555	34151	71764	1368	332	318
94613	33057		18250	18250		18463	154	21	311
128854	120131		11387	10387	2335	11322	357	95	210
85886	142690		37083	37083	10214	40184	1093	999	91
107358	184422	65000	23484	22597	19031	21688	931	611	214
52656	73249		103462	101875	66589	108832	989	183	165
1397175	537962	157781	917612	913185	533419	926036	35074	15209	4150
526328	519886		289949	276923	130172	315124	4505	4271	2351
956476	319791		367492	367156	339139	333404	12555	4602	1356
538202	153870	16500	448058	447967	222209	367735	3696	1981	9934
614053	1350271		1595227	1135065	975831	1483118	107224	13608	8664
134042	69014	3000	223512	219348	17555	187933	2139	1230	2032
248141	102153		230362	226852	74721	210604	4249	310	2828
218480	158363	3000	121738	121359	87119	117778	697	437	789
1543973	189610	5800	684589	669387	103799	526117	5290	1848	2034
740133	179126	67999	700968	697260	446959	635141	6839	4904	7928
4224765	1682201	5300	2866689	2737158	2272694	2477262	34437	15983	25632
104413	130600		24373	24372	20035	29461	707	43	389
143664	62800	14950	128292	127104	114840	122423	1767	1180	177
181937	77075		434469	434469	301162	388128	2590	451	350
9820	5000		6142	6142	420	5594	65	36	42
-339			15	14		86			10
54934	66945		54473	54408	23148	60907	599	102	234
77666	89500		5631	4297	1905	6834	109	11	100
65778	74446	2000	18065	15065	4995	22402	919	443	2458
23460	18500		12782	12782	3084	14774	340		125

续表

地　区	工会经费	动漫产品研究开发经费	营业利润	营业外收入	政府补助(补贴收入)	营业外支出	利润总额
总　计	**18400**	**1148309**	**865161**	**227153**	**163923**	**34520**	**1057794**
北　京	815	28092	13549	3236	1203	715	16070
天　津	223	10721	-24364	2105	1008	610	-22869
河　北	27	7470	-13715	4757	4168	49	-9007
山　西	99	5906	-213	766	764	143	410
内蒙古	97	220	65	809	1	95	779
辽　宁	93	7339	-3101	3541	288	3331	-2891
吉　林	145	904	1796	66	9	4553	-2691
黑龙江	140	10973	-5370	5631	4884	2276	-2015
上　海	2665	155533	-8424	31248	25843	2612	20212
江　苏	104	29772	-25175	12228	9982	2646	-15593
浙　江	516	49722	34088	15075	6235	417	48746
安　徽	424	50994	80323	14471	8470	1309	93485
福　建	2207	243940	112109	34411	28099	-2263	148783
江　西	684	4633	35579	114	90	260	35433
山　东	3	24741	19758	8952	7652	387	28323
河　南	5	12429	3960	4485	4274	224	8221
湖　北	790	42724	158472	13041	7437	3188	168325
湖　南	4504	97209	65827	4783	4439	2823	67787
广　东	3086	299764	389427	48937	37210	6361	432003
广　西	15	4077	-5088	1770	1731	87	-3405
海　南							
重　庆	598	17809	5869	1081	556	70	6880
四　川	26	19811	46341	5144	1089	3323	48162
贵　州							
云　南		2250	548	752	750		1300
西　藏			-71	1	1		-70
陕　西	35	9643	-6434	4449	3189	1	-1986
甘　肃	17	540	-1203	148	16	151	-1206
青　海							
宁　夏	870	10375	-4337	3077	3060	265	-1525
新　疆	44	718	-1992	1535	1475	887	-1344

工资、福利费、税金(千元)			经营面积(万平方米)	本单位拥有知识产权数量(个)		原创漫画作品(部)	原创动画作品(部)	网络动漫(含手机动漫)下载次数(次)	动漫舞台剧演出场次(次)
本年发放工资总额	本年支付的职工福利费	本年应缴税金总额			自主知识产权动漫软件				
2049778	**57578**	**453375**	**60.60**	**66347**	**6999**	**23574**	**6328**	**92527275418**	**1078**
81076	520	10235	0.71	462	129	404	26	32600000000	
28099	304	4659	0.44	455	131	82	59	14897800042	43
33581	771	1902	0.91	292	45	18	28	16010130138	8
4236	13	303	0.18	213	16	41	49		
1531	77	544	0.07	5	1	21	2	200	10
10483	201	758	0.70	82	67	4	48		
10017	420	1721	2.50	1439	71	345	384	5768354022	4
9284	235	552	14.55	3897	7	569	536	15918342	6
188842	4363	67487	4.29	4557	274	469	259	1990954634	49
77298	871	15642	4.36	6613	209	24	190	135857232	259
99840	1749	15805	1.83	2112	355	290	108	2412818	27
113431	3427	24707	4.70	452	219	74	279	2266074	
251106	16491	30412	3.61	7078	3298	3410	826	724645053	
21163	2278	3225	1.19	289	9	15	30	190730	4
33253	694	14383	0.81	302	125	50	144	54000	135
14830	260	8859	0.40	860	163	539	13	840000	
118934	3007	26662	2.79	14428	303	121	131	5793996400	50
127707	4847	30890	2.28	2843	147	528	637	1577705407	128
740877	12815	169172	7.17	15285	1018	16123	2051	12954504799	322
9033	1188	1000	0.56	455	44	5	43	50347304	
30230	996	6595	0.53	330	39	9	66	3114	
16015	941	14549	0.74	240	42		2		
1874	17	264	0.10	167	167	151	151	1101058	
76		14	0.01						
8806	182	1571	1.24	3108	43	244	193	171000	30
1659	106	305	2.03	140	15	33	46	10051	
5617	113	219	0.56	88	23		11		3
2705	29	276	0.48	133	39	5	16	13000	

2020年文化和旅游行政

	机构数（个）	从业人员（人）	事业编制人员	本年收入合计（千元）	财政拨款预算收入	文化和旅游类经费
总　计	**3245**	**110588**	**45244**	**125836022**	**119210275**	**76683602**
中央	1	932	831	1290458	1192549	955513
省区市	31	4272	285	8413310	8225536	6897109
地市	339	20297	4976	32132164	30799050	19431903
县市区	2874	85087	39152	84000090	78993140	49399077

续表 1

	劳务费	福利费	税金支出	对个人和家庭补助支出	抚恤金和生活补助	其他资本性支出
总　计	**1821237**	**142762**	**22716**	**2804754**	**619913**	**16378416**
中央	37503			39916	4277	104344
省区市	51661	10268	1156	225792	35518	371638
地市	310267	29124	1176	925272	140735	4105285
县市区	1421806	103370	20384	1613774	439383	11797149

主管部门基本情况

在文化和旅游类经费中			本年支出合计(千元)	基本支出	项目支出	在支出合计中：		
行政运行	一般行政管理事务	文化活动等经费				工资福利支出	商品和服务支出	差旅费
14253733	**4187707**	**31458631**	**119493425**	**25189783**	**90221760**	**15629134**	**41549220**	**564925**
144695	26700	36007	1481142	315664	1165478	196215	1013186	14680
1274738	288555	4196037	8121032	1463855	6657170	1047885	4963483	61292
3726868	1074590	8244358	29794325	5576283	23156602	3788769	11537213	132579
9107432	2797862	18982229	80096926	17833981	59242510	10596265	24035338	356374

各种设备购置费	资产总计(千元)	固定资产净值	实际使用房屋建筑面积(万平方米)	实际拥有产权面积(万平方米)	本辖区内非物质文化遗产名录(个)		
					国家级项目	保护单位	省级项目
1209822	**117256766**	**41048775**	**1676.45**	**1378.60**	**1372**		**12339**
7431	1049487	348555	17.60	17.60	1372		
107405	8658614	1616448	103.18	57.62	2284	2136	12339
126819	29185278	7742254	175.07	100.55	1337	1168	7644
968167	78363387	31341518	1380.60	1202.83	1805	1562	10627

续表 2

	保护单位	市级项目	保护单位	县级项目	保护单位	国家级代表性传承人
总　计	**12442**	**23944**	**12439**	**82805**	**32678**	**3068**
中央						3068
省区市	12442					2212
地市	4765	23944	12439			1114
县市区	6356	30703	14770	82805	32678	1324

续表 3

	辖区内非物质文化遗产生态保护区					
	省级	市级	县级	非物质文化遗产保护专项经费投入(千元)	中央财政投入	省级财政投入
总　计	**205**	**193**	**614**	**20981038**	**10168695**	**1050679**
中央				662980	662980	
省区市	205			2888087	498348	459459
地市	96	193		12315446	7860809	121409
县市区	238	347	614	5114525	1146558	469811

本辖区内非物质文化遗产代表性传承人							
学徒人数	省级代表性传承人	学徒人数	市级代表性传承人	学徒人数	县级代表性传承人	学徒人数	国家级
	14685	**49240**	**27697**	**120220**	**92473**	**703881**	**21**
							21
14097	14685	49240					25
23398	7258	75688	27697	120220			27
107998	9821	209330	33298	406698	92473	703881	65

			辖区内展示传习场所				
市级财政投入	县级财政投入	其他投入	非物质文化遗产馆(个)	民营非物质文化遗产馆(个)	代表性项目数(个)	收藏实物数(件)	场馆面积(万平方米)
4723840	**4462952**	**574872**	**6744**	**63724**	**5154758**	**2745799**	**349.06**
823939	1025445	80896	551	261	7670	1302840	52.85
2973856	1235506	123866	1608	35171	5065842	530764	94.57
926045	2202001	370110	4585	28292	81246	912195	201.64

续表 4

	参观人次(万人次)	传承体验中心(个)	民营传承体验中心	代表性项目数	收藏实物数	场馆面积(万平方米)
总　计	**11393.72**	**74573**	**5672**	**1132598**	**736699**	**1629.30**
中央						
省区市	1692.62	2917	1244	34297	90975	67.25
地市	7700.02	14952	1140	395815	128554	92.59
县市区	2001.08	56704	3288	702486	517170	1469.46

续表 5

	举办民俗活动	参与人次(万人次)	开展非遗工作人员培训班	培训人次(万人次)	开展传承人培训班	培训人次(万人次)
总　计	**25120**	**4953.12**	**7629**	**33.90**	**19713**	**88.24**
中央						
省区市	4873	960.79	863	7.07	1845	7.57
地市	3649	1461.52	1702	4.04	3416	18.60
县市区	16598	2530.81	5064	22.79	14452	62.07

				辖区内宣传展示培训活动			
参观人次(万人次)	传承所(点)(个)	场馆面积(万平方米)	培训学徒(人)	举办展览	参观人次(万人次)	举办演出	观众人次(万人次)
3649.07	**186079**	**725.19**	**2691749**	**21987**	**3410.22**	**99106**	**6482.42**
1672.88	16956	89.07	736167	3561	687.84	20088	1858.36
434.08	30737	167.97	257011	5832	1068.66	32355	2194.44
1542.11	138386	468.15	1698571	12594	1653.72	46663	2429.62

调查成果							
项目资源总量(累计)	征集实物(件/套)	征集文本资料(册)	录音资料(小时)	录像资料(小时)	调查报告(篇)	出版成果(册)	资源清单(册)
1271087	**302964**	**69044**	**70424**	**93842**	**20429**	**220735**	**20058**
122664	62023	14926	18053	19601	3697	15206	977
286605	74457	17365	13858	18720	4048	83368	6775
861818	166484	36753	38513	55521	12684	122161	12306

2020年文物行政主管

	机构数(个)	从业人员(人)	编制人员数	在编人员数	藏品数(件/套)	文物藏品	一级品
总　计	**2009**	**13924**	**9717**	**7822**	**501576**	**426461**	**1008**
中央	1	105	118	105	1	1	1
省区市	32	692	665	523			
独立编制文物局	13	510	489	370			
行政部门内设机构(不挂牌)	9	77	68	48			
合署办公(挂牌)	10	105	108	105			
地市	250	2480	1735	1402	147865	121152	173
独立编制文物局	41	858	676	545	17940	14199	12
行政部门内设机构(不挂牌)	125	1079	648	477	129757	106937	161
合署办公(挂牌)	84	543	411	380	168	16	
县市区	1726	10647	7199	5792	353710	305308	834
独立编制文物局	185	2651	1819	1402	101062	95268	266
行政部门内设机构(不挂牌)	1235	6108	4020	3352	222337	185596	419
合署办公(挂牌)	306	1888	1360	1038	30311	24444	149

续表 1

	财政拨款预算收入	文物类经费	在文物类经费中			本年支出合计(千元)	基本支出
			行政运行	一般行政管理事务	文物保护等经费		
总　计	**10185035**	**3507336**	**497880**	**174085**	**1414889**	**10917539**	**2509553**
中央	166869	137370	21246	31641	39397	145037	37764
省区市	585023	393015	135039	46673	141657	599155	203391
独立编制文物局	276983	259611	117944	37053	82941	335457	148011
行政部门内设机构(不挂牌)	202566	30521		69	8369	154698	32894
合署办公(挂牌)	105474	102883	17095	9551	50347	109000	22486
地市	2602842	889639	121217	29506	491890	3014628	511675
独立编制文物局	978510	529181	59155	9928	267479	1014498	166419
行政部门内设机构(不挂牌)	1120452	234318	31674	11359	151167	1478028	242833
合署办公(挂牌)	503880	126140	30388	8219	73244	522102	102423
县市区	6830301	2087312	220378	66265	741945	7158719	1756723
独立编制文物局	1202327	528014	52836	8083	164252	1333859	375742
行政部门内设机构(不挂牌)	4425640	1225301	146016	43478	462196	4638692	1061309
合署办公(挂牌)	1202334	333997	21526	14704	115497	1186168	319672

部门基本情况

在藏品数中(件/套)					本年修复文物数(件/套)				本年收入合计(千元)
二级品	三级品	本年新增藏品	本年从有关部门接收文物数	本年藏品征集数		一级品	二级品	三级品	
3963	**54404**	**30302**	**10043**	**18786**	**1950**		**106**	**534**	**11115664**
		1							167820
									599475
									289175
									202910
									107390
669	23433	17648	589	17058					2908184
83	2557								988582
586	20860	17648	589	17058					1409916
	16								509686
3294	30971	12653	9454	1728	1950		106	534	7440185
1321	12072	9806	9392	365	88			10	1337476
1690	16249	2524	62	1047	971		11	94	4826904
283	2650	323		316	891		95	430	1275805

项目支出	在支出合计中：								在支出合计中：
	工资福利支出	商品和服务支出	差旅费	劳务费	福利费	各种税金支出	对个人和家庭补助支出	抚恤金和生活补贴	其他资本性支出
7677872	**1545941**	**2827957**	**38575**	**182166**	**21508**	**10780**	**167165**	**28336**	**1260641**
107272	20941	99413	2427	2424			3688	494	
386237	142440	330661	8076	10788	1248	22	15631	3823	76031
187446	102895	152406	4266	6058	1228		6907	2519	72455
112277	25571	118364	2630	4172			2379	1304	2918
86514	13974	59891	1180	558	20	22	6345		658
2356983	354602	657208	8303	22851	4158	303	41031	4074	363792
847078	117350	278689	3083	12462	1337	12	8629	1103	251767
1090796	152737	237203	3763	7910	1560	287	25605	886	52289
419109	84515	141316	1457	2479	1261	4	6797	2085	59736
4827380	1027958	1740675	19769	146103	16102	10455	106815	19945	820818
835985	209493	293331	4180	46121	1958	9842	17719	2984	216144
3202460	655056	1159652	10780	60193	13033	301	74935	12428	444516
788935	163409	287692	4809	39789	1111	312	14161	4533	160158

续表 2

	各种设备购置费	资产总计(千元)	固定资产净值	实际使用房屋建筑面积(万平方米)	实际拥有产权面积(万平方米)	与国外文博机构合作项目数(个)	与国外文博机构签署协议或备忘录数(个)
总　计	**70926**	**13666302**	**4149368**	**75.47**	**47.07**	**12**	**7**
中央		291179	52221	0.40	1.21		1
省区市	5726	389503	94562	3.01	4.53	12	6
独立编制文物局	5547	221088	62020	2.75	2.85	12	6
行政部门内设机构(不挂牌)		163549	31539	0.04	1.68		
合署办公(挂牌)	179	4866	1003	0.22			
地市	24877	7537517	1061578	11.28	5.31		
独立编制文物局	3222	3626392	467402	4.75	0.49		
行政部门内设机构(不挂牌)	14	3326441	472192	3.46	2.54		
合署办公(挂牌)	21641	584684	121984	3.08	2.28		
县市区	40323	5448103	2941007	60.78	36.02		
独立编制文物局	2050	945669	358657	14.90	11.25		
行政部门内设机构(不挂牌)	32439	3753582	2167897	35.85	18.71		
合署办公(挂牌)	5834	748852	414453	10.03	6.06		

续表 3

	本辖区对外开放的省级及以上文物保护单位数(个)	本级财政专项安排文物保护经费(千元)	本级出台地方性文物业法规、规章(部)	进出境文物审核数(件/套)	允许出境文物数	临时进境文物数	临时出境文物数
总　计	**8838**	**2684977**	**3126**	**60020**	**108**	**6166**	**1311**
中央				46901	22	3425	1189
省区市	7077	1865409	10	13117	86	2741	122
独立编制文物局	4532	1710055	4	6367	19	1600	88
行政部门内设机构(不挂牌)	585	82208	1	69	39	14	
合署办公(挂牌)	1960	73146	5	6681	28	1127	34
地市	667	464209	24				
独立编制文物局	242	284850	7				
行政部门内设机构(不挂牌)	191	94780	10				
合署办公(挂牌)	234	84579	7				
县市区	1094	355359	3092	2			
独立编制文物局	120	56413	8				
行政部门内设机构(不挂牌)	796	253773	3065	2			
合署办公(挂牌)	178	45173					

对外交流情况			本级举办业务培训情况					
赴港澳台人员数（人次）	对港澳台交流项目数（个）	参加国际组织活动数（个）	举办业务培训班（个）	培训业务人员数（人）	本辖区文物点（处）	全国重点文物保护单位	省级重点文物保护单位	市县级文物保护单位
4	**7**	**14**	**1004**	**59932**	**622073**	**5058**	**20342**	**104530**
3		10	16	1600				
	7	3	119	17081	622073	5058	20342	104530
	7	3	68	7246	398777	2884	9589	51363
			8	1456	93353	1021	5095	20123
			43	8379	129943	1153	5658	33044
			146	8574				
			50	2213				
			44	2535				
			52	3826				
1		1	723	32677				
			104	3933				
1		1	473	21664				
			146	7080				

			文物保护单位保护维修情况					
接收移交文物数	文物拍卖标的审核数（个）	禁止上拍文物标的数	国保单位保护维修项目数	保护维修面积（平方米）	省保单位保护维修项目数	市、县保单位保护维修项目数	本级出台落实中央文物领域的政策性文件	文物安全巡查次数
1761	**378476**	**2400**	**678**	**17112534**	**670**	**646**	**512**	**174883**
							15	120
1517	378476	2400	269	205759	145	29	29	2127
1517	227745	1571	52	59254	27	26	21	335
	22837	336	129	146505	98	3	4	805
	127894	493	88		20		4	987
			75	423558	70	102	62	30404
			16	94669	13	10	2	5806
			20	73220	21	31	47	22716
			39	255669	36	61	13	1882
244			334	16483217	455	515	406	142232
			61	308681	84	71	17	12878
244			182	2387258	284	321	354	113318

2020年对外、对港澳台文化交流活动项目基本情况

地区	合计	按交流活动性质		按交流活动分类					按交流活动范围分类			
		出访	来访	演出	展览	人员交流	国际性交流活动	其他	国外	中国香港	中国澳门	中国台湾
总计	**947**	**216**	**731**	**744**	**95**	**40**	**18**	**50**	**836**	**23**	**62**	**26**
北京	6	4	2	4	1		1		4	1	1	
天津	2	2		2					1		1	
河北	4	3	1	3		1			2		2	
山西	2		2				1	1	2			
内蒙古	3	3		2	1				2		1	
辽宁	10	7	3	8		1		1	9	1		
吉林	1	1		1					1			
黑龙江	4	3	1	3				1	4			
上海	40	1	39	1	37	2			36	1	2	1
江苏	8	6	2	1	1			6	2		6	
浙江	625	5	620	625					624		1	
安徽	4		4			2	2		2	1	1	
福建	22	5	17	4	1	6	1	10	3		3	16
江西	2	2		2					2			
山东	7	6	1	3	3			1	6	1		
河南	5	5		1	1		3		3		2	
湖北	14	14		2	6	4		2	11	1	2	
湖南	1	1			1						1	
广东	20	7	13	9	2	9			3	6	11	
广西	3	2	1	1	1			1	1		2	
海南												
重庆	6	6		4	1		1		4		1	1
四川	5	5			5				4		1	
贵州	2	2		1		1			2			
云南	4	3	1	3	1				4			
西藏												
陕西	5	5		2	3				5			
甘肃	7	7		7					7			
青海	1	1		1					1			
宁夏	4	4		3			1		3			1
新疆	2	2		1		1			1			1

2020年对外、对港澳台文化交流活动参与交流人员项目基本情况

地区	合计	按交流活动性质		按交流活动分类					按交流活动范围分类			
		出访	来访	演出	展览	人员交流	国际性交流活动	其他	国外	中国香港	中国澳门	中国台湾
总计	**12552**	**6266**	**6286**	**7400**	**328**	**1243**	**1490**	**2091**	**8713**	**743**	**1896**	**1200**
北京	268	208	60	249			19		208	4	56	
天津	157	157		157					77		80	
河北	110	86	24	86		24			69		41	
山西	850		850				300	550	850			
内蒙古	102	102		89	13				89		13	
辽宁	355	309	46	311		4		40	315	40		
吉林	25	25		25					25			
黑龙江	71	68	3	68				3	71			
上海	65	59	6	59		6					65	
江苏	112	76	36	20	10			82	30		82	
浙江	2727	128	2599	2727					2726		1	
安徽	314		314			208	106		106	8	200	
福建	1345	89	1256	242		209	200	694	282		7	1056
江西	42	42		42					42			
山东	81	80	1	75	2			4	80	1		
河南	144	144		75	20		49		49		95	
湖北	51	51		34	13	4			38		13	
湖南	3	3			3						3	
广东	316	191	125	298	2	16			57	37	222	
广西	42	9	33	3	6			33	3		39	
海南												
重庆	82	82		68	8		6		54		8	20
四川	59	59			59						59	
贵州	30	30		28		2			30			
云南	125	125		125					125			
西藏												
陕西	60	60		60					60			
甘肃	300	300		300					300			
青海	33	33		33					33			
宁夏	78	78		78					43			35
新疆	56	56		30		26			30			26

2020年艺术展览创作

	机构数(个)	从业人员(人)					藏品(件/套)	
			专业技术人才					文物藏品数
				正高级职称	副高级职称	中级职称		
总　计	**776**	**6799**	**4556**	**444**	**868**	**1755**	**678327**	**42710**
其中：免费开放	594	5287	3463	273	593	1378	602604	9721
按登记注册类型分								
国有	742	6545	4430	439	859	1720	661758	42108
集体	5	45	19	1	1	7	2514	601
其他	29	209	107	4	8	28	14055	1
按隶属关系分								
中央	2	215	147	54	48	35	126725	
省区市	47	1622	1015	205	201	339	178123	438
地市	241	2446	1729	150	372	698	137680	2367
县市区	486	2516	1665	35	247	683	235799	39905
按管理部门分								
文化和旅游部门	755	6560	4410	435	847	1714	650167	42710
其他部门	21	239	146	9	21	41	28160	
按机构类型分								
美术馆	519	4474	2812	169	463	1106	570168	42195
画院	64	722	552	142	143	180	42050	383
美术馆(画院)	99	993	687	83	129	265	66018	132
剧目创作室	94	610	505	50	133	204	91	

机构基本情况

非文物藏品数	国画	油画	版画	雕塑	水粉、水彩	设计	连环画、漫画	民间艺术	书法	摄影、多媒体	漆艺
602423	**138169**	**25626**	**66010**	**6626**	**14422**	**4694**	**13139**	**112587**	**79612**	**67452**	**1789**
568100	119249	24210	64778	6333	13760	4237	12972	112283	73108	65922	1778
589509	131601	25085	65943	6364	14370	4670	13139	112578	77202	67220	1787
1913	444	7	3	1	3				1450		
11001	6124	534	64	261	49	24		9	960	232	2
126725	15332	3737	8457	2238	1079		4195	71877	2273	1487	291
177585	36804	8033	26715	2213	6428	680	6231	13353	11318	31770	1130
115844	44170	6459	10991	1105	3023	3341	967	2997	21411	12735	89
182269	41863	7397	19847	1070	3892	673	1746	24360	44610	21460	279
577266	131149	23973	57394	6320	13925	4691	13139	112475	78435	67284	1774
25157	7020	1653	8616	306	497	3		112	1177	168	15
497586	88019	22055	58829	5672	11754	4665	11312	105751	54291	64651	1703
41631	24962	1335	2838	301	1817		1666	366	5721	1006	7
63115	25188	2236	4293	653	851	29	161	6470	19569	1795	79
91			50						31		

续表 1

							学术成果	
	陶艺	其他	年度展览总量(个)	自主办展数量	参观人次(万人次)	未成年人参观人次	专著或图录(册)	论文数(篇)
总　计	**3897**	**68400**	**6011**	**4327**	**2189.69**	**535.27**	**7364**	**859**
其中：免费开放	3645	65825	5463	3940	1958.24	483.52	5241	570
按登记注册类型分								
国有	2560	66990	5848	4190	2110.68	516.59	7358	852
集体		5	24	24	17.32	6.54		1
其他	1337	1405	139	113	61.69	12.14	6	6
按隶属关系分								
中央	510	15249	29	10	21.59	3.75	5	106
省区市	341	32569	495	318	324.66	40.38	131	255
地市	365	8191	2295	1620	911.61	214.99	5684	255
县市区	2681	12391	3192	2379	931.83	276.15	1544	243
按管理部门分								
文化和旅游部门	2551	64156	5809	4190	2087.79	512.85	7324	831
其他部门	1346	4244	202	137	101.90	22.43	40	28
按机构类型分								
美术馆	3378	65506	4937	3581	1749.42	442.86	7141	459
画院	199	1413					59	171
美术馆(画院)	320	1471	1051	737	437.33	91.16	101	95
剧目创作室		10	23	9	2.93	1.25	63	134

学术活动(次)	本年收入合计(千元)	财政拨款预算收入				上级补助收入	事业预算收入	经营收入	附属单位上缴收入	其他收入
			免费开放	中央资金	收藏专项经费					
998	**2860860**	**2512267**	**239248**	**79430**	**171681**	**26161**	**108981**	**26996**		**186455**
782	2195690	1941244	202440	69661	161423	10114	83426	10572		150334
964	2804715	2474790	236515	78345	171681	18334	108906	21736		180949
18	14735	11480	370	240				3255		
16	41410	25997	2363	845		7827	75	2005		5506
22	249534	194780	30800		44100		53538			1216
174	982366	911359	56156	6310	72342	95	43962	6049		20901
313	1073790	925680	75554	32697	44792	6395	6489	4707		130519
489	555170	480448	76738	40423	10447	19671	4992	16240		33819
923	2794301	2467647	228854	71695	165081	25811	108981	26384		165478
75	66559	44620	10394	7735	6600	350		612		20977
619	1874313	1570731	189071	66107	142564	23942	82487	24143		173010
137	452521	423088	14657		14800	30	22617	1421		5365
168	358684	347734	35520	13323	14317	1275	3571	1432		4672
74	175342	170714				914	306			3408

续表 2

	本年支出合计(千元)	基本支出	项目支出	收藏经费	经营支出	工资福利支出	商品和服务支出	差旅费
总　计	**2937448**	**1271564**	**1436933**	**207004**	**71743**	**959508**	**1067171**	**15939**
其中：免费开放	2240274	941651	1122521	190168	30507	700369	862295	11014
按登记注册类型分								
国有	2876735	1250776	1403930	205839	65411	946448	1041336	15723
集体	14117	4794	4069		5254	3477	6978	56
其他	46596	15994	28934	1165	1078	9583	18857	160
按隶属关系分								
中央	262888	99518	163370	44100		73512	100270	894
省区市	992226	345449	601307	89884	22769	292625	423699	4397
地市	1000383	489719	484806	60119	6415	363506	351157	6480
县市区	681951	336878	187450	12901	42559	229865	192045	4168
按管理部门分								
文化和旅游部门	2878707	1239850	1411214	201135	71563	934754	1058511	15627
其他部门	58741	31714	25719	5869	180	24754	8660	312
按机构类型分								
美术馆	1927676	783967	939563	162732	68872	583238	736621	8359
画院	467287	202993	261310	27700	1084	156628	124180	2473
美术馆(画院)	375787	182153	178238	16022	1787	142474	144945	3690
剧目创作室	166698	102451	57822	550		77168	61425	1417

在支出合计中：劳务费	福利费	各种税金支出	对个人和家庭补助支出	抚恤金和生活补助	其他资本性支出	各种设备、交通工具、图书购置费	资产总计（千元）	固定资产净值	实际使用房屋建筑面积（万平方米）	展览用房
85318	**11162**	**3105**	**102879**	**8287**	**216618**	**31086**	**10118409**	**5635821**	**258.61**	**89.63**
67796	6731	2333	66907	5902	164742	20938	8644228	4922196	215.17	74.74
77918	10790	2972	102380	8267	215784	30912	9444888	4995068	244.86	83.46
2775	1		53		569		223995	214745	2.78	0.49
4625	371	133	446	20	265	174	449526	426008	10.97	5.69
7040	570	157	7691	645	30643	6017	1438185	232298	3.80	0.98
30351	3817	1758	35876	3189	101634	11894	3482794	2179876	62.51	17.28
30296	2677	754	45936	2526	68338	8549	3568075	1904440	106.83	34.47
17631	4098	436	13376	1927	16003	4626	1629355	1319207	85.47	36.90
84725	10948	3103	101254	8223	210220	30257	9525473	5111264	237.32	83.56
593	214	2	1625	64	6398	829	592936	524557	21.28	6.09
53031	8100	2257	53608	3483	131158	16985	8146056	4756549	208.65	68.58
10769	1329	92	21092	2009	55635	7470	1323563	383893	15.88	6.10
14349	1172	613	14064	1414	28814	6261	615284	479763	32.57	14.64
7169	561	143	14115	1381	1011	370	33506	15616	1.55	0.31

续表 3

				公共教育活动			创作情况(个)	
	库房面积	画室面积	实际拥有产权面积(平方米)	讲座(次)	教育活动(次)	出版物(种)	创作项目数量	参加展览数量
总　计	**12.74**	**12.62**	**97.14**	**3167**	**5000**	**3110**	**14036**	**6258**
其中：免费开放	10.40	10.08	88.16	2870	4639	3064	8738	2926
按登记注册类型分								
国有	11.69	11.76	91.13	3076	4866	3101	14012	6226
集体	0.07	0.06	2.55	16	12		4	12
其他	0.99	0.80	3.46	75	122	9	20	20
按隶属关系分								
中央	0.48	0.77	3.57	5	2	1	1	5
省区市	2.47	1.32	13.37	332	1446	37	4435	765
地市	4.18	4.63	53.20	671	1545	125	5194	2793
县市区	5.61	5.90	27.00	2159	2007	2947	4406	2695
按管理部门分								
文化和旅游部门	11.81	12.00	92.45	3066	4720	3088	13211	6236
其他部门	0.93	0.62	4.69	101	280	22	825	22
按机构类型分								
美术馆	10.12	7.75	68.66	2618	4166	3028		
画院	0.81	2.27	5.69				5883	3319
美术馆(画院)	1.80	2.60	22.60	418	800	69	6445	2835
剧目创作室	0.01		0.20	131	34	13	1708	104

获省部级以上奖项的作品数	培训情况		志愿者服务队伍个数(个)	志愿者服务队伍人数(人)	学术研究情况(个)			文化创意产品情况		
	组织培训次数(次)	培训人次(万人次)			本年承担课题、项目数	省部级以上课题项目数	结项课题项目数	文化创意产品种类(个)	文化创意产品销售收入(千元)	文化创意产品销售利润(千元)
1165	**1358**	**5.37**	**983**	**29917**	**170**	**53**	**79**	**3011**	**76003**	**48632**
568	1033	4.41	651	28248	125	37	66	2760	67974	48118
1154	1297	5.24	946	29460	164	53	79	2684	75889	48597
6	10	0.03								
5	51	0.10	37	457	6			327	114	35
	70	0.03	2	201	1	1	1	1523	1117	747
158	70	0.51	156	3530	75	22	47	747	937	505
752	772	2.29	222	9253	52	16	15	129	71193	46755
255	446	2.54	603	16933	42	14	16	612	2756	625
1164	1352	5.34	963	29052	163	52	79	2654	70510	48631
1	6	0.03	20	865	7	1		357	5493	1
			709	23624	92	24	48	2975	76003	48632
479	243	0.64	158	1333	14	11	2	10		
593	962	4.20	101	4871	24	4	18	26		
93	153	0.51	15	89	40	14	11			

2020年各地区艺术展览

地区	机构数(个)	从业人员(人)	专业技术人才	正高级职称	副高级职称	中级职称	藏品(件/套)	文物藏品数
总计	**776**	**6799**	**4556**	**444**	**868**	**1755**	**678327**	**42710**
北京	1	76	50	26	10	10	10914	382
天津	6	56	27	1	3	11	3026	
河北	25	212	132	12	28	45	5345	
山西	44	284	186	10	18	71	35240	649
内蒙古	33	227	164	14	36	68	13827	5
辽宁	4	52	32	8	7	12	1862	27
吉林	22	246	179	12	64	72	4408	16
黑龙江	13	92	66	13	16	19	14179	216
上海	12	368	253	14	17	67	31335	880
江苏	94	921	682	92	143	252	60596	252
浙江	15	232	113	11	23	57	49451	22
安徽	23	154	99	9	22	27	8390	972
福建	16	87	59	7	12	24	7419	429
江西	46	397	162	7	25	50	8235	514
山东	88	621	503	32	93	225	49762	3014
河南	11	126	56	7	13	21	10459	
湖北	16	218	150	21	24	55	16744	37
湖南	37	187	141	2	22	59	9454	24
广东	32	650	364	24	71	149	130902	33987
广西	6	86	60	6	11	31	2025	
海南								
重庆	13	127	84	8	20	46	4802	16
四川	69	273	214	10	29	88	17254	890
贵州	6	84	53	6	12	15	1859	
云南	14	82	74	7	18	30	4406	17
西藏								
陕西	7	83	27	3	2	15	20555	94
甘肃	62	402	280	20	48	117	13667	
青海								
宁夏	1	9	9	2	2	2	6	
新疆	58	232	190	6	31	82	15480	267

创作机构基本情况

非文物藏品数	国画	油画	版画	雕塑	水粉、水彩	设计	连环画、漫画	民间艺术	书法	摄影、多媒体	漆艺
602423	**138169**	**25626**	**66010**	**6626**	**14422**	**4694**	**13139**	**112587**	**79612**	**67452**	**1789**
10532	5139	443	682	18	1632		1526	74	773	170	
3026	330	128	1252	22	2			29	608	194	15
5294	1329	416	861	116	229	21	50	240	688	1110	
33545	11171	435	883	136	322	5	199	6728	11623	1701	34
13572	2134	753	271	63	233	35	76	721	5534	2982	
1835	604	363	205	5	202		54	66	294	7	2
4407	1509	191	86	81	418			27	1592	437	
14169	1011	688	8709	34	419			260	360	35	
29020	7241	2046	2416	382	765	35	2576	3974	2640	3271	6
57216	21660	2657	4582	353	1062	30	244	4280	8961	5760	9
38389	7231	1330	5271	480	1017	1146	426	1104	4513	1442	21
7307	4112	144	213	398	80		90	258	1902	36	1
7097	2119	231	935	118	123	75	143	158	839	575	811
6501	1531	249	669	62	275	10	6	612	2350	537	7
32702	13527	1584	1576	276	1214	23	480	1224	9511	1774	115
10459	1585	512	931	192	401	168	5	2350	1629	479	16
16704	2007	855	1135	378	934	45	355	2539	1772	1320	317
9426	2475	706	189	25	492	76	201	651	2427	774	
96585	21398	3858	22561	768	1699	2909	1951	669	2551	32754	88
2025	842	94	34	9	60		1		644	31	2
4786	927	251	1177	65	291	3	8	367	949	615	12
16143	5222	773	287	104	375	19	384	277	5610	2786	14
1859	426	68	284	11	8			3	774	266	
4389	384	197	966	7	176	1	1	60	781	1576	
20461	1034	402	516	46	123			11269	479	80	
13255	4135	637	206	135	325	68	41	893	3983	2097	5
6	6										
14988	1748	1878	656	104	466	25	127	1877	3552	3156	23

续表 1

地区			年度展览总量(个)				学术成果	
	陶艺	其他		自主办展数量	参观人次(万人次)	未成年人参观人次	专著或图录(册)	论文数(篇)
总　计	**3897**	**68400**	**6011**	**4327**	**2189.69**	**535.27**	**7364**	**859**
北　京		75					11	50
天　津		446	60	39	68.23	5.55	3	26
河　北	23	211	104	67	19.20	2.35	7	14
山　西	8	300	298	198	63.62	17.61	204	1
内蒙古	112	658	177	117	80.14	11.68	3	16
辽　宁	2	31	61	54	21.75	5.13	2	5
吉　林	1	65	99	77	6.95	1.59	14	5
黑龙江		2653	52	34	32.59	10.74	505	1
上　海	33	3635	174	138	110.54	11.87	22	30
江　苏	1332	6286	589	374	229.24	75.66	66	201
浙　江	111	14297	150	120	63.25	14.42	12	9
安　徽		73	267	190	86.96	26.85	16	12
福　建	33	937	104	84	19.84	5.81	4	3
江　西	163	30	369	260	114.81	24.90	11	3
山　东	329	1069	670	492	236.20	72.51	92	155
河　南	35	2156	102	65	47.96	10.16	2024	18
湖　北	70	4977	117	78	49.24	14.47	191	25
湖　南	442	968	195	170	123.97	45.21	1015	14
广　东	167	5212	519	395	216.21	45.03	3084	64
广　西	1	307	90	74	63.47	25.17	1	3
海　南								
重　庆	50	71	247	181	94.38	25.12	13	6
四　川	122	170	405	333	210.41	28.60	24	23
贵　州		19	30	19	13.10	3.32	7	19
云　南		240	66	55	26.26	9.00	13	15
西　藏								
陕　西		6512	48	31	7.79	1.35	7	
甘　肃	313	417	528	380	116.41	24.52	6	19
青　海								
宁　夏			22	2	3.00	0.25		1
新　疆	40	1336	439	290	42.58	12.65	2	15

学术活动（次）	本年收入合计（千元）	财政拨款预算收入	免费开放资金	中央资金	收藏专项经费	上级补助收入	事业预算收入	经营收入	附属单位上缴收入	其他收入
998	**2860860**	**2512267**	**239248**	**79430**	**171681**	**26161**	**108981**	**26996**		**186455**
44	74560	72785			10000			1421		354
2	2778	2568	335					207		3
12	54388	54186	7255	2160	3985		102			100
5	57919	57135	7334	5014	2900	100				684
16	60103	59733	5006	4096			319			51
9	21473	19385	5235	5110	800			1432		656
3	27918	27849	4660	2000	1300					69
4	21054	20781	3270	1740	4500					273
20	318392	291175	658	100	3782		26440			777
196	354494	338618	17938	2440	15248	1175	3842	4104		6755
23	120437	112808	2617	150	5393	1200	3906			2523
35	28451	26428	6221	2383	330	1171				852
3	30563	30056	3892	40	4658	246	156			105
38	87515	68662	10216	2364	285	1162	576	4322		12793
159	273811	266933	17333	2053	21417	250	5107	33		1488
31	37757	36989	3060	1040	2100		731			37
21	68518	65955	3966	820	10040	295	1222			1046
46	34143	30809	6880	3860	2530	2603	170	10		551
75	599232	414258	29749	8827	31403	15783	5410	14992		148789
11	15312	14630	1550	1240	198	100				582
30	34209	31252	10756	4630	1507	236	1054			1667
51	80611	79167	13446	9698	100	400	534			510
11	48434	48338	13362	800						96
21	25062	22213	2893	1520		280	110			2459
8	16491	11312	3200		1500		4694	475		10
84	63770	60527	13800	5996	680	810	1070			1363
	2211	2128	440	400	10					83
18	51720	50807	13376	10949	2915	350				563

续表 2

地　区	本年支出合计(千元)	基本支出	项目支出	收藏经费	经营支出	工资福利支出	商品和服务支出	差旅费
总　计	**2937448**	**1271564**	**1436933**	**207004**	**71743**	**959508**	**1067171**	**15939**
北　京	86562	33098	52419	10150	1044	22008	19354	146
天　津	2824	2323	335		164	1087	190	
河　北	50517	26222	24270	3840		19426	16033	241
山　西	64897	28031	22329	3090		28395	18494	380
内蒙古	59813	31713	27656			21297	23865	384
辽　宁	21465	10142	10180	800	1141	8647	6784	114
吉　林	26349	14797	11552	1000		11457	7290	230
黑龙江	20704	12249	8455	4500		9643	5063	150
上　海	336222	138008	194124	11055		81979	201645	308
江　苏	345775	221108	117521	15659	5408	157044	124903	2350
浙　江	126712	50563	75034	12651	60	29431	48524	456
安　徽	28800	15226	12338	590		10266	11725	281
福　建	123539	13303	14952	4832		10993	8446	149
江　西	86053	30727	31665	390	21607	46817	23397	521
山　东	267972	102212	148768	22526	179	82402	75713	958
河　南	36677	13870	21746	2100		11612	8584	162
湖　北	68494	27946	38826	10290	890	21085	21041	150
湖　南	33737	22821	9418	1701	2	16276	10079	527
广　东	560175	219220	300663	49542	39990	164686	207135	1908
广　西	15275	10690	4585	198		9266	4752	156
海　南								
重　庆	33424	17282	15310	1378	500	14571	14650	1643
四　川	81044	34420	46598	670		27580	45412	1140
贵　州	38554	10450	27942	3348		7124	20867	357
云　南	25306	10426	11865		5	11883	9326	143
西　藏								
陕　西	21335	11651	8898	1500	723	8310	8104	141
甘　肃	57224	36069	10113	724	30	30147	13307	950
青　海								
宁　夏	2435	1583	852	10		1778	569	10
新　疆	52676	25896	25149	360		20786	11649	1090

在支出合计中：							资产总计（千元）		实际使用房屋建筑面积（万平方米）	
劳务费	福利费	各种税金支出	对个人和家庭补助支出	抚恤金和生活补助	其他资本性支出	各种设备、交通工具、图书购置费		固定资产净值		展览用房
85318	**11162**	**3105**	**102879**	**8287**	**216618**	**31086**	**10118409**	**5635821**	**258.61**	**89.63**
1056	274	5	2838	934	10522	372	277899	28912	1.15	0.44
	2	2	291		14	14	981	567	5.48	1.88
1178	143		3956	430	7590	1012	130500	117917	6.74	3.67
786	224	1	1307	74	4256	312	62041	16481	8.21	3.39
2667	143		1775	146	3868	923	162061	129499	6.59	3.96
265	16	40	255	49	5024	73	21712	17427	1.21	0.83
1263	89	9	335	81	2166	2098	64758	58038	1.93	1.10
408	113		1460	69	4505		69206	54529	1.86	0.81
8137	1124	586	1566	570	11983	1533	728969	532399	27.01	3.48
7501	564	535	23020	550	19245	1022	1150456	1078129	47.65	12.14
9880	1081	414	967	41	22175	1110	778206	679308	8.81	3.23
957	105	1	1192	12	2286	207	95666	20044	5.42	2.50
1233	6		801	1	6221	798	51915	32953	3.16	1.26
1405	884	363	5180	121	6313	321	401664	69611	8.53	5.22
5378	346	32	15420	848	23876	3861	1058341	785396	27.00	10.48
463	369	105	699	4	471	314	110632	75897	6.81	2.14
5223	358	189	1227	156	15163	1637	310167	286223	5.94	2.16
1568	299	5	1545	106	416	373	103174	96160	3.92	2.35
10821	2615	485	21301	84	16062	2302	2271733	621481	43.66	12.97
61	45	4	718	256	196	39	45926	35224	1.16	0.40
4530	246	29	872	44	2371	939	31450	17814	3.27	1.57
6610	201	51	2328	566	302	111	94862	61810	5.25	2.36
2026	35		702	295	3563	3167	405632	398561	6.51	1.21
1134	44	52	454	40	3291	25	16029	8283	3.27	2.11
86	51	34	4	4	1500		121263	114304	1.82	1.38
1954	1077	6	3400	1021	1291	393	67702	41707	7.41	2.99
71					88		3556	3360	0.33	0.30
1617	138		1575	1140	11217	2113	43723	21489	4.71	2.32

续表 3

地区			实际拥有产权面积(平方米)	公共教育活动			创作情况(个)	
	库房面积	画室面积		讲座(次)	教育活动(次)	出版物(种)	创作项目数量	参加展览数量
总计	**12.74**	**12.62**	**97.14**	**3167**	**5000**	**3110**	**14036**	**6258**
北京	0.02	0.06	1.08				1734	67
天津	0.27	0.04	2.69	10	123	3	20	9
河北	0.29	0.39	3.02	842	60	3	8	88
山西	0.30	0.45	4.26	136	284	5	328	164
内蒙古	0.33	0.47	10.64	39	180	2	1981	817
辽宁	0.08	0.04	0.10	16	14	4	10	520
吉林	0.10	0.13	0.47	22	13	1	38	37
黑龙江	0.08	0.32	0.66	4	30	3	314	79
上海	0.32	0.11	2.78	214	791	10	54	44
江苏	1.47	1.88	11.55	379	463	31	3420	1952
浙江	0.65	0.32	2.66	89	177	23	99	84
安徽	0.25	0.25	0.92	86	119	12	40	78
福建	0.18	0.22	0.82	15	14	13	6	7
江西	0.48	0.51	2.29	71	153	8	356	110
山东	1.87	1.39	9.56	212	673	51	900	416
河南	0.21	0.04	0.21	73	215	11		
湖北	0.29	0.72	4.92	79	138	2806	149	241
湖南	0.40	0.26	0.74	101	100	9	93	84
广东	2.33	1.04	17.19	153	648	39	883	166
广西	0.09	0.04	2.45	10	126	8	153	56
海南								
重庆	0.24	0.31	1.14	152	185	10	455	35
四川	0.45	0.59	2.04	185	203	21	172	72
贵州	0.14	0.26	4.90	8	34		107	11
云南	0.40	0.38	1.54	20	75	4	1389	70
西藏								
陕西	0.26	0.03	1.69	12	30	1	3	14
甘肃	0.35	0.90	1.83	192	109	30	1307	824
青海								
宁夏	0.01	0.01		1	5			
新疆	0.40	0.69	1.42	41	36	1	16	208

	培训情况		志愿者服务队伍个数(个)	志愿者服务队伍人数(人)	学术研究情况(个)			文化创意产品情况		
获省部级以上奖项的作品数	组织培训次数(次)	培训人次(万人次)			本年承担课题、项目数	省部级以上课题项目数	结项课题项目数	文化创意产品种类(个)	文化创意产品销售收入(千元)	文化创意产品销售利润(千元)
1165	**1358**	**5.37**	**983**	**29917**	**170**	**53**	**79**	**3011**	**76003**	**48632**
	3	0.02			1	1		5		
2	2		3	102						
8	8	0.06	14	632	1			4		
31	21	0.07	18	2483	10	10	1			
56	155	0.66	22	400	1			12		
			2	15	1		1			
10	25	0.03	4	38	1	1				
17	17	0.10	7	314	1	1				
	10	0.01	56	2210	16	2	14	480	838	462
344	156	0.54	80	1856	38	15	16	395	86	44
6	96	0.20	40	397	2	2	1	12		
12	19	0.11	38	678				8		
			24	393						
63	2	0.01	75	1243	2	1	1	9		
139	445	1.07	91	1767	32	6	16	128	33	
	31	0.08	10	220	32	3	16	8		
34	8	0.04	11	319	8	4	2	2		
101	30	0.19	37	1059	2	1		1		
242	78	0.82	152	3562	8		4	312	73749	47269
6	26	0.08	8	255	1		1			
10	54	0.44	20	524				9		
5	10	0.02	40	1025	4	1	2			
2	6	0.07	103	105	1		1	38		
38	14	0.23	11	265	5	3	2	1		
1	1		1	80				26		
33	56	0.40	41	737	2	1		22		
			1	20						
5	15	0.09	72	9017				16	180	110

2020年各地区美

地区	机构数(个)	从业人员(人)	专业技术人才	正高级职称	副高级职称	中级职称	藏品(件/套)	文物藏品数	非文物藏品数
总计	**618**	**5467**	**3499**	**252**	**592**	**1371**	**636186**	**42327**	**560701**
北京									
天津	5	54	26	1	3	11	3026		3026
河北	24	201	122	11	27	40	5273		5222
山西	41	231	142	4	7	51	34558	649	32863
内蒙古	26	194	133	11	27	54	12153	5	11898
辽宁	3	46	30	8	5	12	1862	27	1835
吉林	13	116	87	4	24	34	4408	16	4407
黑龙江	11	79	54	12	14	15	14049	216	14039
上海	12	368	253	14	17	67	31335	880	29020
江苏	47	625	431	52	78	166	50961	252	47617
浙江	12	218	108	11	20	55	49180	22	38118
安徽	23	154	99	9	22	27	8390	972	7307
福建	14	73	45	4	10	20	6682	429	6360
江西	43	372	142	6	20	45	7919	514	6185
山东	58	427	334	13	58	138	46436	3014	29376
河南	9	122	54	7	13	20	10459		10459
湖北	15	218	150	21	24	55	16744	37	16704
湖南	30	145	108	1	13	46	9444	23	9417
广东	28	572	305	12	50	130	126913	33987	92596
广西	4	63	41	1	8	24	2025		2025
海南									
重庆	12	114	75	7	16	42	4802	16	4786
四川	55	210	160	7	22	64	17254	890	16143
贵州	4	24	18		4	6	928		928
云南	9	57	50	7	10	20	4387	17	4370
西藏									
陕西	7	83	27	3	2	15	20555	94	20461
甘肃	54	338	235	8	38	104	12633		12221
青海									
宁夏	1	9	9	2	2	2	6		6
新疆	57	211	172	2	26	75	15191	267	14699

术馆基本情况

国画	油画	版画	雕塑	水粉、水彩	设计	连环画、漫画	民间艺术	书法	摄影、多媒体	漆艺
113207	**24291**	**63122**	**6325**	**12605**	**4694**	**11473**	**112221**	**73860**	**66446**	**1782**
330	128	1252	22	2			29	608	194	15
1299	398	853	116	229	21	50	240	672	1110	
10739	435	633	136	322	5	199	6728	11623	1701	34
1890	698	191	63	183	35	36	681	4849	2582	
604	363	205	5	202		54	66	294	7	2
1509	191	86	81	418			27	1592	437	
916	688	8709	34	419			260	325	35	
7241	2046	2416	382	765	35	2576	3974	2640	3271	6
14906	2587	4581	353	1006	30	197	4130	6499	5758	9
6988	1330	5271	480	1017	1146	426	1100	4489	1442	21
4112	144	213	398	80		90	258	1902	36	1
1382	231	935	118	123	75	143	158	839	575	811
1430	226	648	62	265	10	6	612	2282	537	1
11179	1432	1539	267	1205	23	478	1162	9019	1578	115
1585	512	931	192	401	168	5	2350	1629	479	16
2007	855	1135	378	934	45	355	2539	1772	1320	317
2473	706	189	25	492	76	201	644	2427	774	
19624	3570	21480	621	1646	2909	1950	669	2046	32712	88
842	94	34	9	60		1		644	31	2
927	251	1177	65	291	3	8	367	949	615	12
5222	773	287	104	375	19	384	277	5610	2786	14
126	28	11	4	8				674	70	
371	197	966	7	176	1	1	60	775	1576	
1034	402	516	46	123			11269	479	80	
3416	609	196	135	321	68	41	893	3710	2097	5
6										
1643	1775	619	102	463	25	127	1877	3513	3156	23

续表 1

地区							学术成果	
	陶艺	其他	年度展览总量(个)	自主办展数量	参观人次(万人次)	未成年人参观人次	专著或图录(册)	论文数(篇)
总计	**3698**	**66977**	**5988**	**4318**	**2186.76**	**534.02**	**7242**	**554**
北京								
天津		446	60	39	68.23	5.55	3	26
河北	23	211	104	67	19.20	2.35	7	14
山西	8	300	294	194	63.12	17.41	204	1
内蒙古	32	658	177	117	80.14	11.68	3	10
辽宁	2	31	61	54	21.75	5.13	2	5
吉林	1	65	99	77	6.95	1.59	9	5
黑龙江		2653	52	34	32.59	10.74	505	1
上海	33	3635	174	138	110.54	11.87	22	30
江苏	1330	6231	581	371	229.20	75.65	44	98
浙江	111	14297	150	120	63.25	14.42	9	9
安徽		73	267	190	86.96	26.85	16	12
福建	33	937	104	84	19.84	5.81	4	3
江西	87	19	369	260	114.81	24.90	6	
山东	320	1059	668	491	235.44	72.29	53	134
河南	35	2156	102	65	47.96	10.16	2024	18
湖北	70	4977	117	78	49.24	14.47	191	25
湖南	442	968	195	170	123.97	45.21	1010	14
广东	167	5114	519	395	216.21	45.03	3068	60
广西	1	307	90	74	63.47	25.17	1	3
海南								
重庆	50	71	247	181	94.38	25.12	13	6
四川	122	170	397	332	208.88	27.78	15	8
贵州		7	30	19	13.10	3.32	6	14
云南		240	65	55	26.16	9.00	11	6
西藏								
陕西		6512	48	31	7.79	1.35	7	
甘肃	313	417	528	380	116.41	24.52	5	17
青海								
宁夏			22	2	3.00	0.25		1
新疆	40	1336	439	290	42.58	12.65	2	14

学术活动（次）	本年收入合计（千元）	财政拨款预算收入	免费开放资金	中央资金	收藏专项经费	上级补助收入	事业预算收入	经营收入	附属单位上缴收入	其他收入
787	2232997	1918465	224591	79430	156881	25217	86058	25575		177682
2	2085	1876	335					207		2
12	52300	52098	7255	2160	3985		102			100
5	48596	48326	7334	5014	2900	100				170
9	54256	53886	5006	4096			319			51
7	21473	19385	5235	5110	800			1432		656
1	23539	23504	4660	2000	1300					35
4	19696	19423	3270	1740	4500					273
20	318392	291175	658	100	3782		26440			777
159	237325	224004	16843	2440	15178	951	2536	4104		5730
19	112388	104883	2467	150	4793	1200	3906			2399
35	28451	26428	6221	2383	330	1171				852
3	23396	23045	3892	40	4658	246				105
31	69860	53993	10216	2364	285	1162	576	4322		9807
107	166878	160335	17003	2053	21417	110	5107	33		1293
31	37582	36814	3060	1040	2100		731			37
21	68507	65944	3966	820	10040	295	1222			1046
46	25811	22777	6880	3860	2530	2303	170	10		551
69	540365	355712	29569	8827	30613	15783	5410	14992		148468
11	7433	7331	1550	1240	158	100				2
30	29052	27404	10756	4630	1507	236	1054			358
31	44603	43644	13446	9698	100	400	534			25
11	12553	12553	1140	800						
19	19422	16853	2893	1520			110			2459
8	16491	11312	3200		1500		4694	475		10
70	44844	41986	13120	5996	380	810	685			1363
	2211	2128	440	400	10					83
16	46125	45212	13376	10949	2915	350				563

续表 2

地　区	本年支出合计(千元)	基本支出	项目支出	收藏经费	经营支出	工资福利支出	商品和服务支出	差旅费
总　计	**2303463**	**966120**	**1117801**	**178754**	**70659**	**725712**	**881566**	**12049**
北　京								
天　津	2042	1541	335		164	598	131	
河　北	48270	24093	24153	3840		17688	15864	221
山　西	55184	21801	20762	3090		22528	15790	164
内蒙古	54312	28019	25865			18043	21875	252
辽　宁	20663	9383	10137	800	1141	7920	6709	88
吉　林	21962	10560	11402	1000		7752	6928	229
黑龙江	19346	10891	8455	4500		8510	4881	150
上　海	336222	138008	194124	11055		81979	201645	308
江　苏	228136	139715	82784	11485	5368	96375	95113	1181
浙　江	119906	48804	70992	12607	60	27736	45605	436
安　徽	28800	15226	12338	590		10266	11725	281
福　建	118285	9736	13265	4832		7936	8196	135
江　西	70798	26636	20501	390	21607	42441	17609	461
山　东	159965	59640	83540	22026	179	51314	67018	743
河　南	36508	13701	21746	2100		11461	8584	162
湖　北	68483	27935	38826	10290	890	21085	21041	150
湖　南	25092	15498	8197	1701	2	11850	8885	466
广　东	501311	181070	279949	42498	39990	134608	186690	1702
广　西	7446	4882	2564	158		4651	2062	45
海　南								
重　庆	29022	14208	13982	1378	500	11997	13120	1467
四　川	45071	23424	21621	670		18899	19928	837
贵　州	11967	4879	7088	350		2268	4734	264
云　南	19307	8072	10890		5	7788	7992	95
西　藏								
陕　西	21335	11651	8898	1500	723	8310	8104	141
甘　肃	46013	27583	8165	424	30	22645	11429	765
青　海								
宁　夏	2435	1583	852	10		1778	569	10
新　疆	46665	21548	23486	360		17128	11351	1082

在支出合计中：							资产总计（千元）		实际使用房屋建筑面积（万平方米）	
劳务费	福利费	各种税金支出	对个人和家庭补助支出	抚恤金和生活补助	其他资本性支出	各种设备、交通工具、图书购置费		固定资产净值		展览用房
67380	**9272**	**2870**	**67672**	**4897**	**159972**	**23246**	**8761340**	**5236312**	**241.22**	**83.23**
		2	71				847	544	5.48	1.88
1178	134		3660	135	7547	1012	130379	117796	6.73	3.67
571	184	1	661	3	4087	143	58061	15161	8.02	3.35
2058	131		1675	127	3844	918	152355	120287	6.21	3.67
261	16	40	255	49	5024	73	21712	17427	1.16	0.83
1224	89	9	145	6	2163	2098	61780	57046	1.59	0.85
408	113		1417	69	4505		69064	54389	1.84	0.80
8137	1124	586	1566	570	11983	1533	728969	532399	27.01	3.48
3828	335	454	10779	169	12383	705	1120411	1062733	42.25	9.96
9733	1009	414	947	41	21135	1110	725836	671465	7.41	2.67
957	105	1	1192	12	2286	207	95666	20044	5.42	2.50
1233	6		546	1	6219	796	40983	32280	2.65	1.02
1341	811	287	5103	56	1300	321	384304	61873	8.27	5.18
4719	291	31	9544	522	23798	3808	972012	781412	25.75	10.09
463	369	105	699	4	471	314	110632	75897	6.81	2.14
5223	358	189	1216	156	15163	1637	310167	286223	5.92	2.14
1442	172	5	563	49	410	370	92505	88180	3.83	2.34
9717	2529	485	13910	84	15112	2278	2204036	556511	41.00	11.93
57	27	3	333	148	157		44512	35003	1.01	0.40
4116	97	17	574	44	2371	939	30183	17433	3.15	1.57
2863	92		862	29	285	110	92994	61301	5.12	2.36
816	35		30	30	228	228	372340	371493	4.95	0.63
1068	17	48	73	40	3273	7	13426	7383	3.08	2.02
86	51	34	4	4	1500		121263	114304	1.82	1.38
1823	1060	6	2939	764	1199	302	40669	34568	7.07	2.95
71					88		3556	3360	0.33	0.30
1617	117		1526	1140	11217	2113	41633	20923	4.60	2.32

续表 3

地　区			实际拥有产权面积(平方米)	公共教育活动			创作情况(个)	
	库房面积	画室面积		讲座(次)	教育活动(次)	出版物(种)	创作项目数量	参加展览数量
总　计	**11.93**	**10.35**	**91.26**	**3036**	**4966**	**3097**	**6445**	**2835**
北　京								
天　津	0.27	0.04	2.69	10	123	3	20	9
河　北	0.29	0.39	3.02	842	60	3	8	88
山　西	0.29	0.40	4.26	136	284	5	114	64
内蒙古	0.30	0.45	10.64	39	180	2	1643	577
辽　宁	0.08	0.04	0.10	16	14	4	10	520
吉　林	0.10	0.13	0.47	22	13	1	9	32
黑龙江	0.08	0.31	0.66	4	30	3	221	19
上　海	0.32	0.11	2.78	214	791	10	54	44
江　苏	1.22	1.32	10.28	322	460	26	527	44
浙　江	0.65	0.30	1.96	89	177	23	54	54
安　徽	0.25	0.25	0.92	86	119	12	40	78
福　建	0.18	0.18	0.41	15	14	13	6	7
江　西	0.48	0.51	2.03	71	153	8	351	30
山　东	1.76	1.10	9.56	203	665	48	244	122
河　南	0.21	0.04	0.21	73	215	11		
湖　北	0.29	0.72	4.92	79	138	2806	142	241
湖　南	0.40	0.26	0.74	101	100	9	92	84
广　东	2.26	0.42	16.12	153	648	39	805	47
广　西	0.09	0.04	2.45	10	126	8	136	56
海　南								
重　庆	0.24	0.31	1.14	152	185	8	240	35
四　川	0.45	0.59	1.97	126	190	20	108	70
贵　州	0.14	0.26	4.90	8	24			
云　南	0.40	0.37	1.47	20	75	3	850	65
西　藏								
陕　西	0.26	0.03	1.69	12	30	1	3	14
甘　肃	0.31	0.71	1.82	186	109	29	754	511
青　海								
宁　夏	0.01	0.01		1	5			
新　疆	0.40	0.65	1.31	41	36	1	14	24

获省部级以上奖项的作品数	培训情况		志愿者服务队伍个数(个)	志愿者服务队伍人数(人)	学术研究情况(个)			文化创意产品情况		
	组织培训次数(次)	培训人次(万人次)			本年承担课题、项目数	省部级以上课题项目数	结项课题项目数	文化创意产品种类(个)	文化创意产品销售收入(千元)	文化创意产品销售利润(千元)
593	**962**	**4.20**	**810**	**28495**	**116**	**28**	**66**	**3001**	**76003**	**48632**
2	2		3	102						
8	8	0.06	13	621	1			4		
25	18	0.06	13	2440	2	2				
55	149	0.65	20	375	1			12		
			2	15	1		1			
10	21	0.01	3	32						
17	11	0.07	6	295	1	1				
	10	0.01	56	2210	16	2	14	480	838	462
118	31	0.15	50	1792	26	9	12	395	86	44
	45	0.10	38	372	2	2	1	12		
12	19	0.11	38	678				8		
			22	384						
63	2	0.01	65	1243	2	1	1	4		
67	382	0.87	81	1694	10	1	10	128	33	
	31	0.08	10	220	32	3	16	8		
34	8	0.04	11	319	8	4	2	2		
100	24	0.19	37	1059	2	1		1		
34	58	0.77	150	2555	6		4	312	73749	47269
6	25	0.07	8	255	1		1			
10	53	0.42	20	523				9		
	1		38	1009	1		1			
			3	105	1		1	38		
	10	0.20	9	251	2	2	2	1		
1	1		1	80				26		
29	40	0.25	39	728	1			22		
			1	20						
2	13	0.08	72	9017				16	180	110

附录资料

分地区行政区划

(2020年底)　　单位：个

省级区划名称	地级区划数	#地级市	县级区划数	#市辖区	#县级市	#县	#自治县
全　国	**333**	**293**	**2844**	**973**	**388**	**1312**	**117**
北京市			16	16			
天津市			16	16			
河北省	11	11	167	49	21	91	6
山西省	11	11	117	26	11	80	
内蒙古自治区	12	9	103	23	11	17	
辽宁省	14	14	100	59	16	17	8
吉林省	9	8	60	21	20	16	3
黑龙江省	13	12	121	54	21	45	1
上海市			16	16			
江苏省	13	13	95	55	21	19	
浙江省	11	11	90	37	20	32	1
安徽省	16	16	104	45	9	50	
福建省	9	9	85	29	12	44	
江西省	11	11	100	27	12	61	
山东省	16	16	136	58	26	52	
河南省	17	17	158	53	22	83	
湖北省	13	12	103	39	26	35	2
湖南省	14	13	122	36	18	61	7
广东省	21	21	122	65	20	34	3
广西壮族自治区	14	14	111	41	9	49	12
海南省	4	4	25	10	5	4	6
重庆市			38	26		8	4
四川省	21	18	183	55	18	106	4
贵州省	9	6	88	16	9	51	11
云南省	16	8	129	17	17	66	29
西藏自治区	7	6	74	8		66	
陕西省	10	10	107	30	6	71	
甘肃省	14	12	86	17	5	57	7
青海省	8	2	44	7	5	25	7
宁夏回族自治区	5	5	22	9	2	11	
新疆维吾尔自治区	14	4	106	13	26	61	6
香港特别行政区							
澳门特别行政区							
台湾省							

注：乡镇级区划总数包含河北省、新疆维吾尔自治区的各一个区公所。

续表

单位：个

省级区划名称	乡镇级区划数	#镇	#乡级	#街道
全　国	**38741**	**21157**	**8809**	**8773**
北京市	343	143	35	165
天津市	250	125	3	122
河北省	2254	1230	713	310
山西省	1396	579	610	207
内蒙古自治区	1024	508	270	246
辽宁省	1355	640	201	514
吉林省	951	426	181	344
黑龙江省	1292	562	340	390
上海市	215	106	2	107
江苏省	1258	712	31	515
浙江省	1365	618	259	488
安徽省	1501	968	271	262
福建省	1107	658	264	185
江西省	1566	830	568	168
山东省	1822	1072	57	693
河南省	2453	1181	610	662
湖北省	1251	761	161	329
湖南省	1940	1133	392	415
广东省	1611	1116	11	484
广西壮族自治区	1251	806	312	133
海南省	218	175	21	22
重庆市	1031	621	171	239
四川省	3230	1978	793	459
贵州省	1509	833	315	361
云南省	1410	678	540	192
西藏自治区	697	142	534	21
陕西省	1313	973	17	323
甘肃省	1356	892	337	127
青海省	403	144	222	37
宁夏回族自治区	241	103	90	48
新疆维吾尔自治区	1128	444	478	205
香港特别行政区				
澳门特别行政区				
台湾省				

注：乡镇级区划总数包含河北省、新疆维吾尔自治区的各一个区公所。

国民经济和社会发展总量指标

指　　标	总量指标			
	1978	2000	2019	2020
人口(万人)				
总人口(年末)	96259	126743	141008	141212
城镇人口	17245	45906	88426	90220
乡村人口	79014	80837	52582	50992
就业(万人)				
就业人员	40152	72085	75447	75064
城镇登记失业人员	530	595	945	1160
国民经济核算				
国内生产总值(亿元)	3678.7	100280.1	986515.2	1015986.2
第一产业	1018.5	14717.4	70473.6	77754.1
第二产业	1755.1	45663.7	380670.6	384255.3
第三产业	905.1	39899.1	535371.0	553976.8
人均国内生产总值(元)	384.7	7942.1	70328.2	71999.6
人民生活				
全国居民人均可支配收入(元)	171	3721	30733	32189
城镇居民人均可支配收入(元)	343	6256	42359	43834
农村居民人均可支配收入(元)	134	2282	16021	17131
财政(亿元)				
一般公共预算收入	1132.3	13395.2	190390.1	182913.9
一般公共预算支出	1122.1	15886.5	238858.4	245679.0
能源(万吨标准煤)				
一次能源生产总量	62770.0	138569.7	397317.2	408000.0
能源消费总量	57144.0	146964.0	487487.9	498000.0
固定资产投资				
全社会固定资产投资(亿元)		32917.7	513608.3	527270.3
#房地产开发		4984.1	132194.3	141442.9
对外经济贸易				
货物进出口总额(亿元)	355.0	39273.3	315627.3	322215.2
出口额	167.7	20634.4	172373.6	179278.8
进口额	187.4	18638.8	143253.7	142936.4
外商直接投资(亿美元)		407.2	1381.3	1443.7
主要农业、工业产品产量				
谷物(万吨)		40522.4	61369.7	61674.3
棉花	216.7	441.7	588.9	591.0
油料	521.8	2954.8	3493.0	3586.4
肉类	943.0	6013.9	7758.8	7748.4

注：1.2020年能源数据为初步核算数(下表同)。
2.本表速度指标中，国民总收入、国内生产总值及三次产业增加值、城乡居民收入、财政收支、货币供应量等指标均按可比价格计算；固定资产投资类指标平均增长速度按累计法计算；其他指标按绝对数计算。

续表

指　　标	总量指标			
	1978	2000	2019	2020
原煤(亿吨)	6.2	13.8	38.5	39.0
天然气（亿立方米）	137.3	272.0	1753.6	1925.0
水泥(万吨)	6524.0	59700.0	234430.6	239470.8
粗钢(万吨)	3178.0	12850.0	99541.9	106476.7
发电量(亿千瓦小时)	2565.5	13556.0	75034.3	77790.6
建筑业				
建筑业总产值(亿元)		12498	248443	263947
批发、零售和旅游业				
社会消费品零售总额(亿元)	1558.6	38447.1	408017.2	391980.6
入境旅客(万人次)	180.9	8344.4	14530.8	
国内旅客(百万人次)		744.0	6006.0	2879.0
邮政、电信和信息软件业				
邮政业务总量(亿元)	14.9	232.8	16229.6	21053.2
电信业务总量(亿元)	19.2	4559.9	106810.7	136763.3
移动电话年末用户(万户)		8453.3	160134.5	159407.0
固定电话年末用户(万户)	192.5	14482.9	19103.3	18190.8
金融业				
金融机构人民币各项存款余额(万亿元)	0.1	12.4	192.9	212.6
金融机构人民币各项贷款余额(万亿元)	0.2	9.9	153.1	172.7
科学、教育、卫生、文化				
研究与试验发展经费支出(亿元)		896.0	22143.6	24393.1
技术市场成交额(亿元)		651.0	22398.4	28251.5
在校学生数(万人)				
#普通本专科	85.6	556.1	3031.5	3285.3
普通高中	1553.1	1201.3	2414.3	2494.5
初中	4995.2	6256.3	4827.1	4914.1
普通小学	14624.0	13013.3	10561.2	10725.4
医院(个)	9293.0	16318.0	34354.0	35394.0
执业(助理)医师(万人)	97.8	207.6	386.7	408.6
医院床位数(万张)	110.0	216.7	686.7	713.1
图书出版总印数(亿册、亿张)	37.7	62.7	106.0	103.7
电视节目制作时间(万小时)		58.5	345.6	328.2
故事影片产量(部)	46.0	91.0	850.0	531.0
社会保险				
社会保险基金收入(亿元)		2644.9	83550.4	75512.5
社会保险基金支出(亿元)		2385.6	75346.6	78611.8
参加基本养老保险人数(万人)		13617.4	96753.9	99864.9
参加失业保险人数(万人)		10408.4	20542.7	21689.5
参加基本医疗保险人数(万人)		3786.9	135407.4	136131.1

分地区年末人口数

单位：万人

地　区	2011	2015	2016	2017	2018	2019	2020
全　国	**134916**	**138326**	**139232**	**140011**	**140541**	**141008**	**141212**
北　京	2024	2188	2195	2194	2192	2190	2189
天　津	1341	1439	1443	1410	1383	1385	1387
河　北	7232	7345	7375	7409	7426	7447	7464
山　西	3562	3519	3514	3510	3502	3497	3490
内蒙古	2470	2440	2436	2433	2422	2415	2403
辽　宁	4379	4338	4327	4312	4291	4277	4255
吉　林	2725	2613	2567	2526	2484	2448	2399
黑龙江	3782	3529	3463	3399	3327	3255	3171
上　海	2356	2458	2467	2466	2475	2481	2488
江　苏	8023	8315	8381	8423	8446	8469	8477
浙　江	5570	5985	6072	6170	6273	6375	6468
安　徽	5972	6011	6033	6057	6076	6092	6105
福　建	3784	3984	4016	4065	4104	4137	4161
江　西	4474	4485	4496	4511	4513	4516	4519
山　东	9665	9866	9973	10033	10077	10106	10165
河　南	9461	9701	9778	9829	9864	9901	9941
湖　北	5760	5850	5885	5904	5917	5927	5745
湖　南	6581	6615	6625	6633	6635	6640	6645
广　东	10756	11678	11908	12141	12348	12489	12624
广　西	4655	4811	4857	4907	4947	4982	5019
海　南	890	945	957	972	982	995	1012
重　庆	2944	3070	3110	3144	3163	3188	3209
四　川	8064	8196	8251	8289	8321	8351	8371
贵　州	3530	3708	3758	3803	3822	3848	3858
云　南	4620	4663	4677	4693	4703	4714	4722
西　藏	309	330	340	349	354	361	366
陕　西	3765	3846	3874	3904	3931	3944	3955
甘　肃	2552	2523	2520	2522	2515	2509	2501
青　海	568	577	582	586	587	590	593
宁　夏	648	684	695	705	710	717	721
新　疆	2225	2385	2428	2480	2520	2559	2590

国民总收入和

年 份	国 民 总收入	国内生产 总 值			
			第一产业	第二产业	第三产业
1978	3678.7	3678.7	1018.5	1755.1	905.1
1979	4100.5	4100.5	1259.0	1925.3	916.1
1980	4587.6	4587.6	1359.5	2204.7	1023.4
1981	4933.7	4935.8	1545.7	2269.0	1121.1
1982	5380.5	5373.4	1761.7	2397.6	1214.0
1983	6043.8	6020.9	1960.9	2663.0	1397.1
1984	7314.2	7278.5	2295.6	3124.7	1858.2
1985	9123.6	9098.9	2541.7	3886.4	2670.8
1986	10375.4	10376.2	2764.1	4515.1	3097.0
1987	12166.6	12174.6	3204.5	5273.8	3696.3
1988	15174.4	15180.4	3831.2	6607.2	4742.0
1989	17188.4	17179.7	4228.2	7300.7	5650.8
1990	18923.3	18872.9	5017.2	7744.1	6111.6
1991	22050.3	22005.6	5288.8	9129.6	7587.2
1992	27208.2	27194.5	5800.3	11725.0	9669.2
1993	35599.2	35673.2	6887.6	16472.7	12313.0
1994	48548.2	48637.5	9471.8	22452.5	16713.1
1995	60356.6	61339.9	12020.5	28676.7	20642.7
1996	70779.6	71813.6	13878.3	33827.3	24108.0
1997	78802.9	79715.0	14265.2	37545.0	27904.8
1998	83817.6	85195.5	14618.7	39017.5	31559.3
1999	89366.5	90564.4	14549.0	41079.9	34935.5
2000	99066.1	100280.1	14717.4	45663.7	39899.1
2001	109276.2	110863.1	15502.5	49659.4	45701.2
2002	120480.4	121717.4	16190.2	54104.1	51423.1
2003	136576.3	137422.0	16970.2	62695.8	57756.0
2004	161415.4	161840.2	20904.3	74285.0	66650.9
2005	185998.9	187318.9	21806.7	88082.2	77430.0
2006	219028.5	219438.5	23317.0	104359.2	91762.2
2007	270704.0	270092.3	27674.1	126630.5	115787.7
2008	321229.5	319244.6	32464.1	149952.9	136827.5
2009	347934.9	348517.7	33583.8	160168.8	154765.1
2010	410354.1	412119.3	38430.8	191626.5	182061.9
2011	483392.8	487940.2	44781.5	227035.1	216123.6
2012	537329.0	538580.0	49084.6	244639.1	244856.2
2013	588141.2	592963.2	53028.1	261951.6	277983.5
2014	644380.2	643563.1	55626.3	277282.8	310654.0
2015	685571.2	688858.2	57774.6	281338.9	349744.7
2016	742694.1	746395.1	60139.2	295427.8	390828.1
2017	830945.7	832035.9	62099.5	331580.5	438355.9
2018	915243.5	919281.1	64745.2	364835.2	489700.8
2019	983751.2	986515.2	70473.6	380670.6	535371.0
2020	1008782.5	1015986.2	77754.1	384255.3	553976.8

注：本表按当年价格计算。
1980年以后国民总收入(原称国民生产总值)与国内生产总值的差额为来自国外的初次分配收入净额。

国内生产总值

单位：亿元

工业	建筑业	批发和零售业	交通运输、仓储和邮政业	人均国民总收入（元）	人均国内生产总值（元）
1621.4	138.9	242.4	182.0	385	385
1786.5	144.6	200.9	193.7	423	423
2014.8	196.3	193.8	213.4	468	468
2067.7	208.0	231.2	220.8	496	497
2183.0	221.6	171.5	246.9	533	533
2399.0	271.7	198.7	275.0	591	588
2815.8	317.9	363.6	338.6	705	702
3478.2	419.3	802.5	421.8	868	866
4000.7	527.3	852.7	499.0	973	973
4621.1	667.5	1059.7	568.5	1122	1123
5814.0	811.8	1483.6	685.9	1377	1378
6525.5	796.1	1536.4	812.9	1537	1536
6904.5	861.7	1269.2	1167.2	1667	1663
8137.9	1017.7	1834.8	1420.5	1916	1912
10340.2	1417.9	2405.4	1689.2	2336	2334
14248.4	2269.9	2817.0	2174.3	3021	3027
19546.3	2968.8	3774.0	2788.2	4073	4081
25023.2	3733.7	4779.4	3244.7	5009	5091
29528.9	4393.0	5600.5	3782.6	5813	5898
33022.6	4628.3	6328.4	4149.1	6406	6481
34133.9	4993.0	6914.3	4661.5	6749	6860
36014.4	5180.9	7492.2	5175.9	7134	7229
40258.5	5534.0	8159.8	6161.9	7846	7942
43854.3	5945.5	9120.8	6871.3	8592	8717
47774.9	6482.1	9996.8	7494.3	9410	9506
55362.2	7510.8	11171.2	7914.8	10600	10666
65774.9	8720.5	12455.8	9306.5	12454	12487
77958.3	10400.5	13968.5	10668.8	14267	14368
92235.8	12450.1	16533.4	12186.3	16707	16738
111690.8	15348.0	20941.1	14605.1	20541	20494
131724.0	18807.6	26186.2	16367.6	24250	24100
138092.6	22681.5	29004.6	16522.4	26136	26180
165123.1	27259.3	35907.9	18783.6	30676	30808
195139.1	32926.5	43734.5	21842.0	35939	36277
208901.4	36896.1	49835.5	23763.2	39679	39771
222333.2	40896.8	56288.9	26042.7	43143	43497
233197.4	45401.7	63170.4	28534.4	46971	46912
234968.9	47761.3	67719.6	30519.5	49684	49922
245406.4	51498.9	73724.5	33028.7	53516	53783
275119.3	57905.6	81156.6	37121.9	59514	59592
301089.3	65493.0	88903.7	40337.2	65246	65534
311858.7	70648.1	95650.9	42466.3	70131	70328
313071.1	72995.7	95686.1	41561.7	71489	72000

居民人均可支配收入

单位：元

指　　标	2013年	2014年	2015年	2016年	2017年	2018年	2019年	2020年
一、全国居民可支配收入	**18310.8**	**20167.1**	**21966.2**	**23821.0**	**25973.8**	**28228.0**	**30732.8**	**32188.8**
1.工资性收入	10410.8	11420.6	12459.0	13455.2	14620.3	15829.0	17186.2	17917.37074
2.经营净收入	3434.7	3732.0	3955.6	4217.7	4501.8	4852.4	5247.3	5306.785958
3.财产净收入	1423.3	1587.8	1739.6	1889.0	2107.4	2378.5	2619.1	2791.497365
4.转移净收入	3042.1	3426.8	3811.9	4259.1	4744.3	5168.1	5680.3	6173.185828
二、城镇居民可支配收入	**26467.0**	**28843.9**	**31194.8**	**33616.2**	**36396.2**	**39250.8**	**42358.8**	**43833.8**
1.工资性收入	16617.4	17936.8	19337.1	20665.0	22200.9	23792.2	25564.8	26380.7
2.经营净收入	2975.3	3279.0	3476.1	3770.1	4064.7	4442.6	4840.4	4710.8
3.财产净收入	2551.5	2812.1	3041.9	3271.3	3606.9	4027.7	4390.6	4626.5
4.转移净收入	4322.8	4815.9	5339.7	5909.8	6523.6	6988.3	7563.0	8115.8
三、农村居民可支配收入	**9429.6**	**10488.9**	**11421.7**	**12363.4**	**13432.4**	**14617.0**	**16020.7**	**17131.5**
1.工资性收入	3652.5	4152.2	4600.3	5021.8	5498.4	5996.1	6583.5	6973.9
2.经营净收入	3934.8	4237.4	4503.6	4741.3	5027.8	5358.4	5762.2	6077.4
3.财产净收入	194.7	222.1	251.5	272.1	303.0	342.1	377.3	418.8
4.转移净收入	1647.5	1877.2	2066.3	2328.2	2603.2	2920.5	3297.8	3661.3

注：从2013年起，国家统计局开展了全国住户收支与生活状况调查，2013年及以后年份的数据来源于此调查，与2013年前的分城镇和农村住户调查的调查范围、调查方法、指标口径有所不同。

居民人均消费支出

单位：元

指　　标	2013年	2014年	2015年	2016年	2017年	2018年	2019年	2020年
一、全国居民消费支出	**13220.4**	**14491.4**	**15712.4**	**17110.7**	**18322.1**	**19853.1**	**21558.9**	**21209.87624**
1.食品烟酒	4126.7	4493.9	4814.0	5151.0	5373.6	5631.1	6084.2	6397.284232
2.衣着	1027.1	1099.3	1164.1	1202.7	1237.6	1288.9	1338.1	1238.379686
3.居住	2998.5	3200.5	3419.2	3746.4	4106.9	4646.6	5054.8	5215.341851
4.生活用品及服务	806.5	889.7	951.4	1043.7	1120.7	1222.7	1280.9	1259.510012
5.交通通信	1627.1	1869.3	2086.9	2337.8	2498.9	2675.4	2861.6	2761.834252
6.教育文化娱乐	1397.7	1535.9	1723.1	1915.3	2086.2	2225.7	2513.1	2032.222556
7.医疗保健	912.1	1044.8	1164.5	1307.5	1451.2	1685.2	1902.3	1843.074814
8.其他用品及服务	324.7	358.0	389.2	406.3	447.0	477.5	524.0	462.2288424
二、城镇居民消费支出	**18487.5**	**19968.1**	**21392.4**	**23078.9**	**24445.0**	**26112.3**	**28063.4**	**27007.4**
1.食品烟酒	5570.7	6000.0	6359.7	6762.4	7001.0	7239.0	7732.6	7880.5
2.衣着	1553.7	1627.2	1701.1	1739.0	1757.9	1808.2	1831.9	1644.8
3.居住	4301.4	4489.6	4726.0	5113.7	5564.0	6255.0	6780.2	6957.7
4.生活用品及服务	1129.2	1233.2	1306.5	1426.8	1525.0	1629.4	1689.3	1640
5.交通通信	2317.8	2637.3	2895.4	3173.9	3321.5	3473.5	3671.3	3474.3
6.教育文化娱乐	1988.3	2142.3	2382.8	2637.6	2846.6	2974.1	3328.0	2591.7
7.医疗保健	1136.1	1305.6	1443.4	1630.8	1777.4	2045.7	2282.7	2172.2
8.其他用品及服务	490.4	532.9	577.5	594.7	651.5	687.4	747.2	646.2
三、农村居民消费支出	**7485.1**	**8382.6**	**9222.6**	**10129.8**	**10954.5**	**12124.3**	**13327.7**	**13713.4**
1.食品烟酒	2554.4	2814.0	3048.0	3266.1	3415.4	3645.6	3998.2	4479.4
2.衣着	453.8	510.4	550.5	575.4	611.6	647.7	713.3	712.8
3.居住	1579.8	1762.7	1926.2	2147.1	2353.5	2660.6	2871.3	2962.4
4.生活用品及服务	455.1	506.5	545.6	595.7	634.0	720.5	763.9	767.5
5.交通通信	874.9	1012.6	1163.1	1359.9	1509.1	1690.0	1836.8	1840.6
6.教育文化娱乐	754.6	859.5	969.3	1070.3	1171.3	1301.6	1481.8	1308.7
7.医疗保健	668.2	753.9	846.0	929.2	1058.7	1240.1	1420.8	**1417.5**
8.其他用品及服务	144.2	163.0	174.0	186.0	200.9	218.3	241.5	224.4

农村贫困状况

单位：万人、%

年 份	1978年标准		2008年标准		2010年标准	
	贫困人口	贫困发生率	贫困人口	贫困发生率	贫困人口	贫困发生率
1978	25000	30.7			77039	97.5
1980	22000	26.8			76542	96.2
1981	15200	18.5				
1982	14500	17.5				
1983	13500	16.2				
1984	12800	15.1				
1985	12500	14.8			66101	78.3
1986	13100	15.5				
1987	12200	14.3				
1988	9600	11.1				
1989	10200	11.6				
1990	8500	9.4			65849	73.5
1991	9400	10.4				
1992	8000	8.8				
1994	7000	7.7				
1995	6540	7.1			55463	60.5
1997	4962	5.4				
1998	4210	4.6				
1999	3412	3.7				
2000	3209	3.5	9422	10.2	46224	49.8
2001	2927	3.2	9029	9.8		
2002	2820	3.0	8645	9.2		
2003	2900	3.1	8517	9.1		
2004	2610	2.8	7587	8.1		
2005	2365	2.5	6432	6.8	28662	30.2
2006	2148	2.3	5698	6.0		
2007	1479	1.6	4320	4.6		
2008			4007	4.2		
2009			3597	3.8		
2010			2688	2.8	16567	17.2
2011					12238	12.7
2012					9899	10.2
2013					8249	8.5
2014					7017	7.2
2015					5575	5.7
2016					4335	4.5
2017					3046	3.1
2018					1660	1.7
2019					551	0.6
2020					全部脱贫	全部脱贫

注：1. 1978年标准：1978—1999年称为农村贫困标准，2000—2007年称为农村绝对贫困标准。
2. 2008年标准：2000—2007年称为农村低收入标准，2008—2010年称为农村贫困标准。
3. 2010年标准：即现行农村贫困标准。现行农村贫困标准为每人每年生活水平2300元(2010年不变价)。
4. 2020年，我国现行农村贫困标准下的农村贫困人口全部脱贫。